公路隧道衬砌质量无损检测与病害治理

习小华　袁　兵　著

中国矿业大学出版社
·徐州·

内容提要

公路隧道具有缩短里程、减小坡度、改善行车条件、节约交通成本、减少事故发生、保护生态环境等优点，是改善山岭地区通行的重要通道。公路隧道所处区域地层岩性、地质构造、水文地质条件、气候条件的复杂多变性以及在勘测、设计、施工和管理等方面存在较多的不确定性和复杂性，致使大量隧道土建结构在施工过程中就出现了质量缺陷，导致运营过程中出现大量不同程度的各种病害，甚至部分隧道在施工阶段或刚投入运营就出现病害现象，如衬砌裂损、变形、渗漏水、冻害等。这些病害不但影响隧道外观，而且缩短隧道的维护周期和使用寿命，严重威胁到隧道内的行车和行人安全。近年来，国内外已经出现了多起由隧道病害引发的安全事故。

基于以上原因，本书结合公路隧道典型病害治理的工程实例，对隧道衬砌缺陷、病害产生的机理、危害程度、检测技术、安全评估进行了较为详细的分析和研究，对从事隧道工程设计、施工、维修养护等工程技术人员以及科研人员具有一定的实践价值和理论指导意义。

图书在版编目(CIP)数据

公路隧道衬砌质量无损检测与病害治理 / 习小华，袁兵著. — 徐州 ：中国矿业大学出版社，2019. 7

ISBN 978 - 7 - 5646 -4489 -5

Ⅰ. ①公… Ⅱ. ①习… ②袁… Ⅲ. ①公路隧道—隧道衬砌—无损检测②公路隧道—隧道衬砌—病害—防治 Ⅳ. ①U459.2②U455.91

中国版本图书馆 CIP 数据核字(2019)第 144091 号

书　　名　公路隧道衬砌质量无损检测与病害治理
著　　者　习小华　袁　兵
责任编辑　姜志方　黄本斌
出版发行　中国矿业大学出版社有限责任公司
（江苏省徐州市解放南路　邮编 221008）
营销热线　(0516)83884103　83885105
出版服务　(0516)83995789　83884920
网　　址　http://www.cumtp.com　**E-mail**:cumtpvip@cumtp.com
印　　刷　江苏凤凰数码印务有限公司
开　　本　787 mm×1092 mm　1/16　**印张** 15.75　**字数** 400 千字
版次印次　2019 年 7 月第 1 版　2019 年 7 月第 1 次印刷
定　　价　48.00 元
（图书出现印装质量问题，本社负责调换）

前 言

公路隧道是指修筑在地下供汽车行驶的通道，一般还兼作管线和行人等通道，是改善山岭地区通行的重要通道。随着国民经济的快速发展，我国公路建设取得了巨大成就，截至2017年年末全国公路总里程达 477.35×10^4 km，公路隧道为16 229处、$1\ 528.51\times10^4$ m，其中，特长隧道902处、401.32×10^4 m，长隧道3 841处、659.93×10^4 m。

公路隧道具有缩短里程、减小坡度、改善行车条件、节约交通成本、减少事故发生、保护生态环境等优点，但由于公路隧道所处区域地层岩性、地质构造、水文地质条件、气候条件的复杂多变性以及在勘测、设计、施工和管理等方面存在较多的不确定性和复杂性，致使大量隧道土建结构在施工过程中就出现了质量缺陷，导致运营过程中出现大量不同程度的病害，甚至部分隧道在施工阶段或刚投入运营就出现病害现象，如衬砌裂损、变形、渗漏水、冻害等。这些病害不但影响了隧道外观，而且缩短了隧道的维护周期和使用寿命，严重威胁到隧道内的行车和行人安全。近年来，国内外已经出现了多起由隧道病害引发的安全事故。

本书对公路隧道的基本知识进行了简单的介绍，对隧道衬砌缺陷、病害产生的机理、危害程度、检测技术、健康状态的安全评估进行了较为详细的论述，最后给出相关典型病害治理的工程实例，对从事隧道工程的工程技术人员、科研人员有一定的帮助。

由于作者水平有限，书中难免存在疏漏以及不足，恳请读者批评指正。

著 者

目　录

第一章　公路隧道的基本知识

在山岭重丘地区修建高等级公路，为缩短公路里程，改善线形及保护环境，昔日那种“逢山尽量绕着走”的做法，已经被公路隧道代替。隧道既能保证最佳道路线形便利行车，又可有效防止山地陡坡的滚石、泥石流等自然灾害的危害，提高了行车的安全性和可靠性，同时又能和当地环境相协调及保全自然景观。本章对公路隧道一些基本知识进行介绍，以便对公路隧道有一个初步的了解。

1.1　隧道建筑限界

公路隧道建筑限界是指为保证隧道内车辆行驶、人员通行、检修和各种设备不受损害所要求的最小空间，各级公路隧道的建筑限界如图 1.1.1 所示，在建筑限界内不得有任何部件侵入[1-3]，各级公路隧道建筑限界的基本宽度应按表 1.1.1 选取。

表 1.1.1　公路隧道建筑限界横断面组成最小宽度

公路等级	设计速度 /($km\cdot h^{-1}$)	车道宽度 W/m	侧向宽度 L/m		余宽 C/m	人行道 R/m	检修道/m		隧道建筑限界净宽/m		
			左侧 L_L	右侧 L_R			左侧	右侧	设检修道	设人行道	不设检修道、人行道
高速公路 一级公路	120	3.75×2	0.75	1.25			0.75	0.75	11.00		
	100	3.75×2	0.50	1.00			0.75	0.75	10.50		
	80	3.75×2	0.50	0.75			0.75	0.75	10.25		
	60	3.50×2	0.50	0.75			0.75	0.75	9.75		
二级公路 三级公路 四级公路	80	3.75×2	0.75	0.75		1.00				11.00	
	60	3.75×2	0.50	0.50		1.00				10.00	
	40	3.50×2	0.25	0.25		0.75				9.00	
	30	3.50×2	0.25	0.25	0.25						7.50
	20	3.50×2	0.25	0.25	0.25						7.00

注：① 三车道隧道除增加车道数外，其他宽度同表；增加车道的宽度不小于 3.5 m。

② 连拱隧道的左侧可不设检修道或人行道，但应设 50 cm（120 km/h 与 100 km/h 时）或 25 cm（80 km/h 与 60 km/h时）的余宽。

③ 设计速度 120 km/h 时，两侧检修道宽度均不宜小于 1.0 m；设计速度 100 km/h 时，右侧检修道宽度不宜小于 1.0 m。

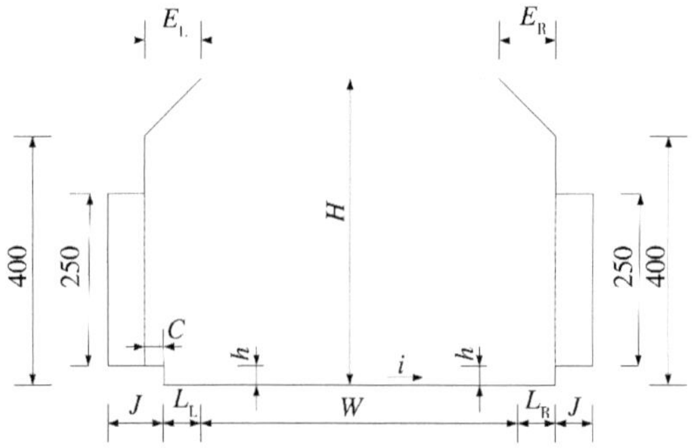

图 1.1.1　公路隧道建筑限界(尺寸单位:cm)

H——建筑限界高度;W——行车道宽度;L_L——左侧侧向宽度;L_R——右侧侧向宽度;
C——余宽;J——检修道宽度;h——检修道或人行道高度;E_L——建筑限界左顶角宽度,$E_L=L_L$;
E_R——建筑限界右顶角宽度,当 $L_R \leqslant 1$ m 时,$E_R=L_R$,当 $L_R>1$ m 时,$E_R=1$ m

1.2　隧道的分类

现行《公路隧道施工技术细则》《公路隧道设计规范》以及《公路隧道设计细则》等按照开挖跨度、长度、断面布置形式对隧道进行分类。具体分类见表 1.2.1 ~ 表 1.2.3。

1.2.1　按开挖跨度分类

公路隧道按其开挖跨度可分为四类,见表 1.2.1。

表 1.2.1　公路隧道按开挖跨度分类

分　　类	开挖宽度 B/m	描　　述
小跨度隧道	$B<9$	(1) 单车道公路隧道;(2) 服务隧道;(3) 人行横洞及车行横洞
中跨度隧道	$9 \leqslant B<14$	(1) 双车道公路隧道;(2) 单车道公路隧道的错车带
大跨度隧道	$14 \leqslant B<18$	(1) 三车道公路隧道;(2) 双车道公路隧道的紧急停车带
特大跨度隧道	$B \geqslant 18$	(1) 四车道公路隧道(单洞);(2) 连拱隧道

1.2.2　按长度分类

公路隧道按其长度可分为四类,见表 1.2.2。

表 1.2.2　公路隧道按长度分类

隧道类别	隧道长度 L/m	特　　点
特长隧道	$L>3\,000$	平纵指标对通风方案影响显著
长隧道	$1\,000<L \leqslant 3\,000$	需设置水消防及进行机械通风
中隧道	$500<L \leqslant 1\,000$	不需设置水消防
短隧道	$L \leqslant 500$	隧道平纵指标可适当放宽

注:隧道长度为隧道两端洞门桩号之差,当为并行双洞时以较长隧道为准。

1.2.3　按断面布置形式分类

公路隧道按其横断面布置形式可分为五类，见表 1.2.3。表 1.2.4 为不考虑两洞室之间相互影响的双洞最小净距。

表 1.2.3　公路隧道按横断面布置形式分类

分　类	特　　点
双向行车单洞隧道	一般指仅设置一个独立洞室的二、三、四级公路隧道
单向行车双洞分离式隧道	高速公路或一级公路隧道左右洞间距大于表 1.2.4 的规定时，设计施工基本可忽略相互之间的影响
小净距隧道	双洞的左右洞间距小于表 1.2.4 的规定时，设计施工应考虑相互之间的影响
连拱隧道	双洞隧道的内侧结构设置为整体的隧道
分岔隧道	由于特殊条件限制，高等级公路隧道由四车道大拱或连拱逐渐过渡为上下分离双洞的一种隧道设置形式

表 1.2.4　不考虑两洞室之间相互影响的双洞最小净距

围岩级别	Ⅰ	Ⅱ	Ⅲ	Ⅳ	Ⅴ	Ⅵ
最小净距/m	$1.0B$	$1.5B$	$2.0B$	$2.5B$	$3.5B$	$4.0B$

注：表中 B 代表隧道开挖跨度。

1.3　隧道围岩分级

隧道围岩是指隧道开挖后对其稳定性产生影响的那部分岩(土)体。隧道周围的地层，不论是岩体还是土体，统称为隧道围岩。不同的围岩在隧道施工过程中发生不同的地质现象[1,3]。

隧道围岩分级是正确进行隧道设计与施工的基础。一个较好的、符合地下工程实际情况的围岩分级，能改善地下结构设计、发展新的隧道施工工艺、降低工程造价。

随着我国经济的发展，公路交通得到较大的发展，大量的公路隧道得以修建，需要有一个适合我国国情的公路隧道围岩分级。1990 年，以我国铁路隧道的围岩分级为基础，编制了我国“公路隧道围岩分级”。

1.3.1　围岩分级的原则

① 强调岩体的地质特征的完整性和稳定性，避免单一的岩石强度指标分级的方法；
② 分级指标应采用定性和定量指标相结合的方式；
③ 明确工程目的和内容，并提出相应的措施；
④ 分级应简明，便于使用；
⑤ 应考虑吸收其他围岩分级的优点，并尽量和我国其他工程围岩分级一致。

1.3.2　围岩分级方法

隧道围岩分级的综合评判方法宜采用两步分级法，并以下列顺序进行：

① 根据岩石的坚硬程度和岩体完整程度两个基本因素的定性特征和定量的岩体基本质量指标 BQ,综合进行初步分级。

② 对围岩进行详细定级时,应在岩体基本质量等级基础上考虑修正因素的影响,修正岩体基本质量指标值。

③ 按修正后的岩体基本质量指标[BQ],结合岩体的定性特征综合评判、确定围岩的分级。

1.3.3 围岩分级的具体内容

围岩分级中岩石坚硬程度、岩体完整程度两个基本因素的定性划分和定量指标及其对应关系应符合下列规定:

① 岩石坚硬程度可按表 1.3.1 定性划分。

表 1.3.1 R_c 与岩石坚硬程度定性划分的关系

岩石单轴饱和抗压强度 R_c/kPa	>60	60~30	30~15	15~5	<5
坚硬程度	坚硬岩	较坚硬岩	较软岩	软岩	极软岩

② 岩石坚硬程度定量指标用岩石单轴饱和抗压强度 R_c 表达。R_c 一般采用实测值,若无实测值时,可采用实测的岩石点荷载强度指数 $I_{s(50)}$ 的换算值,即按式(1.3.1)计算。

$$R_c = 22.82 I_{s(50)}^{0.75} \tag{1.3.1}$$

③ R_c 与岩石坚硬程度的定性划分的关系可按表 1.3.2 确定。

表 1.3.2 岩石坚硬程度的定性划分

名称		定性鉴定	代表性岩石
硬质岩	坚硬岩	锤击声清脆,有回弹,震手,难击碎;浸水后大多无吸水反应	未风化~微风化的花岗岩、正长岩、闪长岩、辉绿岩、玄武岩、安山岩、片麻岩、石英片岩、硅质板岩、石英岩、硅质胶结的砾岩、石英砂岩、硅质石灰岩等
	较坚硬岩	锤击声较清脆,有轻微回弹,稍震手,较难击碎;浸水后有轻微吸水反应	1. 弱风化的坚硬岩; 2. 未风化~微风化的熔结凝灰岩、大理岩、板岩、白云岩、石灰岩、钙质胶结的沙页岩等
软质岩	较软岩	锤击声不清脆,无回弹,较易击碎;浸水后指甲可刻画出印痕	1. 强风化的坚硬岩; 2. 弱风化~强风化的较坚硬岩; 3. 未风化~微风化的凝灰岩、千枚岩、沙质泥岩、泥灰岩、泥质砂岩、粉砂岩、页岩等
	软岩	锤击声哑,无回弹,有凹痕,易击碎;浸水后手可掰开	1. 强风化的坚硬岩; 2. 弱风化~强风化的较坚硬岩; 3. 弱风化的较软岩; 4. 未风化的泥岩等
	极软岩	锤击声哑,无回弹,有较深凹痕,手可捏碎;浸水后可捏成团	1. 全风化的各种岩石; 2. 各种半成岩

④ 岩体完整程度可按表 1.3.3 定性划分。

表 1.3.3　岩石完整程度定性分级

完整程度	结构面发育程度		主要结构面的结合程度	主要结构面类型	相应结构类型
	组数	平均间距/m			
完　整	1~2	>1.0	好或一般	裂隙、层面	整体状或巨厚层状结构
较完整	1~2	>1.0	差	裂隙、层面	块状或厚层状结构
	2~3	1.0~0.4	好或一般		块状结构
较破碎	2~3	1.0~0.4	差	裂隙、层面、小断层	裂隙块状或中厚层状结构
	>3	0.4~0.2	好		镶嵌碎裂结构
			一般		中、薄层状结构
破　碎	>3	0.4~0.2	差	各种类型结构面	裂隙块状结构
		<0.2	一般或差		碎裂状结构
极破碎	无序		很差		散体状结构

注：平均间距指主要结构面（1~2 组）间距的平均值。

⑤ 岩体完整程度的定量指标使用岩体的完整系数 K_v 表达。K_v 一般用弹性波探测值，若无探测值时，可用岩体体积节理数 J_v 按表 1.3.4 确定对应的 K_v 值。

表 1.3.4　J_v 与 K_v 对照表

J_v/（条·m^{-3}）	<3	3~10	10~20	20~35	>35
K_v	>0.75	0.75~0.55	0.55~0.35	0.35~0.15	<0.15

⑥ K_v 与定性划分的岩体完整程度的对应关系可按表 1.3.5 确定。

表 1.3.5　岩体完整程度按岩体完整性系数（K_v）划分

岩体完整性系数 K_v	>0.75	0.75~0.55	0.55~0.35	0.35~0.15	<0.15
岩体体积节理数 J_v/（条·m^{-3}）	<3	3~10	10~20	20~35	>35
岩体完整程度	完　整	较完整	较破碎	破　碎	极破碎

注：岩体完整性指标 K_v 应采用实测值，当无条件取得实测值时，也可用岩体体积节理数 J_v 确定对应的 K_v 值。

$$K_v = (v_{pm}/v_{pr})^2 \tag{1.3.2}$$

式中　v_{pm}——岩体弹性纵波速度，km/s；

v_{pr}——岩石弹性纵波速度，km/s。

1.3.4　围岩基本质量指标 BQ

围岩基本质量指标 BQ 应根据分级因素的定量指标 R_c 值和 K_v 值按式（1.3.3）计算

$$BQ = 90 + 3R_c + 250K_v \tag{1.3.3}$$

式中　R_c——岩石单轴饱和抗压强度，MPa；

K_v——岩体完整性系数。

① 当 $R_c>90K_v+30$ 时，应以 $R_c=90K_v+30$ 和 K_v 代入计算 BQ 值。

② 当 $K_v>0.04R_c+0.4$ 时，应以 $K_v=0.04R_c+0.4$ 和 R_c 代入计算 BQ 值。

围岩详细定级时，如遇下列情况之一(见表 1.3.6 ~ 表 1.3.9)，应对岩体基本质量指标 BQ 进行修正：

$$[BQ] = BQ - 100(K_1 + K_2 + K_3) \tag{1.3.4}$$

式中 [BQ]——围岩基本质量指标修正值；

BQ——围岩基本质量指标值；

K_1——地下水影响修正系数；

K_2——主要软弱结构面产状影响修正系数；

K_3——初始应力状态影响修正系数。

表 1.3.6 地下水影响修正系数 K_1

地下水出水状态	BQ			
	>450	450 ~ 351	350 ~ 251	<250
潮湿或点滴状出水	0	0.1	0.2 ~ 0.3	0.4 ~ 0.6
淋雨状或涌流状出水，水压≤0.1 MPa 或单位出水量≤10 L/(min · m)	0.1	0.2 ~ 0.3	0.4 ~ 0.6	0.7 ~ 0.9
淋雨状或涌流状出水，水压>0.1 MPa 或单位出水量>10 L/(min · m)	0.2	0.4 ~ 0.6	0.7 ~ 0.9	1.0

表 1.3.7 主要软弱结构面产状影响修正系数 K_2

结构面产状及其与洞轴线的组合关系	结构面走向与洞轴线夹角<30°，结构面倾角 30° ~ 75°	结构面走向与洞轴线夹角>60°，结构面倾角>75°	其他组合
K_2	0.4 ~ 0.6	0 ~ 0.2	0.2 ~ 0.4

表 1.3.8 初始应力状态影响修正系数 K_3

初始应力状态	BQ				
	>550	550 ~ 451	450 ~ 351	350 ~ 251	<250
极高应力区	1.0	1.0	1.0 ~ 1.5	1.0 ~ 1.5	1.0
高应力区	0.5	0.5	0.5	0.5 ~ 1.0	0.5 ~ 1.0

表 1.3.9 高初始应力地区围岩在开挖过程中出现的主要现象

应力情况	主 要 现 象	R_c/σ_{max}
极高应力	1. 硬质岩：开挖过程中有岩爆发生，有岩块弹出，洞壁岩体发生剥离，新生裂缝多，成洞性差； 2. 软质岩：岩芯常有饼花现象，开挖过程中洞壁岩体有剥离，位移极为显著，甚至发生大位移，持续时间长，不易成洞	<4
高应力	1. 硬质岩：开挖过程中可能出现岩爆，洞壁岩体有剥离和掉块现象，新生裂缝较多，成洞性差； 2. 软质岩：岩芯时有饼花现象，开挖过程中洞壁岩体位移显著，持续时间长，成洞性差	4 ~ 7

注：σ_{max} 为垂直洞轴线方向的最大初始应力。

1.3.5　围岩级别的确定

可根据调查、勘探、试验等资料，岩石隧道的围岩定性特征，围岩基本质量指标 BQ 值，或修正的围岩指标[BQ]值，土体隧道中的土体类型，密实桩等定性特征，按表 1.3.10 确定围岩级别。

表 1.3.10　公路隧道围岩分级

<table>
<tr><th>围岩级别</th><th colspan="2">围岩或土体主要定性特征</th><th>围岩基本质量指标 BQ 或修正的围岩基本质量指标[BQ]</th></tr>
<tr><td>Ⅰ</td><td colspan="2">坚硬岩，岩体完整，巨整体或巨厚层状结构</td><td>>550</td></tr>
<tr><td>Ⅱ</td><td colspan="2">坚硬岩，岩体较完整，块状或厚层状结构；
较坚硬岩，岩体完整，块状整体结构</td><td>550～451</td></tr>
<tr><td>Ⅲ</td><td colspan="2">坚硬岩，岩体较破碎，巨块（石）碎（石）状镶嵌结构；
较坚硬岩或较硬岩层，岩体较完整，块状体或中厚层结构</td><td>450～351</td></tr>
<tr><td rowspan="2">Ⅳ</td><td colspan="2">坚硬岩，岩体破碎，碎裂结构；
较坚硬岩，岩体较破碎～破碎，镶嵌碎裂结构；
较软岩或软硬岩互层，且以软岩为主，岩体较完整～较破碎，中薄层状结构</td><td rowspan="2">350～251</td></tr>
<tr><td>土体</td><td>压密或成岩作用的黏性土及沙性土；
黄土（Q_1、Q_2）；
一般钙质、铁质胶结的碎石土、卵石土、大块石土</td></tr>
<tr><td rowspan="2">Ⅴ</td><td colspan="2">较软岩，岩体破碎；
软岩，岩体较破碎～破碎；
极破碎各类岩体，碎、裂状，松散结构</td><td>≤250</td></tr>
<tr><td colspan="2">一般第四系的半干硬～硬塑的黏性土及稍湿至潮湿的碎石土、卵石土、圆砾、角砾土及黄土（Q_3、Q_4）；非黏性土呈松散结构，黏性土及黄土呈松软结构</td><td>/</td></tr>
<tr><td>Ⅵ</td><td colspan="2">软塑状黏性土及潮湿、饱和粉细沙层、软土等</td><td>/</td></tr>
</table>

注：本表不适用于特殊条件的围岩分级，如膨胀性围岩、多年冻土等。

当根据岩体基本因素定性划分与[BQ]值确定的级别不一致时，应重新审查定性特征和定量指标计算参数的可靠性，并对它们进行冲洗、观察、测试。

1.3.6　围岩的自稳能力

各级围岩的自稳能力宜根据围岩变形量测和理论计算分析来评定，也可按表 1.3.11 作出大致的评判。

表 1.3.11 隧道各级围岩自稳能力判断

岩体级别	自 稳 能 力
Ⅰ	跨度 20 m,可长期稳定,偶有掉块,无塌方
Ⅱ	跨度 10～20 m,可基本稳定,局部可能发生掉块或小塌方; 跨度 10 m,可长期稳定,偶有掉块
Ⅲ	跨度 10～20 m,可稳定数日至 1 月,可发生小～中塌方; 跨度 5～10 m,可稳定数月,可发生局部块体位移及小～中塌方; 跨度 5 m,可基本稳定
Ⅳ	跨度 5 m,一般无自稳能力,数日至数月内可发生松动变形、小塌方,进而发展为中～大塌方;埋深小时,以拱部松动破坏为主;埋深大时,有明显塑性流动变形和挤压破坏; 跨度<5 m,可稳定数日至 1 月
Ⅴ	无自稳能力,跨度 5 m 或更小时,可稳定数日
Ⅵ	无自稳能力

注:① 小塌方:塌方高度<3 m,或塌方体积<30 m^3;② 中塌方:塌方高度 3～6 m,或塌方体积 30～100 m^3;③ 大塌方:塌方高度>6 m,或塌方体积>100 m^3。

1.4 隧道围岩压力

隧道结构上的荷载指施加在衬砌上而使结构产生变形的荷载,分主要荷载和附加荷载(表 1.4.1)。主要荷载(也称永久荷载)指长期及经常作用的荷载,有围岩压力、回填土压力、衬砌自重、地下水压力以及车辆荷载等;附加荷载(包括可变荷载和偶然荷载)指非经常作用的荷载,有衬砌背后注浆压力、冻胀压力、混凝土收缩应力、温度应力以及地震力等[1,3]。

表 1.4.1 隧道荷载分类

序号	荷载分类		荷 载 名 称
1	永久荷载		围岩压力
2			土压力
3			结构自重
4			结构附加恒载
5			混凝土收缩和徐变的影响力
6			水压力
7	可变荷载	基本可变荷载	公路车辆荷载、人群荷载
8			立交公路车辆荷载及其所产生的冲击力、土压力
9			立交铁路列车荷载及其所产生的冲击力、土压力
10		其他可变荷载	立交渡槽流水压力
11			温度变化的影响力
12			冻胀力
13			施工荷载
14	偶然荷载		落石冲击力
15			地震力

注:编号 1～10 为主要荷载;编号 11、12、14 为附加荷载;编号 13、15 为特殊荷载。

围岩压力是指引起地下开挖空间周围岩体和支护变形或破坏的作用力。它包括由地应力引起的围岩力以及围岩变形受阻而作用在支护结构上的力。从广义来理解,围岩压力既包括围岩有支护的情况,也包括围岩无支护的情况;既包括普通传统支护方法中所显示的力学性质,也包括喷锚和压力灌浆等现代支护方法中所显示的力学性质。从狭义来理解,围岩压力是指围岩作用在支护结构上的力。

隧道围岩压力主要分为深埋隧道中的围岩压力以及浅埋隧道中的围岩压力,其计算原理如下。

1.4.1　深埋隧道中的围岩压力

1.4.1.1　Ⅰ~Ⅳ级围岩深埋隧道围岩压力

Ⅰ~Ⅳ级围岩深埋隧道围岩压力主要为变形压力,其值可按释放荷载计算。

Ⅳ级以下围岩,喷射混凝土层将在围岩共同变形过程中对围岩提供支护抗力,使围岩变形得到控制,从而使围岩保持稳定。与此同时,喷层将受到来自围岩的挤压力,这种挤压力由围岩变形引起,常称"形变压力"。

Ⅳ级以下围岩一般呈塑性和流变特性,洞室开挖后变形的发展往往会持续较久的时间。采用模筑混凝土支护围岩时,顶替原有临时支护时扰动围岩以及衬砌同周围岩体不密贴都可招致松散压力。而当坍落发展到一定程度时,衬砌将与围岩密贴,并随围岩变形的继续发展受到挤压,从而经受形变压力。可见围岩与支护间形变压力的传递是一个随时间的推进而逐渐发展的过程。这类现象习称时间效应。

有限元分析中,形变压力常在计算过程中同时确定,而作为开挖效应的模拟,直接施加的荷载是在开挖边界上施加的释放荷载。

释放荷载可由已知初始地应力或与前一步开挖相应的应力场确定。先求得预计开挖边界上各节点的应力,并假定各节点间应力呈线性分布,然后反转开挖边界上各节点应力的方向(改变其符号),据以求得释放荷载,如图1.4.1所示。

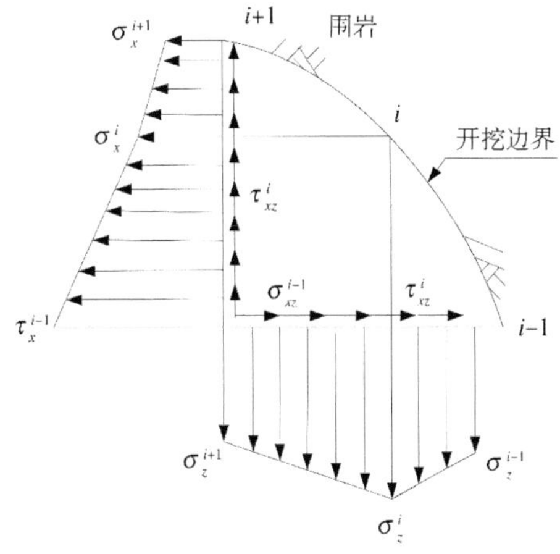

图1.4.1　开挖边界节点

（1）初始地应力的确定

初始地应力$\{\sigma_0\}$的确定常需专门研究。对岩石地层，初始地应力可分为自重地应力和构造地应力两部分。其中自重地应力可由有限元法求得，构造地应力可由位移反分析法确定。如将其假设为均布应力或线性分布力，并将其余自重地应力叠加，则可得到初始地应力的计算式为：

$$\left.\begin{aligned}\sigma_x &= \alpha_1 + \alpha_4 z\\ \sigma_z &= \alpha_2 + \alpha_5 z\\ \tau_{xz} &= \alpha_3\end{aligned}\right\} \tag{1.4.1}$$

式中　$\alpha_1 \sim \alpha_5$——常系数；

z——竖直坐标。

对软土地层，初始地应力的垂直分量可取为自重应力，水平分量则常由根据经验给出的水平侧压力系数K_0算得，初始地应力计算式为：

$$\sigma_z = \sum \gamma_i H_i \tag{1.4.2}$$

$$\sigma_x = K_0(\sigma_z - p_w) + p_w \tag{1.4.3}$$

式中　σ_z,σ_x——竖直方向和水平方向初始地应力；

γ_i——计算点以上第i层土的重度；

H_i——相应土层的厚度；

p_w——计算点的孔隙水压力。

（2）释放荷载的计算

对各开挖阶段状态，有限元分析的表达式可写为：

$$[K]_i\{\Delta\delta\}_i = \{\Delta F_r\}_i + \{\Delta F_a\}_i \qquad (i = 1, L) \tag{1.4.4}$$

式中　L——开挖阶段数；

$[K]_i$——第i开挖阶段岩土体和结构的总刚度矩阵，由式$[K]_i = [K]_0 + \sum_{\lambda=1}^{i}[\Delta K]_\lambda$计算；

$[K]_0$——岩土体和结构（开挖开始前存在时）的初始总刚度矩阵；

$[\Delta K]_\lambda$——第λ开挖阶段岩土体和结构刚度的增量或减量，用以体现岩土体单元的挖除、填筑及结构单元的施作或拆除；

$\{\Delta F_r\}_i$——第i开挖阶段开挖边界上的释放荷载的等效节点力；

$\{\Delta F_a\}_i$——第i开挖阶段新增自重等的等效节点力；

$\{\Delta\delta\}_i$——第i开挖阶段的节点位移增量。

采用增量初应变法解题时，对每个开挖步，增量加载过程的有限元分析的表达式为：

$$[K]_{ij}\{\Delta\delta\}_{ij} = \{\Delta F_r\}_i \cdot \alpha_{ij} + \{\Delta F_a\}_{ij} \qquad (i = 1, L; j = 1, M) \tag{1.4.5}$$

式中　M——各开挖步增量加载的次数；

$[K]_{ij}$——第i开挖步中施加第j增量步时的刚度矩阵$[K]_{ij} = [K]_{i=1} + \sum_{\xi=1}^{i}[\Delta K]_{i\xi}$；

α_{ij}——与第i开挖步第j增量步相应的开挖边界释放荷载系数，开挖边界荷载完全释放时有$\sum_{j=1}^{M}\alpha_{ij} = 1$；

$\{\Delta F_a\}_{ij}$——第 i 开挖步第 j 增量步新增自重等的等效节点力；

$\{\Delta\delta\}_{ij}$——第 i 开挖步第 j 增量步的节点位移增量。

增量时步加荷过程中，部分岩土体进入塑性状态后，由材料屈服引起的过量塑性应变以初应变的形式被转移，并由整个体系中的所有单元共同负担。每一时步中，各单元与过量塑性应变相应的初应变均以等效节点力的形式起作用，并处理为再次计算时的节点附加荷载，据以进行迭代运算，直至时步最终计算时间，并满足给定的精度要求。

岩土体单元出现受拉破坏或节理、接触单元发生破坏后，沿破坏方向的单元应力需予转移，计算过程将其处理为等效节点力，据以进行迭代计算。

1.4.1.2　Ⅳ ~ Ⅵ级围岩深埋隧道

目前我国公路隧道和铁路隧道所采用的计算围岩竖向均布压力的计算式，是以工程类比为基础，统计分析了我国数百座隧道坍方调查资料而拟定的。

Ⅳ ~ Ⅵ级围岩中深埋隧道的围岩压力以松动压力为松散荷载时，其垂直均布压力及水平均匀压力可按下列公式计算。

围岩竖向均布压力 q 按下式计算：

$$q = 0.45 \times 2^{6-s} \times \gamma\omega \quad (\mathrm{kN/m^2}) \tag{1.4.6}$$

式中　s——围岩级别，如属Ⅱ级，则 $s=2$；

γ——围岩重度，$\mathrm{kN/m^3}$；

ω——宽度影响系数，$\omega=1+i(B-5)$；

B——隧道宽度，m；

i——以 $B=5$ m 为基准，B 每增减 1 m 时的围岩压力增减率。当 $B<5$ m，取 $i=0.2$；当 $B>5$ m，取 $i=0.1$。

式(1.4.6)的适用条件为：

① $H/B<1.7$，式中 H 为隧道高度；

② 深埋隧道；

③ 不产生显著偏压力及膨胀力的一般隧道；

④ 采用钻爆法施工的隧道。

围岩的水平均布压力按表 1.4.2 中的经验公式计算。

表 1.4.2　围岩水平均布压力

围岩级别	Ⅵ，Ⅴ	Ⅳ	Ⅲ	Ⅱ	Ⅰ
水平均布压力	0	$<0.15q$	$(0.15\sim0.3)q$	$(0.3\sim0.5)q$	$(0.5\sim1.0)q$

在确定了围岩压力的数值后，一个重要的问题是考虑压力分布特征。我国隧道围岩压力的一些量测结果表明：作用在支护结构上的荷载是不均匀的，这是因为在Ⅴ及Ⅳ级围岩中，局部塌方是主要的，而其他级别的围岩中，岩体破坏范围的形状和大小受岩体结构、施工方法等因素的控制，也是极不规则的。根据统计资料，围岩竖向压力的分布图大致如图 1.4.2所示，用等效荷载即非均布压力的总和应与均布压力的总和相等的方法，来确定各种荷载图形的最大压力值。另外，还应考虑围岩水平压力分布情况。

上述压力分布图形只概括了一般情况，当地质、地形或其他原因可能产生特殊荷载时，

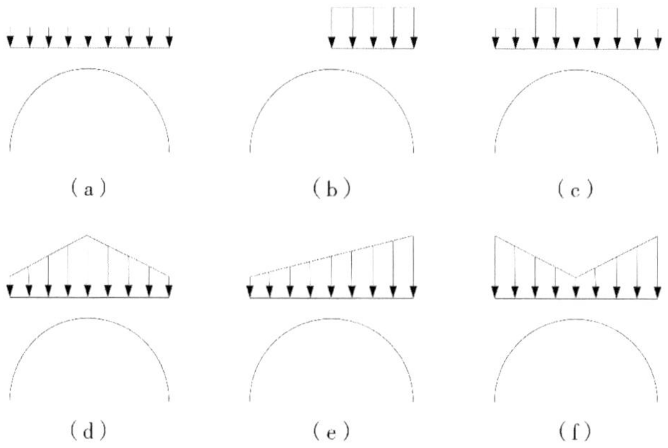

图 1.4.2　围岩压力特征分布

围岩压力的大小和分布应根据实际情况分析确定。在分析支护结构时，一般以竖向和水平均布荷载图形为主，并用局部压力、偏压以及其他非均匀分布的水平和竖直荷载图形校核。

1.4.2　浅埋隧道中的围岩压力

1.4.2.1　浅埋和深埋隧道的分界标准

浅埋隧道一般出现在山岭隧道的洞口附近，埋置深度较浅。深埋和浅埋隧道的分界，按荷载等效高度值，并结合地质条件、施工方法等因素综合判定。按荷载等效高度的判定式为：

$$H_p = (2 \sim 2.5)h_q \tag{1.4.7}$$

式中　H_p——深、浅埋隧道分界深度，m；

h_q——荷载等效高度，m，按下式计算：

$$h_q = q/\gamma \tag{1.4.8}$$

q——深埋隧道竖向均布压力，kN/m^2；

γ——围岩重度，kN/m^3。

在矿山法施工的条件下，Ⅰ～Ⅲ级围岩取

$$H_p = 2.5h_q \tag{1.4.9}$$

Ⅳ～Ⅵ级围岩取

$$H_p = 2h_q \tag{1.4.10}$$

1.4.2.2　浅埋隧道围岩压力

分下述两种情况分别计算：

(1) 埋深(H)小于或等于等效荷载高度 h_q时，荷载视为均布竖向压力：

$$q = \gamma H \tag{1.4.11}$$

式中　q——均布竖向压力，kPa；

γ——深度 H 上覆围岩重度，kN/m^3；

H——隧道埋深，指隧道顶至地面的距离，m。

侧向压力 e，按均布考虑时，其值为：

$$e=\gamma(H+H_i/2)\tan^2(45°-\varphi/2) \tag{1.4.12}$$

式中　e——侧向均布压力,kPa;

γ——围岩重度,kN/m^3;

H——隧道埋深,m;

H_i——隧道高度,m;

φ——围岩计算摩擦角,(°),其值可查有关规范。

(2) 埋深大于 h_q、小于等于 H_p 时,为便于计算,做如下假定:假定土体中形成的破裂面是一条与水平成 β 角的斜直线,如图 1.4.3 所示;$EFHG$ 岩(土)体下沉,带动两侧三棱土体(如图中 FDB 及 ECA)下沉,整个土体 $ABDC$ 下沉时,又要受到未扰动岩(土)体的阻力;斜直线 AC 或 BD 是假定的破裂面,分析时考虑黏聚力 C,并采用了计算摩擦角 φ;另一滑面 FH 或 EG 则并非破裂面,因此,滑面阻力要小于破裂滑面的阻力,若该滑面的摩擦角为 θ,则 θ 值应小于 φ 值,无实测资料时,θ 可按表 1.4.3 采用。

表 1.4.3　各级围岩的 θ 值

围岩级别	Ⅰ,Ⅱ,Ⅲ	Ⅳ	Ⅴ	Ⅵ
θ 值	0.9φ	$(0.7\sim0.9)\varphi$	$(0.5\sim0.7)\varphi$	$(0.3\sim0.5)\varphi$

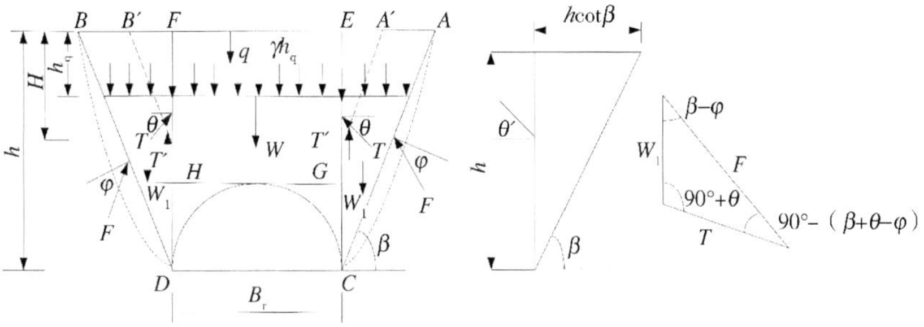

图 1.4.3　浅埋隧道围岩压力

设图 1.4.3 中隧道上覆岩体 $EFHG$ 的重力为 W,两侧三棱岩体 FDB 或 ECA 的重力为 W_1,未扰动岩体对整个滑动土体的阻力为 F,当 $EFHG$ 下沉,两侧受到的阻力为 T 或 T',可见作用于 HG 面上的垂直压力总值 $Q_{浅}$ 为:

$$Q_{浅}=W-2T'=W-2T\sin\theta \tag{1.4.13}$$

三棱体中自重为:

$$W_1=\gamma h(h/\tan\beta)/2 \tag{1.4.14}$$

式中　γ——围岩重度,kN/m^3;

h——隧道底部到地面的距离,m;

β——破裂面与水平面的夹角,(°)。

由正弦定律可得

$$T=\{\sin(\beta+\varphi)/\sin[90°-(\beta-\varphi+\theta)]\}W_1 \tag{1.4.15}$$

将式(1.4.14)代入可得

$$T=\frac{1}{2}\cdot\frac{\gamma h^2\lambda}{\cos\theta} \quad (1.4.16)$$

$$\lambda=(\tan\beta-\tan\varphi)/\{\tan\beta[1+\tan\beta(\tan\varphi-\tan\theta)+\tan\varphi\tan\theta]\} \quad (1.4.17)$$

$$\tan\beta=\tan\varphi+\{(\tan^2\varphi+1)\tan\varphi/(\tan\varphi-\tan\theta)\}^{1/2} \quad (1.4.18)$$

式中　λ——侧压力系数；

其他符号意义同前。

至此，极限最大阻力 T 值可求得。得到 T 值后，代入式(1.4.11)，可求得作用在 HG 面上的总竖向压力 $Q_{浅}$：

$$Q_{浅}=W-2T\sin\theta=W-\gamma h^2\lambda\tan\theta \quad (1.4.19)$$

由于 GC、HD 与 EG、FH 相比往往较小，而且衬砌与土之间的摩擦角也不同，前面分析按 θ 计，当中间土块下滑时，由 FH 及 EG 面传递，考虑压力稍大些对设计的结构也偏于安全，因此，摩擦力不计隧道部分而只计洞顶部分，即在计算中用埋深 H 代替 h，式(1.4.19)为

$$Q_{浅}=W-\gamma H^2\lambda\tan\theta$$

由于 $W=B_t H\gamma$

故

$$Q_{浅}=\gamma H(B_t-H\lambda\tan\theta) \quad (1.4.20)$$

式中　B_t——隧道宽度，m；

H——洞顶至地面距离，即埋深，m；

其他符号意义同前。

换算为作用在支护结构上的均布荷载如图 1.4.4 所示。

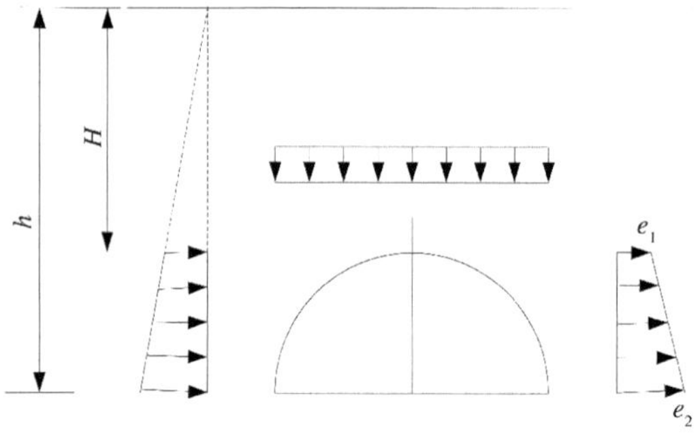

图 1.4.4　浅埋隧道换算为均布荷载

$$q_{浅}=Q_{浅}/B_t=\gamma H(1-H/B_t\cdot\lambda\tan\theta) \quad (1.4.21)$$

式中　$q_{浅}$——作用在支护结构上的均布荷载。

作用在支护结构两侧的水平侧压力为

$$\left.\begin{aligned}e_1&=\gamma H\lambda\\e_2&=\gamma h\lambda\end{aligned}\right\} \quad (1.4.22)$$

式中符号意义同前。

侧压力视为均布时，侧压力为

$$e=(e_1+e_2)/2 \quad (1.4.23)$$

1.5　隧道施工方法

隧道施工方法是指隧道开挖、支护与量测方法、施工技术和施工管理的总称。

根据所处的地质环境不同,可将公路隧道分为山岭隧道、浅埋及软土隧道以及水底(江河、海峡)隧道。本节所指的隧道开挖方法主要是指山岭隧道的开挖方法,包括矿山法也称“钻爆法”(传统矿山法、新奥法)以及掘进机法。应根据隧道长度、断面大小、结构形式、工期要求、机械设备、地质条件等,选择适宜的开挖方案,并应具有较大适应性。现行公路隧道主要采用钻爆法中的新奥法,其开挖方法主要有全断面法、台阶法,以及环形开挖留核心土法、中隔壁法、双侧壁导坑法及中导洞法等施工方法[2]。

在当前隧道施工实践中,从施工造价及施工速度考虑,施工方法的选择顺序为:全断面法→台阶法→环形开挖留核心土法→中隔壁法(CD法)→交叉中隔壁法(CRD法)→双侧壁导坑法;从施工安全角度考虑,其选择顺序应反过来。如何正确选择,应根据实际情况综合考虑,但必须符合安全、快速、质量和环保的要求,达到规避风险、加快进度和节约投资的目的。各开挖方法的适用条件如下:

(1) 全断面开挖法就是按照设计轮廓一次爆破成形,然后修建衬砌的施工方法。全断面法可用于Ⅰ~Ⅲ级围岩的中小跨度隧道,Ⅳ级围岩中跨度隧道和Ⅲ级围岩大跨度隧道在采用了有效的预加固措施后,也可采用全断面法开挖。

对于邻近有建筑物需要控制爆破震动速度的隧道用全断面法开挖时,可以选择导洞超前再全断面扩挖的方法施工,但应控制导洞超前距离。

(2) 台阶法是隧道及地下工程的施工方法之一。又有正台阶法和反台阶法之分,反台阶法又称中隔壁台阶法。按台阶长短有长台阶、短台阶和超短台阶三种。近年由于大断面隧道的设计,又有三台阶临时仰拱法,预留核心土台阶法,甚至多台阶法。台阶法可用于Ⅲ~Ⅳ级围岩的中小跨度隧道开挖,Ⅴ级围岩的中小跨度隧道在采用了有效的预加固措施后亦可采用台阶法开挖。采用台阶法施工时应符合下列规定:

① 上台阶高度宜为2.5 m,装渣机械应紧跟开挖面,减少扒渣距离。

② 控制上台阶钢架下沉和变形,可采用扩大拱脚和加强锁脚锚杆,加设临时仰拱等措施。

③ 当岩体不稳定时,应缩短进尺,先施工边墙支护,后开挖中间土体,左右错开或拉中槽后再挖边帮,并及时施工仰拱。

④ 应解决好上、下部施工干扰问题,下部应减少对上部围岩、支护的干扰和破坏。

(3) 环形开挖预留核心土法是在上部断面以弧形导坑领先,其次开挖下半部两侧,再开挖中部核心土的方法。环形开挖留核心土法可用于Ⅳ~Ⅴ级围岩或一般土质围岩的中小跨度隧道。

(4) 中隔壁法(CD法)是在软弱围岩大跨度隧道中,先分部开挖隧道的一侧,并施作中隔壁,然后再分部开挖另一侧的施工方法,可适用Ⅳ~Ⅴ级围岩浅埋双线隧道。交叉中隔壁法(CRD法)是在软弱围岩大跨度隧道中,先分部开挖隧道的一侧,施作中隔壁和横隔板,再分部开挖隧道的另一侧并完成横隔板施工的施工方法,适用于Ⅳ~Ⅵ级围岩浅埋的双线隧道或多线隧道。

(5）双侧壁导坑法是隧道开挖的一种方式,又称双侧壁导洞法或眼镜工法。属于新奥法的一个分支,以新奥法基本原理为依据。双侧壁导坑法适用于浅埋大跨度隧道及地表下沉量要求严格而围岩条件很差的情况。

隧道各种开挖方法具体的施工工艺见表 1.5.1。变换开挖方法时,应有过渡措施。

表 1.5.1　开挖方法及开挖、支护顺序图

开挖方法名称	图　例	开挖顺序说明
全断面法	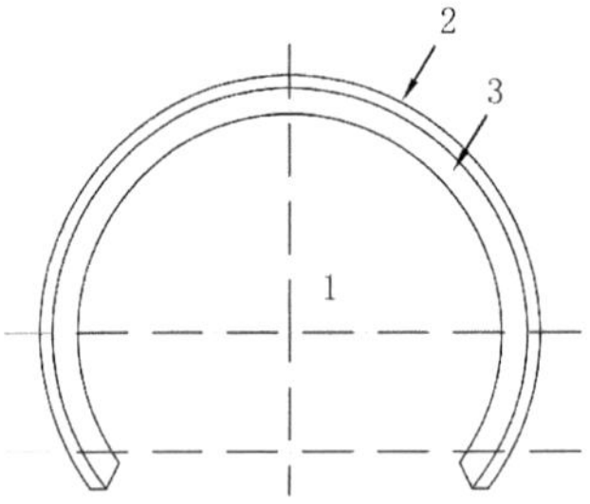	1. 全断面开挖; 2. 喷锚支护; 3. 灌筑衬砌
台阶法	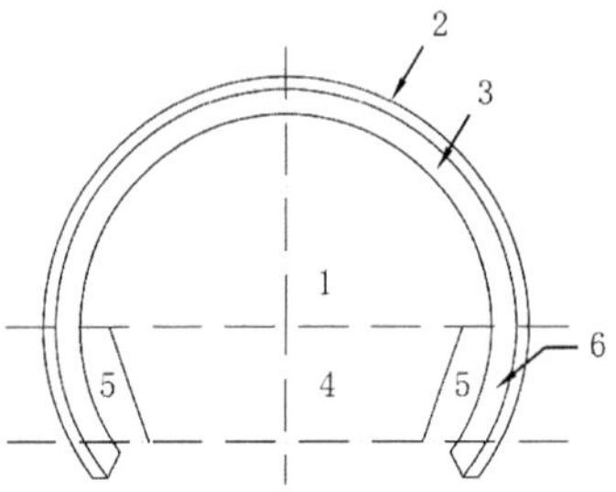	1. 上半部开挖; 2. 拱部喷锚支护; 3. 拱部衬砌; 4. 下半部中央部开挖; 5. 边墙部开挖; 6. 边墙喷锚支护及衬砌
台阶分部法	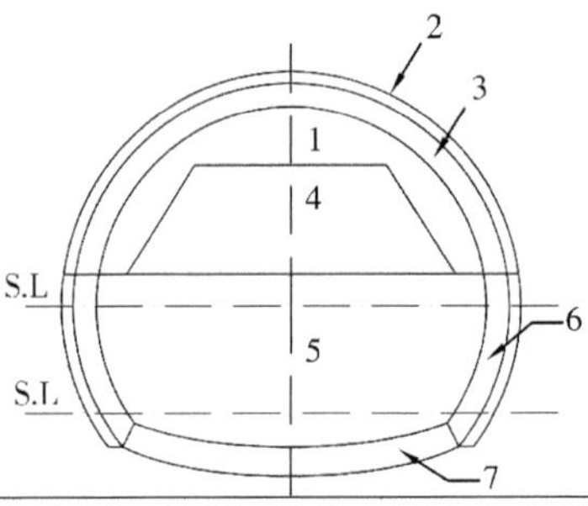	1. 上弧形导坑开挖; 2. 拱部喷锚支护; 3. 拱部衬砌; 4. 中核开挖; 5. 下部开挖; 6. 边墙喷锚支护及衬砌; 7. 灌筑仰拱
上下导坑法	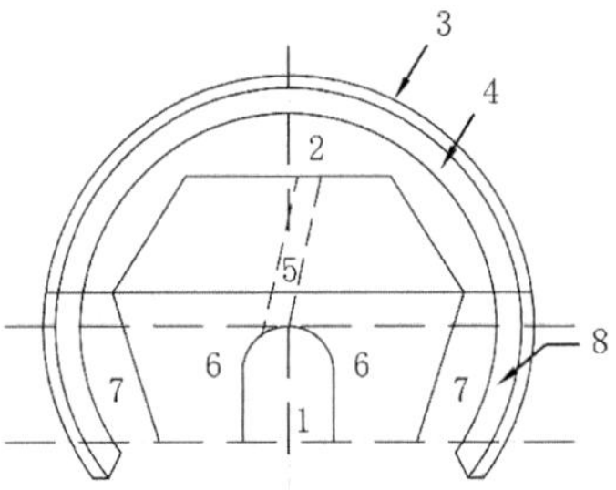	1. 下导坑开挖; 2. 上弧形导坑开挖; 3. 拱部喷锚支护; 4. 拱部衬砌; 5. 设漏斗,随着推进开挖中核; 6. 下半部中部开挖; 7. 边墙部开挖; 8. 边墙喷锚支护衬砌

表 1.5.1(续)

开挖方法名称	图　　例	开挖顺序说明
上导坑法	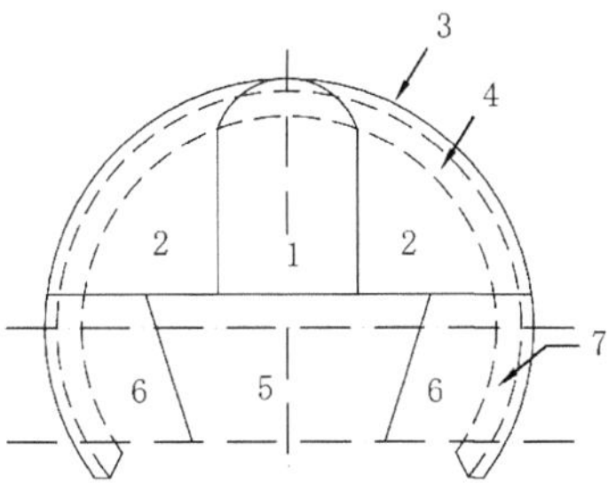	1. 上导坑开挖; 2. 上半部其他部位开挖; 3. 拱部喷锚支护; 4. 拱部衬砌; 5. 下半部中部开挖; 6. 边墙部开挖; 7. 边墙喷锚支护及衬砌
单侧壁导坑法 (中隔壁墙法)	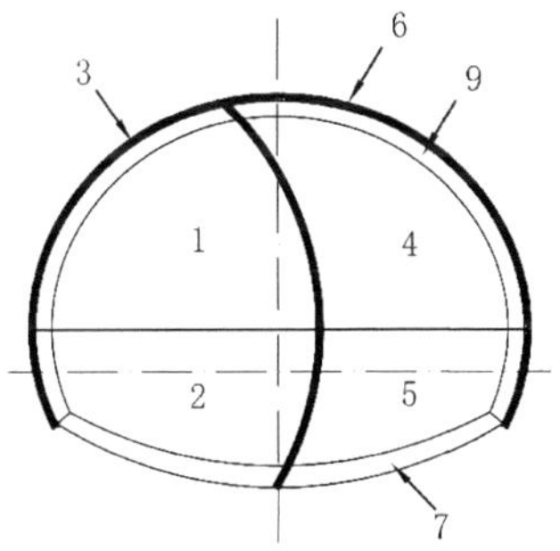	1. 先行导坑上部开挖; 2. 先行导坑下部开挖; 3. 先行导坑喷锚支护钢架支撑等,设置中隔壁墙临时支撑(含喷锚钢架); 4. 后行导坑上部开挖; 5. 后行导坑下部开挖; 6. 后行导坑喷锚支护、钢架支撑; 7. 灌筑仰拱; 8. 拆除中隔壁墙; 9. 灌筑全周衬砌
双侧壁导坑法	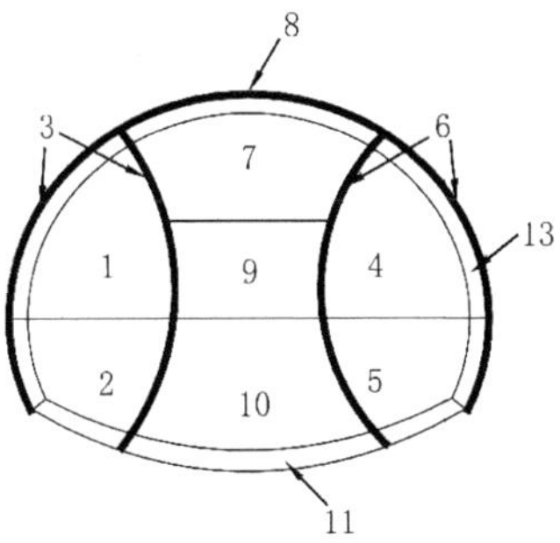	1. 先行导坑上部开挖; 2. 先行导坑下部开挖; 3. 先行导坑喷锚支护、钢架支撑等,设置临时壁墙支撑; 4. 后行导坑上部开挖; 5. 后行导坑下部开挖; 6. 后行导坑喷锚支护、钢架支撑等,设置临时壁墙支撑; 7. 中央部拱顶开挖; 8. 中央部拱顶喷锚支护、钢架支撑等; 9,10. 中央部其余部开挖; 11. 灌筑仰拱; 12. 拆除临时壁墙; 13. 灌筑全周衬砌

表 1.5.1(续)

开挖方法名称	图　　例	开挖顺序说明
中隔壁法 (CD 法)	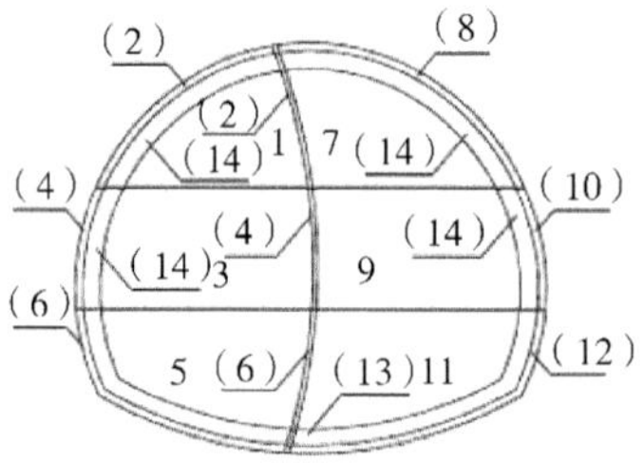	1. 先行导坑上部开挖; 2. 先行导坑上部初期支护; 3. 先行导坑中部开挖; 4. 先行导坑中部初期支护; 5. 先行导坑下部开挖; 6. 先行导坑下部初期支护; 7. 后行导坑上部开挖; 8. 后行导坑上部初期支护; 9. 后行导坑中部开挖; 10. 后行导坑中部初期支护; 11. 后行导坑下部开挖; 12. 后行导坑下部开挖; 13. 仰拱超前浇筑; 14. 全断面二次衬砌
交叉中隔壁法 (CRD 法)	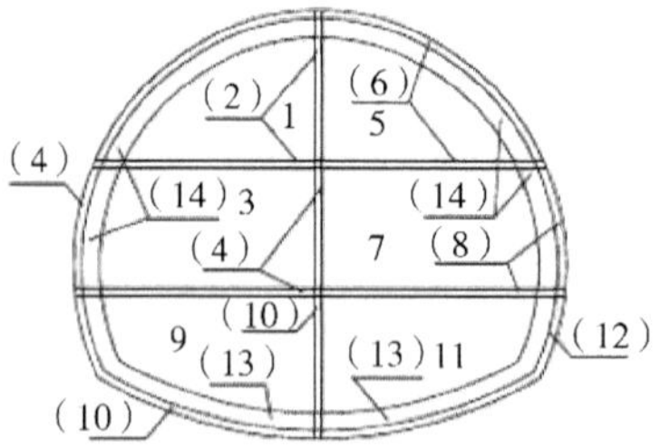	1. 左侧上部开挖; 2. 左侧上部初期支护; 3. 左侧中部开挖; 4. 左侧中部初期支护; 5. 右侧上部开挖; 6. 右侧上部初期支护; 7. 右侧中部开挖; 8. 右侧中部初期支护; 9. 左侧下部开挖; 10. 左侧下部初期支护; 11. 右侧下部开挖; 12. 右侧下部初期支护; 13. 仰拱超前浇筑; 14. 全断面二次衬砌
环形开挖 留核心土法	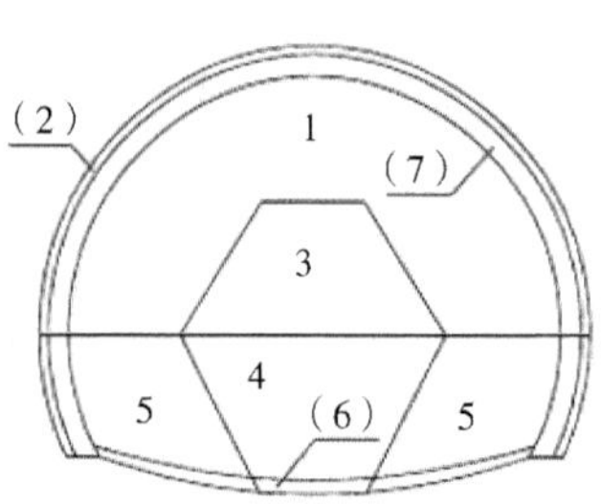	1. 上弧形导坑开挖; 2. 拱部初期支护; 3. 预留核心土开挖; 4. 左侧下部初期支护; 5. 下台阶侧壁部开挖; 6. 仰拱超前浇筑; 7. 全断面二次衬砌

注:① 图例中省略了锚杆;

② 图中所列方法为基本开挖方法,根据具体情况可作适当变换。

1.6　隧道衬砌

隧道衬砌是指为控制和防止围岩变形或坍落，确保围岩的稳定，或为处理涌水和漏水，或为隧道的内空整齐或美观等目的，将隧道周边围岩覆盖起来的结构体。隧道衬砌分为整体式模筑混凝土衬砌（就地灌筑混凝土衬砌）；拼装式衬砌（将衬砌分成若干块构件，这些构件在现场或工厂预制，然后运到坑道内用机械将它们拼装成一环接着一环的衬砌）；喷锚衬砌（喷射混凝土和加设锚杆、喷锚支护金属网和钢架共同支护）；复合式衬砌（外衬和内衬两层，所以也叫它为"双层衬砌"）；明洞衬砌。各种衬砌的特点如下[1,3]：

喷锚衬砌：是一种加固围岩、控制围岩变形，能充分利用和发挥围岩自承能力的支护衬砌形式，具有支护及时、柔性、紧贴围岩、与围岩共同变形等特点，在受力条件上比整体式衬砌优越，对加快施工进度、节约劳动力及原材料、降低工程成本等效果显著，能保证围岩的长期稳定，是目前常用的一种围岩支护手段，适用于各种围岩地质条件。但是，由于喷锚衬砌刚度较小，若作为永久衬砌，一般考虑在Ⅰ、Ⅱ级等围岩良好、完整、稳定的地段中采用；在围岩自稳能力较差的Ⅳ～Ⅵ级围岩中，稳定和防水侵蚀方面较差，因此不宜单独采用喷锚衬砌作为永久衬砌。

整体式模筑混凝土衬砌：对地质条件的适用性较强，易于按需要成型，整体性好，抗渗性强，并适用于多种施工条件，如可用木模板、钢模板或衬砌模板台车等。

装配式衬砌：拼装成环后立即受力，便于机械化施工，改善劳动条件，节省劳力。目前多在使用盾构法施工的城市地下铁道中采用。

复合式衬砌：复合式衬砌的初期支护采用喷锚支护，二次衬砌采用模筑混凝土衬砌。其优点是能充分发挥喷锚支护快速、及时、与围岩密贴的特点，充分发挥围岩的自承能力，使二次衬砌所受力降到最小；复合式衬砌由于在初期支护和二次衬砌之间铺设防水层，解决了隧道衬砌渗漏水问题；二次衬砌通常采用模筑混凝土衬砌，具有长期可靠的作用，能保证隧道内壁的平整，满足隧道对外观的基本要求，是一种较为合理的结构形式，适用于多种围岩地质条件，有其广阔的发展前景。

1.6.1　衬砌设置原则

① 公路隧道可根据隧道围岩地质条件、施工条件和使用要求，分别采用喷锚衬砌、整体式衬砌、复合衬砌、离壁式衬砌、预制管片衬砌等衬砌类型。高速公路、一级公路、二级公路的隧道一般采用复合式衬砌；三级及三级以下公路的隧道，隧道洞口段宜采用复合式衬砌或整体式衬砌，洞身为Ⅰ、Ⅱ、Ⅲ级围岩条件时可采用喷锚衬砌；特殊条件下可采用预制管片衬砌或离壁式衬砌。

② 衬砌结构应在洞口段、浅埋段、断层破碎带前后、硬软地层分界处及荷载发生较大变化处设置变形缝。变形缝的纵向间距宜为 10～25 m，双车道隧道可取低值，三车道隧道可取高值；地形、地质条件变化显著地段取低值，变化较小地段可取高值。

③ 隧道洞口段衬砌应予加强。加强范围应根据地形、地质和环境条件确定，双车道隧道不宜小于 10 m，三车道隧道不宜小于 15 m。当洞口围岩级别确定已考虑地形影响的修正时，可按照降低后的围岩级别拟定衬砌支护参数，不需另行加强。

④ 围岩较差地段的衬砌应向围岩较好的地段延伸，双车道隧道不宜小于 5 m，三车道隧道不宜小于 10 m。偏压衬砌段应向一般衬砌段延伸，延伸长度应按偏压情况确定，双车道不宜小于 10 m，三车道不宜小于 15 m。

1.6.2 复合式衬砌设计参数

复合式衬砌可采用工程类比法进行设计，并通过理论分析进行验算。初期支护及二次衬砌的支护参数可参照表 1.6.1 和表 1.6.2 选用，并应根据现场围岩监控量测信息对设计支护参数进行必要的调整。

表 1.6.1 两车道隧道复合式衬砌的设计参数

围岩级别	初期支护							二次衬砌厚度/cm	
	喷射混凝土厚度/cm		锚杆/m			钢筋网/mm	钢架	拱、墙混凝土	仰拱混凝土
	拱部、边墙	仰拱	位置	长度	间距				
Ⅰ	5	—	局部	2.0	—	—	—	30	—
Ⅱ	5～8	—	局部	2.0～2.5	—	—	—	30	—
Ⅲ	8～12	—	拱、墙	2.0～3.0	1.0～1.5	局部@25×25	—	35	—
Ⅳ	12～15	—	拱、墙	2.5～3.0	1.0～1.2	拱、墙@25×25	拱、墙	35	35
Ⅴ	15～25	—	拱、墙	3.0～4.0	0.8～1.2	拱、墙@20×20	拱、墙仰拱	45	45
Ⅵ	通过试验、计算确定								

表 1.6.2 三车道隧道复合式衬砌的设计参数

围岩级别	初期支护							二次衬砌厚度/cm	
	喷射混凝土厚度/cm		锚杆/m			钢筋网/mm	钢架	拱、墙混凝土	仰拱混凝土
	拱部、边墙	仰拱	位置	长度	间距				
Ⅰ	8	—	局部	2.5	—	局部	—	35	—
Ⅱ	8～10	—	局部	2.5～3.5	—	局部	—	40	—
Ⅲ	10～15	—	拱、墙	3.0～3.5	1.0～1.5	拱、墙@25×25	拱、墙	45	45
Ⅳ	15～20	—	拱、墙	3.0～4.0	0.8～1.0	拱、墙@20×20	拱、墙	50，钢筋混凝土	50
Ⅴ	20～30	—	拱、墙	3.5～5.0	0.5～1.0	拱、墙(双层)@20×20	拱、墙仰拱	60，钢筋混凝土	60，钢筋混凝土
Ⅵ	通过试验、计算确定								

注：有地下水时，可取大值，无地下水时，可取小值。采用钢架时，宜选用钢格栅钢架。

对软弱流变围岩、膨胀性围岩，隧道支护参数的确定还应考虑围岩变形压力继续增长的影响。

1.7　隧道防排水

公路隧道防排水质量和效果的好坏，直接影响隧道整体工程质量和运营使用。鉴于已建成隧道存在不同程度的渗漏通病，所以目前对公路隧道特别是高速公路隧道的防排水尤为重视，质量要求也特别高。

1.7.1　隧道防排水的质量要求

高速公路隧道渗漏水的危害性较大，在冻融地区的隧道渗漏水危害更大。如果隧道出现渗漏或路面溢水，会造成路面湿滑，不利于行车安全；在严寒地区由于反复冻融，会造成衬砌开裂、变形乃至破坏；冬季在隧道内渗漏水会形成冰柱及冰湖，常会诱发交通事故。同时，长期的渗漏水还会对隧道内的机电设备、消防系统和通信线路构成威胁。因此，规范要求隧道内不得有渗漏水。《公路工程质量检验评定标准》（JTG F80/1—2017）已将隧道防排水要求提升到显要位置，以突出其重要性，为的是要切实保证防排水质量，防止病害的产生，其具体要求如下[4,6-7]：

（1）高速公路、一级公路隧道和设有机电工程的一般公路隧道

① 隧道拱部、墙部、设备洞、车行横通道、人行横通道不渗水；

② 路面干燥无水；

③ 洞内排水系统不淤积、不堵塞，确保排水通畅；

④ 严寒地区隧道衬砌背后不积水，排水沟不冻结。

（2）其他公路隧道

① 拱部、边墙不滴水；

② 路面不冒水、不积水，设备箱洞处不渗水；

③ 洞内排水系统不淤积、不堵塞，确保排水通畅；

④ 严寒地区隧道衬砌背后不积水，路面干燥无水，排水沟不冻结。

1.7.2　隧道渗漏水原因

目前，国内山岭隧道设计施工绝大部分采用新奥法。大量的工程调查表明，新奥法隧道病害大部分诱因来自地下水。其主要原因如下[4,6-7]：

（1）地下水通常降低岩土体的物理力学参数，如降低围岩的内摩擦角、黏聚力等，从而增大对结构的压载作用，超过结构自身承载力而导致结构发生破坏，主要发生在洞口处及洞身浅埋段。

（2）地下水流动过程中可能携带腐蚀性离子而破坏结构材料本身，使地下结构丧失使用功能，严重的造成结构整体破坏，主要发生在地下水具有腐蚀性地区。

（3）地下水流动过程中由于动水压力大于微粒自身有效重度而携带微粒结构（当动水压力较大时甚至可能携带较大块石），形成地下水通道而“掏空”围岩，造成围岩坍塌，主要发生在地下水丰富且水压很高地区。

（4）施工缝、变形缝处由于水压过高而在衬砌表面出现渗透水，甚至出现少量涌水，严重恶化隧道内设备设施及运行条件，主要出现在大部分已运营的隧道中。因此，如何控制隧

道内渗透水的问题一直是工程设计界关注的焦点。

1.7.3 隧道防排水措施

隧道防排水应遵循“以排为主,防排结合,因地制宜,综合治理”的原则。其基本要求是保证运营期隧道防水可靠,排水畅通,不渗不漏。具体来讲,要求隧道拱部、墙部、设备箱洞处及车(人)行通道均无渗漏水;路面干燥无水;洞内排水系统不淤积,不堵塞,确保排水畅通;隧道衬砌背后不积水,排水沟不冻结。

隧道防排水的主要措施包括:洞口地表段防排水措施,明洞段防排水措施,明、暗洞交接处防水措施,洞身段防排水措施,施工缝、变形缝、沉降缝防排水措施。

1.7.3.1 洞口地表段防排水措施

隧道进洞前,对于坡顶有集水处,进行开沟(排水沟)疏导处理,同时对凹陷低洼处铺砌浆砌片石后回填黏土。

对于岩石坚硬,裂隙较小处,采用高标号水泥砂浆勾缝;裂隙较大时,用浆砌片石填塞。

洞顶有沟谷,且沟底裂隙较多时,采用水泥砂浆片石铺砌沟底或注浆封闭。

隧道进洞时需开挖边坡,从而形成一定范围的潜伏滑塌区,区内岩土受到扰动后会出现一定程度的裂隙。为了防止坡顶地表水顺坡流入潜伏滑塌区,在其范围以外设置截水沟,如地表径流量较大可设置多条截水沟,并对开挖坡面进行加固后植草绿化,防止雨水渗入。

1.7.3.2 明洞段防排水措施

明洞段回填覆土层较薄,形成地下水头也不会太高。从理论上讲,浇筑整体式衬砌的抗渗性能完全可阻止地下水的渗入。考虑到浇筑过程中形成的微小裂隙会成为地下水的通道,破坏混凝土的耐久性,通常在回填碎石土上覆盖渗透系数较小的黏土层,表层黏土层地下水由于毛细作用,会阻止地下水的下渗,从而成为明洞衬砌防水的首要防线。在明洞衬砌表面喷涂防水涂料(为防止回填碎石对防水涂料的破坏且进一步封闭地下水通道,在防水涂料表面施作水泥砂浆)或施作防水板(回填侧需布设双层土工布)。此外,通过掺入外加剂提高明洞衬砌抗渗等级则为明洞防水的最后防线,而渗入回填碎石土中的少量地下水可通过与暗洞段相连的纵向排水管一起排到洞外。

1.7.3.3 明、暗洞交接处防水措施

隧道明洞与暗洞结构、施工方法及所受荷载不同,所产生的差异沉降较大。因此,明、暗洞交接处防水处理显得尤为重要。明洞防水层需向暗洞内深入至少 1 m 的搭接长度,并且在搭接处施作水泥砂浆作保护层。明暗交接施工缝处设置中埋式止水带,并用沥青油毛毡、沥青麻筋填塞施工缝。考虑到明暗交接处防水的重要性,建议增设背贴式止水带,以进一步增强其防水性能。

1.7.3.4 洞身段防排水措施

根据不同情况,通常将围岩壁后地下水处理方式分为防水和排水。

1) 防水措施

(1) 适用条件

当出现以下情况时,需要对隧道围岩中的地下水采取防水措施:

① 如采用排水措施会对水埋条件、地表枯水、生态环境等造成不良影响;

② 城市中隧道降水影响范围内坐落着对沉降敏感的建筑物;

③ 地下水中含有腐蚀性成分的离子而致衬砌结构破坏。

隧道防水设计的要点在于尽量将地下水封堵在结构之外。有仰拱段需全包防水板,对于未设仰拱段处,在底板下挖去一定厚度岩体,用防水材料充填好形成防水层。在特别破碎地段,通过全断面帷幕注浆;对较破碎地区,通过超前拱部导管注浆,在隧道四周形成堵水圈,尽量封闭围岩中地下水流动通道。在铺设防水层前,对初期支护表面渗水处进行补注浆处理。值得指出的是,国内山岭隧道采用抗水压衬砌至今无成功实例。如地下水压过高,产生的荷载会超过衬砌结构承载力,这时可考虑以防为主,以排为辅,排出一定量地下水,降低防水板承受的水压。国内有学者提出在隧道洞壁上安装限压阀,一旦水压大于设计值,阀门自动打开,排水卸压,以保证衬砌安全。

(2) 分类

① 初期支护防水

喷射混凝土紧贴围岩壁面,封堵一部分围岩壁面裂隙(即渗水通道)。为了节约工期,通常采用一次性喷射混凝土,这样做是很不规范的。应每次按 3 ~5 cm 喷射厚度多步进行施工,在进行下一步施工前对前一步喷射混凝土表面渗水处布置半管透水管,将水引排至纵向排水管。最大限度控制地下水透过初期支护。

② 防水板防水

防水板靠近初期支护一侧布置土工布形成复合式防水板。考虑到防水板较薄(通常为 1 mm),土工布一方面起到防止初期支护表面坚硬部分刺破防水板的作用,另一方面起到反滤作用,过滤渗透水中微小土粒,防止堵塞排水管。

③ 二次衬砌自防水

二次衬砌是隧道防水的最后一道防线。二次衬砌采用的防水混凝土通常分为普通防水混凝土、外加剂防水混凝土和膨胀水泥防水混凝土 3 种。防水混凝土抗渗等级根据最大计算水头与混凝土厚度之比拟定,然后通过室内试验进行检验后方可最终确定。

2) 排水措施

在隧道排水系统影响范围内几乎不会对周围环境造成不良影响的地区,可采用排水措施。通常,隧道开挖后,根据围岩壁面地下水渗漏分为以下 4 种情况,即:干燥段、少量渗水段、淋水段和突涌水段。

① 对干燥段,考虑到隧道开挖改变原有水路通道路径,施工时干燥段可能成为运营期渗漏水段,按照一定距离布置环向排水盲沟;

② 对少量渗水段,布设排水盲沟自渗漏点引向纵向排水沟;

③ 对淋水段,可在渗透水处凿孔后引入洞内施工用水沟排出洞外,并根据渗水量及范围大小选用多排排水盲沟引入纵向排水管;

④ 对于突涌水段,通常进行钻孔注浆将地下水封闭在围岩之外,必要时进行适量的排泄后进行封堵。

根据已运营的隧道渗漏水情况,建议隧道洞身段沿围岩壁面的排水系统不仅按照施工阶段设置,还需考虑运营过程中可能出现的渗透水情况,以及隧道洞身段按照一定间隔沿开挖轮廓布设环向排水系统。

1.7.3.5　施工缝、变形缝、沉降缝防排水

以往的工程中,在施工缝处采用中埋式遇水膨胀止水条,沉降缝、变形缝采用中埋式橡

胶止水带,并在缝中填沥青木丝板等防水材料,但防水效果并不理想。原因有三:

① 渗水下排不通畅,积水引起的高水头引发渗漏水。

② 遇水膨胀止水条或者遇水膨胀橡胶条周围不密实。一方面混凝土干缩及端头模板漏浆等施工中不易控制等多方面原因,另一方面止水条或止水带因反复收缩膨胀疲劳后形成地下水通道。

③ 遇水膨胀止水条在实际施工过程中很难固定在预定位置处。

针对以上原因,国内目前主要有以下几种治理方法。

(1) 针对缝后排水不畅而导致的高水头状况,疏通地下水通道,减小水头

① 部分隧道施工缝采用可排水止水带,对地下水采用先排后堵的新型止水带。由绕道和翼缘构成止水带主体,止浆滤水带粘贴在翼缘上与绕道形成排水通道。

② 有学者提出,在施工缝外侧设置盲沟,使地下水通畅排向拱脚。

(2) 针对缝后间隙较大的问题,采用注浆,以封堵地下水通道

目前新开发带注浆管的膨润土遇水膨胀止水条具有以下特点:有遇水膨胀止水功能,注浆管相当于加筋,控制止水条在长度方向的膨胀;腻子型弹性材料具有弹性压缩密封止水功能,弹性材料止水失效时,可通过注浆管注浆封堵。

(3) 采取分区防水,“分而治之”

沿隧道纵向将防水层分为相对独立的区段,采用防窜流肋条法和背贴止水带法。这样做的好处是:

① 当一处防水层破损后,衬砌渗漏仅仅局限于该区段,而不会沿隧道纵向窜流,避免大范围扩散。

② 当衬砌出现渗漏后,容易确定防水板破损位置,便于进行治理。

③ 通过对某一区段进行渗漏治理,地下水不会从相邻区段衬砌薄弱环节渗出。

1.7.3.6 隧道防排水系统

隧道内完整防水系统由喷射混凝土防水、防水板防水以及二次衬砌混凝土防水组成。喷射混凝土密实程度差,强度低,在围岩变形过程中容易产生大量的裂缝,因而其抗渗性较差。防水板将地层中的渗水阻隔于二次衬砌之外,避免水与二次衬砌的接触,防止地下水通过二次衬砌的薄弱环节渗入隧道。防水板铺设前一般需先铺设垫层,垫层的作用是保护防水板,免受尖锐物刺伤,同时充当渗水通道。二次衬砌混凝土防水主要由防渗混凝土组成,是隧道防水层的最后一道防线。

隧道内完整排水系统主要由纵向排水、环向排水及横向排水盲管组成。其中纵向排水盲管是排水系统的“核心”。一方面,环向排水盲管将地下水排入纵向排水盲管;另一方面,纵向排水盲管中的一部分地下水通过横向排水盲管导入路侧边沟或排水沟而排出洞外,而另一部分地下水顺纵向排水管直接排出洞外。整个系统通过“三通”相互连接,从而形成三维空间排水系统,较好地解决了隧道内地下水排放的问题。

隧道防排水系统由隧道洞内防排水系统和隧道洞外防排水系统组成,其组成见图1.7.1。

图 1.7.1　公路隧道防排水系统

1.8　隧道材料

隧道材料主要包括隧道建筑材料、注浆材料、防水材料。

1.8.1　建筑材料

1.8.1.1　一般规定

(1) 隧道工程常用的各类建筑材料，宜采用下列强度等级：

① 混凝土：C50、C40、C30、C25、C20、C15、C15。

② 石材：MU100、MU80、MU60、MU50、MU40。

③ 水泥砂浆:M25、M20、M15、M10、M7.5、M5。

④ 喷射混凝土:C30、C25、C20。

⑤ 混凝土砌块:MU30、MU20。

⑥ 钢筋:R235、HRB335、HRB400。

(2) 隧道建筑材料的选用应符合下列规定:

① 应符合结构承载能力、正常使用和耐久性的要求,符合抗冻、抗渗和抗侵蚀的需要。

② 隧道衬砌防水应充分利用衬砌混凝土结构的自防水能力,其抗渗等级不得低于 S6。

③ 当处于特殊腐蚀性环境时,混凝土和水泥砂浆应由具有抗侵蚀性能的特种水泥和集料配制,其抗侵蚀性能的要求视水的侵蚀特征确定。

④ 最冷月平均气温低于-15 ℃的地区及受冻害影响的隧道,混凝土及水泥砂浆的强度等级应予提高,防水混凝土的抗渗等级也应提高。

⑤ 应根据不同的料源情况,在保证结构需要的前提下,做到因地制宜,就地取材。

(3) 混凝土和砌体所用的材料应符合下列要求:

① 混凝土不应使用碱活性集料。

② 钢筋混凝土构件中,钢筋的技术条件应符合现行《钢筋混凝土用钢》(GB1499)的规定。

③ 排石强度等级不应低于 MU40,块石强度等级不应低于 MU60,混凝土砌块强度等级不应低于 MU20。禁止采用有裂缝和易风化的石材。

④ 片石混凝土内排石掺用量不得超过总体积的 30%。

⑤ 抗冻混凝土的水泥应选用硅酸盐水泥或普通硅酸盐水泥,不宜使用火山灰质硅酸盐水泥,抗冻混凝土必须掺加引气剂;水泥掺合料、外加剂的品种和数量,水灰比及含气量等应通过试验确定。

(4) 喷锚支护采用的材料应符合下列要求:

① 喷射混凝土宜采用硅酸盐水泥或普通硅酸盐水泥,也可采用矿渣硅酸盐水泥。

② 集料级配宜采用连续级配。粗集料应采用坚硬耐久的碎石或卵石,不得使用碱活性集料;细集料应采用坚硬耐久的中沙或粗沙,细度模数宜大于 2.5,沙的含水率宜控制在 5% ~7%;喷射混凝土中的石子粒径不宜大于 16 mm,喷射钢纤维混凝土中的石子粒径不宜大于 10 mm。

③ 锚杆的直径宜为 20 ~ 32 mm,杆体材料宜采用 HRB335、HRB400 钢;垫板材料宜采用 Q235 钢。

④ 锚杆支护采用的各种水泥强度等级不应低于 M20。

⑤ 钢筋网材料可采用 Q235,直径宜为 6 ~ 12 mm。

(5) 隧道工程各部位的建筑材料,其强度等级不应低于表 1.8.1 的规定。

1.8.1.2 建筑材料性能

(1) 隧道钢筋混凝土结构的混凝土强度等级不应低于 C25;预应力混凝土结构的混凝土强度等级不应低于 C30;当采用钢绞线、钢丝、热处理钢筋做预应力钢筋时,混凝土强度等级不宜低于 C40。

(2) 常用建筑材料的重度标准值可按表 1.8.2 的规定采用。

表 1.8.1　隧道建筑材料强度等级要求

工程部位		材料种类				
		混凝土	片石混凝土	钢筋混凝土	砌体	喷射混凝土
衬砌及管沟建筑	拱圈	C20	—	C25	—	C20
	边墙	C20	—	C25	—	C20
	仰拱	C20	—	C25	—	C20
	底板	C20	—	C25	—	—
	仰拱充填	C10	C10	—	—	—
	水沟、电缆槽	C25	—	C25	—	—
	水沟、电缆槽盖板	—	—	C25	—	—
洞门建筑	端墙	C20	C15	C25	M10 水泥砂浆砌片石、块石或混凝土砌块镶面	—
	帽石	C20	—	C25	M10 水泥砂浆砌粗料石	—
	翼墙和洞口挡土墙	C20	C15	C25	M7.5 水泥砂浆砌片石	—
	侧沟、截水沟	C15	—	—	M5 水泥砂浆砌片石	—
	护坡	C15	—	—	M5 水泥砂浆砌片石	C20

表 1.8.2　建筑材料的重度标准值

材料名称	混凝土	片石混凝土	钢筋混凝土（配筋率在 3% 以内）	钢材	浆砌片石	浆砌块石	浆砌粗料石
重度标准值/($kN \cdot m^{-3}$)	23	23	25	78.5	22	23	25

注：钢筋混凝土配筋率大于 3% 时，其重度应计算确定。

（3）混凝土的强度标准值和设计值按表 1.8.3 和表 1.8.4 的规定采用。

表 1.8.3　混凝土强度标准值

强度种类	混凝土强度等级					
	C15	C20	C25	C30	C40	C50
轴心抗压 f_{ck}/MPa	10	13.5	17	20	27	33.5
弯曲抗压 f_{cmk}/MPa	11	15	18.5	22	29.5	36
轴心抗拉 f_{ctk}/MPa	1.4	1.7	2.0	2.2	2.7	3.1

注：① 混凝土垂直浇筑，且一次浇筑层高度大于 1.5 m 时，表中强度值应乘以系数 0.9。

② 计算现浇钢筋混凝土轴心受压构件时，如截面中的边长或直径小于 30 cm，则表中强度值应乘以系数 0.8，当构件质量（如混凝土成型、截面和轴线尺寸等）有保证时，则不受此限制。

③ 离心混凝土的设计强度应按有关专门规定取用。

表 1.8.4 混凝土强度设计值

强度种类	混凝土强度等级					
	C15	C20	C25	C30	C40	C50
轴心抗压f_{cd}/MPa	7.5	10	12.5	15	20	25
弯曲抗压f_{cmd}/MPa	8.5	11	13.5	16.5	21.5	27.5
轴心抗拉f_{ctd}/MPa	0.93	1.13	1.33	1.47	1.80	2.07

（4）混凝土的受压弹性模量 E_c 应按表 1.8.5 采用。混凝土的剪切模量可按表 1.8.5 数值乘以 0.43 采用。混凝土的泊松比可采用 0.2。

表 1.8.5 混凝土的受压弹性模量 E_c

混凝土强度等级	C15	C20	C25	C30	C40	C50
弹性模量 E_c/GPa	26	28	29.5	31	33.5	35.5

（5）钢筋的抗拉强度标准值及其抗拉强度或抗压强度的设计值应按表 1.8.6 采用。

表 1.8.6 钢筋抗拉和抗压强度的标准值与设计值

钢筋种类	HPB235	HRB235
钢筋抗拉强度标准值f_{stk}/MPa	235	335（d=8～25 mm），315（d=28～40 mm）
钢筋抗拉或抗压强度设计值f_{std}，f_{scd}/MPa	188	268

（6）钢筋的弹性模量应采用 210 GPa。

（7）混凝土和钢筋混凝土结构中用的混凝土极限强度应按表 1.8.7 采用。

表 1.8.7 混凝土的极限强度

强度种类	混凝土强度等级					
	C15	C20	C25	C30	C40	C50
抗压 R_a/MPa	12.0	15.5	19.0	22.5	29.5	36.5
弯曲抗压 R_w/MPa	15.0	19.4	24.2	28.1	36.9	45.6
抗拉 R_t/MPa	1.4	1.7	2.0	2.2	2.7	3.1

注：① 片石混凝土的抗压极限强度可采用表中的数值。
② 表中弯曲极限抗压强度按 $R_w=1.25R_a$ 换算。

（8）混凝土的容许应力应按表 1.8.8 采用。

表 1.8.8　混凝土的容许应力

应力种类	混凝土强度等级					
	C15	C20	C25	C30	C40	C50
弯曲及偏心受压应力[σ_w]/MPa	6.1	7.8	9.6	11.2	14.7	18.2
弯曲拉应力[σ_{wl}]/MPa	0.36	0.43	0.50	0.50	—	—
剪应力[τ]/MPa	0.70	0.85	1.00	1.10	1.35	1.55

注：① 片石混凝土的容许应力可采用表中的数值。
② 计算主要荷载+附加荷载时除剪应力外可提高 30%。

(9) 钢筋的容许应力按表 1.8.9 采用。

表 1.8.9　钢筋的容许应力

钢筋种类	容许应力/MPa	
	主要荷载	主要荷载+附加荷载
HPB235	130	160
HRB235	180	230

(10) 喷射混凝土的设计强度等级不应低于 C20，不同强度等级喷射混凝土的设计强度按表 1.8.10 采用。

表 1.8.10　喷射混凝土的设计强度

强度种类	混凝土强度等级		
	C20	C25	C30
轴心抗压/MPa	10.0	12.5	15
弯曲抗压/MPa	11.0	13.5	16.5
抗拉/MPa	1.1	1.3	1.5

注：① 喷射混凝土的强度指采用喷射大板切割法，制作成边长为 10 cm 的立方体试块，在标准条件下养护 28 d，用标准试验方法所得极限抗压强度乘以 0.95 的系数。
② 黏聚力可采用劈裂法或在喷层上直接拉拔测定。

(11) 喷射混凝土的重度可取 22 kN/m^3，弹性模量按表 1.8.11 采用。

表 1.8.11　喷射混凝土的弹性模量

喷射混凝土强度等级	C20	C25	C30
弹性模量/GPa	21	23	25

1.8.2　防水材料[3]

(1) 隧道采用复合式衬砌时，应在初期支护与二次衬砌之间设置防水层，防水层宜采用耐久性能较好的高聚物改性沥青防水卷材或合成高分子防水卷材。

(2) 隧道防水卷材应符合下列性能要求：

① 耐水性，即在地下水的作用下其性能基本不发生改变，在水压力作用下不透水。

② 温度稳定性，即在高温下不流淌、不起泡、不滑动，在低温下不脆裂。

③ 具有一定的机械强度、延伸性和抗断裂性，在结构产生规定的变形条件下不断裂。

④ 柔韧性，即防水材料应具有低温柔性，保证施工不脆裂。

⑤ 大气稳定性，即在阳光、热、氧气及其他化学侵蚀介质、微生物侵蚀介质等因素的长期综合作用下，能抗老化、抗侵蚀。

(3) 隧道工程常用的防水卷材的种类按表 1.8.12 采用。

表 1.8.12　隧道工程常用的防水卷材种类

分类		代号	主要原材料
均质片	硫化橡胶类	JL1	三元乙丙橡胶
		JL2	橡胶(橡塑)共混
		JL3	氯丁橡胶、氯磺化聚乙烯、氯化聚乙烯等
		JL4	再生胶
	非硫化橡胶类	JF1	三元乙丙橡胶
		JF2	橡胶(橡塑)共混
		JF3	氯化聚乙烯(CPE)
	树脂类	JS1	聚氯乙烯(PVC)
		JS2	乙烯-乙酸乙烯(EVA)、聚乙烯(PE)等
		JS3	乙烯-乙酸乙烯改性沥青共混(ECB)等
复合片	硫化橡胶类	FL	三元乙丙橡胶、丁基橡胶、氯丁橡胶、氯磺化聚乙烯等
	非硫化橡胶类	FF	氯化聚乙烯、三元乙丙橡胶、丁基橡胶、氯丁橡胶、氯磺化聚乙烯等
	树脂类	FS1	聚氯乙烯等
		FS2	聚乙烯、乙烯-乙酸乙烯改性沥青共混(ECB)等

1.8.3　注浆材料

(1) 隧道注浆工程中采用的注浆材料应符合以下要求：

① 浆液黏度低、流动性好、可注性好，能够进入细小缝隙和粉细沙层。

② 浆液凝固时间能够在几秒至几小时内任意调节，并能准确地控制。

③ 浆液的稳定性好，常温、常压下较长时间存放不改变其基本性质，不发生强烈的化学反应。

④ 浆液无毒、无臭、不污染环境，对人体无害，属非易燃易爆物品。

⑤ 浆液对注浆设备、管路、混凝土建筑及橡胶制品无腐蚀性，并且容易清洗。

⑥ 浆液固化时，无收缩现象，固化后有一定的黏结性，能牢固地与岩石、混凝土及沙等黏结。

⑦ 浆液结石率高，结石体有一定的抗压强度和抗拉强度，不龟裂，抗渗性好。

⑧ 结石体耐老化性能好，能长期耐酸、碱、生物细菌等腐蚀，并且不受温度、湿度的影响。

⑨ 宜采用粒度较细的注浆材料。

⑩ 浆液配制方便,操作方法易掌握,原材料来源丰富,价格便宜,能大规模使用。

(2) 根据隧道地质条件:

根据隧道地质条件、施工条件和使用目的差异,注浆材料可采用水泥浆液、超细水泥浆液、水泥—水玻璃浆液、水溶性聚氨酯浆液及丙烯酸浆液等。

① 水泥浆液的基本参数和流变参数可按表 1.8.13 和表 1.8.14 采用。

表 1.8.13　水泥浆液基本参数

水灰比	密度/($kg \cdot m^{-3}$)	水灰比	密度/($kg \cdot m^{-3}$)
0.50	1 800	1.25	1 420
0.60	1 715	1.50	1 364
0.75	1 615	2.00	1 285
1.00	1 500		

表 1.8.14　纯水泥浆的流变参数

水灰比 W	0.4	0.5	1.0	2.0	5.0	10.0	20.0	水
动切力 τ/($\mu N \cdot cm^{-2}$)	67.0	12.0	2.9	1.0	0.53	0.43	0.39	0
塑性黏度 η_p/($mPa \cdot s$)	90	20	6	2.5	1.4	1.2	1.1	0

② 超细水泥浆液主要参数见表 1.8.15。

表 1.8.15　超细水泥浆液主要参数

型　号			MC—20	MC—18	MC—15	MC—12	MC—10
比表面积/($cm^2 \cdot g^{-1}$)　≥			8 500	8 600	9 000	9 200	9 500
平均粒径/μm　≤			4.0	3.8	3.5	3.2	3.0
最大粒径/μm　≤			20	18	15	12	10
凝胶时间/h	初凝		≥4				
	终凝		≤10				
强度/MPa	抗折≥	≥3 d	4.9	5.0	5.5	6.0	7.2
		28 d	7.1	7.2	8.0	8.5	9.0
	抗压≥	≥3 d	32.0	33.0	35.0	38.0	40.0
		≥8 d	55.0	58.0	64.0	73.0	83.0

③ 水泥—水玻璃浆液(CS 浆液)配合比可采用表 1.8.16 的规定。

表 1.8.16　水泥—水玻璃浆液配合比

原料	规格要求	作用	用量	主要功能
水泥	42.5 或 52.5 级普通硅酸盐水泥	主剂	1	(1) 凝结时间可控制在几秒到几十分钟范围内; (2) 抗压强度 50 ~ 20 MPa
水玻璃	模数:2.4 ~ 3.4;浓度:30° ~ 45°Be	主剂	0.5 ~ 1	
氢氧化钙	工业品	速凝剂	0.05 ~ 0.20	
磷酸氢二钠	工业品	速凝剂	0.01 ~ 0.03	

④ 水溶性聚氨酯浆液性能可采用表 1.8.17 的规定。

表 1.8.17　水溶性聚氨酯浆液性能

项目	指标	项目	指标
外观	黄色到淡棕色透明状	与混凝土黏结强度/MPa	>1.1
黏度(在 20 ℃时)/(mPa · s)	100 ~ 300	抗渗指标/(N · cm^{-2})	>90
密度/(g · cm^{-3})	1.05 ~ 1.12	凝胶时间/s	10 ~ 1 800
结石体抗压强度/MPa	<1.5	最大吸水率	>15 倍

⑤ 丙烯酸浆液主要配合比可采用表 1.8.18 的规定。

表 1.8.18　丙烯酸浆液主要配合比

材料名称	作用	配合比		
		Ⅰ	Ⅱ	Ⅲ
丙烯酸盐	主剂	10	12	15
甲叉双丙烯酰胺	交联剂	1	1	2
三乙醇胺	促进剂	1	1	1
过硫酸铵	引发剂	1	1	1
水	溶剂	87	85	81

注:按表配制的浆液在常温下凝胶时间为 3 ~ 5 min。若需延长凝胶时间,可加入铁氰化钾;若需快凝,可加入硫酸亚铁。

第二章　隧道衬砌缺陷、病害的特性分析

2.1　衬砌缺陷与病害的内涵

《铁路运营隧道衬砌安全等级评定暂行规定》(铁运函〔2004〕174 号)[5]对衬砌缺陷的定义为:隧道衬砌缺陷是指隧道交付运营时已存在的可见的或隐蔽的质量缺陷,主要指衬砌厚度不足、衬砌混凝土强度不足、衬砌背后空洞或回填不密实、基底不密实等。

张素磊在他的博士论文《隧道衬砌结构健康诊断及技术状况评定研究》中对隧道质量缺陷与隧道的病害的定义做了阐述,具体如下:

隧道质量缺陷的科学内涵:隧道质量缺陷是由于隧道设计、施工等原因导致的隧道结构在交付运营时就已存在的与实际预期建设标准不符的质量瑕疵现象,质量缺陷在隧道工程中普遍存在,常见的隧道质量缺陷有:设计衬砌参数与围岩级别不匹配、衬砌厚度不足(不均)、衬砌背后空洞、衬砌蜂窝麻面、衬砌混凝土疏松、衬砌材料强度不足等。

隧道病害的科学内涵:隧道病害是指隧道在建设完成后由于隧道质量缺陷、外界荷载的变异、使用环境的恶化以及管理养护工作的不到位等因素的综合影响而在隧道结构中出现的影响隧道使用寿命和结构安全的劣化状态,常见的隧道病害有:衬砌裂缝、衬砌变形、衬砌移动、衬砌混凝土碳化、衬砌腐蚀、渗漏水、冻害等。

从上述分析可知:隧道衬砌缺陷是由于施工方法、地质环境条件等原因造成的,属于先天不足。隧道衬砌病害是由于隧道衬砌缺陷、隧道运营过程中环境的变化等原因造成的,属于后天不足。不论是隧道衬砌缺陷还是隧道衬砌病害,若不及时治理,都会对隧道正常运营产生不良影响。隧道衬砌缺陷、病害种类较多,其中较为典型的有如下几种[4-6,11]。

2.1.1　隧道初衬背后空洞

在隧道施工过程中,若围岩软硬不均,爆破工艺不当,易产生超挖现象。按规范要求,隧道超挖部分应用片石混凝土回填,然而在实际工程中,施工单位为了图省事,常用干片石、石棉瓦充填,从而产生空洞,成为地下水汇集地,对隧道衬砌稳定不利,见图 2.1.1。

2.1.2　隧道钢支撑问题

在隧道衬砌质量检测过程中,发现钢筋间距过大,虚假钢筋等现象,具体见图 2.1.2 ~ 图 2.1.4。

2.1.3　隧道初期支护锚杆问题

在隧道施工过程中,经常会出现锚杆长度不足、注浆效果差、锚杆间距过大、该设锚杆的

图 2.1.1　隧道超挖部分采用干片石回填

图 2.1.2　隧道虚假钢支撑

图 2.1.3　钢支撑被钢筋替代

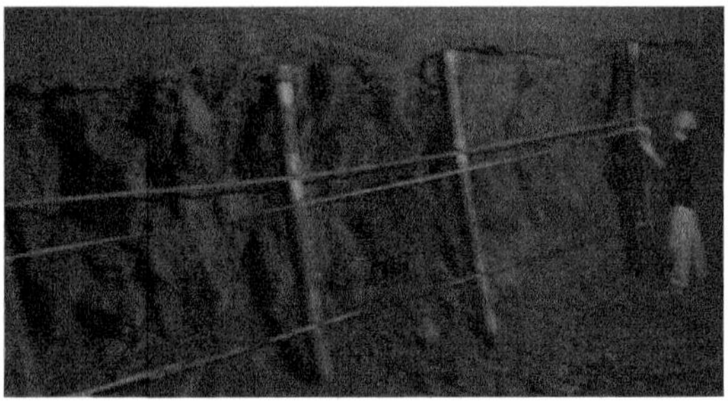

图 2.1.4　钢支撑间距过大

地方未设锚杆等现象,见图 2.1.5、图 2.1.6。

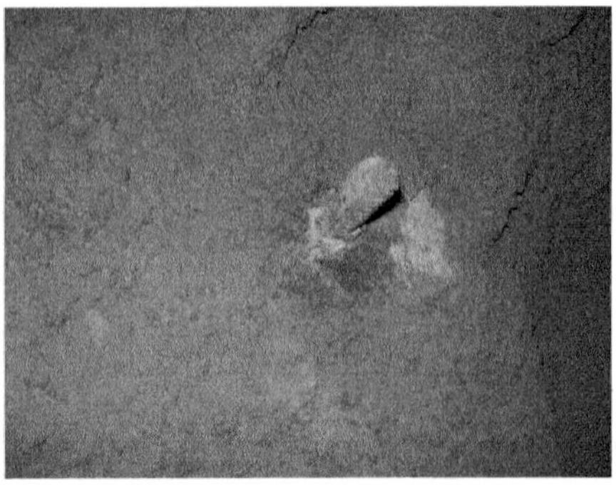

图 2.1.5　锚杆长度过短

图 2.1.6　该设锚杆的支护段未打锚杆

2.1.4　隧道二次衬砌混凝土厚度不足

隧道围岩的软硬不均,容易造成隧道欠挖,从而引起隧道二次衬砌厚度不足,对隧道稳定不利,见图 2.1.7。

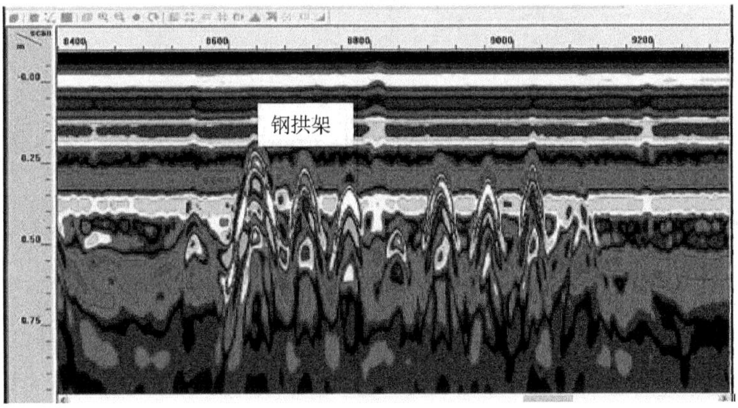

图 2.1.7　隧道围岩欠挖引起的隧道二次衬砌厚度不足

2.1.5　运营隧道病害

在隧道运营过程中,隧道衬砌缺陷、隧道环境等的变化将会造成隧道病害,从而影响隧道的正常运营,导致交通事故,见图 2.1.8 ~ 图 2.1.10。

综上所述,隧道衬砌缺陷是由于施工质量不符合设计、规范的要求而造成的,属于工程质量事故;隧道衬砌病害是由于施工中的衬砌缺陷、设计参数与围岩不符以及运营过程中荷载的变异、使用环境的恶化以及管理养护工作的不到位等综合因素造成的,对隧道结构的危害较大。

图 2.1.8　隧道衬砌混凝土破坏剥落

图 2.1.9　隧道墙角渗漏水

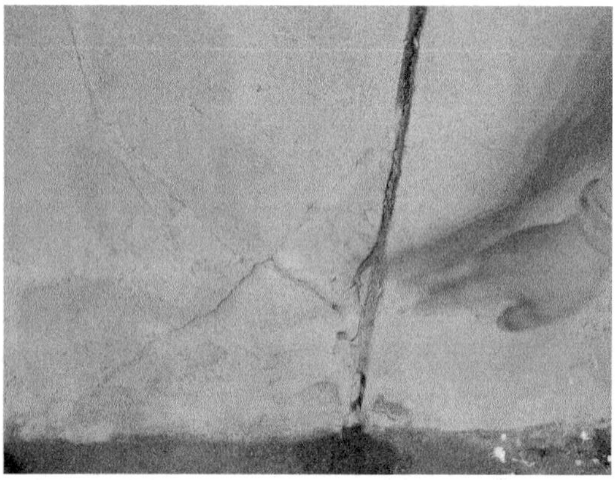

图 2.1.10　隧道二次衬砌混凝土裂缝

2.2　衬砌缺陷、病害产生的机理

2.2.1　保护层厚度不足与超厚

混凝土保护层是指混凝土构件中，保护钢筋、避免钢筋直接裸露的那一部分混凝土。保护层厚度为纵向钢筋(非箍筋)外缘至混凝土表面的最小距离。保护层最小厚度的规定是为了使混凝土结构构件满足耐久性要求和对受力钢筋有效锚固的要求[29-30]。

造成混凝土保护层厚度偏薄与超厚的主要原因是施工方面的原因，其次是设计方面的原因。

2.2.1.1　施工原因

① 施工员不按照设计图纸的要求进行定位、放线，而根据自己的经验进行定位、放线。

② 施工单位爆破水平不高或围岩性质不好，导致隧道超挖严重，必然增加隧道二次衬砌的厚度；隧道超挖严重，通过增加二次衬砌的钢筋保护层厚度来满足隧道轮廓尺寸的要求。

③ 隧道欠挖严重，若按设计厚度施工可能导致净空不足，因此施工时减少隧道二次衬砌厚度，从而造成隧道二次衬砌混凝土钢筋保护层厚度过薄。

④ 按设计要求应设置两排钢筋，实际施工时只设置一排钢筋；或在侧墙设置了两排钢筋而在拱顶一些部位只设置一层钢筋。

2.2.1.2　设计原因

设计上造成混凝土保护层厚度偏薄与超厚，绝大部分并非是设计的错误。国内在结构设计过程中有这样的倾向：设计中考虑强度多而考虑耐久性少；重视强度极限状态而不重视使用极限状态；重视结构的建造而不重视结构的维护。这些都造成隧道混凝土钢筋保护层超厚。钢筋保护层厚度超厚将会削弱结构的耐久性，严重影响结构的安全性。

2.2.2　二次衬砌混凝土强度不足

造成混凝土强度不足的原因主要有原材料质量差、混凝土拌和质量因素和施工工艺不正确[13,15,31]。

2.2.2.1　原材料质量差

① 骨料（沙、石）质量不良：石子强度低；石子体积稳定性差；石子形状与表面状态不良；沙、石中有机杂质含量高、粉尘含量高，沙中云母含量高。

② 外加剂质量不合格（外加剂保存不当造成）或组成施工配比不当。

2.2.2.2　混凝土拌和质量因素

① 混凝土配合比是决定强度的重要因素之一，其中水灰比的大小直接影响混凝土强度，其他如用水量、沙率、骨灰比等也影响混凝土的各种性能，从而造成强度不足。

② 外加剂掺量不准。

③ 沙石计量不准和水泥用量不足。

2.2.2.3　施工工艺不正确

① 振捣时间不够，振捣不密实。二次衬砌混凝土主要依靠台车上的附着式振捣器捣实，在浇筑混凝土过程中未能准确掌握附着式振捣器的频率和时间关系，造成混凝土振捣时间不够，振捣不充分，混凝土密实性不好，从而影响混凝土的强度。

② 施工不连续，现场擅自加水。现场施工组织不力，造成现场进度与拌和站供混凝土速度不合节拍，混凝土在现场挤压时间过长，坍落损失严重，现场工人擅自向混凝土罐车加水保证坍落度，造成水灰比改变，从而影响混凝土强度。

③ 在二次衬砌混凝土浇筑过程中，未清除杂质[35]，见图 2.2.1 和图 2.2.2。

图 2.2.1　二次衬砌混凝土残留的编织袋

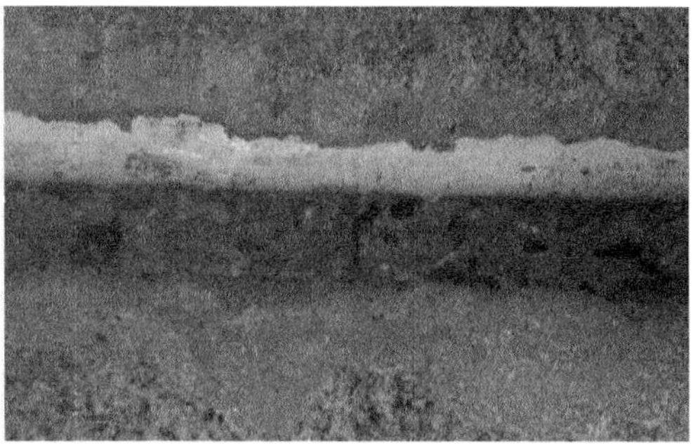

图 2.2.2　二次衬砌混凝土残留的 PVC 管

④ 混凝土养护不足。现场管理人员责任心不强或偷工减料，未按要求对拆模后的二次

衬砌混凝土及时进行喷水养护，部分进行的养护也未达到规定的养护时间，造成混凝土强度较低。

2.2.3 二次衬砌混凝土厚度不足

导致二次衬砌混凝土厚度不足的因素主要有[18,29,31-32,35]：

(1) 隧道欠挖的影响：

① 施工单位测量人员测量放线有误，导致开挖断面的轮廓线尺寸小于设计尺寸；

② 隧道施工单位开挖爆破施工工艺控制不到位，导致开挖断面的轮廓线尺寸小于设计尺寸。

③ 隧道围岩中的坚硬岩石、软弱岩石分布不均，导致局部范围出现欠挖现象。

(2) 围岩变形较大。由于隧道围岩比较破碎或为膨胀岩，若施工没有采取有力措施，导致围岩变形超过了设计及规范的要求，侵入限界，造成初期支护断面尺寸较小。

(3) 支护误差的影响。在对钢拱架进行支护时，钢架加工尺寸偏大、钢架支立中心线的位置往二次衬砌位置偏移、喷射混凝土超厚等。

2.2.4 二次衬砌混凝土配筋偏低或过高

配筋率是钢筋混凝土构件中纵向受力（拉或压）钢筋的面积与构件的有效面积之比（轴心受压构件为全截面的面积），二次衬砌混凝土配筋过低或过高的主要原因为[19,34-35]：

① 隧道施工单位在进行施工时，由于施工人员责任心不强，局部地段二次衬砌钢筋间距过密，局部地段二次衬砌钢筋过疏。

② 隧道施工单位偷工减料，将二次衬砌钢筋间距的数量加大，局部地段布设一层钢筋；在施工中采用小于设计要求直径的钢筋。

2.2.5 衬砌混凝土背后空洞

用“新奥法”施工的公路隧道，虽然喷锚结构作为支护的一种主要手段，二次衬砌作为结构受力的一个组成部分也起到承受围岩压力的辅助作用。同时二次衬砌对于洞内设备的支承、防腐蚀、防水和增加洞内美观、照明效果和通风流畅起了重要作用。因此，提高公路隧道二次衬砌的施工质量是十分必要的[28,33,35]。

2.2.5.1 公路隧道衬砌背后空洞

目前，公路隧道二次衬砌一般采用模筑混凝土施工。据了解，造成公路隧道衬砌背后空洞现象的原因主要有：

① 由于岩石隧道光面爆破效果不良，有的单位图经济、图省事，通过钢筋网在作为初期支护的喷射混凝土层背后设置石块或其他异物取代混凝土充填空间，造成了围岩与初期支护之间不密实，甚至形成大的空洞。

② 在二次衬砌施工过程中，由于泵送混凝土压力不足、流动性不好、重力作用、抽拔泵送管过早过快等原因，拱顶混凝土往往难以饱满，造成模筑混凝土厚度不足，甚至形成较大空洞。

③ 模板支架底部不坚实，或支架疏松，以致顶部模板下沉量过大，使拱顶衬砌混凝土下沉脱空，甚至形成空洞。

④ 拱部二次衬砌浇筑后未及时浇筑立墙底部，立墙可能产生相对位移，以致拱顶下沉，造成拱顶衬砌混凝土下沉脱空，甚至形成空洞。

⑤ 施工时原材料质量控制不严、沙粒过细、水泥用量过大、混凝土水灰比过大、温差和隧道内通风状况等都会引起混凝土收缩，导致衬砌混凝土下沉脱空，甚至形成空洞。

⑥ 公路隧道地质变化频繁发生，局部地段围岩性状变化和地下水富集，对喷锚结构产生不利影响，进而影响二次衬砌。

2.2.5.2　公路隧道顶部脱空

目前，公路隧道二次衬砌一般用模筑混凝土施工。据了解，造成公路隧道二次衬砌顶部脱空现象的主要原因是施工工艺、混凝土收缩、围岩压力等方面。

（1）施工工艺

① 初期支护面不平顺，局部存在较深的凹坑，防水板挂设后形成一个空腔，因防水板张弛度所限，在混凝土浇筑后形成空洞。

② 防水板挂设张弛度不适。防水板如果挂设太松，在混凝土浇筑过程中会因受挤压形成褶皱，在褶皱之间留下空隙；防水板如果挂设太紧，会造成防水板与初期支护面之间留下空隙或因混凝土压力太大撑坏防水板。

③ 混凝土在浇筑过程中振捣不密实，内部存在气孔、空洞等，上部混凝土浇筑完成后在自重作用下下沉，在拱部造成空洞。

④ 拱部混凝土浇筑时，由于泵送压力或浇筑方式等问题，致使拱顶位置浇筑不到位，留下空洞。

⑤ 端头模板拼接不密实，浇筑完成后在等强过程中从接缝里漏浆、跑浆，使拱部混凝土下落，形成空洞。

⑥ 拆管过早，混凝土掉落形成漏斗。在混凝土浇筑后，现场施工人员急于拆下混凝土输送管未形成自稳能力的混凝土随输送管掉落下来，形成漏斗，造成衬砌脱空。

⑦ 衬砌台车底座支撑不牢固，在混凝土浇筑过程中或浇筑后变形下沉。在现场施工过程中，台车多采用方木支垫行车轨道，由于衬砌台车附近较潮湿，方木容易糟烂，在混凝土浇筑后方木被压碎引起台车下沉。

另外混凝土浇筑时模板应采用刚性支撑，绝不可用液压杆支撑模板。使用液压杆支撑时由于压力过大可能会使杆件受压收缩，使模板内收或下沉，造成拱部空洞。

⑧ 拱架背后喷混凝土不密实，留有空洞，混凝土浇筑后在等强过程中初喷混凝土受挤压破裂，混凝土进入空洞内，造成拱部混凝土下落。

（2）混凝土收缩

施工时对原材料质量控制不严，沙粒过细，水泥用量过大；其次是混凝土水灰比过大，特别是泵送混凝土施工时极易造成混凝土水灰比过大；温差和隧道内通风状况对混凝土收缩也有一定的影响。

（3）围岩压力

公路隧道地质变化频繁发生，局部地段围岩性状变化和地下水富集，对喷锚结构产生不利影响，进而影响二次衬砌。对于二次衬砌后未及时浇筑混凝土路面的立墙底部，立墙可能产生相对内移，以致拱顶下沉。

2.2.6 衬砌裂损

隧道衬砌由于地层压力作用、腐蚀性介质作用、人为因素、车辆循环荷载作用等原因产生裂缝和变形,统称为隧道衬砌裂损[6,11,15,18]。

2.2.6.1 衬砌裂损的主要类型

衬砌裂损病害类型主要有衬砌开裂、衬砌变形、衬砌移动。其中衬砌开裂是衬砌裂损病害的主要表现形式。

(1) 隧道衬砌裂缝根据裂缝走向及其和隧道轴向的相互关系分类

隧道衬砌裂缝根据裂缝走向及其和隧道轴向的相互关系,分为纵向裂缝、环向裂缝和斜向裂缝三种,见图2.2.3。环向裂缝一般对于衬砌结构正常承载影响不大。拱部和边墙的纵向及斜向裂缝破坏结构的整体性,危害较大。

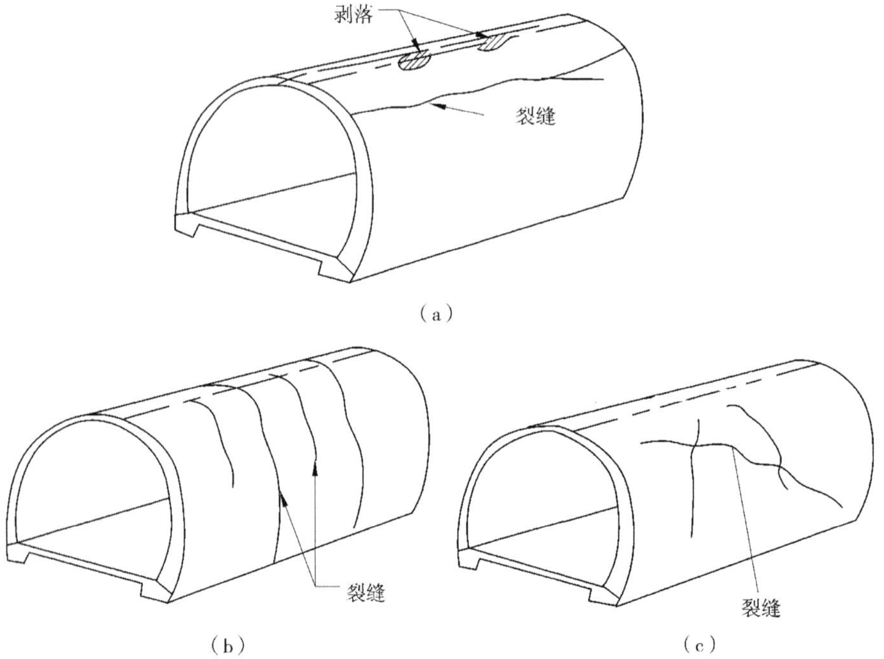

图2.2.3 公路隧道裂缝分布示意图

(a) 纵向裂缝;(b) 环向裂缝;(c) 斜向裂缝

① 纵向裂缝平行于隧道轴线,其危害性最大,发展可引起隧道掉拱、边墙断裂甚至整个隧道塌方。纵向裂缝分布具有拱腰部分比拱顶多,双线隧道产生在拱腰,单线隧道主要产生在边墙的规律。从受力分析来看,拱顶混凝土衬砌一般是内缘受压,形成内侧衬砌开裂、剥落掉块;拱腰部位主要是混凝土内缘受拉张开;拱脚部位裂缝则会产生衬砌错动,导致掉拱可能;边墙裂缝常因混凝土衬砌内缘受张拉而错位,会使整个隧道失稳。

② 环向裂缝主要由纵向不均匀荷载、围岩地质变化、沉降缝等处理不当所引起,多发生在洞口或不良地质带与完整岩石地层的交接处。

③ 斜向裂缝一般与隧道纵轴呈45°，也常因混凝土衬砌的环向应力和纵向应力组合而成的拉应力造成，其危害性仅次于纵向裂缝，需认真对待。

（2）按裂缝宽度分类

缝宽 δ 按大小分为四级，见表2.2.1。

表2.2.1　裂缝宽度类型及危害

序号	裂缝宽度类型	危害性描述
1	毛裂缝（$\delta \leqslant 0.3$ mm）	危害小
2	小裂缝（0.3 mm$<\delta \leqslant 2$ mm）	危害较大
3	中裂缝（2 mm$<\delta \leqslant 20$ mm）	危害大
4	大裂缝（$\delta > 20$ mm）	危害极大

另外一方面，从裂缝的宽度来分，可分为微裂缝和宏观裂缝；一般将混凝土材料在化合过程中产生的宽度小于0.05 mm的裂缝称之为微裂缝，它是混凝土材料固有的一种物理性质，微裂缝的产生几乎是不可避免的，它的分布不规则且不贯通。这种细微裂缝假如不扩展或是扩展在一定范围的话，它对一般的工业和民用建筑的正常使用是不会造成危害的，故这类裂缝又称为无害裂缝。但是，在实际使用过程中，因为混凝土结构的抗拉强度要比抗压强度低得多，所以在荷载作用下或是进一步产生温差和干缩的情况下，微裂缝会扩展并逐渐相互贯通，从而出现较大的、肉眼可见的裂缝，这种裂缝称之为宏观裂缝。宏观裂缝的宽度一般大于0.05 mm。

（3）按裂缝对结构影响的不同分类

按裂缝对结构影响的不同，裂缝又可以分为结构性裂缝和非结构性裂缝，非结构性裂缝主要是由于水泥硬化干缩、外界温度和湿度变化、施工缝处理不当、钢筋腐蚀等原因造成的；而结构性裂缝主要是由受力引起的，所以结构性裂缝又叫荷载裂缝，它是工程中最常见的裂缝。

（4）按隧道衬砌受力变形形态和裂口特征分类

剪切裂缝：主要为拱腰处衬砌混凝土受剪切应力作用而开裂，甚至出现错位，呈纵向、斜线或X形交叉分布。剪切裂缝主要是由于偏压、围岩的承压力不足、纵向沉降差和其他施工因素引起的。

拉裂缝：由于隧道衬砌混凝土的干缩、热胀冷缩和衬砌外侧围岩阻碍了衬砌的自由胀缩，在衬砌内部产生温度应力。混凝土抗拉强度远远低于抗压强度，故常能抵抗升温时产生的压应力，而难以抵抗降温时产生的拉应力。一般混凝土所能承受的降温只有7～10 ℃，都可能在隧道衬砌内产生环向和纵向裂缝。这些裂缝不仅影响隧道衬砌的受力，而且是隧道渗漏水的通道。

弯曲受压开裂：主要为拱顶处衬砌混凝土受压开裂。由于衬砌两侧受压，拱顶上升，衬砌内侧受压产生劈裂，外侧受拉产生“V”字形拉裂缝，当两者进一步发展时产生贯通裂缝，使裂面处于不稳定状态。

按隧道衬砌受力变形形态和裂口特征分类见表2.2.2。

表 2.2.2　按隧道衬砌受力变形形态和裂口特征分类表

顺序	裂纹种类	隧道混凝土衬砌受力变形形态和裂口特征
1	衬砌受弯张口型裂纹	常见于拱腰部位,边墙中部,衬砌承受较大的地层压力作用,衬砌受弯向内位移,内缘拉应力超过混凝土的极限抗拉强度,而发生张口型裂纹
2	内缘受挤压闭口型裂纹	常见在对应两拱腰发生较严重的纵向张裂内移地段的拱顶部位,出现闭口型纵裂,衬砌向上位移,其中较严重处,拱顶内缘在高挤压应力作用下发生剥落掉块
3	衬砌受剪错台型裂纹	偶见于拱腰部位衬砌,在其背后局部松动滑移围岩的推力作用下,沿水平工作缝较薄弱处,有一层的衬砌变形突出,形成错台型裂缝
4	收缩性环向裂纹	多见在隧道靠洞口,受气温变化影响较大,混凝土衬砌环向施工缝出现收缩性裂纹

(5) 按形成原因不同分类

按形成原因不同,裂缝类型主要分为四种:干缩裂缝、温度裂缝、荷载变形裂缝、施工缝。

① 干缩裂缝:混凝土在硬化过程中水分逐渐蒸发散失,使水泥石中的凝结胶体干燥收缩产生变形,由于受到围岩和模板的约束,变形产生应力,当应力值超过混凝土的抗拉强度时,就会出现干缩裂缝。干缩裂缝多为表面性的,纹理较细小,走向没有规律。影响混凝土干缩裂缝的因素主要有:水泥品种、用量及水灰比,骨料的大小和级配,外加剂品种和掺量。

② 温度裂缝:水泥水化过程中产生大量的热量,在混凝土内部和表面间形成温度梯度而产生应力,当温度应力超过混凝土内外的约束力时就会产生温度裂缝。裂缝宽度冬季较宽,夏季较窄。温度裂缝的产生与二次衬砌混凝土的厚度及水泥的品种、用量有关。

③ 荷载变形裂缝:地质原因或防水设施处理不当,围岩沉降产生荷载;仰拱和边墙基础的虚碴未清理干净,混凝土浇筑后,基底产生不均匀沉降;模板台车或堵头板没有固定牢固,以及过早脱模,或脱模时混凝土受到较大的外力撞击等都容易产生变形裂缝。荷载变形裂缝在隧道衬砌混凝土病害中占有的比例逐年增大,已经引起了广大工程技术人员的重视。

④ 施工缝(接茬缝):施工过程中由于停电、机械故障等原因迫使混凝土浇筑中断时间超过混凝土的初凝时间,继续浇筑混凝土时,原有的混凝土基础表面没有进行凿毛处理,或者凿毛后没有用水冲洗干净,也没有铺水泥砂浆垫层,就在原混凝土表面浇筑混凝土,致使新旧混凝土接茬间出现裂缝。

(6) 裂缝有害程度按深度分类

裂缝有害程度按深度分:表面裂缝($h\leqslant0.1H$)、浅层裂缝($0.1H<h<0.5H$)、纵深裂缝($0.5H\leqslant h<H$)和贯穿裂缝($h=H$),其中 h 为裂缝,H 为混凝土厚度。裂缝宽 $\delta<0.1$ mm 的表面及浅层裂缝属无害裂缝,不需处理;$\delta>0.1$ mm 的纵深和贯穿裂缝属有害裂缝,必须进行处理。

2.2.6.2　隧道衬砌裂损的主要原因

隧道衬砌裂损既有外因造成的原因,也有衬砌结构内部产生的原因。外因包括隧道地质、地形、地震、荷载等,内因有衬砌材料劣化、施工不当、设计缺陷等。衬砌裂损是多方面原因共同联合并且反复作用的结果。

(1) 设计方面的原因

隧道设计时,因围岩级别划分不准、衬砌类型选择不当,造成衬砌结构与围岩实际荷载不相适应引发裂损病害。

客观上，因隧道穿越山体的工程地质和水文地质条件复杂多变，受勘测设计工作的数量、深度所限，大量的隧道都只有较少的地质钻孔，在设计阶段难以取得完整准确的地质资料，可能出现一些地段的围岩级别划分不准，衬砌类型选择不当的情况，如果在施工中得不到纠正，或施工中对正确的设计进行了错误的变更，都会造成这些地段的衬砌结构与围岩实际荷载不相适应。

(2) 施工方面的原因

施工时，受技术条件限制，方法不当，管理不善，造成工程质量不良。如：

① 施工时应处理好的施工缝、变形缝(温度缝、沉降缝)，因施工质量问题没有处理好而出现裂缝，它们主要表现为平行于隧道衬砌环，产生的主要因素是施工质量与混凝土结构本身等因素。

② 受施工技术条件限制，施工质量管理松弛和不善，混凝土材料检验不力，施工配合比控制不严，水灰比过大，混凝土捣实质量不佳，拱部浇筑间歇施工形成水平工作缝，混凝土模板不平等因素，修成的隧道衬砌在施工缝处产生裂缝，以及衬砌混凝土表面产生蜂窝麻面等衬砌质量不良，降低承载能力。

③ 施工测量放线发生差错、欠挖、模板拱架支撑变形、塌方等原因，造成局部衬砌厚度偏薄或衬砌结构受力不对称，降低了衬砌承载能力。

④ 由于施工方法和施工组织不当，在施工过程中各工序紧跟不上而不能及时成环，如落中槽挖马口时拱部衬砌悬空段过长、支撑段长度过短，支撑的稳固条件和强度不足，都会造成不均匀沉降和拱脚内移，常在拱顶和拱腰处出现裂缝。

⑤ 模筑混凝土衬砌拱背部位常出现拱顶衬砌与围岩不密贴的空隙，不及时回填密实，就形成拱腰承受围岩较大荷载，拱顶在一定范围存在空载，从而形成对拱部衬砌不利的“马鞍型”受力状态，正是导致拱腰内移张裂、相应拱顶上移、内缘受挤压等常见病害产生的荷载条件。

(3) 地质的影响

隧道式地下建筑物，衬砌裂纹与其周围地层是密切相关的，所以围岩压力的大小和分布状况直接关系到衬砌的受力状态。当围岩压力过大或分布不均匀超过衬砌荷载的实际承载能力或抵抗变形能力时，衬砌就会产生裂缝、变形或位移，严重时，会形成局部掉块、失稳甚至拱坍、边墙倾倒。

围岩压力理论及计算方法与实际不符，往往使衬砌裂损。特别是地质构造特殊、岩性特异以及地下水破坏作用比较强的围岩，如膨胀性围岩、冻胀性围岩、浸水可能软化或崩解的岩层、软硬交错的倾斜岩层可能产生顺层错动滑移等，其地层压力大小、分布和增长规律都不是一般拱形理论所能正确反映。其他如围岩级别划分不准，浅埋与深埋划分不准都会使围岩压力计算与实际不符，导致裂损出现。

根据运营隧道的部分调查资料，衬砌裂损多发生在岩石坚固性系数 $f \leqslant 3$ 的地层中，并以拱腰裂损为主。这些隧道大多通过石灰岩、砂岩、页岩、泥岩，或泥岩、页岩与其他岩层互相结合在一起的地质。泥岩、页岩强度低，遇水软化膨胀造成较大的围岩压力；石灰岩、砂岩强度高，当与泥岩或页岩结合在一起时，容易顺层面间滑动产生较大的围岩压力。在坚固性系数 $f=5 \sim 6$ 的地层中，则隧道拱顶裂损较多，其次是拱腰。

围岩压力不均对隧道产生偏压,也是造成衬砌裂损的重要原因之一。常见的地质构造偏压有:

① 岩体结构面向洞内倾斜产生偏压。岩体结构面的方向有水平、垂直及倾斜三种,其中倾斜的结构面容易产生偏压,当结构面向洞内倾斜,又有地下水作用时,就极易产生偏压。

② 隧道位于向斜的一翼,容易产生较大的偏压。

③ 隧道位于断层上,容易产生偏压。因为断层带较为破碎,一般呈块石、角砾、断层泥状,或夹杂其他充填物,而且地下水发育,岩体强度低,围岩压力大,容易产生坍塌。当断层面的倾角在20°~80°时,会形成偏压。

④ 隧道横断面位于软硬不均的地层即不同部位的岩石强度不相同,因相邻岩层强度相差很大,所以容易沿层面滑动,产生较大的偏压,引起衬砌裂损。

⑤ 洞身一侧出现溶洞时,易产生不对称的偏压。

(4) 地形的影响

多在隧道傍山临水时出现偏压。一般Ⅳ级及以上的围岩,地面斜坡较陡(大于1∶2.5),洞顶覆盖层又较薄时,往往容易产生偏压而造成衬砌开裂。并且由于靠山侧围岩压力比靠水侧大,所以靠山侧衬砌裂损比靠水侧为多。

在洞口,因为地形大多向洞口方向倾斜,由于仰坡施工,山体稳定性遭到破坏,故往往引起洞口的坍方、滑坡,产生纵向偏压,使洞口段衬砌产生向洞口方向的斜向裂缝和环向裂缝。

(5) 地下水的影响

地下水动、静压作用也可将衬砌压裂。严寒地区的冻胀也是衬砌开裂的重要原因之一。

软质围岩因浸水发生泥化和软化而失去承载能力或产生塑性流动对衬砌的压力增大;围岩的结构面软弱夹层因浸水发生软化、滑动失稳对衬砌压强增大,均会导致衬砌裂损。

有关实测资料表明,雨季与旱季相比,围岩压力有的要增加1倍,这说明了有的隧道在大雨后数天,衬砌裂缝剥落掉块有显著发展和增加的原因。

(6) 地震引起隧道裂损

地震对围岩地质条件较差的隧道造成影响,这类围岩容易发生坡体滑动、崩塌、断层错动,且隧道本身已经发生的或潜在的缺陷会加剧隧道衬砌裂损。地震灾害的严重程度不仅与地震规模、距震中的距离有关,而且与隧道本身的弱点密切相关。

(7) 材质劣化

随着时间推移,混凝土发生碳化,不仅影响混凝土的密实性,也造成钢筋腐蚀。混凝土的水灰比和周围环境的温度对碳化速度有重要影响,水灰比越小,混凝土越密实,碳化速度越慢;而温度过高过低都会使碳化速度加快。

在寒冷地区,冻害是材质劣化的最重要的原因。冻害发生的主要原因是混凝土中的水分冻结并伴随着体积膨胀,引起混凝土表面集料剥落,冻融反复作用导致隧道衬砌开裂。

另外,衬砌背后的地下水含有酸性成分,对衬砌具有腐蚀性。有害的地下水使接触的衬砌内部或表面材质劣化,在钢筋混凝土结构中能使钢筋的强度降低,从而导致隧道衬砌承载能力下降,造成隧道衬砌的裂损。

(8) 运营养护的影响

隧道衬砌在运营过程中,若养护工作跟不上,如对隧道的设计施工情况了解不清楚,特别是围岩地质,地下水分布及处理,隧道开挖,衬砌背后回填,防排水设施,衬砌质量情况,施工中有关技术、质量、安全等方面的问题和处理措施缺乏全面了解；对衬砌裂损缺乏定期的检查监视，缺乏较长期的系统的观测和分析，这样对衬砌裂损变形的发生和发展情况不明，难以对造成原因及其安全影响作出正确判断，更难以做到及时和有效的防治，均将会造成施工中发生的裂缝继续发展；整治达不到应用的效果，或原来没有裂损的衬砌也会出现新的病害。

2.2.7　隧道水害

水，不仅是影响隧道正常施工的因素之一，也是影响隧道正常运营的重要因素之一。隧道和地下工程处于岩土层中，修建后成为所穿过山体附近地下水集聚的通道，当隧道穿过或靠近含水地层时，时刻受到地下水的渗透作用，如衬砌的防水及排水设施不完善，地下水就会侵入隧道，发生隧道渗漏水病害。

运营隧道的水害问题是一个较为普遍，长期困扰着隧道养护维修、管理部门的难题之一。在运营期间，地下水常从混凝土衬砌的施工缝、变形缝、裂缝甚至混凝土孔隙等通道渗漏进隧道中，造成洞内通信、供电、照明等设备处于潮湿环境而发生锈蚀，使路面积水或结冰，造成车轮打滑，危及行车安全[7,15,18,35]。

隧道工程实践表明，地下水的存在是难免的，但它对工程的危害是可以避免和减少的。隧道渗漏水病害是运营隧道最常见的隧道病害之一。根据隧道结构分为隧道衬砌渗漏水和隧道路面冒水。

2.2.7.1　隧道衬砌渗漏水

不同行业的工程技术人员、研究人员由于本行业的特点对隧道（地下）工程渗漏水的认识不同，对渗漏水分类也不同。目前对隧道（地下）工程渗漏水类型进行较为明确分类的有交通运输部、原铁道部、住房和城乡建设部。具体分类如下：

1）分类

（1）《公路隧道养护技术规范》（JTG H12—2015）分类

按其发生的部位和流量可分为拱顶有渗水、滴水、漏水成线和成股射流四种，如图2.2.4所示。

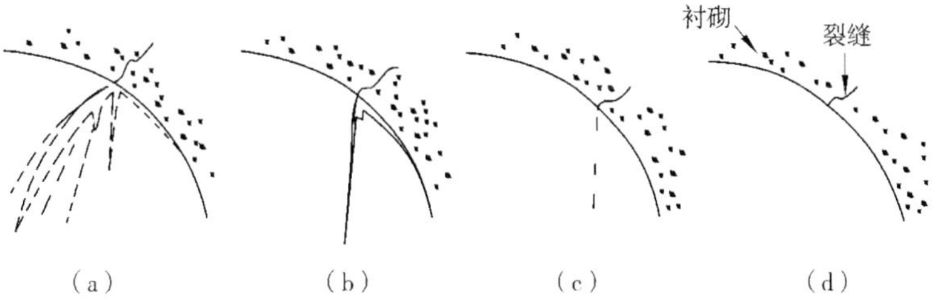

图2.2.4　漏水状态的分类
（a）喷射；（b）涌流；（c）滴漏；（d）浸渗

（2）《铁路桥隧建筑物劣化评定标准　隧道》（TB/T 2820.2—1997）分类

隧道渗漏水类型分为隧道漏水和涌水（拱部滴水、隧底冒水、孔眼渗水）、隧道衬砌围岩周围积水、潜流冲刷和侵蚀性水对衬砌的侵蚀等几种。

① 隧道漏水和涌水:隧道围岩的地下水或洞顶地表水直接地(无衬砌)和间接地(通过衬砌的薄弱环节)以渗、滴、漏、淌、涌等形式进入隧道内所造成的危害,叫漏水或涌水。这是隧道中最常见的一种病害。

② 衬砌周围积水:隧道建成后,地表水或地下水向隧道周围渗流汇集,如不能及时排走将引起隧道出现的病害称为积水。

③ 潜流冲刷:由于地下水渗流和流动对隧道衬砌或围岩产生的冲刷和溶蚀作用而引起的隧道病害叫潜流冲刷。

④ 侵蚀性水对衬砌的侵蚀(水蚀):围岩中地下水因含有盐类、酸类和碱类等化学成分,对混凝土衬砌起腐蚀作用而形成的病害(水蚀病害)。

(3)《地下防水工程施工质量验收规范》(GB50208—2011)分类

根据渗漏水渗漏程度,将渗漏水分为湿渍、渗水、水珠、滴漏、线漏。

① 湿渍:地下混凝土结构背水面,呈现明显色泽变化的潮湿斑。

② 渗水:水从地下混凝土结构衬砌内表面渗出,在背水面的墙壁上可观察到明显的流挂水幕范围。

③ 水珠:悬垂在地下混凝土结构衬砌背水顶板(拱顶)的水珠,其滴落间隔时间超过1 min称水珠现象。

④ 滴漏:地下混凝土结构衬砌背水顶板(拱顶)渗漏水的滴落速度,每1 min至少1滴,称为滴漏现象。

⑤ 线漏:指渗漏成线或喷水状态。

(4)《铁路桥隧病害检查观测方法》分类

在养护工作中,一般根据渗漏水程度的不同可划分为:

① 湿润:衬砌表面出现湿痕,但不成滴落下者;

② 渗水:衬砌表面出现水痕,3 min以上汇积成滴下落者;

③ 滴水:水滴间断缓慢下落者;

④ 漏水:水滴间断急速下落者;

⑤ 射水:水成股连续(成线)下落者;

⑥ 涌水:水流成柱下落或冒射,即围岩的地下水以涌的形式进入隧道,来势极猛,破坏力较大。

(5) 按其发生的部位和流量可分为:拱顶有渗水、滴水、漏水成线和成股射流四种,边墙有渗水、淌水两种。

(6) 按水源补给情况可分为地下水补给和地表水补给两种。地下水补给有稳定的地下水源补给,其流量四季变化不大;地表水补给,其流量随地表水季节性变化而变化。同一渗漏水处所也可能有两种补给水源。

(7) 按渗漏形式可分为点渗漏、缝渗漏和面渗漏三种。

从上述隧道渗漏水的分类可以看出,不同行业相关的技术人员、科研人员由于自身所处的环境不同对隧道渗漏水的产生机理、危害程度的认识也不同,其分类也不同。只有对隧道渗漏水分类形成共识,才能形成有效的解决隧道渗漏水的措施,这是目前需要解决的难题之一。

2）成因[15,18-19]

了解隧道渗漏水病害的成因、机理是我们解决隧道渗漏水病害问题的基础。隧道水害的主要成因是，修建隧道破坏了山体原有的水系统平衡，隧道成为所穿过地下水集聚的通道及排泄出口。当隧道围岩与含水地层连通，而衬砌的防水及排水设施、方法不完善时，就必然发生隧道水害。隧道水害形成的原因主要如下：

（1）地质条件

① 隧道穿越的岩层为沙类土和漂卵石类土含水地层。

② 隧道穿越地段围岩的节理、裂隙发育，且穿越地段含水丰富或附近有水源。

③ 隧道穿过石灰岩、白云岩等可溶性地层时，且有充水的溶槽、溶洞或暗河等与隧道相连通时。

（2）施工因素

① 光面爆破效果不好，造成隧道开挖轮廓凹凸不平，有棱角。初期支护，喷射混凝土没有把凹凸面补平，平整度达不到规范要求，容易把防水板刺破，出现渗漏水现象。

② 节理、裂隙发育，地下水往裂隙处渗出，在初期支护喷射混凝土前，没有对裂隙水进行处理，造成二次衬砌时部分地方铺设防水板及浇筑混凝土不到位，出现渗漏水现象。

③ 安装纵向盲管时，特别是矮边墙部分，纵向盲管没有用防水卷材半裹，造成部分地下水发育地段的矮边墙出现渗漏水现象。

④ 水平施工缝和环向施工缝，现场随意凿槽，安装止水条，造成施工缝处出现渗漏水现象。

⑤ 防水板热熔焊接不到位，也会造成渗漏水现象。

⑥ 初期支护，锚杆钢筋头处理不到位，喷射混凝土时很容易刺破防水板，造成渗漏水现象。

（3）防水措施的自身不足

王春景[19]根据目前公路隧道所采取的防排水措施，对隧道防水层、接缝防水以及衬砌混凝土结构自防水失效的原因进行了分析，具体如下：

① 隧道防水层失效

公路隧道复合衬砌中铺设的防水夹层可以称之为结构外防水，也是公路隧道防渗漏的第一道防线。从采用结构外防水的本意来看，就是用防水材料在结构的迎水面形成一个隔水屏障，拒水于结构之外，但是常有不尽人意的后果。众所周知，市场上供应的防水材料常称其能在多高水头下起防水作用，那么在工程中为何却会失效，除材料本身有问题外还有以下几个方面的原因：

（ⅰ）结构变形过大或裂缝过宽，超过了材料的延伸性，以致防水膜断裂。这类问题多见于变形缝处。

（ⅱ）防水层的完整性有缺损，致使地下水通过缺损部位渗入结构内部。在铺设防水层时，存在一个防水膜的搭接问题，这是防水层施工中的薄弱环节，也是关键环节。如果搭接不良就会给地下水提供渗漏通道。另外，喷射混凝土基面不平整以及基面上外露的锚杆、钢管等尖锐物也是造成防水层破损的重要原因。

（ⅲ）防水层与基面粘接不良，在浇筑二次混凝土衬砌时造成防水层的空鼓、脱落等问题，并由此导致了防水层的破损。

② 隧道接缝防水失效

为便于施工而设置施工缝,为适应结构变形的需要以及防水混凝土避免超过允许的拉应力而设置变形缝。而地下工程最令人头痛的渗漏部位正是变形缝和施工缝。目前国内既有隧道的渗漏水有70%以上表现在衬砌结构的“三缝”上,即伸缩缝、沉降缝、施工缝。

施工缝和结构裂缝(见图2.2.5)一样,一旦出现渗漏,处理起来还比较容易,一般采用注浆就可堵漏。可是变形缝(见图2.2.6)的渗漏就很难根治,用常见的化学注浆治理在短期内可以见效,但时间久了,又故态萌发,究其原因,关键是结构在温度、沉降等因素的变化下产生相对运动,而浆体不能适应,所以堵水也不能长久。

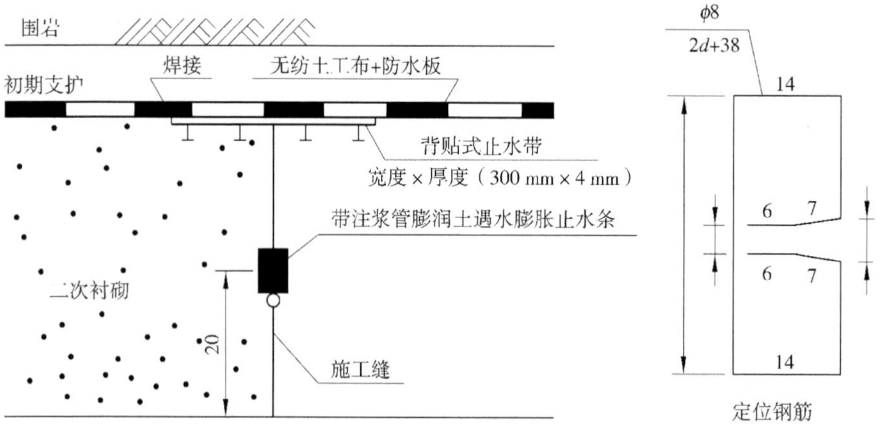

图2.2.5 隧道施工缝防水示意图

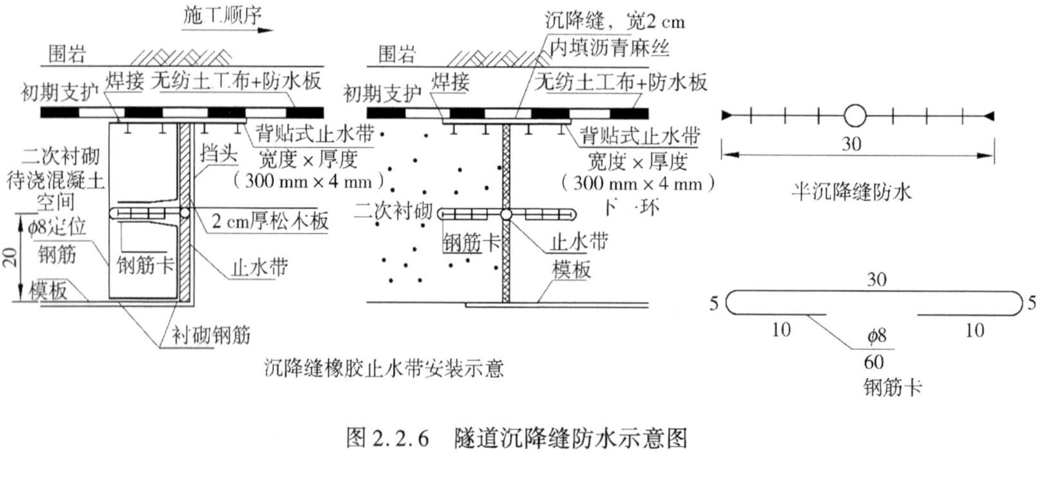

图2.2.6 隧道沉降缝防水示意图

为保险起见,公路隧道的变形缝通常设有三道防线,即迎水面处缝内嵌有弹性密封膏,中间是中埋式止水带,结构内面又是弹性密封膏嵌缝。尽管设了三道防线,变形缝的渗漏机会仍然很高,究其原因有以下两个方面:

(ⅰ)弹性密封膏普遍不易做好。原因之一是支承面不平整,弹性密封膏在承受外水压力下由于无可靠的支承而超出了其弹性范围。原因之二是粘接面没有处理好,密封膏未与结构基面较好粘接,浇筑下一阶段的混凝土时很容易使其松动脱落。

（ⅱ）中埋式止水带与防水夹层一样也存在搭接问题，不易形成一个封闭的防水圈。另外，止水带破损、位置设置不正确以及止水带周围混凝土未能振捣密实，尤其是拱部止水带的下侧疏松或积聚相当多的气泡而形成水的通路，这些都是造成变形缝渗漏的重要因素。

目前公路隧道施工缝一般也采用中埋式止水带防水，其渗漏原因与变形缝相似。

③ 衬砌混凝土结构自防水失效

钢筋混凝土结构既能承载又能防水，称之为结构自防水。防水混凝土根据其配制方法的不同，可分为三类，即普通防水混凝土、外加剂防水混凝土和膨胀水泥防水混凝土。目前公路隧道上应用较多的是后两类。衬砌混凝土结构自防水是公路隧道防渗漏的第二道防线，也是最后一道防线。尽管采用了种种方法和措施配制了防水混凝土，但是最终混凝土结构还是出现了渗漏，究其原因主要有以下几个方面：

（ⅰ）对混凝土结构自防水的认识有些片面。在工程实际中，往往只侧重于混凝土的抗渗等级，认为混凝土的抗渗等级越高结构越能自防水，而忽视了施工与养护的重要性。

（ⅱ）混凝土结构本身存在缺陷，如混凝土表面呈蜂窝麻面。防水混凝土必须认真施工才可能防水，那种在混凝土中加泥夹杂，振捣不够，漏振、走模、漏浆等因素都有可能导致自防水失效。

（ⅲ）衬砌混凝土结构出现裂缝。公路隧道衬砌混凝土的裂缝一般表现为拱部、墙部的环向裂缝、纵向裂缝以及各种乱向裂缝。如果衬砌结构出现贯穿裂缝，那么抗渗等级再高的混凝土也做不到自防水，所以从某种意义上说抗裂比抗渗更为重要。

④ 养护方面

（ⅰ）既有排水设施，如衬砌背后的暗沟、盲沟、无衬砌的辅助坑道、排水孔、暗槽等，年久失修阻塞。

（ⅱ）隧道周围裂隙水中钙物质较多，造成了隧道排水系统，特别是导水盲管的堵塞。

2.2.7.2　隧道路面冒水[19]

（1）路面基底不满足承载和防排水要求

隧道路面结构层以下完全松散。无论是设计有仰拱区段还是无仰拱区段，路面结构层以下都是松散碎石、岩渣。

对于有仰拱区段，仰拱回填不符合设计（设计为片石混凝土）；仰拱结构质量不满足要求，经常会出现断裂、破损，或者没有施作仰拱结构现象。对于无仰拱区段，整平层以下为松散碎石、岩渣，也不能满足要求。

路面基底无仰拱或仰拱及仰拱回填导致路面结构以下承载力不足，地下水穿透、汇集，路面结构以下和层间完全充水。在车辆荷载作用下，结构含水层被反复挤压和张开，导致路面破损，地下水在层间迁移，直至隧道结构沉陷，路面翻浆冒水（或泥）。

（2）水压力较大

当路面渗水区段地处岩溶强烈发育区，且伴有可溶岩（灰岩）和非可溶岩（页岩）互层，以及逆冲断层，地下水发育时，易形成透水层和隔水层互层结构，导致地表降雨补给及岩溶水补给而排泄不通畅，水压力升高。

由于隧道水压力较大，同时隧道仰拱或破损或没有施作，地下水在车辆反复作用下很容易向路面渗透。一旦路面破损，地下水可以大量渗出甚至涌出。

（3）路面至隧底排水能力不强

当岩溶地区公路隧道路面结构层按照一般隧道进行设计时，即有仰拱区段，路面结构以下为仰拱回填（片石混凝土）和仰拱结构（混凝土或钢筋混凝土）；无仰拱区段为混凝土整平层，路面结构至隧底排水只有沿路线纵向间隔设置的路基排水塑料盲沟，排水能力较低。

当仰拱结构完整，隔水隔泥效果好，且地下水水量小、无压力时，这种排水体系能够满足要求；相反，如果地下水压力大、水量大，尤其是仰拱破碎、渗水含泥量高时，路面至隧底的纵横向排水通道都会堵塞，导致路面以下分区段积水，引起路面隆起、破损、渗水、冒泥等病害。

（4）路侧排水边沟堵塞失效

路侧边沟堵塞是高速公路路面渗水的重要原因之一。例如某隧道灾害治理中，将隧道排水边沟和路面排水边沟合二为一，增大了边沟深度和排水断面；沿水沟纵向间隔设置竖向PVC管，试图将隧底承压水通过边沟排泄；排水边沟与路面以下结构仍通过纵向间隔设置的路基排水盲沟连通。该方案不足之处在于：路基横向排水能力不强，除排水盲沟之外，再无其他排水通道，当仰拱及仰拱回填质量差导致大量积水时无法有效排泄，路面以下形成水槽。另外，现场调查表明，边沟内竖向设置的PVC管普遍高于边沟底部并未见有水排出，因此，该PVC管不能起到排水作用，反而由于高出边沟地面而增大了边沟水流阻力，增大了边沟淤塞的可能。

（5）横向排水管失效

横向排水管是在施作仰拱的过程中铺设，埋于仰拱内，施工过程中横向排水管露出长度应合理，太长容易在安装前被破坏，太短又不利于与纵向排水管连接。在施工过程中极易造成横向排水管的破坏或者排水管堵塞，造成排水不畅。

（6）中央排水管失效

① 横向排水管不能伸进中央排水管

横向排水管从仰拱内伸出，将水排到中央排水管中，而在施工中浇筑仰拱的模板上是没有孔洞的，当横向排水管的位置不在两模板之间时，横向排水管也就不能伸到中央排水管里，汇集到中央排水管里的水也就不能顺利地由中央排水管排出。

② 透水孔被堵塞

中央排水管为有孔的混凝土预制管或者PVC材质管，铺设时用土工布包裹，上覆碎石反滤层。若碎石含泥量较大或者经由横向排水管来的水含泥沙较多，或施工过程中未用土工布包裹中央排水管，排水孔极易被堵住，丧失渗水能力，渗漏水不能经由中央排水管排出洞外，导致积水破坏路基结构。

③ 每段连接处容易堵塞

中央排水管为分段管段，在施工过程中，每一段的接头处若未采取保护措施，浇筑仰拱的混凝土或者反滤层填充物就容易进入排水管，堵塞管道造成排水不畅。

2.3 衬砌缺陷、病害的影响程度分析

2.3.1 保护层厚度

《混凝土结构设计规范》和《混凝土结构工程施工及其验收规范》中对各类钢筋混凝土保护层厚度按照适宜环境类别、结构类别和混凝土强度等级的不同分别作出了相应的规定；

不仅对受力主筋保护层有规定，对箍筋和构造筋的保护层厚度也作出了相应规定。这充分说明保护层在混凝土结构中的重要性，并突出地反应在混凝土保护层对结构承载能力和耐久性的影响上。

混凝土保护层是指受力钢筋外缘至混凝土外表面的混凝土厚度，亦称为混凝土保护层厚度。

1）保护层对结构的作用[29]

保护层对结构的作用主要体现在三个方面：

① 钢筋与混凝土之间的黏结锚固。混凝土结构中钢筋能够受力是由于其与周围混凝土之间的黏结锚固作用。受力钢筋（尤其是变形钢筋）与混凝土之间的咬合作用是构成黏结锚固的主要成分，这很大程度上取决于混凝土保护层的厚度，混凝土保护层厚度越厚，则黏结锚固作用越大。新规范中受力钢筋的锚固长度即是以混凝土保护层厚度不小于受力钢筋的直径为条件确定的。

② 保护钢筋免遭锈蚀。混凝土结构的突出优点是耐久性好。这是由于混凝土的碱性环境使包裹在其中的钢筋表面形成钝化膜而不易锈蚀。但是碳化和脱钝会影响这种耐久性而使钢筋遭受锈蚀。碳化的时间与混凝土的保护层有关，因此一定的混凝土保护层厚度是保证结构耐久性所必需的条件。调查分析表明，我国混凝土结构的耐久性普遍较差，因此从耐久性和可持续发展的观点出发，我国混凝土保护层的厚度应适当增加。

③ 对构件受力有效高度的影响。从锚固和耐久性的角度来讲，构件在混凝土中的保护层应该越大越好；然而从受力的角度而言，则正好相反。保护层厚度越大，构件截面有效高度就越小，结构构件的抗力将受到削弱。这正是一个事物的两个方面。因此，确定混凝土保护层厚度应综合考虑锚固、耐久性及有效高度三个因素。在能保证锚固和耐久性的条件下可尽量取较小的保护层厚度。新规范给出的保护层最小厚度正是保护层厚度的最低限度取值。

2）保护层对结构承载力的影响[29]

作为截面的有效高度 h_0，它的变化对结构的受力会产生很大的影响。以单筋矩形截面梁的受弯承载力为例，当设计弯矩值 M 一定时，随着 h_0 的减小，有可能出现 $M>a_1 f_c bx(h_0-x/2)$ 的情况，这样势必使构件的实际承载力达不到抵御外力的要求，从而降低了结构的承载能力和安全储备。同时，由相对受压区高度 $\xi=x/h_0=f_y A_s/a_1 f_c bh_0$ 可知，当在其他条件不变的情况下，减少 h_0，就有可能增大 ξ，出现 $\xi>\xi_b$ 的现象，规范规定 $\xi\leqslant\xi_b$，如果 $\xi>\xi_b$ 就会造成构件超筋。由于超筋构件不能充分利用钢筋强度，其破坏时，受压区的混凝土首先被压碎，裂缝开展不充分，挠度不大，带有突然性，破坏前没有明显的预兆，这在结构设计中是不允许出现的。但在工程实际施工时由于人为的作用，可能会造成这种状况的发生，为工程的使用埋下隐患。

3）保护层对结构耐久性的影响[29]

水泥中的主要化学成分硅酸三钙（C_3S）、硅酸二钙（C_2S）水化作用过程中均有生成物氢氧化钙[CH 或 $Ca(OH)_2$]。硬化后的混凝土孔隙中充满了饱和的氢氧化钙碱性溶液。在钢筋混凝土中，碱性的氢氧化钙溶液使钢筋表面产生一层难溶的十分致密的 Fe_2O_3 和 Fe_3O_4 薄膜（钝化膜）。它能阻止 H_2O、O_2 等的侵入，防止钢筋锈蚀。空气中的 CO_2 通过混凝土生成碳酸，并与混凝土中的氢氧化钙反应生成碳酸钙，使混凝土中氢氧化钙浓度下降，称为混凝土碳化(亦称中性化)。这种碳化引起混凝土收缩,使混凝土表面产生细微裂缝,不仅使表层混凝土强度降低,而且开辟了通道,加速钝化膜被破坏,该部位作为阳极引发锈蚀,其化学式为 $Fe \rightarrow Fe^{2+} + 2e^-$,其他部位为阴极发生的反应。氯离子本身在钢筋腐蚀过程中不被消耗,仅起到加速腐蚀进程的催化作用,使钢筋表面腐蚀的阳极反应物 Fe^{2+} 被及时搬运出去,阻止其在阳极区域堆积,大大加速了钢筋腐蚀。由于氯离子在钢筋腐蚀过程中可循环利用,因而氯化物侵蚀一旦发生就很难补救。

4) 混凝土结构其他方面的影响

(1) 保护层超厚的危害

由于钢筋与混凝土之间存在足够的黏聚力,在结构计算时,钢筋混凝土构件是作为一个整体来承受外力的;又由于混凝土的抗拉强度很低,为简化计算,一般混凝土只考虑承受压应力,而拉应力则全部由钢筋来承担。对于受力构件强度设计来讲,钢筋保护层越厚,则钢筋混凝土构件受压区的有效高度就越小,导致钢筋混凝土构件达不到设计强度;而且钢筋保护层过厚会使结构下部离受力筋远的混凝土因黏结锚固作用的降低及其抗拉强度下降导致易开裂,其结构强度也就必然降低,从而引发结构安全隐患。

(2) 保护层不足的危害

钢筋保护层偏薄,是施工中更为常见的一种质量通病。它对结构的影响主要表现在以下三个方面:

① 影响到混凝土与受力纵筋共同作用所产生的黏聚力进而降低其承载。从理论上讲,保护层过薄增大了有效高度值,片面地说有利于结构承载力,实际上是削弱了承载能力。因为承载能力是靠混凝土与钢筋共同作用来保证的,这与钢筋和混凝土之间的黏聚力有关,而黏聚力主要由钢筋和混凝土的接触面经化学作用而产生胶着力、混凝土硬化收缩时对钢筋产生的摩擦力、握裹力和钢筋表面粗糙度在接触面引起的咬合力组成。从黏聚力的组成可以看出,保护层过薄可能使钢筋外围混凝土因产生径向劈裂而导致黏聚力降低,从而削弱承载力。但因黏结破坏机理复杂,影响因素诸多,受力情况多样,至今尚未建立较完整的计算理论,只能通过试验得出基本黏聚力。试验证明:保护层厚度影响到结构的内在质量,对结构承载力有着明显的影响。

② 容易使钢筋发生锈蚀,影响结构工程的合理使用寿命。包裹在钢筋外面的混凝土由于其所具有的碱性性质而起着保护钢筋不生锈的作用。实验观测发现,当空气中的碳酸根离子侵入混凝土内部时,混凝土将从表面开始向内逐步失去碱性,这种现象称为混凝土的“碳化”。一旦碳化深度达到钢筋表面,混凝土保护层就不再对钢筋起保护作用,所以保护层厚度影响到混凝土的碳化时间和结构的耐久性。

③ 从建筑防火角度说,高温影响下可使构件迅速破坏。众所周知,混凝土是良好的防火材料,而钢筋遇高温会急剧膨胀加大,屈服点和极限强度急剧下降,而导致混凝土构件破坏。从防火角度来看,也需要保证保护层的厚度,并且满足现行《建筑设计防火规范》(GB 50016—2014)(2018 年版)的规定,所以保护层厚度影响到构件中的耐火极限。

2.3.2 衬砌混凝土强度

因各种原因而引起的混凝土强度不足,在承受荷载时将会使结构的承载能力和刚度下降,挠曲变形加大,同时使结构的抗裂、抗渗和耐久性降低。从力学角度分析,隧道结构为受弯拉结构，混凝土强度对其影响有如下几方面[31]。

2.3.2.1　对承载力的影响

混凝土强度不足对受弯构件承载能力的影响主要表现在对正截面抗弯承载能力和斜截面抗剪承载能力两个方面。

(1) 对受弯构件正截面承载能力的影响

根据单筋受弯构件正截面承载能力计算的基本理论可知，受弯构件受拉区的混凝土是不参加工作的，拉力全部由钢筋来承受，受弯构件的受压区全部由混凝土来承受，钢筋和混凝土共同承受外荷载产生的外力矩。如上所述，由于受弯构件正截面承载能力是由混凝土钢筋分别承受压力和拉力，所以由于施工等原因造成混凝土强度不足而达不到设计要求，给结构带来的影响介于轴心受拉构件及轴心受压构件之间。如果受弯构件的配筋率不大，混凝土受压区较小，则混凝土强度的不足对受弯构件正截面承载能力的影响不大；如果受弯构件配筋率较大，则混凝土强度的不足对承载能力的影响就较大。由此可见，施工时对受弯构件的混凝土也要注意保证设计强度等级的实现，尤其是荷载较大或跨度较大的受弯构件，一定要保证混凝土强度达到设计强度等级。

(2) 对受弯构件斜截面承载能力的影响

受弯构件斜截面抗剪承载能力是由斜截面剪压区的混凝土抗剪承载能力、与斜截面相交的钢箍的抗剪承载能力及弯起钢筋抗剪承载能力三者组成，所以混凝土强度高低对其结构的影响介于轴心受拉及轴心受压构件之间。当受弯构件斜压破坏时，集中荷载与支座反力之间的梁腹混凝土就如一斜向受压短柱，混凝土发生类似于柱体受压破坏的侧向突出，这种破坏取决于混凝土的抗压强度。所以混凝土强度的不足对受弯构件斜截面抗剪承载能力的影响还是很明显的。

2.3.2.2　对裂缝宽度的影响

《公路隧道设计规范》(JTG D70—2004)附录 K.0.11 规定：钢筋混凝土受拉、受弯和偏心受压构件，其最大裂缝宽度 ω_{max} 可按以下公式计算，当 $e_0 \leqslant 0.55h_0$ 时，可不进行裂缝宽度的检算。

(1) 最大裂缝宽度计算

$$\omega_{max} = \alpha\psi\gamma(2.7C_s + 0.1d/\rho_{te})\sigma_s/E_s \tag{2.3.1}$$

式中　α——构件受力特征系数，对轴心受拉构件取 $\alpha=2.7$，对受弯和偏心受压构件取 $\alpha=2.1$，对偏心受拉构件取 $\alpha=2.4$；

ψ——裂缝间纵向受拉钢筋应变不均匀系数，

$$\psi = 1.1 - 0.65f_{ctk}/(\rho_{te}\sigma_s) \tag{2.3.2}$$

ρ_{te}——按有效受拉混凝土面积计算的纵向受拉钢筋配筋率，$\rho_{te}=A_s/A_{ce}$，当 $\rho_{te}<0.01$ 时，取 $\rho_{te}=0.01$；

A_s——受拉区纵筋面积；

A_{ce}——有效受拉混凝土截面面积(图 2.3.1)；A_{ce} 取构件截面面积，对受弯、偏心受压和偏心受拉构件，取 $A_{ce}=0.5bh+(b_f-b)h_1$，对矩形截面，取 $A_{ce}=0.5bh$(b、h 分别为混凝土截面的宽度及高度)，当 $\psi<0.4$ 时，取 $\psi=0.4$，当 $\psi>1.0$ 时，取 $\psi=1.0$，对直接承受重复荷载的构件，取 $\psi=1.0$；

γ——纵向受拉钢筋表面特征系数螺纹钢筋取 0.7，光面钢筋取 1.0；

C_s——最外层纵向受拉钢筋外边缘至受拉区底边的距离，当 C_s<20 mm 时，取 C_s = 20 mm；

d——钢筋直径，当采用不同直径的钢筋时，$d=4A_s/u$，此处 u 为纵向受拉钢筋截面周长的总和，mm；

σ_s——纵向受拉钢筋的应力，可按(2)进行计算，MPa；

E_s——钢筋的弹性模量，取为 210 GPa。

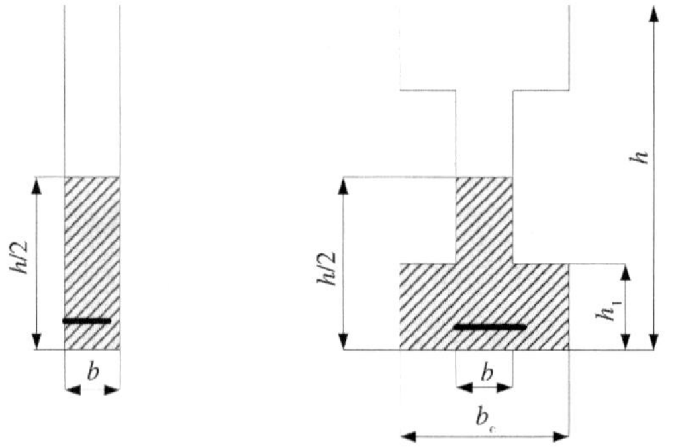

图 2.3.1　有效受拉混凝土截面面积

(2) 检算裂缝宽度时，构件纵向受拉钢筋应力可按下列公式计算

① 受弯构件

$$\sigma_s = \frac{M_s}{0.87h_0A_s} \tag{2.3.3}$$

② 偏心受压构件

$$\sigma_s = \frac{M_s(e-z)}{A_sz} \tag{2.3.4}$$

③ 轴心受拉构件

$$\sigma_s = \frac{N_s}{A_s} \tag{2.3.5}$$

④ 偏心受拉构件

$$\sigma_s = \frac{N_se'}{A_s(h_0-\alpha_s')} \tag{2.3.6}$$

式中　M_s，N_s——按荷载组合计算出的弯矩值(MN·m)和轴力值(MN)；

A_s——受拉区纵向钢筋截面面积，m^2；

e——轴向压力作用点至纵向受拉钢筋合力点之间的距离，计算式为 $e=\eta e_i+y_{sp}$，其中 e_i 为初始偏心距，η 为考虑挠曲影响的偏心距增大系数，按表 2.3.1 的规定值取值，y_{sp}为自截面重心至 A_s 合力点的距离，m；

z——纵向受拉钢筋合力点至受压区合力之间的距离，m；

$$z=(0.87-\frac{0.12h_0}{e^2})h_0\text{，且 } z<0.87h_0$$

α_s'——纵向非预应力钢筋受压钢筋合力点至截面近边的距离，m；

表 2.3.1　钢筋混凝土构件的纵向弯曲系数

H/b	≤8	10	12	14	16	18	20	22	24	26	28	30
纵向弯曲系数 φ	1.00	0.98	0.95	0.92	0.87	0.81	0.75	0.70	0.65	0.60	0.56	0.52

注：① H 为构件计算长度，两端刚性固定时，$H=0.5L$；一端刚性固定、另一端为不移动的铰时，$H=0.7L$；两端均为不移动的铰时，$H=L$；一端刚性固定、另一端为自由端时 $H=2L$。

② L 为构件的全长，b 为矩形截面构件短边尺寸。

e'——轴向力作用点至纵向受压钢筋合力点的距离，m；

h_0——截面有效高度，m。

2.3.2.3　对结构耐久性的影响

混凝土强度不足对结构耐久性的影响主要与混凝土的碳化有关。当混凝土的强度等级不足时，混凝土的密实性差，抗渗性能下降，碳化速度加快。特别是在露天或室内高湿度环境及强腐蚀性条件下，混凝土强度不足更会加速碳化，引起钢筋锈蚀缩短结构安全使用期，降低结构的耐久性。而混凝土的碳化过程和碳化速度与结构所处的大气环境和结构混凝土的抗碳化能力有关。

2.3.3　二次衬砌混凝土厚度

目前中国已建隧道不同程度地存在着衬砌厚度不足、裂缝、变形以及渗漏水等病害问题。据 5 000 座铁路隧道的统计资料，约占总数 1/3 的隧道存在着衬砌结构裂缝和渗漏水等病害，同时由于施工条件、施工方法以及隧道在使用过程中物理、化学等作用的影响，隧道会产生衬砌厚度不足、衬砌背出现空洞等病害现象，这些隧道病害对隧道的正常使用会产生不利影响。当隧道衬砌厚度不足时，会使隧道产生较大的变形，大大影响建筑限界和行车限界；同时，当厚度严重不足时，隧道衬砌甚至会发生断裂、塌落等灾难性后果[5-6,16,19]。

刘颖才等[32]采用数值方法对二次衬砌混凝土厚度不足的隧道结构进行了分析，结果表明：

① Ⅰ ~ Ⅲ级围岩时，隧道二次衬砌的不足厚度小于总设计值的 40%，一般不会影响结构的承载力。Ⅳ ~ Ⅵ级围岩时，隧道二次衬砌的不足厚度小于 5 cm，一般不会影响结构的承载力。

② 同类级别围岩浅埋段隧道由于二次衬砌厚度不足对结构的危害程度大于深埋段隧道。边墙和拱腰二次衬砌厚度不足对结构的危害程度大于拱顶二次衬砌厚度不足对结构的危害程度。

③ 浅埋段隧道二次衬砌厚度不足一般影响靠近路面边墙的抗压能力，而深埋段隧道二次衬砌厚度不足一般影响拱腰部分的抗剪能力。一旦出现二次衬砌厚度不足影响结构受力的情况，及时采取加固缺陷部位的围岩和初期支护的承载能力或改变二次衬砌结构形式等措施，能够有效消除隧道二次衬砌厚度不足对结构的危害。当隧道拱顶二次衬砌厚度不足 10 cm 时，一般不会影响结构受力，可不作专门处理。

2.3.4　二次衬砌混凝土配筋偏低或过高

（1）正截面破坏形式

① 适筋破坏

该梁具有正常配筋率,受拉钢筋首先屈服,随着受拉钢筋塑性变形的发展,受压混凝土边缘达到极限压应变,混凝土被压碎。此种破坏形式在破坏前有明显征兆,破坏前裂缝和变形急剧发展,故也称为延性破坏。

② 超筋破坏

当构件受拉区配筋量很高时,则破坏时受拉钢筋不会屈服,破坏是因混凝土受压边缘达到极限压应变、混凝土被压碎而引起的。发生这种破坏时,受拉区混凝土裂缝不明显,破坏前无明显预兆,是一种脆性破坏。由于超筋梁的破坏属于脆性破坏,破坏前无警告,并且受拉钢筋的强度未被充分利用而不经济,故不应采用。

③ 少筋破坏

当梁的受拉区配筋量很小时,其抗弯能力及破坏特征与不配筋的素混凝土类似,受拉区混凝土一旦开裂,则裂缝区的钢筋拉应力迅速达到屈服强度并进入强化段,甚至钢筋被拉断。受拉区混凝土裂缝很宽、构建扰度很大,而受压混凝土并未达到极限压应变。这种破坏是“一裂即坏”型,破坏弯矩往往低于构件开裂时的弯矩,属于脆性破坏,故不允许设计少筋梁。

(2) 配筋率对承载力的影响[34]

郭光玲、侯宝生对钢筋混凝土梁的配筋率对承载力的影响进行了研究,从对适筋梁、超筋梁和少筋梁的承载能力计算可知:在梁的截面尺寸、材料强度相同时,梁的承载力随着受拉钢筋配筋率 ρ 的变化,承载力会发生显著的变化,也就意味着梁的受力特征会发生本质的变化,其主要特点如下:

① 适筋破坏

在荷载作用下,破坏首先从受拉区开始,当加载到使受拉边缘混凝土的应变达到极限拉应变时,受拉区出现裂缝,继续加载裂缝继续开展,向上延伸,挠度明显加快,开裂部分的混凝土退出工作,退出工作的混凝土的应力由受拉钢筋承担。裂缝截面的钢筋应力突然增大,进一步加载,钢筋应力逐渐达到屈服,这时梁的挠度迅速加大,裂缝明显地开展延伸,截面受压区逐渐减少,受压区混凝土的塑性性质以及由此引起的内力重分布愈益充分,受压区混凝土达到极限压应变,受压区混凝土被压碎,梁达到极限,结构中的受拉钢筋和混凝土的力学性能均得到充分利用,发生“适筋破坏”。

② 超筋破坏

在加载过程中,受拉区同样会开裂,由于梁内放置的纵向受拉钢筋过多,在荷载作用下,钢筋应力增长缓慢,当受压混凝土的应变达到极限压应变时,而受拉钢筋的应力远小于屈服强度,但这时混凝土已被压碎,不能再承担弯矩,梁中钢筋还处于弹性阶段,受压混凝土的塑性变形还来不及充分发展,梁的裂缝和挠度均不明显,但梁因不能继续承担荷载而破坏,梁中的钢筋没有得到充分利用,这时即使结构的材料浪费又使结构由“适筋破坏”导致“超筋破坏”。

③ 少筋破坏

将素混凝土梁作为一少筋梁,由于混凝土的抗拉能力低,在荷载作用下,当受拉区的应变达到极限拉应变时,构件就开裂了,一旦开裂,裂缝即迅速向上延伸,梁的裂缝开展很大,挠曲边也不少,但这种梁的裂缝与挠度是不可恢复的,此种梁一旦开裂,即标志着破坏。这种梁不但承载力低，而且材料的力学性能（混凝土抗压强度较高）也未得到充分利用，最终因混凝土抗拉强度过低、梁的配筋率 ρ 减少，使结构由于受力性能良好的"适筋梁"转化为危险的"少筋梁"，使结构发生"脆性破坏"。

（3）斜截面主要破坏形式

① 斜拉破坏

当剪跨比较大且箍筋配置较少、间距太大时，斜裂缝一旦出现，该裂缝往往成为临界斜裂缝，迅速向集中荷载作用点延伸，将梁沿斜截面劈裂成两部分而导致梁的破坏。破坏前梁的变形很小，且往往只有一条斜裂缝，破坏具有明显的脆性。

② 剪压破坏

当剪跨比适中或箍筋量适量、箍筋间距不太大时，发生的破坏称为剪压破坏。剪压破坏有一定预兆。

③ 斜压破坏

这种破坏发生在剪跨比很小或腹板宽度很窄的 T 形梁或 I 形梁上。发生这种破坏时破坏荷载很高，但变形很小，箍筋不会屈服，属于脆性破坏。

2.3.5　衬砌混凝土裂损

衬砌裂损是隧道病害的主要形式，其主要危害有：

① 降低衬砌结构对围岩的承载能力；

② 使隧道净空变小，侵入建筑限界，影响车辆安全通过；

③ 拱部衬砌掉块，影响行车和人身安全；

④ 裂缝漏水，造成洞内设施锈蚀，道床翻浆，严寒和寒冷地区产生冻害；

⑤ 铺底和仰拱破损，基床翻浆、线路变形、危及行车安全，增加养护维修工作量[15,18]。

衬砌裂损具体危害程度如下：

（1）纵向裂缝、环向裂缝和斜向裂缝的影响

隧道衬砌裂缝根据裂缝走向及其和隧道长度方向的相互关系，分为纵向裂缝、环向裂缝和斜向裂缝三种。环向工作缝裂纹，一般对于衬砌结构正常承载影响不大。拱部和边墙的纵向和斜向裂纹，破坏结构的整体性，危害较大。

（2）裂缝不同宽度的影响

对裂缝的影响程度定量分析比较复杂，它涉及裂缝位置、方向、长度、宽度、深度、密度等诸多方面，为了实际工作中便于操作，参照国内外有关规范的规定，可采用裂缝宽度进行判断，而如果裂缝位置、方向、密度等对结构稳定十分不利，则相应的影响程度及级别应考虑降低一个级别。

《混凝土结构设计规范》第 3 章规定，钢筋混凝土结构的一般构件的最大裂缝宽度为 0.4 mm。

《铁路隧道设计规范》（TB10003—2016）第 10 章规定，钢筋混凝土衬砌结构构件，按荷载基本组合所求得的最大裂缝宽度 W_{max} 不应大于 0.2 mm。

《民用建筑结构可靠性鉴定标准》[13]（GB 50292—2015）中第 4.2.5 条规定，当混凝土结构构件出现表 4.2.5（本节为表 2.3.2）所列的受力裂缝时，应视为不适于继续承载的裂缝，并应根据其实际严重程度定为 c_u 级或 d_u 级。

表 2.3.2　混凝土构件不适于继续承载的裂缝宽度的评定

检查项目	环境	构件类别		c_u 级或 d_u 级
受力主筋处的弯曲含一般弯剪裂缝和轴拉裂缝宽度/mm	正常湿度环境	钢筋混凝土	主要构件	>0.50
			一般构件	>0.50
		预应力混凝土	主要构件	>0.20(0.30)
			一般构件	>0.30(0.50)
	高湿度环境	钢筋混凝土	任何构件	>0.40
		预应力混凝土		>0.10(0.20)
剪切裂缝/mm	任何湿度环境	钢筋混凝土或预应力混凝土		出现裂缝

注：① 表中的剪切裂缝系指斜拉裂缝以及集中荷载靠近支座处出现的或深梁中出现的斜压裂缝。

② 高湿度环境系指露天环境开敞式房屋易遭飘雨部位经常受蒸汽或冷凝水作用的场所，如厨房、浴室、寒冷地区不保暖屋盖等以及与土壤直接接触的部件等。

根据以上三个规范或标准的有关规定，并参照国内多座铁路、公路隧道及地下铁道区间隧道的设计、施工的有关标准和多座隧道病害调查、统计资料及整治经验，对于裂缝宽度的影响程度可制订下列评价标准：

① 裂缝宽度 $W \geq 0.5$ mm，其影响程度可定为 a 级，非常严重；

② 裂缝宽度 0.3 mm$\leq W<$0.5 mm，其影响程度可定为 b 级，比较严重；

③ 裂缝宽度 0.1 mm$\leq W<$0.3 mm，其影响程度可定为 c 级，影响轻微；

④ 裂缝宽度 $W<$0.2 mm(0.1 mm)，可认为其对结构使用功能和承载能力无太大影响，其影响程度可定为 d 级，基本无影响。

(3) 结构性裂缝与非结构性裂缝的影响

结构性裂缝多由于结构应力达到限值，造成承载力不足引起的，是结构破坏开始的特征，或是结构强度不足的征兆，是比较危险的，必须进一步对裂缝进行分析。非结构性裂缝往往是自身应力形成的，如温度裂缝、收缩裂缝，对结构承载力影响不大，可根据结构耐久性、抗渗、抗震、使用等方面要求采取修补措施。

结构性裂缝，根据受力性质和破坏形式进一步区分为两种：一种是脆性破坏，另一种是塑性破坏。脆性破坏的特点是事先没有明显的预兆而突然发生，一旦出现裂缝，对结构强度影响很大，是结构破坏的征兆，属于这类性质裂缝的有受压构件裂缝（包括中心受压、小偏心受压和大偏心受压的压区）、受弯构件的受压区裂缝、斜截面裂缝、冲切面裂缝，以及后张预应力构件端部局压裂缝等。脆性破坏裂缝是危险的，应予以足够重视，必须采取加固措施和其他安全措施。塑性破坏特点是事先有明显的变形和裂缝预兆，人们可以及时采取措施予以补救，危险性相对稍小。属于这类破坏的受力构件的裂缝有：受拉构件正截面裂缝，受弯构件和大偏心受压构件正截面受拉区裂缝等。此种裂缝是否影响结构的安全，应根据裂缝的位置、长度、深度以及发展情况而定。如果裂缝已趋于稳定，且最大裂缝未超过规定的容许值，则属于允许出现的裂缝，可不必加固[15]。

① 裂缝的表观特征。钢筋混凝土结构构件的裂缝按其表征可分三种：一是表面细小裂缝，即缝宽很小，长度短而浅；二是中等裂缝，其宽度在 0.2 mm 左右，长度局限在受拉区，裂缝已深入结构一定深度；三是贯穿性裂缝，缝宽超过 0.3 mm，长度伸到受压区，裂缝已贯穿

整个截面或部分截面。结构性裂缝不仅表征结构受力状况,还会影响结构的耐久性。裂缝宽度愈大,钢筋愈容易锈蚀,意味着钢筋和混凝土之间握裹力已完全破坏,使用寿命已近终结。一般室内结构,横向裂缝导致钢筋锈蚀的危险性较小,裂缝以不影响美观要求为度,而在潮湿环境中,裂缝会引起钢筋锈蚀,裂缝宽度应小于 0.2 mm,但纵向缝易引起钢筋锈蚀,并导致保护层剥落,影响结构的耐久性,应予处理。当裂缝长度较长,深度较深,严重影响构件的整体性,往往是破坏征兆。例如受弯构件正截面梁底出现裂缝,裂缝长度向受压区发展,并到达或超过中和轴,是比较危险的,若缝长较短,局部在受拉区,一般危险性较小。裂缝深度也是表征之一,通常表面裂缝多是非结构性裂缝,贯穿性裂缝多是结构性裂缝,容易使钢筋锈蚀,危险性较大,应查明原因,根据危险性,采取必要的加固措施。

② 裂缝的扩展性质。钢筋混凝土结构构件裂缝按其扩展性质,通常分三种:一是稳定裂缝,即裂缝的宽度、长度保持恒定不变;第二种是活动性裂缝,该裂缝的宽度和长度随着受荷状态和周围温度、湿度变化而变化;第三种是发展裂缝,裂缝的宽度和长度随着时间增长而增长。钢筋混凝土结构在各种荷载作用下,一般在受拉区允许在裂缝出现下工作,也就是说裂缝是不可避免的,只要裂缝是稳定的,其宽度不大,符合规范要求,并无多大危险,属安全构件。但裂缝随时间不断扩展,说明钢筋应力可能接近或达到流限,对承载力有严重的影响,危险性较大,应及时采取措施。裂缝稳定的结构,裂缝会不会再扩展,还要看所处环境是否稳定,环境变化,旧的裂缝可能还会扩展,也还会出现新的裂缝,应结合具体条件分析其对混凝土力学性质的影响[5-6,18-19]。

2.3.5　衬砌混凝土背后空洞

二次衬砌混凝土在浇筑过程中常常受到人为因素、技术因素、混凝土干缩、徐变等因素的影响,在衬砌拱顶、衬砌其他部位与围岩之间形成空隙。这种空隙会改变衬砌的受力结构,减弱其支护强度。

左右的松散压力,二次衬砌仅是用作安全储备和满足净空需求等。当围岩的收敛结束后进行二次衬砌,形成抗荷环,只要混凝土的强度达到要求,那么就能保证隧道的安全。但是目前国内隧道施工时的初期支护往往只是起到一个临时的封闭作用,确切地说只是一个施工过程中的措施。当初期支护收敛无法稳定时,一般紧跟施作二次衬砌补救,这也是实际工程中遵循的一个施工原则。所以二次衬砌的作用就不仅仅是安全储备,相反承载着较大的围岩松散压力。

在这种情况下,隧道背后是否存在脱空将直接影响隧道的安全性能。因为若有脱空存在,衬砌将无法在围岩和初期支护变形的第一时间起到主动限制变形的作用,只能在变形达到一定程度后被动支承,这样会给隧道安全造成巨大隐患。衬砌混凝土背后空洞对隧道的危害主要表现在以下方面[33]:

(1) 当衬砌背后有空洞时,二次衬砌的受力和围岩的应力状态会发生改变。

由于隧道所处地质条件的复杂性,有可能位置相同、形状相同,但二次衬砌混凝土背后空洞对隧道的危害程度不一样。

例如司徒丽新等[17]采用平面弹塑性分析模型,运用有限元软件“同济曙光 GeoFBA”分析衬砌背后空洞对隧道结构内力的影响。在模拟空洞时,将相应位置的围岩压力和表示地层抗力的弹簧去掉,所使用的衬砌结构是一种简化模式,在边墙底部约束水平方向位移,在竖直方向上施加弹簧约束。结果表明：

① 在同类围岩中，当空洞中心点在0°位置(即衬砌截面对称轴位置)，随着空洞尺寸的变化，最大拉应力变化不大。在30°位置时，最大拉应力随空洞长度的增大而增大。在45°和60°位置时，在Ⅳ类(Ⅲ级)围岩中，最大拉应力随空洞长度的增大而增大；在Ⅲ类(Ⅳ级)围岩中，最大拉应力随空洞长度的增大是先增大后减小；在Ⅱ类(Ⅴ级)围岩中，最大拉应力随空洞长度的增大是先减小后增大。

② 在同类围岩中，当空洞尺寸不变而中心位置从0°变化到30°,45°,60°时，最大拉应力是先增大后减小，且最大值都出现在30°位置，除了Ⅲ类(Ⅳ级)围岩外，当空洞尺寸为50 cm时，最大拉应力出现在45°位置；衬砌背后空洞尺寸越大，衬砌受力越不利；围岩越差，空洞尺寸对衬砌内力的影响越显著。

③ 二次衬砌上边缘容易发生开裂，同时空洞也是水的通道，如果有渗漏水发生，则渗漏水会沿着空洞和裂缝进入衬砌，引起渗漏、冻害、钢筋锈蚀等病害。

(2) 围岩会失去应有的支护而松弛、变形，甚至失稳、脱落，严重时会发生突发性崩塌，隧道围岩结构的安全系数降低。

例如彭跃，王桂林，张永兴等通过对衬砌背后空洞的数值模拟分析得出了如下结论：

① 当拱顶背后出现空洞时，对拱顶衬砌的安全系数影响最大；当拱腰背后出现空洞时，对拱腰、相邻的拱脚及拱顶衬砌的安全系数有影响；当拱脚背后出现空洞时，对拱脚、拱顶及相邻的拱腰衬砌的安全系数有影响。

② 总的来说，隧道衬砌背后不同部位出现空洞，均对衬砌的安全系数有影响；当空洞较小时(小于0.5 m)对其影响不大，随着空洞直径的增大，对其安全系数的影响也随之增大。

③ 空洞是在役隧道比较容易出现的病害之一，当不同部位的衬砌受力改变时，还将衍生出其他病害。如空洞使衬砌裂损，进而引起起层、掉块，这些情况对隧道安全运营及人身安全有着很大的危害。

2.3.6 隧道水害

隧道渗漏水对隧道稳定、洞内设施、行车安全、地面建筑和隧道周围水环境产生诸多不良影响[15,18,25]。

(1) 渗漏水促使混凝土衬砌风化、剥蚀，造成衬砌结构破坏；渗漏水还会软化围岩，引起围岩变形；有些隧道渗水中含有侵蚀性介质，造成一般的衬砌混凝土和衬砌沙浆腐蚀，降低衬砌的承载能力；在寒冷和严寒地区，隧道漏水会造成边墙结冰，拱部挂冰，侵入隧道建筑限界，还会造成衬砌冻胀裂损。

(2) 渗漏水会加快内部设备(通信、照明、钢轨)锈蚀，影响设备的正常使用，缩短线路设备的使用寿命，增加维修费用。

(3) 水害引发路基下沉、基底裂损、翻浆冒泥等病害。

(4) 严重渗漏水引发底面和地面建筑物的不均匀沉降和破坏。

(5) 隧道渗漏造成地表水和含水层水量大量流失，破坏周围水环境、造成环境灾害。

第三章　隧道衬砌缺陷、病害检测技术

隧道在施工期间由于施工单位未按照设计图纸及相关规范进行施工，从而产生了隧道衬砌缺陷，若不及时进行治理，会对隧道的正常运营产生不利的影响。运营隧道在自然环境、使用环境和材料内部因素的共同作用下，会逐步产生各种隧道病害，使结构在规定的时间内和规定的条件下完成预定功能的能力降低，从而影响了隧道的安全性。因此应及时对隧道缺陷、病害进行检测。隧道病害主要是出现在隧道的运营过程中，本章主要对运营期间隧道衬砌缺陷、病害检测制度、技术进行介绍，施工期出现的隧道衬砌缺陷、病害的检测可以参照。

3.1　检测工作概述

3.1.1　检测工作的目的及要求

检测是做好运营隧道维修与加固工作的重要手段。对运营隧道结构进行周密、细致的检测，其目的是客观、准确、全面了解隧道结构在运营中所发生的变化，及时发现病害和对病害原因进行分析，并据以采取有效的防治措施，合理安排大修、维修工作；积累技术资料，系统掌握隧道结构状态，确保车辆安全、舒适地行驶。所以对运营隧道的结构进行检测是隧道结构安全性评估和治理工作中的极其重要的组成部分。

检测工作必须细致认真。因为隧道病害发生的初期，一般来说表现形式是比较微小的，不集中精力、不认真负责往往不易发现。也只有及时发现病害，才能把它消灭在萌芽时期。监测工作必须定期不间断地进行，因为大多数情况下病害的发生是比较缓慢的，只有多次的观测才能发现其发展趋势以及变化规律。

检测工作必须强调资料的积累和整理，要将多次资料绘制图表及时进行比较，才能正确判别有无病害，或分析病害的发展趋势。只有经过较长时期资料的积累、整理和分析，才能找出其规律，才能争取掌握病害发展的趋向，找出原因，据以采取不同的措施，做到有的放矢，对病害整治才能达到效果。

检测工作必须强调质量，认真执行检测不能只靠增加检测遍数，而应做到事先做专门研究，使检查工作具有科学性，要做到程序化、系列化，要分级分类分项地进行，对定检时间、参加人员、使用工具、仪表、检查对象、检查内容、病害描述与分析、定性定量的结论到最后立档备查等都要作出具体的规定，以达到少而精的立项效果[9,11,18,38]。

3.1.2　检测制度

《公路隧道养护技术规范》将土建结构的检查工作分为日常检查、定期检查、特别检查和专项检查四类[18]。

3.1.2.1　日常检查

日常检查是对土建结构的外观状况进行的日常巡视检查。通过日常检查,应及时发现早期破损、显著病害或其他异常情况,并确定对策措施。检查的频度应不少于1次/月,高速公路隧道应不少于1次/周。在雨季或冰冻季节,应加强日常检查工作。检查宜采用目测方法,配合以简单的检查工具进行。检查以定性判断为主,检查结果应及时填入“日常检查记录表”(见表3.1.1),详细记述检查项目的破损类型,估计破损范围和程度以及养护工作量,作出判定分类,并采取相应的对策措施。

表3.1.1　日常检查记录表

隧道名称:＿＿＿＿＿＿(左洞/右洞)　路线名称:＿＿＿＿＿＿

隧道编码:＿＿＿＿＿＿　路线编码:＿＿＿＿＿＿

养护机构:＿＿＿＿＿＿　检查日期:＿＿年＿＿月＿＿日　天气:＿＿＿＿＿＿

里程桩号	项目名称	检测内容	状态描述	判定结论

检查人:　　　　　　　　　　记录人:

3.1.2.2　定期检查

定期检查是按规定周期对土建结构的基本技术状况进行全面检查。通过定期检查,应系统掌握结构基本技术状况,评定结构物功能状态,为制订养护工作计划提供依据。检查的周期宜1次/a,高速公路隧道应不少于1次/a。检查宜安排在春季或秋季进行。新建隧道应在交付使用1 a时进行首次定期检查。检查宜采用步行方式,配备必要的检查工具或设备,进行目测或量测检查。检查时,应尽量靠近结构,依次检查各个结构部位,注意发现异常情况和原有异常情况的发展变化。对于有异常情况的结构,应在其适当位置作出标记。检查结果宜尽可能量化。检查结果应及时填入“定期检查记录表”(见表3.1.2),将检查数据及病害绘入“隧道展示图”,应详细、准确地记录各类结构的基本技术状况,分析病害的成因,给出判定结论。定期检查完成后,应提出土建结构定期检查报告,内容应包括:

① 对土建结构的技术状况和功能状态的评价;

② 对土建结构的养护维修状况的评价及建议;

③ 需要实施专项检查的建议;

④ 需要采取治理措施的建议。

此外,检查报告还应附上检查记录表、隧道展示图以及其他有关检测记录资料。

表 3.1.2　日常检查记录表

隧道名称：______________

隧道编码：______________　　　　路线名称：______________

养护机构：______________　　　　路线编码：______________

上次检查日期：____年__月__日　　　　天　气：______________

本次检查日期：____年__月__日　　　　天　气：______________

里程桩号	项目名称	检测内容	状态描述	判定结论

检查人：　　　　　　　　　　　　记录人：

3.1.2.3　特别检查

特别检查是在隧道遭遇自然灾害、发生交通事故或出现其他异常事件后，对遭受影响的结构立即进行的详细检查。通过特别检查，应及时掌握结构受损情况，为采取对策措施提供依据。应根据受异常事件影响的结构，决定采取的检查方法、工具和设备。特别检查的内容应按《公路隧道养护技术规范》的规定对受异常事件影响的结构或结构部位做重点检查，掌握其受损情况。特别检查应按定期检查的标准判定，当难以判明破损的原因、程度等情况时，应做专项检查。检查结果的记录，与定期检查相同。检查完成后，应提交特别检查报告，包括检查记录、评估异常事件的影响、给出判定结论、确定合理的对策措施。

3.1.2.4　专项检查

专项检查是根据定期检查和特别检查的结果，或者通过其他途径，判断需要进一步查明某些破损或病害的详细情况而进行的更深入的专门检测。通过专项检查，应完整掌握破损或病害的详细资料，为其是否实施治理以及采取何种治理措施等提供技术依据。专项检查宜委托具有相应检测资质的专业机构实施。检查的项目、内容及其要求，应根据定期检查或特别检查的结果有针对性地确定。

3.1.3　检测程序

（1）隧道养护单位的检测程序

隧道养护单位的检测程序如图 3.1.1 所示。

（2）专门检测结构的检测程序

公路隧道结构安全应依次按下列程序进行：

① 受理委托：根据委托人要求，确定公路隧道健康诊断内容和范围；

② 现场调研：收集和分析隧道原始资料，并进行现场查勘，制订调查和检测方案；

③ 调查和检测：对隧道现状进行现场调查和检测；

④ 隧道健康状况评级:对查勘、调查、检测数据资料进行全面分析和必要的结构验算、综合评判,确定其健康度等级;

⑤ 处理建议:对诊断的隧道,应提出原则性的处理建议。

隧道土建结构检测工作程序,宜按图 3.1.2 的框图进行。

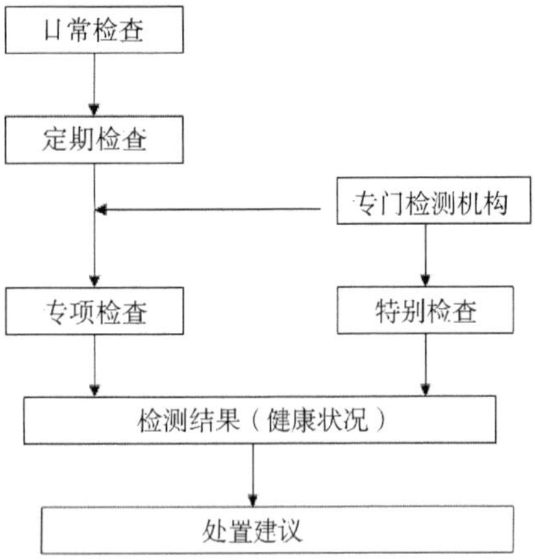

图 3.1.1　运营隧道结构检测工作程序框图
(隧道养护单位)

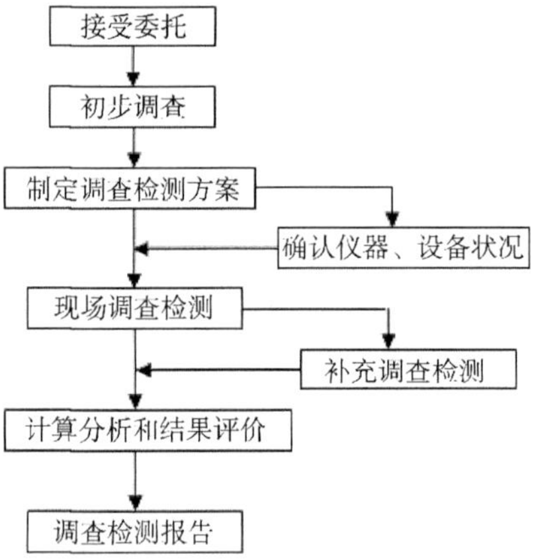

图 3.1.2　运营隧道结构检测工作程序框图
(专门检测机构)

3.2　隧道衬砌混凝土厚度及空洞检测

常用的衬砌厚度检测方法有探地雷达法、直接测量法、超声发射法、冲击—回波法、激光断面仪法。由于激光断面仪法需要测量衬砌施工前两次的断面尺寸,在实际工程中运用的较少,本节主要对前几种方法进行介绍[11,20]。

3.2.1　探地雷达法

3.2.1.1　基本原理

探地雷达利用高频电磁波(主频为数十兆赫至数百兆赫以至千兆赫)以宽频带短脉冲形式,由地面通过天线 T 送入地下,经地下地层或目的体反射后返回地面,为另一天线 R 所接收(图 3.2.1)。脉冲波行程需时:$t=\sqrt{4z^2+x^2}/v$。当地下介质中的波速 v 为已知时,可根据测到的精确的 t 值(ns,$1\text{ns}=10^{-9}\text{s}$)。由上式求出反射体的深度(m)。式中 x 值在剖面探测中是固定的;v 值(m/ns)可以用宽角方式直接测量,也可以根据 $v\approx c/\sqrt{\varepsilon}$ 近似算出(当介质的导电率很低时),其中 c 为光速($c=0.3$ m/ns),ε 为地下介质的相对介电常数值,后者可利用现成数据或测定获得。

雷达图形常以脉冲反射波的波形形式记录。波形的正负峰分别以黑、白色表示,或者以灰阶或彩色表示。这样,同相轴或等灰度、等色线即可形象地表征出地下反射面。图 3.2.2 为波形记录的示意图。图上对照一个简单的地质模型,画出了波形的记录。在波形记录图上各测点均以测线的铅垂方向记录波形,构成雷达剖面。与反射地震剖面相似,雷达剖面亦同样存在反射波的偏移与绕射波的归位问题。故雷达图形也需作偏移处理。

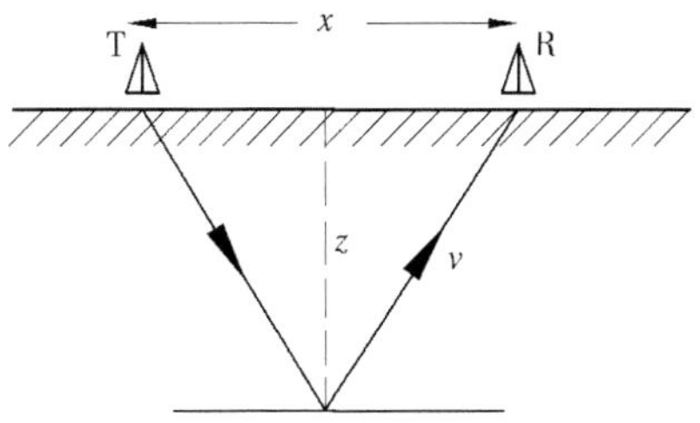

图 3.2.1　反射探测原理

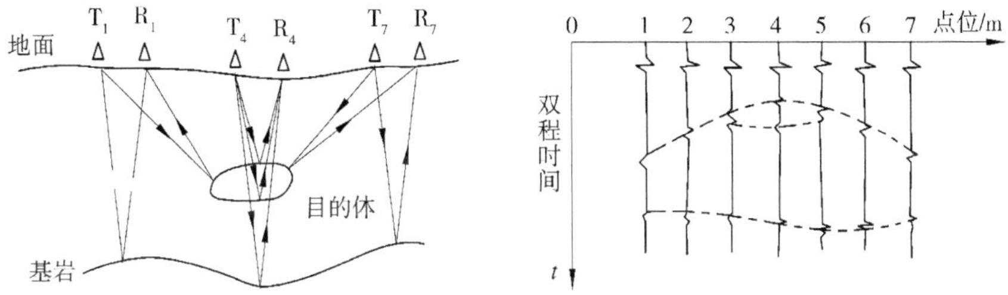

图 3.2.2　雷达记录示意图

反射脉冲信号的强度与界面的波反射系数和穿透介质的波吸收程度有关。垂直界面入射的反射系数 R 的模值和幅角,分别可由下列关系式表示:

$$|R| = \frac{\sqrt{(a^2 - b^2)^2 + (2ab\sin\varphi)^2}}{a^2 + b^2 + 2ab\cos\varphi}$$

$$\mathrm{Arg}\,R = \arctan\frac{\sigma_2}{\omega\varepsilon_2} - \arctan\frac{\sigma_1}{\omega\varepsilon_1} \tag{3.2.1}$$

式中,$a=\mu_2/\mu_1$,$b=\sqrt{\mu_2\varepsilon_2\sqrt{1+(\sigma_2/\omega\varepsilon_2)^2}}/\sqrt{\mu_1\varepsilon_1\sqrt{1+(\sigma_1/\omega\varepsilon_1)^2}}$,$\mu$ 和 ε、σ 分别为介质的磁导率、相对介电常数和电导率。角标 1 和 2 分别代表入射介质和透射介质。由关系式可以看出,反射系数与界面两边介质的电磁性质和频率 $\omega(=2\pi f)$ 有关。很明显,电磁参数差别大者,反射系数也大,因而反射波的能量也大。上式可以用作大致的数值估计。对于斜入射情况,反射系数将因波极化性质而变,反射系数还与入射角大小有关。介质的含水量一般也会对 σ、ε 值有所影响,含水多者 σ、ε 值变大,相应地,反射系数也会不同。波的吸收程度与衰减因子有关,表示为:

$$\beta = \omega\sqrt{\mu}\sqrt{\frac{\sqrt{1+\left(\frac{\sigma}{\omega\varepsilon}\right)^2}-1}{2}} \tag{3.2.2}$$

当介质的电导率很低时:

$$\beta \approx \frac{\sigma}{2}\sqrt{\frac{\mu}{\varepsilon}} = 60\pi\sigma\sqrt{\frac{1}{\varepsilon}} \tag{3.2.3}$$

这是一个与电磁参数有关的量,随 σ 的增大而增大,随 ε 的增大而减小;但介质电导率高时,β 值则与 σ、ω 有关,而与 ε 几乎无关。表 3.2.1 列出了常见介质的有关参数。

表 3.2.1 常见介质的物理量

介质	电导率/($S \cdot m^{-1}$)	介电常数(相对值)	速度/($m \cdot ns^{-1}$)	衰减系数/($dB \cdot m^{-1}$)
空气	0	1	0.3	0
纯水	10^{-4} ~ 3×10^{-2}	81	0.033	0.1
海水	4	81	0.01	10^3
冰		3.2	0.17	0.01
花岗岩(干)	10^{-8}	5	0.15	0.01 ~ 1
花岗岩(湿)	10^{-3}	7	0.1	0.01 ~ 1
玄武岩(湿)	10^{-2}	8	0.15(干)	
灰岩(干)	10^{-9}	7	0.11	0.4 ~ 1
灰岩(湿)	2.5×10^{-2}	8		0.4 ~ 1
沙(干)	10^{-7} ~ 10^{-3}	4 ~ 6	0.15	0.01
沙(湿)	10^{-4} ~ 10^{-2}	30	0.06	0.03 ~ 0.3
黏土(湿)	10^{-1} ~ 1	8 ~ 12	0.06	1 ~ 300
页岩(湿)	10^{-1}	7	0.09	1 ~ 100
砂岩(湿)	4×10^{-2}	6		
土壤	1.4×10^{-4}	2.6 ~ 15	0.13 ~ 0.17	20 ~ 30
肥土		15	0.078	
混凝土		6.4	0.12	
沥青		3 ~ 5	0.12 ~ 0.18	

雷达波反射信号的振幅与反射系数成正比,在以位移电流为主的低损耗介质中,反射系数 r 可表示为:

$$r = \frac{\sqrt{\varepsilon_1} - \sqrt{\varepsilon_2}}{\sqrt{\varepsilon_1} + \sqrt{\varepsilon_2}} \tag{3.2.4}$$

式中 $\varepsilon_1, \varepsilon_2$——界面上、下介质的相对介电常数。

反射信号的强度主要取决于上、下层介质的电性差异,电性差异越大,反射信号越强。雷达波的穿透深度主要取决于目标介质的电性和中心频率。导电率越高,穿透深度越小;中心频率越高,穿透深度越小,反之亦然。

3.2.1.2 技术参数[36,38,46]

运用探地雷达检测隧道工程质量时,参数的选择是最关键的环节之一,其主要包括点距、时窗、采样间隔、叠加次数。

(1) 采样点数:是指单道雷达记录包含的数据点数,采样点数的选择要兼顾垂向分辨率(一般要求有 10 ~ 20 个数据点经过探测目标)、天线中心频率和记录数据量等因素,一般选 512 或 1 024。

(2) 时窗的选择主要取决于最大探测深度与介质中电磁波速度:

$$W = \frac{2d_{max}}{v} \times 1.5 \quad (ns) \tag{3.2.5}$$

式中的电磁波传播速度 v 可由介质的介电常数 ε 和电磁波在空气中的传播速度 c 求得：

$$v = \frac{c}{\sqrt{\varepsilon}} \tag{3.2.6}$$

在隧道质量检测中，介质主要是混凝土和岩石，若取电磁波的速度为 0.1 m/ns，要求探测深度在 1.5 m 以内，时窗可取为 45 ns（包含采集背景噪声所需的时间）。

另外，在隧道衬砌检测中，探测深度一般在 2 m 以内。探测深度的选取原则是既不能选得太小而丢掉重要数据，也不能选得太大而降低了垂向分辨率。一般选取探测深度 H 为目标深度的 1.5 倍。根据探测深度 H 和介电常数 ε 确定采样时窗长度：

$$R = 2H\varepsilon^{1/2}/0.3 = 6.6H\varepsilon^{1/2} \tag{3.2.7}$$

例如：当相对介电常数为 9，探测深度为 1.5 m 时，时窗长度以选 32 ~ 35 ns 为宜。同时，目标体的反射信号应处在采样时窗的 1/3 ~ 2/3 范围内，避免将来信号处理可能造成的边缘干扰。

（3）采样间隔的选择直接影响到波形采集的质量。对于规模较小的空洞异常，采样间隔选取太大时，波形将会发生削波现象，甚至严重畸变；而采样间隔太小，数据采集的效率将会降低，一般情况下，天线频率越高，采样间隔选取越小。在隧道检测中，若使用 400 MHz 的天线，采样间隔一般选取 0.2 ns；使用 1 200 MHz 的天线，采样间隔则选取 0.1 ns。

（4）叠加次数也会影响到波形采集的质量和数据采集的效率。在隧道检测中，探地雷达受外界电磁干扰较小，若采用点测的方式，叠加次数常选为 4 次或 8 次即可。

（5）测点点距的选择取决于天线中心频率、介质的介电特性以及所测的目标体大小。一般使用 400 MHz 频率以上的天线，点距取为 1 ~ 20 cm，可保证探测的精度要求。

（6）垂直分辨率和水平分辨率。在探地雷达检测技术中，最主要的技术参数是分辨率。分辨率是探地雷达分辨最小异常介质的能力，有垂直分辨率和水平分辨率两种。

垂直分辨率是垂直方向上可以划分的最薄层次，理论上可把雷达天线主频波长的 1/8 作为垂直分辨率的极限，但由于外界干扰等因素，一般把波长的 1/4 作为其下限。表 3.2.2 为探地雷达不同天线垂直分辨率的经验值（假设在混凝土中 v=0.1 m/ns 的情况下）。

表 3.2.2　不同频率天线的垂直分辨率

频率/MHz	100	200	400	900	1 200
子波长度/m	1.0	0.5	0.25	0.11	0.08
分辨率/m	0.273	0.15	0.067	0.03	0.025

水平分辨率是雷达天线在地面上拖过，可以分辨的地下最小目标的横向尺寸。这与天线波束的覆盖半径（A）有关，覆盖面积又跟目标的埋藏深度有关，就像手电筒的光束聚焦范围随远近变化的道理一样。天线波束的覆盖半径可由下式计算：

$$A = \frac{\lambda}{4} + \frac{D}{\sqrt{\varepsilon + 1}} \tag{3.2.8}$$

其中　A——天线波束覆盖区半径；

λ——雷达天线的中心波长；

D——地表到反射面的深度；

ε——反射面以上介质的平均相对介电常数。

假如目标体在混凝土（$\varepsilon=10$）中的埋藏深度为 30 cm，用 400 MHz 的天线波长 $\lambda=25$ cm，其天线波束覆盖面积半径：

$$A=\frac{\lambda}{4}+\frac{D}{\sqrt{\varepsilon+1}}=\frac{25}{4}+\frac{30}{\sqrt{10+1}}\approx 12\ \text{cm} \tag{3.2.9}$$

假设目标占据该光斑 1/4 左右可分辨，则雷达在混凝土深度为 0.3 m 处的横向分辨率约为 3.8 cm。

（7）探测深度。此外，探测深度也是探地雷达的一个重要技术参数。在仪器性能和地下介质一定的情况下，探测深度主要取决于工作频率选择及地层的衰减系数。一般天线频率越高，探测深度越浅，分辨率越高；相反，天线频率越低，则探测深度越深，而分辨率降低。故探地雷达在技术上存在探测深度与分辨率的取舍或优选问题。

表 3.2.3　天线频率与探测深度/分辨率的经验关系

天线频率/MHz	探测目标尺寸/m	探测深度范围/m	最大探测深度/m
25	≥1.0	5～30	35～60
50	≥0.5	5～20	20～30
100	0.1～1.0	2～15	15～25
200	0.05～0.5	1～10	5～15
250	0.05～0.5	1～10	5～15
400	≈0.05	1～5	3～10
500	≥0.05	1～5	4～10
800	≥0.03	0.4～2	1～6
1 000	≥0.025	0.05～2	0.5～4

3.2.1.3　现场测试

天线紧贴隧道衬砌表面，沿测线滑动，由雷达主机高速发射电磁脉冲，快速连续采集。现场检测应注意的事项：

（1）测量前应检查主机、天线以及运行设备，使之均处于正常状态；

（2）测量时应确保天线与衬砌表面密贴；

（3）参数确定；

（4）介质参数标定

① 检测前应对衬砌混凝土的介电常数或电磁波波速做现场标定，且每座隧道不少于 1 处，每处实测不少于 3 次，取平均值为该隧道的介电常数或电磁波速。当隧道长度大于 3 km、衬砌材料或含水量变化较大时，应适当增加标定点数。

② 标定方法：在已知厚度部位或材料与隧道相同的其他预制件上测量；在洞口或洞内避车洞处使用双天线直达波法测量；钻孔实测。

③ 求取参数时应具备以下条件：标定目标体的厚度一般不少于 15 cm，且厚度已知；标定记录中界面反射信号应清晰、准确。

④ 标定结果应按下式计算：

$$\varepsilon_r = \left(\frac{0.3t}{2d}\right)^2 \tag{3.2.10}$$

$$v = \frac{2d}{t} \times 10^9 \tag{3.2.11}$$

式中　ε_r——相对介电常数；

v——电磁波速，m/s；

t——双程旅行时间，ns；

d——标定目标体厚度或距离，m。

⑤ 检测天线应移动平衡、速度均匀，移动速度宜为 3～5 km/h。

⑥ 记录应包括记录测线号、方向、标记间距以及天线类型等。

⑦ 当需要段测量时，相邻测量段接头重复长度不应小于 1 m。

⑧ 应随时记录可能对测量产生电磁影响的物体（如渗水、电缆、铁架等）及其位置。

⑨ 应正确标记测量位置。

3.2.1.4　数据采集的要求

在公路隧道检测过程中，当采集的天线、参数选择好后，开始进行数据采集。数据采集需要做到以下几点：

（1）天线的中心要与测线的起点重合，测线起点的桩号需要有明显的标记，与实际桩号的误差不应大于测线长度的 0.1%。

（2）使用测量轮进行计点测量时，一条完整的剖面长度不宜大于 1 km，并及时做桩号校正，令其误差不大于 0.5%。

（3）采集过程中，需要时刻观察所采集的数据，若发现波形失真、零点同相轴错断等异常，要停止工作，查明原因，重新调零，重新采集。

（4）在采集过程中，需要雷达天线与隧道衬砌层表面接触，以免人为产生假异常。

（5）随时进行外业记录，记明工区、时间、剖面号、测线起点和终点的桩号等。

3.2.1.5　数据处理

因为受到来自空中的和地下的随机或规则的干扰，加上地下介质对电磁波不同程度的吸收以及地下介质本身的不均匀性等因素，使雷达图像变得复杂而难以解释。因此要对其进行适当的处理，如滤波、偏移等以压制各种干扰来提高雷达剖面的信噪比及分辨率。为了获得高分辨率的检测效果，对雷达数据一般采用如下方法进行常规处理。

（1）漂移去除

根据选定的基准点，进行左右信号的层位追踪，获得所有道数零点的相对大小。根据追踪结果得到任意道数据与基准点零线初至的时间差，由时间差把所有道数的零点校正到基准点上，以便于后期处理和解释。

（2）背景去除

地质雷达设备干扰比较稳定，在雷达剖面上这些干扰具有等时特点，具体表现为道间水平信号，视速度很高。当浅层反射能量较大时，对水平信号具有压制，但是当深部信号反射能量较弱时，水平干扰信号就压制有效信号。为此必须将这种水平干扰信号去除，才能清晰反映结构变换的反射信号。

选取雷达剖面水平干扰信号明显地段,将该段所有道数据求解平均值,这样有规则的水平信号得到加强,无规则的反射信号得到减弱。因此平均值可认为是仪器内部造成的干扰信号,需要从雷达剖面有数据道中去除。此时,把均值道作为仪器背景噪声,求取雷达剖面所有道与背景道之间的差,达到去除景噪声的目的。

进行背景去除时,选定区域如果包含强干扰信号或强有效信号,就有可能将非仪器造成的强信号叠加到背景信号中,进而叠加到所有处理的信号道数据中造成假信号现象。为此,在选定背景区域时,要尽量开非仪器产生的强信号。

(3) IIR 滤波

消除直达波以及因天线与隧道表面未接触而造成的水平多次波等,使目标异常更加突出地质雷达信号存在不同频率干扰,利用滤波处理可以压制干扰信号,提高剖面的信噪比,如图 3.2.3 所示。

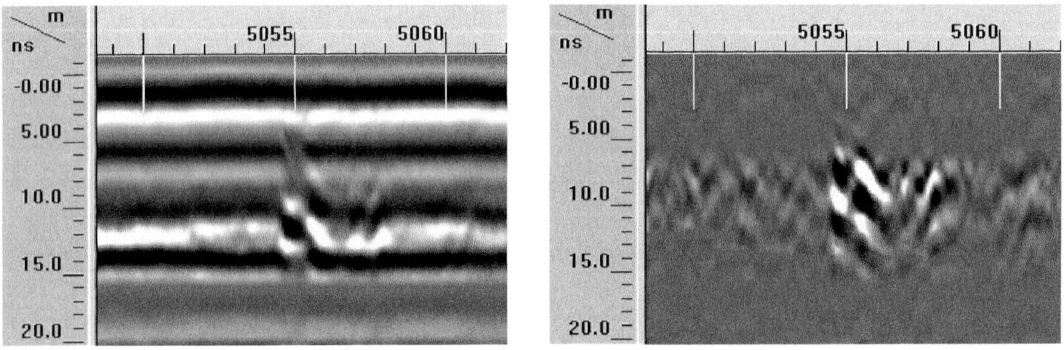

(a)　　　　　　　　　　(b)

图 3.2.3　探地雷达 IIR 水平滤波处理

(a) IIR 水平滤波前的雷达图像;(b) 经过 IIR 水平滤波处理后的雷达图像

(4) 小波分析法滤波

小波变换主要利用不同尺度对信号进行分解,根据尺度不同对信号进行观测。小尺度观测信号的细节,大尺度观测信号的全体。在具体应用上可以根据介质对雷达波信号的吸收不同来选用不同尺度进行处理。

(5) 脉冲反褶积处理

压缩雷达子波(λ)长度,提高垂向分辨率,如图 3.2.4 所示。

(6) 偏移处理

消除雷达绕射波及倾斜干扰波,使目标体“回归”到实际位,如图 3.2.5 所示。

3.2.1.6　资料解译

(1) 识别衬砌的反射波组特征,并对比追踪,确定衬砌的顶、底反射界面。

(2) 根据反射波的振幅强弱、频率特征和绕射等现象,判别圈定脱空、欠实、富水区等缺陷:

① 反射层的判断:在衬砌质量良好的地方,雷达波的同相轴往往表现为光滑且平行,相邻记录道上同一放射波组的波形特征保持不变。

② 衬砌限界的判断:隧道衬砌中的模筑混凝土二次衬砌、喷混凝土衬砌及围岩存在着介电常数差异,在时间深度剖面图上表现为存在分界线。由于模筑混凝土与喷射混凝土的

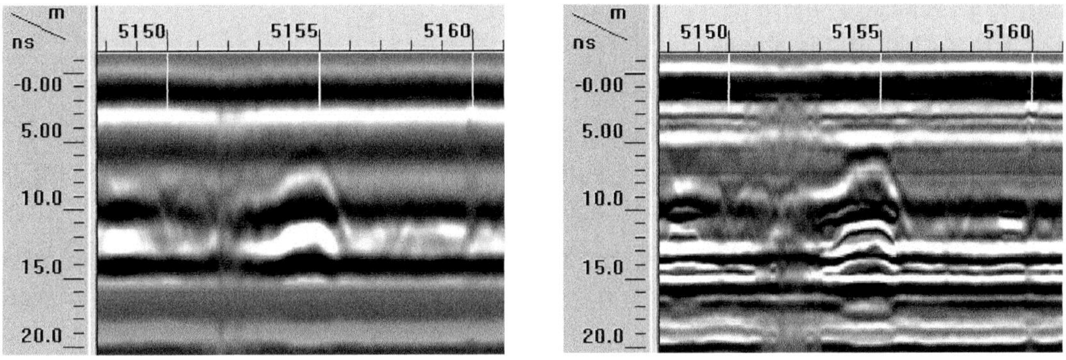

（a）　（b）

图 3.2.4　探地雷达脉冲反褶积处理

（a）脉冲反褶积处理前的雷达图像；（b）经过脉冲反褶积处理后的雷达图像

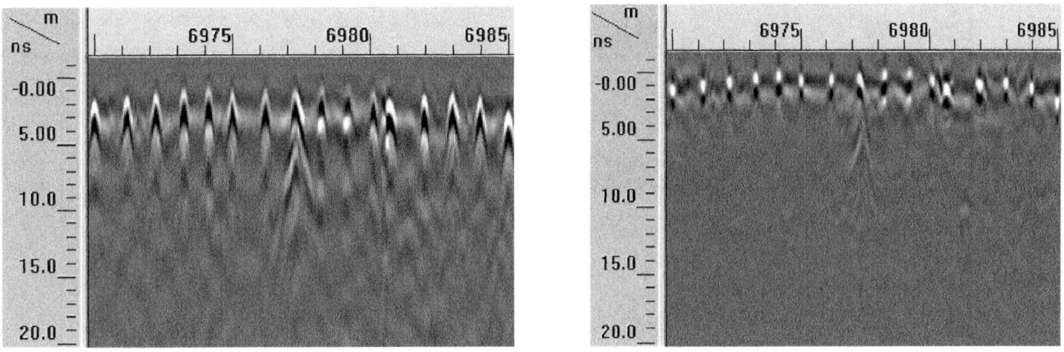

（a）　（b）

图 3.2.5　探地雷达偏移处理

（a）偏移处理前的雷达图像；（b）经过偏移处理后的雷达图像

介电常数的差异不是很大，若两者之间接触较为良好的话，则在时间深度剖面图上仅有比较微弱的反射波。而衬砌的喷射混凝土与围岩存在较为明显的介电常数差异，但是由于其分界面处在二次衬砌与初衬分界面之下，受到的影响比较严重。

③ 衬砌背后脱空的判断：当衬砌背后不密实，衬砌与衬砌之间，衬砌与围岩之间存在较大范围内空隙时，在地质雷达剖面上将出现胶结面下的多次反射，且其能量明显增强。

④ 衬砌中空洞的判断：当在衬砌中或是衬砌背后存在空洞时，同相轴呈弧形，并与相邻道之间发生相位错位。

⑤ 衬砌中钢筋和钢拱架的判断：二次衬砌中的钢筋在地质雷达时间深度剖面上表现为连续分离状强弧形反射信号，其中弧形的顶点表示钢筋所在位置，一个弧形表示一根钢筋，钢筋深度越浅，点信号越清楚。当初衬中有钢拱架时，将出现相对很强的月牙形反射信号。当深度较深，若混凝土施工质量较好，则反射较为微弱。

（3）根据围岩反射波的状况，解释裂隙的发育程度。

3.2.1.7　公路隧道典型图

(1) 隧道衬砌层厚度检测

采用探地雷达检测隧道二次衬砌(以下简称“二次衬砌”)层厚度,是隧道检测的一项重要内容。虽然有时由于隧道二次衬砌和初衬(即“初级支护”)的混凝土介质电性差异较小,给二次衬砌和初衬界面的判定带来一定的困难,但我们可根据二次衬砌与初衬、初衬与围岩界面的不平整特征,以及衬砌层中钢筋、钢拱架等波形图像进行判定。

图3.2.6为探地雷达检测某一隧道衬砌层厚度的部分剖面图,图中二次衬砌、初衬及围岩的界面较为清晰,其中二次衬砌厚度在35~39 cm之间,初衬厚度约为12 cm,而在桩号89 968 m处,初衬厚度约为0 cm(此处有空洞存在),最后经过钻孔,结果与实际相符。

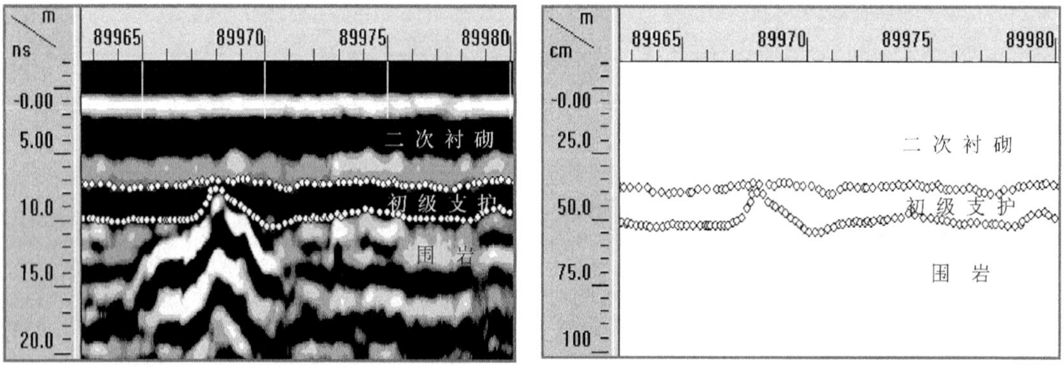

图3.2.6　探地雷达检测隧道衬砌层厚度

(2) 隧道二砌、初衬与围岩间的连续脱空

连续脱空常出现在隧道拱顶,一般由于泵送混凝土不足或片石回填不实造成。脱空在纵向延伸较长,长度由几米到十几米不等,而脱洞层厚度较小(纵向长度与其厚度比值大),这种脱空本身对隧道的影响并不大,但常常会存有大量积水,对隧道构成较大的危害。

图3.2.7为某隧道拱顶探地雷达检测部分剖面图。从图中可清楚地看出,该部分隧道拱顶衬砌层厚度约为30 cm,在水平桩号4 541~4 558 m处雷达波的波幅反向,波的发射强烈,呈现出连续的脱空异常,脱洞层的厚度约20 cm。

(3) 隧道的空洞在探地雷达图像中异常

隧道衬砌层附近的空洞有各种各样,在二次衬砌、初衬以及围岩中都可能存在,而且其大小、延伸的长度不一,下面就所碰到的几种空洞在探地雷达检测中的图像异常做一介绍:

① 图3.2.8为常见的脱空异常,这种异常在探地雷达图像上表现为不规则的弧形多次反射(区别于钢管异常),纵向尺寸与空洞厚度比值较小(相对脱空异常)。

② 图3.2.9为某一隧道拱顶探地雷达检测图。在该段图像中,可清楚地看出在钢拱架后面存在3处异常,其中在桩号6 937~6 939 m和桩号6 944~6 946 m处为空洞异常,离隧道表层最浅处埋深约20 cm;在桩号6 948~6 951 m处存在脱空异常,埋深约30 cm。

③ 二次衬砌内三角形空洞异常。采用模筑泵送混凝土施工二次衬砌,在拱顶施工的接缝处容易形成三角形空洞(图3.2.10)。右图为一隧道拱顶雷达检测剖面图,桩号476 m处为一隧道台车接缝,在其左侧形成了三角形空洞(桩号472~476 m),该空洞离隧道表层最浅处埋深约20 cm。

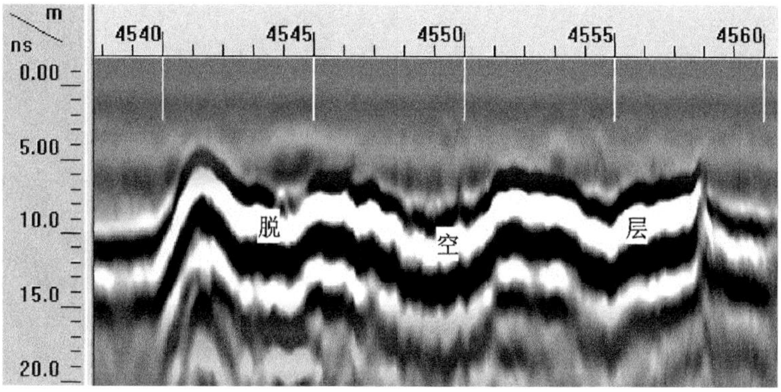

图 3.2.7 隧道脱空探地雷达检测剖面图

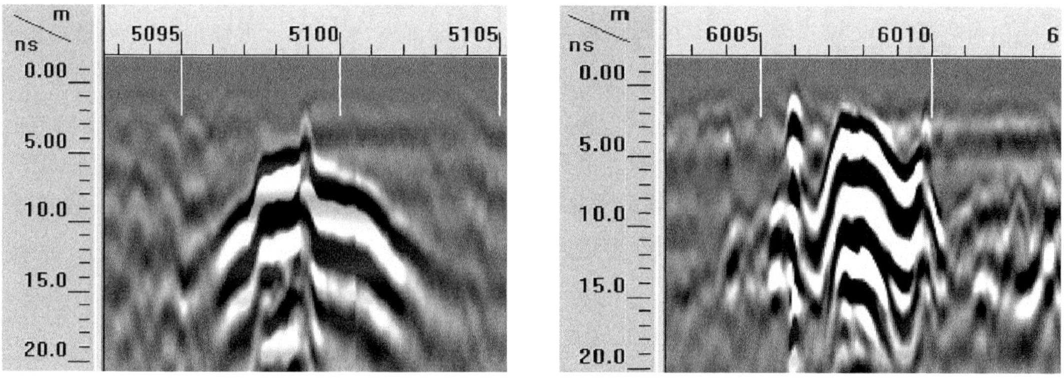

图 3.2.8 常见的空洞异常特征

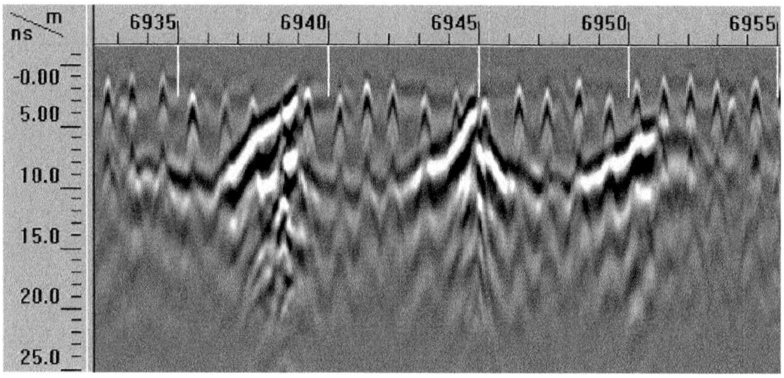

图 3.2.9 钢拱架后存在的空洞异常

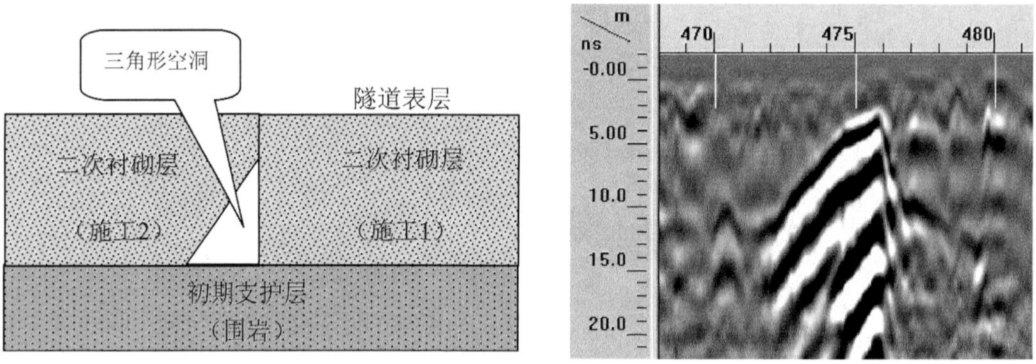

图 3.2.10　二次衬砌内三角形空洞异常

④ 隧道衬砌层中不密实异常（图 3.2.11）。因隧道超挖，用片石回填而造成的不密实，常存在于初衬与围岩之间。由于片石间存在空隙，在探地雷达图像上表现出杂乱的强反射。这种不密实，往往伴随着空洞存在（其实空洞就是不密实的一种特殊情况）。

⑤ 检测衬砌层中钢拱架、钢筋（网）分布。隧道衬砌层中钢拱架的宽度一般为 10cm 左右，采用频率 400 MHz 以上的天线、测点点距取 5 cm 可清楚地反映出来。而对于直径较小的钢筋，若采用频率 400 MHz 的天线检测图像并不清晰，选用 1 200 MHz 频率天线、测点点距取 1 cm，衬砌层中钢筋分布在图像中就会很清楚（图 3.2.12）。

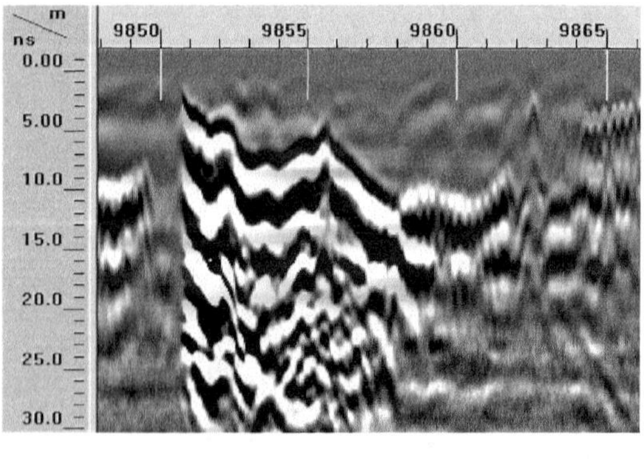

图 3.2.11　隧道衬砌层中不密实异常

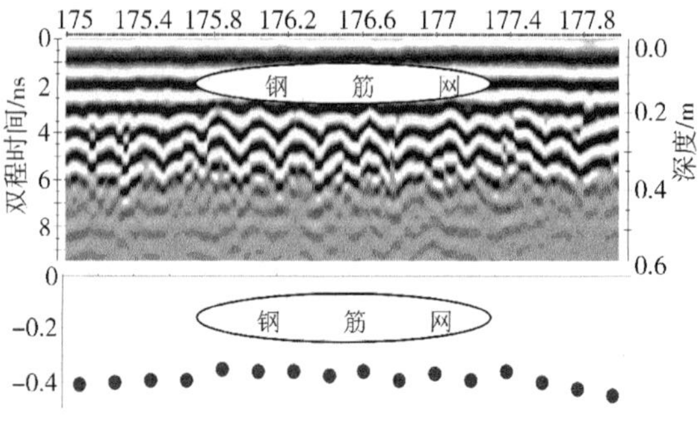

图 3.2.12　衬砌层中钢筋（网）探地雷达剖面图

⑥ 公路隧道中消防洞异常（强烈的多次反射，异常波形杂乱、但宽度整齐而固定，在表层同相轴错断）、风机预埋件异常（强烈的多次反射，多为钢板、钢筋反映，异常图像宽度整齐而固定）、预埋管（窄而长的弧形反射，多次反射强烈且形状一致）、钢筋（网）（本为清晰的弧形，受钢筋大小测点点距及雷达分辨率的影响，呈现鱼鳞状）、钢拱架（为清晰的弧形多次反射，与预埋管异常相似，但多次反射少等雷达异常特征），如图 3.2.13 所示。

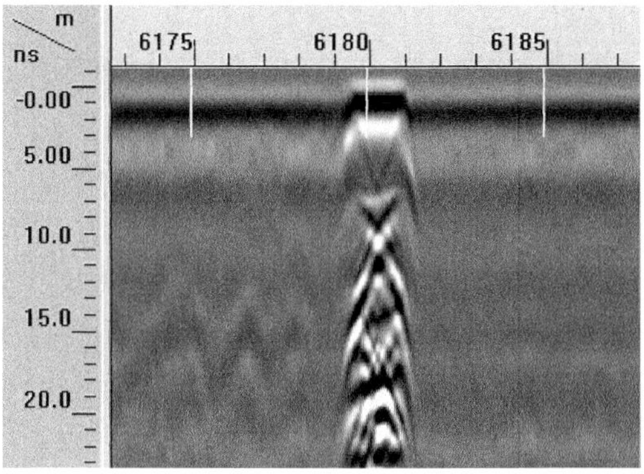

（a）

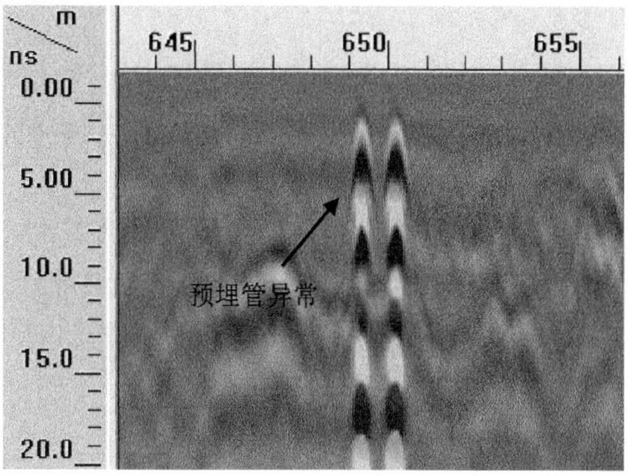

（b）

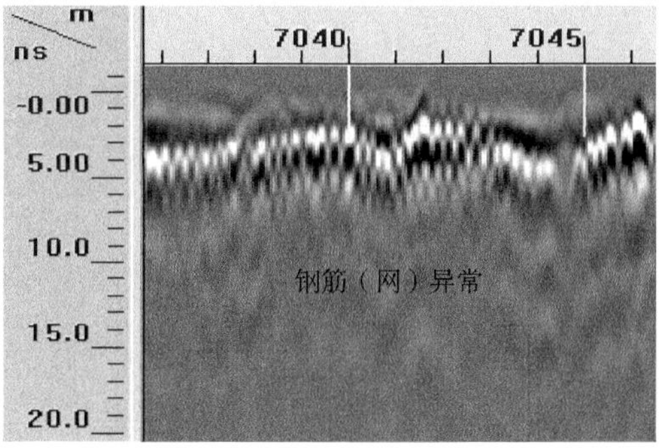

（c）

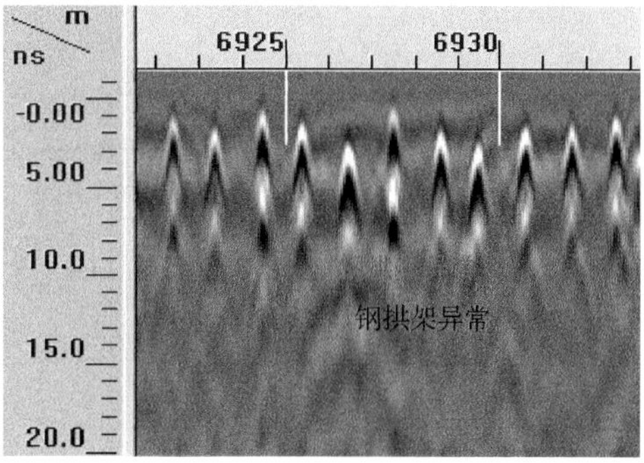

（d）

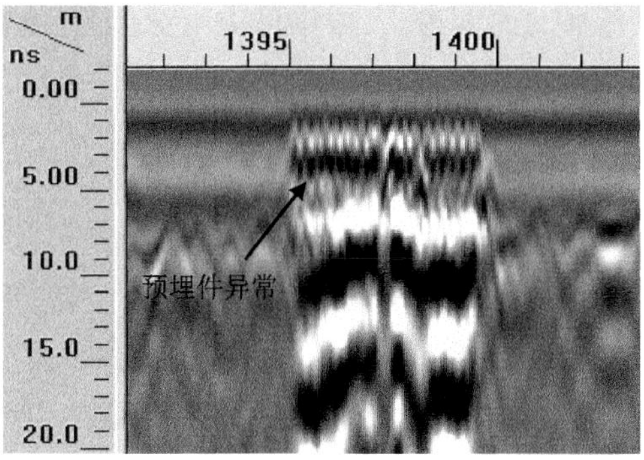

（e）

图 3.2.13　公路隧道中常见的雷达异常图像特征

（a）消防洞异常；（b）预埋管异常；（c）钢筋（网）异常；（d）钢拱架异常；（e）风机预埋件异常

3.2.2 冲击—回波法

冲击回波仪在隧道衬砌混凝土检测中主要应用于检查混凝土浇筑质量、测试表面开放裂缝深度、测试密集的裂缝、空隙和蜂窝缺陷等[37-38]。

3.2.2.1 基本原理

冲击回波法是利用一个短时的机械冲击(用一个小钢球或小锤轻敲混凝土表面)产生低频的应力波(主要考虑纵波),纵波传播到结构内部,被缺陷和构件底面反射回来,这些反射波被安装在冲击点附近的传感器接收下来(如图3.2.14所示),并被送到一个内置高速数据采集及信号处理的便携式仪器(譬如桩基动测仪)。将所记录的时域信号经傅立叶变换后进行频谱分析,频谱图中的明显峰正是由于混凝土结构表面、缺陷的反射所致。它之所以能被识别出来并被用来确定结构混凝土的厚度和缺陷位置,原因在于纵波在缺陷表面的反射将在振幅谱的高频部分产生一个显著的振幅峰值或一系列显著的振幅峰值(如混凝土结构中存在蜂窝情况)。

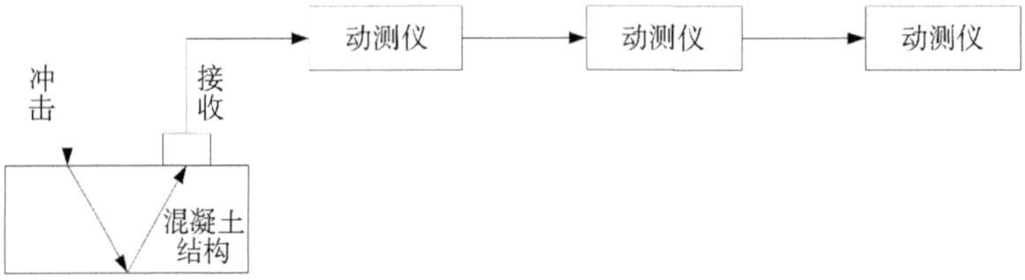

图3.2.14 冲击—回波检测原理

如所测试的构件中纵波传播的速度为 v_c,振幅谱中与振幅峰值相应的主频率为 f,则内部缺陷(内部蜂窝和孔洞)深度 d 或构件厚度 h 为:

$$d(h) = \frac{v_c}{2f} \tag{3.2.1}$$

3.2.2.2 仪器

冲击—回波测试系统,一般由冲击器(为可更换系列)、接收器、采样分析系统(主机、可与计算机连接)等组成。如南京水利科学研究院研制的IES—A型冲击反射测试系统,Docter冲击回波测试系统(丹麦)、便携式冲击回波混凝土测试仪PIES和05—Docter型冲击回波测试仪等。

基于隧道衬砌混凝土的特性,测试仪器应具有滤波功能,能够绘制时域曲线和频谱曲线;测试时,为消除高频干扰,应能根据测试对象选择合适的高频截止频率。

3.2.2.3 传感器的选择

用于测厚的传感器必须具有较宽的频带范围,以适应不同厚度混凝土的检测,另外传感器还必须有适宜的灵敏度,使得有用信号突出,干扰信号减低到最低限度,从而提高信号质量,使测试结果更精确。

3.2.2.4　冲击器的选择

对于不同厚度的混凝土结构，其瞬态共振频率是不一样的；对于较厚的混凝土结构，此频率值较低；对于较薄的混凝土结构，此频率值较高。因此应选择一种能产生相应频率应力波，但又有足够的能量冲击器，使得混凝土板能产生瞬态共振，接收信号较强，且质量较高。

3.2.2.5　声速测试

在冲击回波法测厚时，声速的测量也是至关重要的，声速越精确，所得的测厚结果就越精确。在实际应用中，可采用超声平测法测量混凝土的声速。

3.2.2.6　表面处理

在检测之前，一定要对表面进行处理，用沙轮将待测点周围磨平，至少将“拉毛”层磨掉，并在测试面与传感器之间涂抹耦合剂。考虑到测试面垂直，可选择黏度和附着力稍强一些的耦合剂，防止传感器跌落。

3.2.3　直接量测法

直接量测法就是在混凝土衬砌中打孔或凿槽，从而直接量测衬砌的厚度。该方法是量测衬砌混凝土厚度最直接、最准确的方法。不足之处在于该方法具有破坏性，会损伤衬砌及复合式衬砌结构中的防排水措施。目前常用的方法有两种：冲击钻孔取芯量测和打孔量测法[9,11,38,46]。

（1）钻孔取芯量测

钻孔取芯量测法也是衬砌混凝土缺陷检测的主要方法之一，二者往往是同时进行的。通过量测混凝土芯样的长度，便可以准确地获得该处衬砌混凝土的厚度。钻孔取芯的设备与钻芯法检测混凝土强度是一致的，但多选用小直径钻头。

（2）冲击钻打孔量测法

对于普查性检查，采用钻孔取芯的量测法成本高且费时、费力，一般选用冲击钻打孔量测法。具体做法是先在待检测部位用普通冲击钻打孔，然后量测衬砌混凝土中的孔深。为提高量测精度，可以采用已知长度为 L_0 的带直角钩的高强度铁丝深入钻孔至孔底，平移铁丝并缓慢向孔壁移动，使直角钩挂在衬砌混凝土外表面。量测铁丝外露部分长度 L_i，则衬砌厚度为 $L=L_0-L_i$。如果铁丝直钩不能够挂在衬砌混凝土的外表面，则表明衬砌背后无孔洞或较大裂缝，直接量测铁丝外露部分即可。

3.2.4　敲击法

采用检查槌（直径 30 mm 的空心钢管，一端焊接尖头钢筋，一端焊接平头钢筋，长度 2 ~ 4.5 m），见图 3.2.15，分区域对整个隧道进行敲击。

敲击声音清脆，发出“铛、铛、铛”的声音，说明衬砌混凝土比较密实；如果敲击声音沉闷，出现“咚、咚、咚”的声音，说明衬砌混凝土存在空洞。

附带检查内容包括衬砌掉块、裂纹、渗漏水、露筋、钢筋保护层厚度不足、蜂窝麻面、混凝土夹带杂物等。

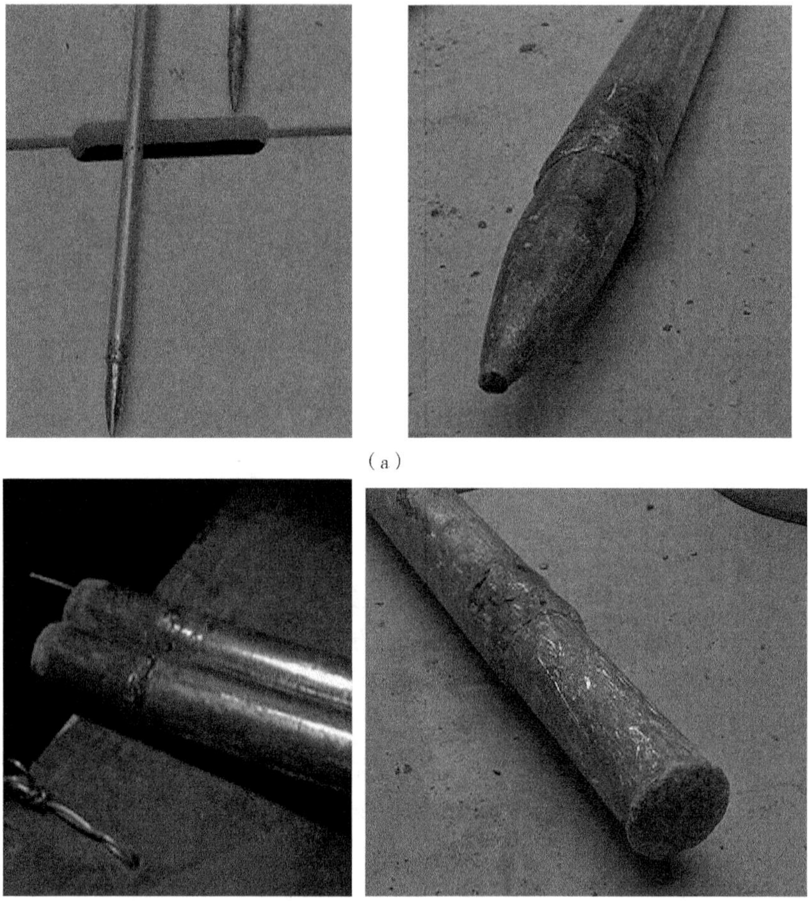

（a）

（b）

图 3.2.15

（a）检查槌（直径 30 mm 的空心钢管，一端焊接尖头钢筋，长度 2 ~ 4.5 m）；

（b）检查槌（直径 30 mm 的空心钢管，一端焊接平头钢筋，长度 2 ~ 4.5 m）

3.3 隧道衬砌混凝土强度检测

3.3.1 回弹法

3.3.1.1 基本原理

利用回弹仪检测普通混凝土结构构件抗压强度的方法简称回弹法。回弹仪工作原理：混凝土回弹仪是用一弹簧驱动弹击锤并通过弹击杆弹击混凝土表面所产生的瞬时弹性变形的恢复力，使弹击锤带动指针弹回并指示出弹回的距离。以回弹值（弹回的距离与冲击前弹击锤与弹击杆的距离之比，按百分数计算）作为混凝土抗压强度相关的指标之一，来推定混凝土的抗压强度[8-9,38]。

回弹值实际反映的是混凝土的表面硬度。混凝土强度越高，表面硬度也越高，二者之间有一定相关性。混凝土表面的碳化也影响回弹值的大小。因此，使用回弹仪测定混凝土表面硬度,就可以根据测区混凝土强度换算表,推测出混凝土的强度。

3.3.1.2　现场检测

(1) 检测方式

结构或构件混凝土强度检测可采用下列两种方式:

① 单个构件:适用于单个结构或构件的检测,隧道每一模可以作为一个单个构件。

② 批量检测:适用于在相同生产工艺条件下,混凝土强度等级相同,原材料、配合比、成型工艺、养护条件基本一致且龄期相近的同类结构或构件。按批检测的构件,抽检数量不得少于同批构件总数的 30% 且构件数量不得少于 10 件。抽检构件时,应随机抽取并使所选构件具有代表性。

(2) 测区数量及测区布置

每一结构或构件测区数不应少于 10 个,对某一方向尺寸小于 4.5 m 且另一方向尺寸小于 0.3 m 的构件,其测区数量可适当减少但不应少于 5 个。

① 测区应选在使回弹仪处于水平方向检测混凝土浇筑侧面,宜可选在使回弹仪处于非水平方向检测混凝土浇筑侧面、表面或底面。

② 测区宜选在构件两个对称可测面,也可选在一个可测面上且均匀分布。

③ 测区面积不宜大于 0.04 m^2,每测区布置 16 个测点,相邻两测区的间距应控制在2 m 以内,测区离构件端部或施工缝边缘的距离不应大于 0.5 m,且不应小于 0.2 m。

④ 测区表面应清洁、平整、干燥,不应有接缝、饰面层、粉刷层、浮浆、油垢等以及蜂窝、麻面,必要时可用沙轮清除表面的杂物和不平整处,磨光的表面不应有残留的粉末或碎屑。

(3) 现场测试

① 将回弹仪的弹击杆顶住混凝土的表面,轻压仪器,使按钮松开,弹击杆徐徐伸出,并使挂钩挂上弹击锤。

② 使回弹仪对混凝土表面缓慢均匀施压,待弹击锤脱钩,冲击弹击杆后,弹击锤即带动指针向后移动直至到达一定位置时,指针滑块上的刻线即在刻度尺上指示某一回弹值。

③ 使回弹仪继续顶住混凝土表面,进行读数并记录回弹值,如条件不利于读数,可按下按钮,锁住机芯,将回弹仪移至他处读数。

④ 逐渐对回弹仪减压,使弹击杆自机壳内伸出,挂钩挂上弹击锤,待下一次使用。

⑤ 每一测区记取 16 个回弹值,每一测点的回弹值测读至 1。

⑥ 测点宜在测区范围内均匀分布,并不应弹击在气孔或外露石子上。同一测点弹击一次,相邻两测点的间距一般不小于 2 cm。测点距结构或构件边缘或外露钢筋、预埋件的距离一般不小于 3 cm。

⑦ 碳化深度值测量。回弹值测量完毕后,应在每个测区选择一处测量混凝土的碳化深度值,测点不应少于构件区数的 30%,取其平均值为该构件每测区的碳化深度值。当碳化深度值极差大于 2.0 mm 时,应在每一测区测量。

测量碳化深度值时,可用合适的工具在测区表面形成直径约为 15 mm 的孔洞(其深度略大于混凝土的碳化深),然后除去孔洞中的粉末和碎屑(不得用液体冲洗),并用浓度为 1% 酚酞酒精溶液滴在孔洞内壁的边缘处,再用深度测量工具测量自混凝土表面至深部不变色(未碳化部分变成紫红色)且有代表性交界处的垂直距离 1 ~ 2 次,该距离即为混凝土的碳化深度值,每次测读至 0.5 mm。

(4) 数据分析

① 回弹值计算

(ⅰ) 从测区的16个回弹值中分别剔除三个最大值和三个最小值,然后将余下的10个回弹值按下列公式计算测区平均回弹值:

$$\overline{N} = \frac{\sum_{i=1}^{10} N_i}{10} \tag{3.3.1}$$

式中 $\overline{N}$——测区平均回弹值,精确至0.1;

N_i——每1个测点的回弹值。

(ⅱ) 非水平状态下测得的回弹值,应按下列公式修正:

$$R_a = R + R_{a\alpha} \tag{3.3.2}$$

式中 R_a——修正后的测区回弹代表值;

$R_{a\alpha}$——测试角度(图3.3.1)为α时的测区回弹修正值,按表3.3.1的规定采用。

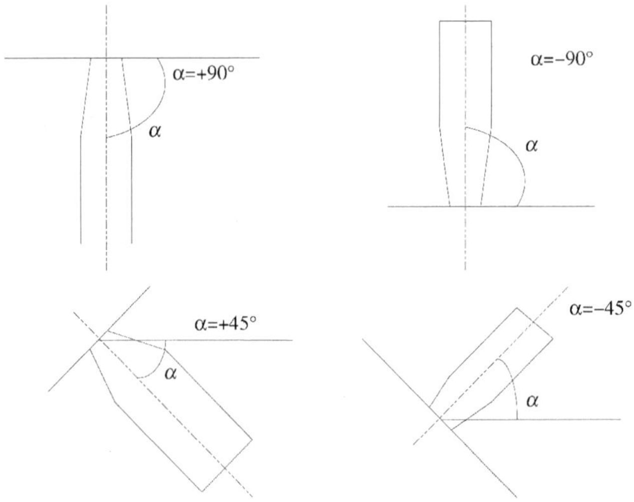

图3.3.1 测试角度α示意图

表3.3.1 非水平状态下测试时的回弹修正值 $R_{a\alpha}$

R	测试角度α/(°)							
	+90	+60	+45	+30	-30	-45	-60	-90
20	-6.0	-5.0	-4.0	-3.0	+2.5	+3.0	+3.5	+4.0
30	-5.0	-4.0	-3.5	-2.5	+2.0	+2.5	+3.0	+3.5
40	-4.0	-3.5	-3.0	-2.0	+1.5	+2.0	+2.5	+3.0
50	-3.5	-3.0	-2.5	-1.5	+1.0	+1.5	+2.0	+2.5

注:① 当测试角度等于0时,修正值为0;R小于20或大于50时,分别按20或50查表;

② 表中未列数值,可采用内插法求得,精确至0.1。

（ⅲ）在混凝土浇筑的顶面或底面测得的回弹值，应按下列公式修正：

$$R_a = R + (R_a^t + R_a^b) \tag{3.3.3}$$

式中　R_a^t——测量顶面时的回弹修正值，按表3.3.2的规定采用；

R_a^b——测量底面时的回弹修正值，按表3.3.2的规定采用。

表3.3.2　测试混凝土浇筑顶面或底面时的回弹修正值 R_b^t，R_a^b

R_a 或 R	测试面	
	顶面 R_a^t	底面 R_a^b
20	+2.5	−3.0
25	+2.0	−2.5
30	+1.5	−2.0
35	+1.0	−1.5
40	+0.5	−1.0
45	0	−0.5
50	0	0

注：① 在侧面测试时，修正值为0；R 小于20或大于50时，分别按20或50查表；

② 当先进行角度修正时，采用修正后的回弹代表值；

③ 表中未列数值，可采用内插法求得，精确至0.1。

（ⅳ）当检测时回弹仪为非水平方向且测试面为非混凝土浇筑侧面时，应先进行角度修正，然后进行浇筑面修正。

② 碳化深度值计算

$$L = \frac{\sum_{i=1}^{n} L_i}{n} \tag{3.3.4}$$

式中　L——测区的平均碳化深度值，mm；

L_i——第 i 次测量的碳化深度值，mm；

n——测区的碳化深度测量次数。

按公式计算出的平均碳化深度值L如小于或等于0.4 mm，则按无碳化（即平均碳化深度值 L 为0）处理；如等于或大于6 mm，则平均碳化深度值 L 按等于6 mm计算。

③ 混凝土强度推定值计算

根据修正后的回弹值和碳化深度值，查表得出构件混凝土强度换算值。

（ⅰ）当结构或构件测区不少于10个或按批量检测时，应按下式计算混凝土强度推定值：

$$f_{cu,e} = m_{f_{cu}}^c - 1.645 s_{f_{cu}}^c \tag{3.3.5}$$

式中　$m_{f_{cu}}^c$——结构或构件测区混凝土强度换算值的平均值，MPa，精确至0.1 MPa；

$s_{f_{cu}}^c$——结构或构件测区混凝土强度换算值的标准差，MPa，精确至0.01 MPa。

（ⅱ）当结构或构件测区数少于10个，构件中最小的测区混凝土强度换算值即为该构件的混凝土强度推定值。

(ⅲ) 结构或构件按批量检测时,需要给定结构或构件混凝土强度的推定区间,根据置信度查表选取推定系数。

$$x_{k,1} = m - k_1 s \tag{3.3.6}$$

$$x_{k,2} = m - k_2 s \tag{3.3.7}$$

式中 $x_{k,1}$——标准值(0.05 分位值)推定区间的上限值;

$x_{k,2}$——标准值(0.05 分位值)推定区间的下限值;

m——样本均值;

s——样本标准差;

k_1, k_2——推定系数,根据《建筑结构检测技术标准》(GB/T50344—2004)的 3.3 检测方案和抽样方案取值。

(5) 检测过程中注意事项

① 操作过程中仪器要轻拿轻放,严格按照仪器操作规程检测。

② 检测人员在检测过程中要注意安全,戴好安全帽。尤其在顶板回弹等较高位置检测时,必须保证爬梯等辅助工具的稳固安全。

③ 检测过程要做到文明施测。

3.3.2 超声脉冲法

3.3.2.1 基本原理[9,12,38]

超声检测原理:在混凝土中传播的超声波,其速度和频率反映了混凝土材料的性能、内部结构和组成情况,那么混凝土的弹性模量和密实度与波速和频率密切相关,即强度越高,其超声波的速度和频率也越高。因此,可通过测定混凝土中声速来确定其强度。

混凝土是由固相、液相和气相随机地交织在一起的非均匀的各向异性材料。通过大量的研究我们可以知道,当超声波在混凝土中传播时,其纵波速度的平方与混凝土的弹性模量成正比,与混凝土的密度成反比,而混凝土强度等级的高低又与其密度相关。因此,根据超声波传播速度即可推定混凝土的强度。一般来说混凝土中的声速越大其强度越高。

超声测强以混凝土立方试块 28 d 龄期抗压强度为基准,大体是把这种混凝土当作弹性体看待,而原材料品种规格、配合比、施工工艺等影响着超声检测参数,所以采用预先校正方法建立超声测强的经验公式。国内外采用统计方法建立的专用曲线或数学表达式有如下几种:

① 苏联、捷克和前民主德国:

$$f_{cu}^{c} = Q_v^4$$

② 荷兰、罗马尼亚:

$$f_{cu}^{c} = A e^{Bv}$$

③ 法国:

$$f_{cu}^{c} = \frac{E_d^2}{A^2}$$

该公式与苏联采用的相似($v_2 \propto E_d$)。

④ 波兰:

$$f_{cu}^{c} = Av^2 + Bv + C$$

⑤ 国内，$v \sim f_{cu}^{c}$相关曲线基本采用$f_{cu}^{c}=Av^{B}$和$f_{cu}^{c}=Ae^{Bv}$两种非线性的数学表达式。

式中　E_{d}^{2}——动力弹性模量；

Q,A,B,C——经验系数。

可见，国内外实际应用的经验公式，采用超声声速参量便是突出了超声弹性波与混凝土弹性模量及强度的相关性。

3.3.2.2　影响因素

超声法检测混凝土强度，主要是通过测量在测距内超声传播的平均声速推定混凝土的强度。可见，"测强"精度评价与超声声速读取值的准确与否是密切相关的，换句话说，正确运用超声声速推定混凝土强度和评价混凝土质量，从事检测工作的技术人员必须熟悉影响声速测量的因素，在检测中自觉地排除这些影响。

超声声速可能受到混凝土性能无关的某些因素的影响，且不可避免地要受到混凝土材料组分与结构状况差异的因素的影响。根据国内外科学研究和实际检测的经验总结，这些影响大致归纳为如下诸方面。

(1) 横向尺寸效应

通常，纵波速度是指在无限大介质中测得，随着试件横向尺寸减小，纵波速度可能向杆、板的声速或表面波速转变，即声速比无限大介质中纵波声速要小。

当横向最小尺寸$d \geqslant 2\lambda$（λ为波长）时，传播速度与大块体中纵波速度值相当。当$\lambda<d<2\lambda$时，可使传播速度降低2.5%～3%。当$0.2\lambda<d<\lambda$时，传播速度变化较大，约降低6%～7%，在这个区间里测量时，估计强度的误差可能达30%～40%，这是不允许的。当$d<0.22\lambda$时，这是属于波在杆件中的传播。

(2) 温度和湿度的影响

混凝土处于环境温度为5～30 ℃情况下，因温度升高引起的速度减小值不大；当环境温度在40～60 ℃范围内，脉冲速度值约降低5%，这可能是由于混凝土内部的微裂缝增多所致。

温度在0 ℃以下时，由于混凝土中的自由水结冰，使脉冲速度增加（自由水中的v=1.45 km/s，冰中的v=3.50 km/s）。

当混凝土测试时的温度处于表3.3.3所列的范围内时，可以允许修正；如果混凝土遭到受过冰融循环下的冰结，则不允许修正。

表3.3.3　超声波传播速度的温度修正值

温度/℃	修正值/%	
	存放在空气中	存放在水中
60	5	4
40	2	1.7
20	0	0
0	-0.5	-1
<-4	-1.5	-7.5

混凝土的抗压强度随其含水率的增加而降低,而超声波传播速度 v 随孔隙被水填满而逐渐增高。饱水混凝土的含水率增高 4%,传播速度 v 相应增大 6%。速度的变化特性取决于混凝土的结构,随着混凝土孔隙率的增大,干混凝土比空气中养护的混凝土具有更高的超声传播速度。水下养护混凝土的强度最大,其传播速度高达 4.60 km/s;而相同强度但暴露在空气里养护的混凝土的传播速度约 4.10 km/s。

湿度对超声波传播速度的影响可以解释为:

① 水中养护的混凝土具有较高的水化度并形成大量的水化产物,超声波传播速度对此产物的反映大于空气中硬化的混凝土;

② 水中养护的混凝土,水分渗透并填充了混凝土的孔隙,由于超声波在水里传播速度为 1.45 km/s,在空气中仅为 0.34 km/s,因此,水中养护的混凝土具有比在空气中养护的混凝土大得多的超声波传播速度,甚至掩盖了混凝土强度增长而提高的声速的影响。

(3) 结构混凝土中钢筋的影响与修正

钢筋中超声传播速度比普通混凝土的高 1.2 ~ 1.9 倍。因此测量钢筋混凝土中的声速,在超声波通过的路径上存在钢筋,测读的"声时"可能是部分或全部通过钢筋的传播"声时",使混凝土声速计算偏高,这在推算混凝土的实际强度时可能出现较大的偏差。

钢筋的影响分两种情况:一是钢筋配置的轴向垂直于超声波传播方向;二是钢筋轴向平行于超声波传播的方向。对第一种情况,在一般配筋的钢筋混凝土构件中,钢筋断面所占整个声通路径的比例较小,所以影响较小(对于高标号混凝土影响更小),如图 3.3.2 所示。钢筋轴向平行超声波传播的方向,在作超声波"声时"测量时,可能影响较大,应设法加以避免或修正。钢筋轴向垂直和平行于超声波传播方向的布置对超声波声速的影响分述如下:

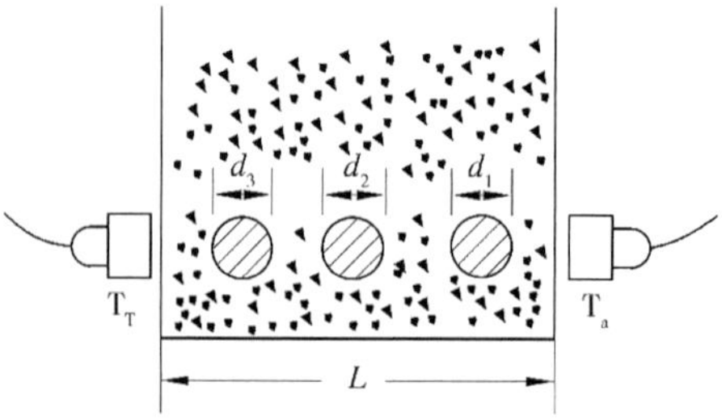

图 3.3.2 钢筋轴线垂直于超声波传播方向

① 钢筋的轴线垂直于是超声波传播的方向。钢筋垂直于声脉冲传播方向时,在一般配筋情况下,当混凝土体积较大时,这种影响很小,且往往被测量误差掩盖,可以忽略。

② 钢筋轴线平行于超声波传播方向。钢筋平行于声脉冲传播方向时,如果能使探头与钢筋的距离增大,则钢筋对混凝土中声速的影响注浆减少。当探头离开钢筋的距离大于探头距离的 1/8 ~ 1/6 时,就足以避免钢筋的影响。

(4) 粗骨料品种、粒径和含量的影响

每立方米混凝土中骨料用量的变化、颗粒组成的改变对混凝土强度的影响要比水灰比、水泥用量及标号的影响小得多,但是,粗骨料的数量、品种及颗粒组成对超声波传播速度的影响却十分显著,甚至稍微增加一些碎石的用量或采用较高弹性模量的骨料,敏感性最强的是超声脉冲的声速。比较水泥石、沙浆和混凝土三种试体的超声检测,在强度值相同的情况下，混凝土的超声脉冲声速最高，沙浆次之，水泥石最低。差异的原因主要是超声脉冲在骨料中传播的速度比混凝土中传播速度快。声通路上粗骨料多，声速则高；反之，通路上粗骨料少，声速则低。

（5）水灰比及水泥用量的影响

混凝土的抗压强度取决于水灰比，随着 w/c 降低，混凝土的强度、密实度以及弹性性质则相应提高，超声脉冲在混凝土中的传播速度也相应增大；反之，超声脉冲速度随着 w/c 的提高而降低水泥用量的变化，实际上改变了骨灰比的组分。在相同的混凝土强度情况下，当粗骨料用量不变时，水泥用量越多，则超声声速越低。

（6）混凝土龄期和养护方法的影响

图 3.3.3 表示不同龄期的 f_{cu}—v 关系曲线。试验证明，在硬化早期或低强度时，混凝土的强度 f_{cu} 的增长小于声速 v 的增长，即曲线斜率 $f_{cu}/\mathrm{d}v$ 很小，声速对强度的变化十分敏感。随着硬化进行，或对强度较高的混凝土，$f_{cu}/\mathrm{d}v$ 值迅速增大，即 f_{cu} 值迅速增长大于 v 值的增长，甚至在强度达到一定值后，超声传播速度增长极慢，因而采用超声声速来推算混凝土的强度，必须十分注意声速测量的准确性。

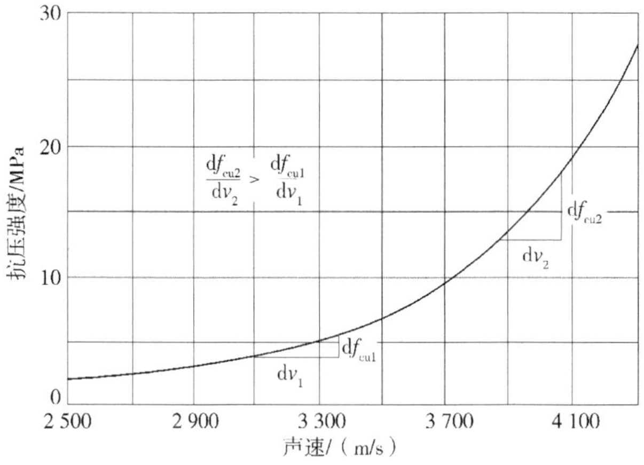

图 3.3.3　不同龄期混凝土的 f_{cu}—v 关系曲线

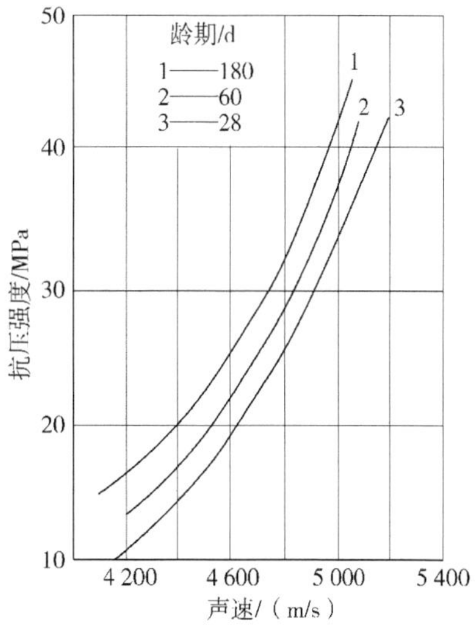

图 3.3.4　龄期对 f_{cu}—v 关系的影响

不同龄期混凝土的 f_{cu}—v 关系曲线是不同的（见图 3.3.4），当声速相同时，长龄期混凝土的强度较高。混凝土试体养护条件不同，所建立的 f_{cu}—v 关系曲线也是不同的。通常，当混凝土相同时，在空气中养护的试件，其声速比水中养护的试件的声速要低得多，主要原因可解释为：在水中养护的混凝土水化较完善，以及混凝土空隙充满了水，水中的声速是空气声速中的 4.26 倍，所以，相同强度的试件，饱水状态的声速比干燥状态的声速大。此外，干燥状态中养护的混凝土因干缩等原因而造成的微裂缝也将使声速降低。

（7）混凝土缺陷与损伤对测强的影响

采用超声检测和推定混凝土的强度时，只有混凝土强度波动符合正态分布的条件下，才能进行混凝土强度的推定。它就是要求混凝土内部不应存在明显缺陷的损伤，如果把混凝土缺陷或损伤的超声参数参与强度的评定，有可能使检测结果不真实或承担削弱安全度的风险。

在网格式布点普测的基础上,对区域性的低强度点,当$f_{cu}^{c}<mf_{cu}^{c}-Sf_{cu}^{c}$($Sf_{cu}^{c}$为标准差)时,建议单独标记或推定强度,对于$f_{cu}^{c}<mf_{cu}^{c}-3Sf_{cu}^{c}$时,应明确定为缺陷区。综合检测指标均较差,且又出现在重要的受力区,为了保证安全,即使其他区域检测指标均较好,则不宜作为整体评定强度。

鉴于目前建立混凝土超声测强曲线时,立方试件是在不受力的状态下测试的,而结构混凝土包括混凝土自身已不同程度地承受了载荷,这种受力状态的构件究竟对超声检测有否影响,即超声检测值要不要进行修正,已有的国内外研究证明,荷载超过某一定范围对超声检测影响是存在的,一般认为构件受力超过30%~50%的极限破坏应力时,混凝土内部不同程度地产生损伤,超声声速将随受力增大而降低,虽然目前还没有建立定量的修正的标准,但对从事结构混凝土超声测强的技术人员,应注意这是影响超声测强精度的一个因素。

3.3.2.3　检测方法

(1) 测区布置:如果把混凝土构件作为一个检测总体,要求在构件上均布划出不少于10个200 mm×200 mm方网格,以每个网格视为一个测区。如果对同批构件,抽检30%,且不少于4个,每个构件测区不少于10个。测区应布置在构件混凝土浇筑方向的侧面,侧面应清洁平整。

(2) 测点布置:为使混凝土测试条件、方法尽可能与率定曲线时一致,在每个测区内布置3~5对测点。

(3) 数据采集:量测每对测点之间的直线距离,即声程,采集记录对应声时。根据隧道不同区段衬砌强度的差异,可布置多个测站,以便客观地反映隧道的病害状况。同时为保证强度检测结果的可靠性,在同一测站中应布置不同的测点(比如3~5个),测区声速取其平均值,这样使检测结果更加准确。为对声波仪检测结果进行强度校验,可在现场取样在实验室内进行强度试验,并可对各种力学参数进行全面的测定。

(4) 强度推定:根据各测区超声声速检测值,按回归方程计算或查表得出对应测区混凝土强度值。强度推定如下:

① 当按单个构件检测时,单个构件的混凝土强度推定值,取该构件各测区中最小的混凝土强度换算值。

② 当按批抽样检测时,该批构件的混凝土强度推定值应按数理统计公式计算:

$$f_{cu}^{c}=mf_{cu}^{c}-1.645S_{f_{cu}^{c}} \tag{3.3.8}$$

$$mf_{cu}^{c}=\frac{1}{n}\sum_{i=1}^{n}f_{cu}^{c} \tag{3.3.9}$$

$$S_{f_{cu}^{c}}=\sqrt{\frac{1}{n-1}(f_{cu}^{c})^{2}-n(mf_{cu}^{c})^{2}} \tag{3.3.10}$$

式中　$S_{f_{cu}^{c}}$,mf_{cu}^{c}——分别为各测区混凝土强度换算的平均值和标准差。

③ 当同批测区混凝土强度换算值标准差过大时,批构件的混凝土强度推定值也可按下列公式计算(以该批每个构件中最小的测区混凝土强度换算值的平均值和第i个构件中的最小测区混凝土强度换算值为准):

$$f_{cu}^{c}=mf_{cu,min}^{c}=\frac{1}{m}\sum_{i=1}^{n}f_{cu,min}^{c} \tag{3.3.11}$$

式中　$mf^{c}_{cu,min}$，$f^{c}_{cu,min}$——分别为该批每个构件中最小的测区混凝土强度换算值的平均值和第 i 个构件中的最小测区混凝土强度换算值，MPa；

m——批中抽取的构件数。

④ 当属同批构件按批抽样检测时，若全部测区强度的标准差出现下列情况时，则该批构件应全部按单个构件检测：

当混凝土强度等级低于或等于 C20 时，$S_{f^{c}_{cu}}>2.45$ MPa；当混凝土强度等级高于 C20 时，$S_{f^{c}_{cu}}>5.5$ MPa。

3.3.3　超声—回弹法

3.3.3.1　基本原理

超声回弹综合法适用于以中型回弹仪低频超声仪按综合法检测建筑结构和构筑物中的普通混凝土抗压强度值，其中混凝土强度换算值 f^{c}_{cu} 是根据用综合法取得的测值换算成相当于被测结构物所处条件及龄期下边长 150 mm 立方体试块的抗压强度值，混凝土强度推定值 $f_{cu,e}$ 是相应于强度换算值总体分布中保证率不低于 95% 的强度值。

本方法不适用于下列情况的结构混凝土：

（1）遭受冻害、化学侵蚀、火灾以及高温损失；

（2）被测构件的混凝土厚度小于 100 mm；

（3）结构表面温度小于-4 ℃或大于 60 ℃。

3.3.3.2　检测准备

1）资料准备

需进行综合法测试的结构或构件，在检测前，应具备下列有关资料：

（1）工程名称及设计、施工和建设单位名称；

（2）结构或构件名称、编号、施工图（或平面图）及混凝土强度等级；

（3）水泥品种、标号、用量、出厂厂名，沙石品种、粒径，外加剂或掺合料品种、掺量以及混凝土配合比等；

（4）模板类型，混凝土灌注和养护情况，以及成型日期；

（5）结构或构件存在的质量问题，混凝土试块抗压报告等。

2）被测结构或构件准备

检测结构或构件时需要布置测区，因为测区是进行超声、回弹测试的测量单元。所以，测区布置应符合下列规定：

（1）按单个构件检测时，应在构件上均均布置测区，且不少于 10 个；

（2）当对同批构件抽样检测时，构件抽样数应不少于同批构件的 30% 且不少于于 10 件，每个构件测区数不少于 10 个；

（3）对长度小于或等于 2 m 的构件，其测区数量可适当减少，但不应少于 3 个。

当按批抽样检测时，凡符合下列条件的构件，才可作为同批构件：

① 混凝土强度等级相同；

② 混凝土原材料、配合比。成型工艺养护条件及龄期基本相同；

③ 构件种类相同；

④ 在施工阶段所处状态相同。

每个构件的测区，应满足以下要求：

① 测区的布置宜在构件混凝土浇灌方向的侧面；

② 测区应均匀分布，相邻两侧区的间距不宜大于 2 m；

③ 测区宜避开钢筋密公证机关区和预埋铁件；

④ 测区尺寸为200 mm×200 mm；相对应的两个200 mm×200 mm 方块应视为一个测区；

⑤ 测试面应清洁、平整、干燥，不应有接缝、饰面层、浮浆和油垢，并避开蜂窝、麻面部位，必要时可用沙轮片清除杂物和磨平不平整处，并擦净残留粉尘(见图3.3.5)。

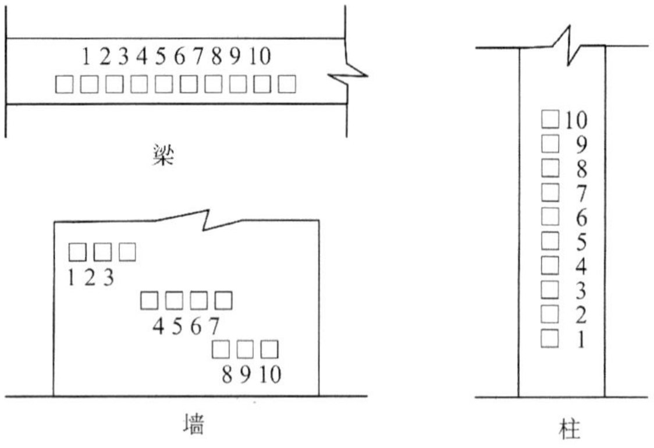

图3.3.5　　梁、柱、墙测区布置示意

结构或构件上的测区应注明编号，并记录测区所处的位置和外观质量情况；每一测区宜先进行回弹测试，然后进行超声测试。对非同一测区的回弹值及超声声速值，不能按综合法计算混凝土强度。

3.3.3.3　现场测试

1) 回弹值的测量与计算

(1) 回弹值的测量

用于综合法测强的回弹仪，必须是处于标准状态，并在钢砧上率定值为80±2 的仪器。用回弹仪测试时，宜使仪器处于水平状态测试混凝土浇筑侧面，此种情况修正值为0。如不能满足这一要求，也可以非水平状态测试或测试混凝土的浇筑顶面或底面，但其回弹值应进行修正。

回弹测点宜在测区范围均匀分布，但不得打在气孔或外露石子上，相邻两测点间距一般不小于 30 mm，测点距构件边缘或外露钢筋铁件的距离不小于 50 mm，且同一测点只允许弹击一次。回弹仪的轴线方向应与测试面相垂直。

(2) 回弹值的计算

计算测区平均回值时，应该从该测区的两个相对测试面 16 个回弹值中，分别剔除 3 个最大值和最小值，然后将余下的 10 个回弹值按下列公式计算：

$$R_m = \frac{\sum_{i=1}^{10} R_i}{10} \tag{3.3.12}$$

式中　R_m——测区平均回弹值，计算至0.1；

R_i——第 i 个测点的回弹值。

如非水平状态测得的回弹值,应按下式进行修正:

$$R_m = R_m + R_{a\alpha} \tag{3.3.13}$$

如顶面或底面测得的回弹值,应按下式进行修正

$$R_a = R_m + (R_a^t + R_a^b) \tag{3.3.14}$$

式中　R_a——修正后的测区回弹值;

$R_{a\alpha}$——测试角度为的回弹修正值;

R_a^t——测试顶面回弹修正值;

R_a^b——测试底面回弹修正值。

测试时,如仪器处于非水平状态,同时构件测区又不是混凝土的灌注侧面对测得的回弹值,先进行角度修正,后进行浇筑面修正。

2）超声声速值的测量与计算

（1）超声声时值的测量

超声仪必须符合技术要求并具有质量检查合格证。超声测点应布置在回弹测试的同一侧区内。应保证换能器与混凝土耦合良好,且发射和接收换能器的轴线应在同一直线上。每个测区内的相对测试面上,应布置三个测点,如图 3.3.6 所示。

（2）声速值的计算

声速值按下式计算

$$v_i = \frac{l}{t_{mi}} \tag{3.3.15}$$

$$t_{mi} = \frac{t_1 + t_2 + t_3}{3} \tag{3.3.16}$$

式中　v_i——测区声速值,km/s;

l——超声测距,mm;

t_{mi}——第 i 个测区平均声时值,μs;

t_1, t_2, t_3——测区中的三个测点的声时值。

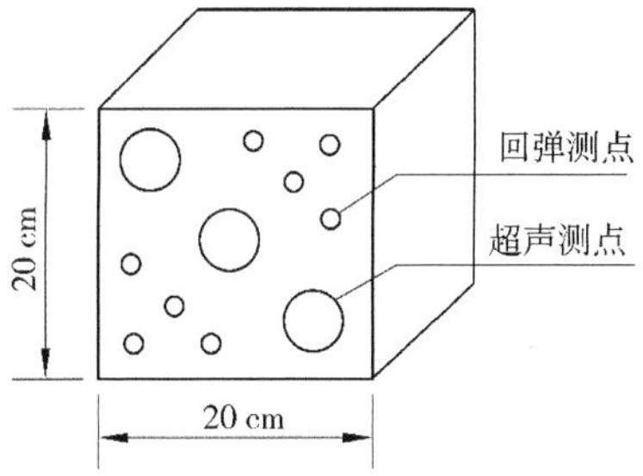

图 3.3.6　测区测点分布

当在混凝土浇筑的顶面与底面测试时,由于上表面沙浆较多强度偏低,底面粗骨料较多强度偏高,综合起来与成型侧面是有区别的,另外浇筑表面不平整,因此,会使声速偏低,所以进行上表面与底面测试时声速应进行修正:

$$v_a = 1.034 v_i \tag{3.3.17}$$

式中　ν_a——修正后的测区声速值,km/s。

3.3.3.4　混凝土强度的推定[9-10]

用综合法检测结构或构件混凝土强度时,应在结构或构件上所布置的测区内分别进行超声和回弹测试,用所获得的超声声速和回弹值等参数,按已确定的综合法相关曲线,进行测区强度计算,然后按测强曲线公式计算出构件混凝土强度。

当构件所用材料与制定相关曲线所用材料有较大差异时,须用同条件试块或从结构构件测区中钻取的混凝土芯样进行修正,试件数量应不少于 6 个。此时,测区混凝土强度应乘以修正系数,修正系数按下列计算:

在同条件试块时:

$$\eta = \frac{1}{n}\sum_{i=1}^{n}\frac{f_{cu,i}}{f_{cu,i}^{c}} \tag{3.3.18}$$

有混凝土芯样时

$$\eta = \frac{1}{n}\sum_{i=1}^{n}\frac{f_{eor,i}}{f_{cu,i}^{c}} \tag{3.3.19}$$

式中　η——修正系数,精确至小数点后两位;

$f_{cu,i}$——第 i 个混凝土试块抗压强度,MPa,精确到 0.1 MPa;

$f_{cu,i}^{c}$——对应于第 i 个试块按综合法计算的混凝土强度值,MPa,精确至 0.1 MPa;

$f_{eor,i}$——第 i 混凝土芯样抗压强度,MPa,精确到 0.1 MPa;

n——试件数量。

1）单个构件混凝土强度的推定

在施工中,常常发生只有个别构件混凝土强度未达到设计要求,为了解每一个构件的混凝土强度,此种情况属于单个构件检测,检测时需在每个构件上布置 10 个测区,分别用超声、回弹检测,最后计算每个测区强度值。单个构件的混凝土强度推定值 $f_{cu,e}$ 取该构件各测区中最小值作为该构件的混凝土强度推定值。

如采用卵石、中沙配制的混凝土强度等级为 C20 的 B10 柱,柱断面为 300 mm×300 mm。用综合法对该柱进行检测后(回弹测试角度为 0°;测试面为侧面)。

2）批量构件混凝土强度的推定

有时也会出现由于施工管理方面的原因,致使一大批构件或某层结构混凝土强度都未达到设计强度等级的情况,如果确实是属于同批构件,则可按批进行抽样检测构件,抽样数应不少于构件总数的 30%,且不少于 10 件,每个构件测区不少于 10 个。

该批构件的混凝土强度推定值,可按下列公式计算,并取两者中较大值

$$f_{cu,e_1} = mf_{cu}^{c} - 1.645S_{f_{cu}^{c}} \tag{3.3.20}$$

$$f_{cu,e_2} = mf_{cu,min}^{c} = \frac{1}{m}\sum_{j=1}^{m}f_{cu,j,min}^{c} \tag{3.3.21}$$

$$mf_{cu}^{c} = \frac{1}{n}\sum_{i=1}^{n}f_{cu,i}^{c} \tag{3.3.22}$$

$$S_{f_{cu}^{c}} = \sqrt{\frac{\sum_{i=1}^{n}(f_{cu,i}^{c})^2 - n(mf_{cu}^{c})^2}{n-1}} \tag{3.3.23}$$

式中　f_{cu,e_1}——构件混凝土强度的第一推定值;

f_{cu,e_2}——构件混凝土强度第二推定值;

mf_{cu}^{c}——同批构件的测区混凝土计算平均值;

$S_{f_{cu}^{c}}$——同批构件的测区混凝土强度计算值的平均值;

$f_{cu,j,min}^{c}$——第 j 个构件中最小的测区混凝土强度计算值;

m——抽样批中的构件数。

按批抽样检测中时,其全部测区强度的标准差,若出现下列情况时,则该批构件全部按单个构件检测。

(1）当混凝土强度等级小于或等于 C20,$S_{f_{cu}^{c}}$>4.5 MPa;

（2）当混凝土强度等级大于 C20，$S_{f_{cu}^{c}}$>5.5 MPa。

3.3.4　钻孔取芯法

要准确掌握隧道衬砌材料劣化状况，可取其试件进行检测试验，检测项目可参照表 3.3.4所示内容进行。其中，试件可由衬砌钻孔取得；在强度试验中，试件的标准尺寸为 d= 100 mm，L=100 mm，数量宜不少于 3 个。

表 3.3.4　衬砌混凝土检测项目

检测项目	检测内容
单轴压缩试验	单轴压缩强度 σ_c、静弹性模量 E_s、静泊松比 μ_s
超声波传播速度检测	P 波速度、S 波速度、动弹性模量 E_D、动泊松比 μ_D
单位体积重力试验	单位体积重力 γ_t、含水率 $W\%$
单轴拉伸试验	单轴拉伸强度 σ_t

1）钻芯法检测是指利用专用钻机和人造金刚石空心薄壁钻头，从结构混凝土中钻取芯样以检查混凝土内部缺陷和检测混凝土强度的方法。钻芯法检测混凝土的主要设备包括：探测设备、钻芯设备、芯样端部处理设备、测量设备、试验设备。以上相关的仪器或设备均应有产品合格证。

2）现场钻芯之前，应收集设计混凝土强度等级，衬砌混凝土施工日期，配合比，现场试验资料等。

3）依据检测项目要求合理选择钻机和钻头。通常要求芯样直径为粗骨粒直径的 3 倍，当衬砌混凝土中配有过密的钢筋时，芯样直径可以取粗骨粒的 2 倍。如果钻芯同时为了检测混凝土强度和内部缺陷，则钻头直径不受粗骨料粒径的限制。

4）合理选择钻芯位置、钻孔深度和钻芯数量。采用钻芯法校核或者修正回弹法测混凝土强度时，取芯位置应与回弹法测强部位一致。钻孔深度以超过衬砌厚度 5 cm 为准，检查衬砌厚度，拱背空洞和地质状况时，深度一般为从衬砌表面到岩体内 1 m。每个钻孔钻取芯样数目不得少于 3 段。

5）将钻机移至钻芯位置附近，固定。应根据钻芯机构造和现场的具体情况，分别采用配重法、真空吸附法、顶杆支撑法和膨胀锚栓等方法。

6）钻孔情况和芯样记录，逐个钻孔对芯样进行编号、描述，主要内容包括：芯样外观描述、蜂窝麻面分布情况、钻芯段数和基岩性质、衬砌厚度描述等。并填写相关的表格，绘制钻孔柱状图。

7）在强度试验中，为了使试件满足试验要求，必须对钻取得芯样进行切割加工和端面打磨。加工后芯样试件的高径比应控制在 1 ~2 范围之内。

8）试验前，需要测量芯样的以下几何尺寸：

（1）芯样直径。采用游标卡尺测量芯样中部，在相互垂直的两个位置上取其两次测量的算术平均值作为平均直径，精确至 0.5 mm。

（2）芯样高度。用钢卷尺或者钢板尺测量，在相互垂直的两个部位测量并取算术平均值，精确至 1 mm。

(3) 垂直度。用游标量角器测量,将游标量角器的两只角分别紧贴在芯样的端面和侧面,测出最大偏差,精确到0.1°。

(4) 平整度。用钢板尺测量,将钢板尺立起横放在芯样端面上,然后慢慢旋转360°,用塞尺测量其最大间隙。

芯样尺寸偏差超过下列数值时,不得用作抗压强度试验:

① 切割、打磨后的芯样高度小于0.95d或大于2.05d时(d为芯样试件的平均直径);

② 沿芯样高度的任一直径与平均直径相差达2 mm以上时;

③ 芯样端面的不平整度在100 mm长度内超过0.1 mm时;

④ 芯样端面与轴线的不垂直度超过2°时。

9) 芯样的抗压强度试验应按照现行国家标准《普通混凝土力学性能试验方法标准》中圆柱体试件抗压强度试验的规定进行。芯样试件宜在与衬砌混凝土湿度基本一致的条件下进行抗压强度试验[9,38]。

10) 试验前准备工作:

(1) 压力机的精度不低于±2%,根据混凝土设计强度等级和芯样外观质量选择适当的量程,使试样预期破坏荷载在全量程的20%~80%。

(2) 估算加荷速度。混凝土强度等级小于C30时,加荷速度取0.3~0.5 MPa/s;混凝土强度等级大于C30而小于C60时,加荷速度取0.5~0.8 MPa/s;混凝土强度等级大于C60时,加荷速度取0.8~1.0 MPa/s。

11) 芯样试件的凝土强度换算值是指用钻芯法测得的芯样强度,换算成相应测试龄期的、边长为150 mm的立方体试块的抗压强度值。高度和直径均为100 mm或150 mm芯样的抗压强度测试值,可直接作为混凝土强度的换算值。混凝土试件的强度计算公式为:

$$f_{cc} = \frac{4F}{\pi d^2} \tag{3.4.24}$$

式中 f_{cc}——混凝土抗压强度,MPa,精确至0.1 MPa;

F——试件破坏荷载,N;

d——试件直径,mm。

3.4 隧道衬砌混凝土钢筋检测

隧道衬砌混凝土中钢筋位置和保护层厚度的检测可以采用探地雷达和钢筋位置测定仪(钢筋位置检测仪)进行。利用探地雷达对钢筋位置和其保护层厚度进行检测的原理与对隧道衬砌混凝土厚度及空洞的原理相同,在此不再进行叙述,只对钢筋位置测定仪的检测原理及方法进行介绍[9,20]。

3.4.1 检测的基本原理

根据电磁场理论,线圈是严格磁偶极子,当信号源供给交变电流时,它向外界辐射出电磁场;钢筋是一个电偶极子,它接收外界电场,从而产生大小沿钢筋分布的感应电流。钢筋的感应电流重新向外界辐射出电磁场(即二次场),使原激励线圈产生感生电动势,从而使线圈的输出电压产生变化,钢筋位置测定仪正是根据这一变化来确定钢筋所在的位置及其保护层厚度。而且在钢筋的正上方时,线圈的输出电压受钢筋所产生的二次磁场的影响最大。根据这一特点,因此在探头移动的过程中,可以自动锁定这个受影响最大的点,即信号值最大的点。根据保护层厚度和信号之间的对应关系得出厚度值。

基于这种原理,钢筋位置检测仪可用于现有钢筋混凝土工程及新建钢筋混凝土结构施工质量的检验,可测定钢筋的位置、走向及布筋情况,已知钢筋直径检测混凝土保护层的厚度,未知直径时同时估测钢筋的直径和保护层厚度。此外,也可对非磁性和非导电介质中的磁性体及导电体进行探测,如墙体内的电缆、水暖管道的检测,更高级的还能图像显示混凝土结构内部钢筋的平面分布图和剖面分布图;钢筋仪不适合检测含有铁磁性物质的混凝土检测。

3.4.2 现场操作

以 DJGW—2A 钢筋位置测定仪为例进行说明,其操作步骤如下:

(1) 测点或测区布置

该仪器具有三种检测功能,即单点检测、剖面或网格检测。应根据检测目的、构件类型布置相应的测点,测线或测区。

(2) 仪器连接

钢筋保护层厚度小于 60 mm 时,使用小探头;保护层厚度大于 60 mm,使用大探头。用信号电缆连接主机和探头。需要测距时,安装测距轮,并将插头固定螺丝旋紧。每次更换探头应在开机前连接好,以便仪器判定探头类型。

(3) 开机

按"开/关"键,仪器开机,屏幕 3 s 左右自动进入选项菜单。

(4) 清零

仪器在选项菜单状态下,拿起探头,远离铁物质 50 cm 以上,按"确定"键,仪器进入检测界面,这时已完成清零过程,仪器进入测试状态。

(5) 设置参数

选择相应的测量方式,按"选项"键,光标位于"设置"位置,按"确定"键,用↑、↓、←、→键输入区号、直径、根数、测线编号、探头移动方向、测区号、测区面积等参数。

(6) 现场测定

选择相应的测量方式后,按"测试"键进行测量,采集数据。

(7) 存储数据

现场测定完毕后,光标停在"保存"键之后,按"确定"键储存数据。

3.5 隧道衬砌混凝土裂缝检测

3.5.1 基本要求[11,20]

(1) 在裂纹的起点及终点,用红漆、红铅笔与裂纹相垂直划细线,并在圬工体上注明检查日期。

(2) 选择裂纹平直的位置作为放置读数显微镜、刻度放大镜、游标卡尺测量裂纹宽度的固定地点，量出裂纹宽度。

(3) 量出主要裂纹的部位、走向、宽度、长度、分布情况及特征，用坐标法绘制裂纹展示图，记录检查日期及气温。

(4) 裂纹深度检查：在裂纹中注射酚酞溶液(0.1 g 酚酞、600 mL 酒精，40 mL 水配置)，然后凿开至不显红色为主，测量其深度。

(6) 定期对照记录和标记，观测裂缝长度、宽度、深度的发展情况，观测测标有无开裂和折断。

3.5.2 裂缝宽度检测[11,20]

裂缝宽度测试要求裂缝宽度测试仪器的读数精度优于0.02 mm。测位处混凝土表面应清洁、平整，裂缝内部不应有灰尘或泥浆，宜选择裂缝张开状态下检测。一条连续裂缝上宜布置2个以上裂缝宽度测位，在裂缝分布图中标注检测部位和最大裂缝宽度部位。

裂缝宽度宜采用裂缝读数显微镜或裂缝宽度测试仪器检测，现有的裂缝宽度的测量方法分四类

(1) 塞尺或裂缝宽度对比卡：简单，但只能用于粗测，测试精度低。

(2) 裂缝显微镜(图3.5.1)：用具有一定放大倍数的显微镜直接观测裂缝宽度，读数精度一般为0.02～0.05 mm，需要人工近距离调节焦距并读数和记录，有些还需另配光源，测试速度慢，劳动强度大，而且有较大的人为读数误差。裂缝显微镜方法是目前裂缝测试的主要方法。例如：国产仪器 WYSK—40 型裂缝宽度测试仪：测量范围0～4 mm，精度0.05 mm；进口产品 ELE35—2520\2505 型裂缝宽度测试仪：测量范围0～4 mm，精度0.02 mm。

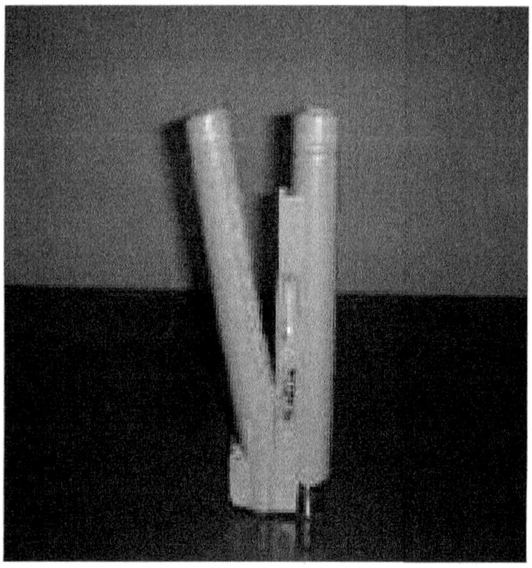

图3.5.1　裂缝宽度读数显微镜

(3) 图像显示人工判读的裂缝宽度测试仪器

近年内市场上有通过摄像头拍摄裂缝图像并放大显示在显示屏上，然后依据屏幕上的刻度尺，人工读取裂缝宽度的裂缝测试仪器，如北京康科瑞公司的 KON—FK(O)裂缝宽度测试仪(图3.5.2)、深圳市思韦尔检测科技公司的 SW—LW—101 型表面裂缝宽度观测仪等。这种测试仪避免了裂缝显微镜必须近距离调节焦距的要求，降低了裂缝测试的劳动强

度,但仍需人工估测和记录宽度,因此必然存在人工读数时的离散。

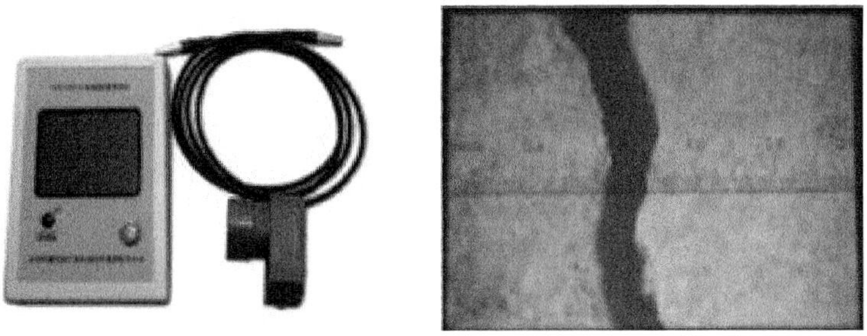

图 3.5.2　KON—FK(O)裂缝宽度测试仪

(4) 图像显示自动判读的裂缝宽度测试仪器

该类仪器的最大特点是对裂缝深度的自动判读,即通过摄像头拍摄裂缝图像并放大显示在显示屏上,然后对裂缝图像进行图像处理和识别,执行特定的算法程序自动判读出裂缝宽度,这类测量仪器具备了摄取裂缝图像并自动判读以及显示、记录和存储功能,测试实时快速准确,代表了裂缝宽度测量仪器的发展方向。进口仪器有日产 FCV—21 型裂缝宽度测试仪,前端为数字式摄像头,用于摄取裂缝图像,经连接线将图像显示在掌上电脑的显示屏上,自动判读并显示裂缝宽度。测试范围 0.05～2.0 mm,读测精度 0.05 mm,测试精确度 0.03 mm。但 0.05 mm 的读测精度偏低,另外进口仪器的价格较高,且不便于售后服务。北京康科瑞公司于 2006 年推出的 KON—FK(A)裂缝宽度测试仪是最新型的国产自动判读数显式裂缝宽度测试仪。

3.5.3　裂缝深度检测[11,20]

3.5.3.1　平面检测法

当结构的裂缝部位只有一个可测表面,估计裂缝深度又不大于 500 mm 时,可采用单面平测法。平测时应在裂缝的被测部位,以不同的测距,按跨裂缝和不跨裂缝布置测点(布置测点时应避开钢筋的影响)进行检测,其检测步骤为:

(1)不跨缝的声时测量:将 T 和 R 换能器置于裂缝附近同一侧,以两个换能器内边缘间距 l' 等于 100 mm、150 mm、200 mm、250 mm 等分别读取声时值(t_i),绘制"时—距"坐标图,或用回归分析的方法求出声时与测距之间的回归直线方程:

$$l_i = a + bt_i \tag{3.5.1}$$

每测点超声波实际传播距离为:

$$l_i = l' + |a| \tag{3.5.2}$$

式中　l_i——第 i 点的超声波实际传播距离,mm;

l'——第 i 点的 R、T 换能器的内边缘间距,mm;

a——"时—距"图中 l' 轴的截距或回归直线方程的常数项,mm。

不跨缝平测的混凝土声速值为:

$$v = \frac{l_n' - l_1'}{t_n - t_1} \tag{3.5.3}$$

式中　l_n', l_1'——第 n 点和第 1 点的测距;

t_n, t_1——第 n 点和第 1 点读取的声时值，μs；

b——回归系数。

(2) 跨缝的声时测量

将 T、R 换能器分别置于以裂缝为对称的两侧，l' 取 100 mm、150 mm、200 mm 等分别读取声时值 t_i^0，同时观察首波相位的变化。

(3) 平测法检测的裂缝深度应按下式计算：

$$h_{ci} = \frac{l_i}{2}\sqrt{\left(\frac{t_i^0 v}{l_i}\right)^2 - 1} \tag{3.5.4}$$

$$m_{hc} = \frac{1}{n}\sum_{i=1}^{n} h_{ci} \tag{3.5.5}$$

式中 l_i——不跨缝平测时第 i 点的超声波实际传播距离，mm；

h_{ci}——第 i 点计算的裂缝深度值，mm；

t_i^0——第 i 点跨缝平测时的声时值，μs；

m_{hc}——各测点计算裂缝深度的平均值，mm；

n——测点数。

(4) 裂缝深度的确定

① 跨缝测量中，当在某测距发现首波反相时，可用该测距及两个相邻的测量值按式(3)计算 h_{ci} 值，取此三点 h_{ci} 的平均值作为该裂缝的深度值(h_c)。

② 跨缝测量中如难于发现首波反相，则以不同测距按式(3.5.3)、式(3.5.4)计算 h_{ci} 及其平均值 m_{hc}。将各测距 l_i' 与 m_{hc} 相比较，凡测距 l_i' 小于 m_{hc} 和大于 $3m_{hc}$，应剔除该组数据，然后取余下 h_{ci} 的平均值，作为该裂缝的深度值 h_c。

3.5.3.2 双面斜测法

(1) 当结构的裂缝部位具有两个相互平行的测试表面时，可采用双面穿透斜测法检测。测点布置如图 3.5.3，将 T、R 换能器分别置于两测试表面对应测点 1，2，3……的位置，读取相应声时值 t_i、波幅值 A_i 及主频率 f_i。

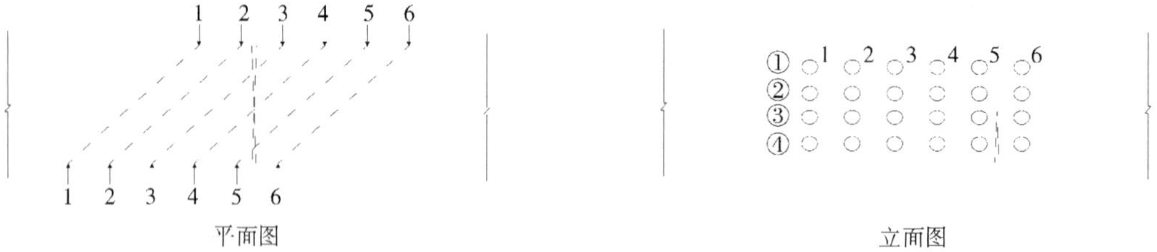

图 3.5.3 双面斜测法布置示意图

(2) 裂缝深度判定：当 T、R 换能器的连线通过裂缝，根据波幅、声时和主频的突变，可以判定裂缝深度以及是否在所处断面内贯通。

3.5.3.3 钻孔对测法

(1) 钻孔对测法适用于大体积混凝土，预计深度在 500 mm 以上的裂缝检测。

(2) 被检测混凝土应允许在裂缝两侧钻测试孔。

(3) 所钻测试孔应满足下列要求：

① 孔径应比所用换能器直径大 5 ~ 10 mm；

② 孔深应不小于比裂缝预计深度深 700 mm。经测试如浅于裂缝深度，则应加深钻孔；

③ 对应的两个测试孔（A、B），必须始终位于裂缝两侧，其轴线应保持平行；

④ 两个对应测试孔的间距宜为 2 000 mm，同一检测对象各对测孔间距应保持相同；

⑤ 孔中粉末碎屑应清理干净；

⑥ 如图 3.5.4，宜在裂缝一侧多钻一个孔距相同但较浅的孔，通过 B、C 两孔测试无裂缝混凝土的声学参数。

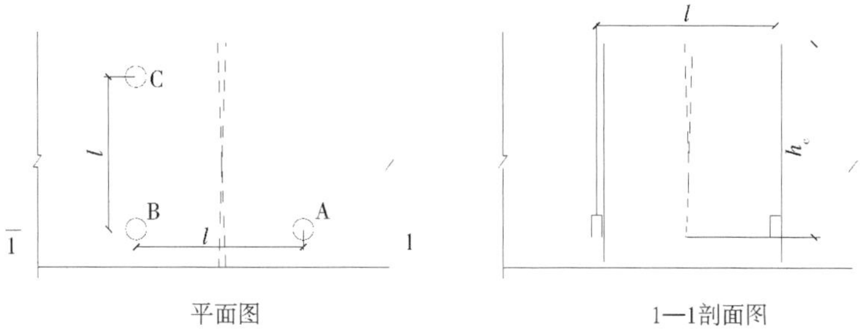

图 3.5.4　钻孔对测法布置示意图

（4）裂缝深度检测应选用频率为 20 ~ 60 kHz 的径向振动式换能器。

（5）测试前应先向孔中注满清水，然后将 T、R 换能器分别置于裂缝两侧的对应孔中，以相同高程等间距（100 ~ 400 mm）从上到下同步移动，逐点读取声时、波幅和换能器所处的深度。

（6）以换能器所处深度（h）与对应的波幅值（A）绘制 h—A 坐标图。随换能器位置的下移，波幅逐渐增大，当换能器下移至某一位置后，波幅达到最大并基本稳定，该位置所对应的深度是裂缝深度值 h_c。

3.6　隧道渗漏水检测

3.6.1　漏水的检查[7,11,15,18]

除表面检查外，还要进行细致的观测。观测要注意洞内及洞外，平时与雨季排水沟中的流量变化，观测漏水量的大小、持续时间及变化情况等，并做详细记录。漏水严重处所，每月至少观测一次漏水量，绘出漏水量变化曲线，以便于比较分析。同时还应测量洞内及洞顶排水沟中的流水量并作比较。有可能时，要与附近的水文站所记录的相应时期观测的降雨量进行对比，找出水源及渗漏的关系，以便采取措施、观测检测应做好以下工作。

（1）洞外检查

对洞顶地表要检查其坡面是否平顺，有无裂隙、洞穴和积水洼地；注意地表水流水的痕迹及其流向等，并检查排水系统状态是否完好。

隧道漏水除山顶积水渗透外，地下水源则比较复杂，有的甚至来源于距隧道数十千米以外的河流，所以不易查清，故找寻水源时，可在山顶积水处或高于隧道的远处河流中放入合成染料的化学指示剂，如洞内漏水处观测发现了指示剂的成分，即可查明水源所在。

(2) 洞内检查

按分隔检查法,将漏水程度、面积、部位绘制在隧道展示图上。

3.6.2 漏水量观测

对隧道的侧沟或中心沟进行流量观测,可以摸清地下水和地表水在隧道内各地段的分布情况以及不同季节的变化规律。观测时刻根据需要,对某些段落的流量及出口(一端或两端)。

(1) 容积法

一般当水的流量小于 1 L/s 时,可用容器(如水桶等)直接盛装测定,其流量可用下式进行计算:

$$Q = \frac{V}{t} \tag{3.6.1}$$

式中 Q——流量,L/s;

V——容器的容积,L;

t——充满容器的时间,s。

为减少误差,计量容器的充满水的时间,宜不少于 20 s。

(2) 浮标法

浮标法是测定较大流量常用的方法。利用水流中投入浮标(木片等),测量平均流速和流水断面,再求出流量。在选择测量地点时(特别是洞外)应注意流水断面的顺直和流速的均匀。浮标法的优点是简单易行,但因易受风力及其他阻力的影响,所测精度较低,误差可达 5% ~15%。

(3) 三角堰法

流量较大时,宜采用三角堰测定。因其设备简单,使用方便,精确度比浮标法高。直角三角形量水堰如图 3.6.1 所示,堰口角度为 90°,各部分尺寸应符合下列条件:$H>3h$,$b_1=b_2$,$B>5H$,一般用木板制作成锐缘薄壁堰,堰口部分必须加工精密,最后与铁皮包裹。

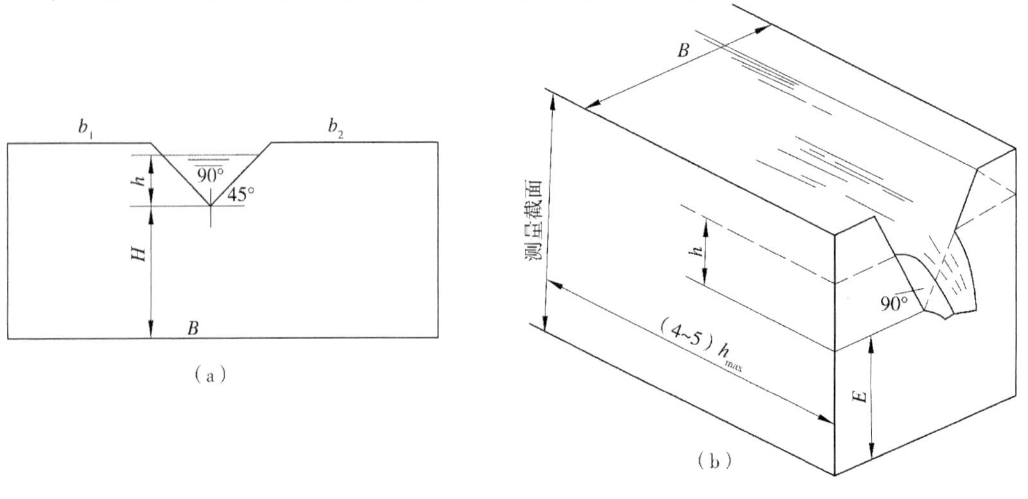

图 3.6.1 直角三角形量水堰示意图

(a) 平面示意图;(b) 立面示意图

施测时应注意下列几点：

① 堰板四周不能漏水，所有空隙应封闭（一般可用黏土或水泥砂浆封闭）；

② 堰板必须安设平整；

③ 量水堰前应在水沟内可安装成活动式的，平时不测时，可将其取去；

④ 量水堰前应有一定长度的平直段，使水流稳定，便于读数（测量过堰水深 h）。水尺应设在量水堰上游 3 ~4 倍过堰水深处。

自由流直角三角堰（非淹没薄壁堰）测流量采用的计算公式为：

① 当 h=0.021 ~0.200 m 时，

$$Q = 1.14h^{5/2} \tag{3.6.2}$$

② 当 h=0.301 ~0.350 m 时，

$$Q = 1.343h^{2.47} \tag{3.6.3}$$

式中　Q——过堰流量，m^3/s；

h——过堰水深，m；

1.14，1.343——流量系数。

③ 当 h=0.201 ~0.300 m 时，可采用式（3.6.2）和式（3.6.3）计算的平均值。

为了便于查阅，将计算结果列于表 3.6.1。

表 3.6.1　直角三角堰流量表

高度 /mm	流量 /($m^3 \cdot h^{-1}$)	高度 /mm	流量 /($m^3 \cdot h^{-1}$)	高度 /mm	流量 /($m^3 \cdot h^{-1}$)	高度 /mm	流量 /($m^3 \cdot h^{-1}$)	高度 /mm	流量 /($m^3 \cdot h^{-1}$)
0	0	42	1.822	98	15.152	182	71.219	266	183.755
1	0	43	1.933	100	15.937	184	73.192	268	187.207
2	0.001	44	2.045	102	16.747	186	75.200	270	190.699
3	0.003	45	2.164	104	17.579	188	77.234	272	194.227
4	0.005	46	2.286	106	18.439	190	79.308	274	197.795
5	0.009	47	2.416	108	19.318	192	81.414	276	201.402
6	0.014	48	2.545	110	20.225	194	83.545	278	205.049
7	0.021	49	2.678	112	21.157	196	85.716	280	208.735
8	0.03	50	2.819	114	22.115	198	87.923	282	212.458
9	0.04	51	2.959	116	23.098	200	90.158	284	216.223
10	0.052	52	3.107	118	24.106	202	92.729	286	220.028
11	0.066	53	3.258	120	25.142	204	95.026	288	223.87
12	0.082	54	3.416	122	26.201	206	97.358	290	227.754
13	0.1	55	3.575	124	27.288	208	99.724	292	231..678
14	0.12	56	3.74	126	28.4	210	102.125	294	235.642
15	0.143	57	3.91	128	29.542	212	104.558	296	239.645
16	0.168	58	4.082	130	30.712	214	107.024	298	243.688
17	0.195	59	4.262	132	31.907	216	109.526	300	247.774

表 3.6.1(续)

高度/mm	流量/($m^3 \cdot h^{-1}$)	高度/mm	流量/($m^3 \cdot h^{-1}$)	高度/mm	流量/($m^3 \cdot h^{-1}$)	高度/mm	流量/($m^3 \cdot h^{-1}$)	高度/mm	流量/($m^3 \cdot h^{-1}$)
18	0.225	60	4.446	134	33.127	218	112.064	302	251.186
19	0.258	61	4.633	136	34.376	220	114.638	304	255.316
20	0.293	62	4.824	138	35.654	222	117.245	306	259.484
21	0.32	63	5.022	140	36.961	224	119.887	308	263.693
22	0.36	64	5.224	142	38.293	226	122.566	310	267.944
23	0.403	65	5.429	144	39.658	228	125.28	312	272.232
24	0.45	66	5.641	146	41.047	230	128.027	314	276.563
25	0.497	67	5.857	148	42.469	232	130.310	316	280.933
26	0.551	68	6.077	150	43.92	234	133.632	318	285.347
27	0.605	69	6.3	152	45.4	236	136.451	320	289.800
28	0.662	70	6.53	154	46.908	238	139.378	322	294.296
29	0.724	72	7.009	156	48.445	240	142.308	324	298.829
30	0.785	74	7.51	158	50.011	242	145.274	326	303.408
31	0.853	76	8.024	160	51.61	244	148.277	328	303.027
32	0.922	78	8.564	162	53.237	246	151.315	330	312.685
33	0.997	80	9.122	164	54.897	248	154.390	332	317.387
34	1.703	82	9.706	166	56.585	250	157.504	334	322.132
35	1.156	84	10.314	168	58.306	252	160.654	336	326.916
36	1.238	86	10.933	170	60.055	254	163.840	338	331.765
37	1.328	88	11.578	172	61.837	256	167.062	340	336.614
38	1.418	90	12.247	174	63.652	258	170.327	342	341.525
39	1.516	92	12.938	176	65.495	260	173.624	344	346.478
40	1.613	94	13.655	178	67.37	262	176.962	346	351.475
41	1.714	96	14.393	180	69.282	264	180.342	348	356.515
								350	361.584

3.6.3 水质检验

漏水的隧道,由于水中含有不同的化学成分,有的对混凝土有侵蚀作用,故对其水质也要定期(不少于 5 a 一次)取水样送实验室进行化验,判定是否有侵蚀及其侵蚀程度。

第四章 隧道健康状态安全评估

4.1 定性评价法

4.1.1 公路隧道规范评定标准

4.1.1.1 《公路隧道养护技术规范》[4](JTG H12—2003)

(1) 2.3.3:当日常检查的判定结果为B时,应进行监视、观测或做特别检查;当特别检查或定期检查的判定结果为B时,应做专项检查。其中条文说明见表4.1.1。

表4.1.1 专项检查结果的判定因素

判定分类	判定因素					对策
	破损程度	破损发展趋势	对行人、行车安全的影响	对结构、设施安全的影响	破损程度	
B	轻微	无或趋于稳定	无或轻微	无或轻微	监视、观测	轻微
1A	一般	较慢	暂无,将来可能构成危险	暂无,将来可能构成危险	准备采取对策措施	一般
2A	较重	较快	已有一定的威胁,比较危险	已有一定的威胁比较危险	尽快采取对策措施	较重
3A	严重	迅速	危险	危险	立即采取紧急对策措施	严重

(2) 2.3.7中第4项:(专项)检查的结果可按外荷载作用、材料劣化和渗漏水三种主要情况分别考虑,进行判定分类见表4.1.2。

表4.1.2 渗漏水所导致结构破损的判定基准

判定	异常情况	
	渗漏水	结冰、沙土流出
B	从衬砌裂缝等处渗水、几乎不影响行车安全	有渗漏水,但现在几乎没有影响
1A	从衬砌裂缝等处漏水、不久可能会影响行车安全	由于排水不良,铺砌层可能积水
2A	从衬砌裂缝等处涌水、影响行车安全	由于排水不良,铺砌层积水
3A	从衬砌裂缝等处喷射水流、影响行车安全,严重影响行车安全。	在寒冷地区,由于漏水等,形成挂冰,冰柱,侵入规定限界;沙土等伴随漏水流出,铺砌层可能发生浸没和沉降。

其具体的条文说明如表 4.1.3 ~ 表 4.1.5。

表 4.1.3　当无法确定裂缝是否存在开展时的判定标准

<table>
<tr><th rowspan="2">结构</th><th colspan="3">裂缝宽度 b/mm</th><th colspan="3">裂缝缝长度 L/m</th><th rowspan="2">判定</th></tr>
<tr><th>$b>5$</th><th>$3<b\leq5$</th><th>$b\leq3$</th><th>$L>10$</th><th>$5<L\leq10$</th><th>$L\leq5$</th></tr>
<tr><td rowspan="7">衬砌</td><td>√</td><td></td><td></td><td>√</td><td></td><td></td><td>2A/3A</td></tr>
<tr><td>√</td><td></td><td></td><td></td><td>√</td><td></td><td>1A/2A</td></tr>
<tr><td>√</td><td></td><td></td><td></td><td></td><td>√</td><td>1A/2A</td></tr>
<tr><td></td><td>√</td><td></td><td>√</td><td></td><td></td><td>2A</td></tr>
<tr><td></td><td>√</td><td></td><td></td><td>√</td><td></td><td>1A/2A</td></tr>
<tr><td></td><td>√</td><td></td><td></td><td></td><td>√</td><td>1A</td></tr>
<tr><td></td><td></td><td>√</td><td>√</td><td>√</td><td>√</td><td>B/1A</td></tr>
</table>

备注：由于未对裂缝的动态进行监测，故采用该表。

表 4.1.4　衬砌断面强度降低、起层和剥落的判定标准

<table>
<tr><th rowspan="3">结构</th><th rowspan="3">主要原因</th><th colspan="2" rowspan="2">起层和剥落的可能性</th><th colspan="3">劣化程度</th><th rowspan="3">判定</th></tr>
<tr><th colspan="3">有效厚度/设计厚度</th></tr>
<tr><th>有</th><th>无</th><th><1/2</th><th>1/2 ~ 1/3</th><th>>2/3</th></tr>
<tr><td rowspan="5">拱部</td><td rowspan="10">劣化，冻害，设计或侧墙施工不当等</td><td>√</td><td></td><td></td><td></td><td></td><td>3A</td></tr>
<tr><td></td><td>√</td><td></td><td></td><td></td><td>B</td></tr>
<tr><td></td><td></td><td>√</td><td></td><td></td><td>2A</td></tr>
<tr><td></td><td></td><td></td><td>√</td><td>√</td><td>1A</td></tr>
<tr><td></td><td></td><td></td><td></td><td></td><td>B</td></tr>
<tr><td rowspan="5">侧墙</td><td>√</td><td></td><td></td><td></td><td></td><td>2A</td></tr>
<tr><td></td><td>√</td><td></td><td></td><td></td><td>B</td></tr>
<tr><td></td><td></td><td>√</td><td></td><td></td><td>2A</td></tr>
<tr><td></td><td></td><td></td><td>√</td><td></td><td>1A</td></tr>
<tr><td></td><td></td><td></td><td></td><td>√</td><td>B</td></tr>
</table>

表 4.1.5　渗漏水判定标准

结构	主要异况	漏水程度				是否影响行车		判定
		喷射	涌流	滴漏	浸渗	是	否	
拱部	漏水	√				√		3A
			√			√		2A
				√		√		1A
					√		√	B
侧墙	漏水	√				√		2A
			√			√		2A
				√		√		1A
					√		√	B
路面	沙土流出					√		2A/3A
							√	B
	积水					√		2A/3A
							√	B

注：此表主要根据漏水是否妨碍车辆行驶进行判定。例如漏水喷出妨碍车辆行驶，就可判定为 3A。

(3) 2.3.2：日常检查、定期检查和特别检查的结果，宜按表 4.1.6 的规定分为三类判定；专项检查的结果，宜按表 4.1.7 的规定分为四类判定。

表 4.1.6　日常、定期和特别检查结果判定

判定分类	检查结论
S	情况正常（无异常情况，或虽有异常情况但很轻微）
B	存在异常情况，但不明确，应做进一步检查或观测以确定对策
A	异常情况显著，危及行人、行车安全，应采取治理措施或特别对策

表 4.1.7　专项检查结果判定

判定分类	检查结论
B	结构存在轻微破损，现阶段对行人、行车不会有影响，但应进行监视或观测
1A	结构存在破坏，可能会危及行人、行车安全，应准备采取对策措施
2A	结构存在较严重破坏，将会危及行人、行车安全，应尽早采取对策措施
3A	结构存在严重破坏，已危及行人、行车安全，必须立即采取紧急对策措施

4.1.1.2　《公路隧道养护技术规范》[4]（JTG H12—2015）

(1) 3.2.1：公路隧道技术状况评定应包括土建结构、机电设施、其他工程设施技术状况评定和总体技术状况评定，如图 4.1.1 所示。公路隧道技术状况评定应采用分层综合评定与隧道单项控制指标与单项控制指标相结合的方法，先对隧道各检测项目进行评定，然后对隧道土建结构、机电设施和其他工程设施分别进行评定，最后进行隧道总体技术状况评定。

(2) 3.2.2：公路隧道总体技术状况评定应分为 1 类、2 类、3 类、4 类和 5 类，评定类别

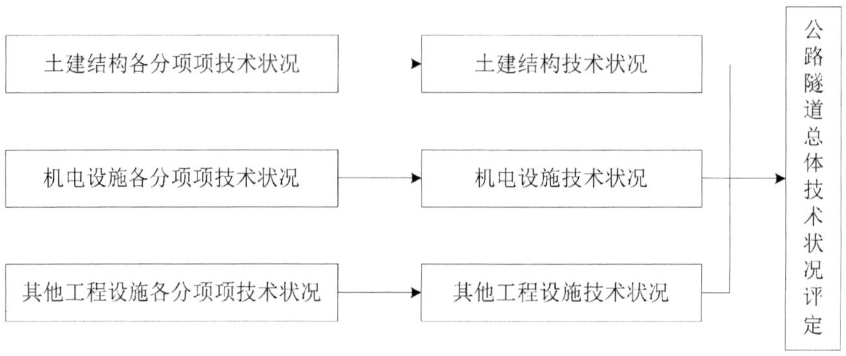

图 4.1.1　公路隧道技术状况评定

描述及养护对对侧见表 4.1.8。

表 4.1.8　公路隧道总体技术状况评定类别

技术状况评定	评定类别描述		养护对策
	土建结构	机电设施	
1 类	完好状态。无异常情况,或异常情况轻微,对交通安全无影响	机电设施完好率高,运行正常	正常养护
2 类	轻微破碎。存在轻微破损,现阶段趋于稳定,对交通安全不会有影响	机电设施完好率较高,运行基本正常,部分易耗部件或损坏部件需要更换	应对结构破损部位进行监测或检查,必要时实施保养维修;机电设施
3 类	中等破损。存在破坏,发展缓慢,可能会影响行人、车安全	机电设施尚能运行,部分设备、部件和软件需要更换或改造	应对结构破损部位进行重点监测,并对局部实施保养维修;机电设施需进行专项工程
4 类	严重破损。存在较严重破坏,发展较快,已影响行人、行车安全	机电设施完好率较低,相关设施需要全面改造	应尽快实施结构病害治理措施;对机电设施应进行专项工程
5 类	危险状态。存在严重破坏,发展迅速、已危及行人、行车安全	—	应及时关闭隧道,实施病害治理,特殊情况需进行局部冲击或改建

(3) 3.2.3:隧道总体技术状况评定等级应采用土建结构和机电设施两者中最差的技术状况类别作为总体技术状况的类别。

(4) 4.5.3:隧道洞口、洞门、衬砌结构、衬砌渗漏水、路面、检修道、排水设施、吊顶、内装饰、交通标志标线等各分项技术状况的评定标准应按表 4.1.9 ~ 表 4.1.18 执行。

表 4.1.9　隧道洞口技术状况评定标准

状况值	技术状况描述
0	完好，无破坏现象
1	山体及岩体、挡土墙、护坡等由轻微裂缝产生，排水设施存在轻微破坏
2	山体及岩体裂缝发育，存在滑坡、崩塌的初步迹象，坡面树木或电线杆轻微倾斜，挡土墙、护坡等产生开裂
3	山体及岩体严重开裂，坡面树木或电线杆明显倾斜，挡土墙、护坡等产生严重开裂、明显的永久变形，墙角或坡面有土石堆积，排水设施完全堵塞、破坏，排水功能失效
4	山体及岩体严重有明显严重的滑动、崩塌现象，挡土墙、护坡断裂、外倾失稳、部分倒塌，坡面树木或电线杆倾倒

表 4.1.10　隧道洞口技术状况评定标准

状况值	技术状况描述
0	完好，无破坏现象
1	墙身存在轻微的开裂、起层、剥落
2	墙身结构局部存在开裂，墙身轻微倾斜、沉陷或错台，壁面轻微渗水，尚未妨害交通
3	墙身结构存在严重开裂、错台；边墙出现起层、剥落，混凝土土块可能掉落；钢筋外露、受到锈蚀，墙身有明显倾斜、沉陷或错台趋势，壁面严重渗水（挂冰）、将会妨害交通
4	洞门结构大范围开裂、砌体断裂、混凝土块可能掉落；墙身出现部分倾倒、垮塌，存在喷水或大面积挂冰等，已妨碍交通

表 4.1.11　衬砌破损技术状况评定标准

状况值	技术状况描述	
	外载作用所致	材料劣化所致
0	结构物裂损、变形和背后空洞	材料无劣化
1	出现变形、位移、沉降和裂缝，但无发展或已停止发展	存在材料劣化，钢筋表面局部腐蚀，衬砌无起层、剥落，对断面强度几乎无影响
2	出现变形、位移、沉降和裂缝，发展缓慢，边墙衬砌背后存在空隙，有扩大的可能	材料劣化明显，钢筋表面全部生锈、腐蚀，断面强度有所下降，结构面功能可能受到损害
3	出现变形、位移、沉降，裂缝密集，出现剪切性裂缝，发展速度较快；边墙出衬砌压裂，导致起层、剥落，边墙混凝土有可能掉下；拱部背面存在较大的空洞，上部落石可能掉落至拱背；衬砌结构侵入内轮廓	材料劣化严重，钢筋断面因腐蚀而明显减少，断面强度有相当程度的下降，结构物功能受到损害，边墙混凝土起层、剥落，混凝土块可能掉落或已有掉落
4	衬砌结构发生明显的永久变形，裂缝密集，出现剪切线裂缝，裂缝深度贯穿除尘器混凝土，并且发展快速；由于拱顶裂缝密集，衬砌开裂，导致起层、剥落，混凝土块可能掉下；衬砌拱部存在背面存在大的空洞，且衬砌有效厚度很	材料劣化非常严重，断面强度明显下降，结构物功能损害明显；由于拱部材料劣化，导致混凝土起层、剥落，混凝土块可能掉落或已有掉落

表 4.1.12　衬砌渗漏水技术状况评定标准

状况值	技术状况描述
0	无渗漏水
1	衬砌表面存在浸渗,对行车无影响
2	衬砌拱部有滴漏,侧墙有小股涌流,路面有浸渗但无积水,拱部、边墙因渗水少量挂冰,边墙脚积冰,不就可能会影响行车安全。
3	拱部有涌流、侧墙有喷射水流,路面积水,沙土流出、拱部衬砌因渗水行车较大挂冰,胀裂,或涌水积冰至路面边缘,影响行车安全
4	拱部有喷射水流,侧墙存在严重影响行车安全的涌水,地下水从检查井涌出,路面积水严重,伴有严重的沙土流出和衬砌挂冰,严重影响行车安全

表 4.1.13　隧道路面技术状况评定标准

状况值	技术状况描述
0	路面完好
1	路面有浸湿、轻微裂缝、落物等,引起使用者轻微不舒适感
2	路面有局部的沉陷、隆起、坑洞、表面剥落、露骨、破损、裂缝,轻微积水,引起使用者明显的不舒适感,可能会影响行车安全
3	路面出现较大面积的沉陷、隆起、坑洞、表面剥落、露骨、破损、裂缝,积水严重等,影响行车安全;抗滑系数过低引起车辆打滑
4	路面出现大面积的沉陷、隆起、坑洞、表面剥落、露骨、破损、裂缝,出现漫水、结冰或堆冰,严重影响交通安全,可能导致交通意外事故

表 4.1.14　检修道技术状况评定标准

状况值	技术状况描述	
	定性描述	定量描述
0	护栏、路缘石及检修道面板均完好	—
1	护栏变形,路缘石或检修道面板少量缺角,金属有局部锈蚀,尚未影响其使用功能	护栏、面板、路缘石损坏长度≤10%,缺失长度≤3%
2	护栏变形损坏,螺栓松动、扭曲,金属表面锈蚀,部分路缘石或检修道面板缺损、开裂,部分功能丧失,可能会影响行人和交通安全	护栏、面板、路缘石损坏长度>10%且≤20%,缺失长度>3%且≤10%
3	护栏倒伏、严重损坏,倾入限界,路缘石或检修道面板缺损开裂或损失严重,原有功能丧失,影响行人和交通安全	护栏、面板、路缘石缺失率>20%,缺失长度>10%

表 4.1.15　洞内排水设施技术状况评定标准

状况值	技术状况描述
0	设施完好。排水功能正常
1	结构有轻微破损,但排水功能正常
2	轻微淤积,结构有破损,暴雨季节出现溢水,可能会影响交通安全。
3	严重淤积、结构胶严重破损,溢水造成路面局部积水、结冰,影响行车安全
4	完全阻塞,结构严重破损,溢水造成路面积水漫流、大面积结冰,严重影响行车安全

表 4.1.16　吊顶及预埋件技术状况评定标准

状况值	技术状况描述
0	吊顶完好
1	存在轻微变形、破损、浸水,尚未妨碍交通
2	吊顶破损、开裂、滴水,吊顶等预埋件锈蚀,尚未影响交通安全
3	吊顶存在严重的变形、破损,出现涌流、挂冰,吊杆等预埋件严重锈蚀,可能影响交通安全
4	吊顶严重破损、开裂甚至掉落,出现喷涌水、严重挂冰,各种预埋件和悬挂件严重锈蚀或断裂,各种桥架和挂件出现严重变形或脱落,严重影响行车安全

注:本分项含各种灯具、通风机等拱顶设备的悬吊结构评定。

表 4.1.17　内装饰技术状况评定标准

状况值	技术状况描述	
	定性描述	定量描述
0	内装饰完好	—
1	个别装饰板或瓷砖变形、破损,不影响交通	损坏率≤10%
2	部分内装饰板或瓷砖变形、破损、脱落,对交通安全有影响	损坏率>10%,且≤20%
3	大面积内装饰板或瓷砖变形、破损、脱落,严重影响行车安全	损坏率>20%

表 4.1.18　交通标志标线技术状况评定标准

状况值	技术状况描述	
	定性描述	定量描述
0	完好	—
1	存在脏污、不完整,尚未妨碍交通	损坏率≤10%
2	存在脏污、部分脱落、缺失,可能会影响交通安全	损坏率>10%,且≤20%
3	大部分存在脏污、脱落、缺失,影响行车安全	损坏率>20%

(5) 4.5.4:土建结构技术状况评定方法应符合下列规定:

① 土建结构技术状况评分应按式(4.1.1)计算。

$$\mathrm{JGCI} = 100\left[1 - \frac{1}{4}\sum_{i=1}^{n}\left(\mathrm{JGCI}_i \cdot \frac{\omega_i}{\sum_{i=1}^{n}\omega_i}\right)\right] \tag{4.1.1}$$

式中 ω_i——分项权重；

$JGCI_i$——分项状况值，值域 0 ~4。

② 分项状况值应按式(4.1.2)计算。

$$JGCI_i = \max(JGCI_{ij}) \qquad (4.1.2)$$

式中 $JGCI_{ij}$——各分项检查段落状况值；

j——检查段落号，按实际分段数量取值。

③ 土建结构各分项权重宜按表4.1.19 取值。

表4.1.19　土建结构各分项权重表

分项		分项权重 ω_i	分项	分项权重 ω_i
洞口		15	检修道	2
洞门		5	排水设施	6
衬砌	结构破损	40	吊顶及预埋件	10
	渗漏水		内装饰	2
路面		15	交通标志、标线	5

④ 土建结构技术状况评定分类限界值宜按表4.1.20 规定执行。

表4.1.20　土建结构技术状况评定分类限界值

技术状况评分	1 类	2 类	3 类	4 类	5 类
JGCI	≥85	≥70,<85	≥55,<70	≥40,<55	<40

⑤ 土建结构技术状况评定时，当洞口、洞门、衬砌、路面和吊顶及预埋件项目的评定状况值达到3 或4 时，对应土建结构技术状况应直接评为4 类或5 类。

(6) 4.5.5：在公路隧道技术状况评定中，有下列情况之一时，隧道土建结构状况评定应评为5 类隧道：

① 隧道洞口边仰坡不稳定，出现严重的边坡滑动、落石等现象。

② 隧道洞门结构大范围开裂、砌体断裂、脱落现象严重，可能危及行车道内的通行安全。

③ 隧道拱部衬砌出现大范围开裂、结构性裂缝深度贯穿衬砌混凝土。

④ 隧道衬砌结构发生明显的永久变形，且有危及结构安全和行车安全的趋势。

⑤ 地下水大规模涌流、喷射，路面出现涌泥沙或大面积严重积水等威胁交通安全的现象。

⑥ 隧道路面发生严重隆起，路面板严重错台，断裂，严重影响行车安全。

⑦ 隧道洞顶各种预埋件和悬吊件严重锈蚀或断裂，各种桥架和挂件出现严重变形或脱落。

4.1.1.3　《公路工程质量检验评定标准》(JTG/F801—2004)

1) 隧道防排水工程施工质量要求：

(1) 高速公路、一级公路隧道和设有机电工程的一般公路隧道；

① 隧道拱部、墙部、设备洞、车行横通道、人行横通道不渗水；

② 路面干燥无水；

③ 洞内排水系统不淤积、不堵塞，确保排水通畅；

④ 严寒地区隧道衬砌背后不积水，排水沟不冻结。

(2) 其他公路隧道：

① 拱部、边墙不滴水；

② 路面不冒水、不积水，设备箱洞处不渗水；

③ 洞内排水系统不淤积、不堵塞，确保排水通畅；

④ 严寒地区隧道衬砌背后不积水，路面干燥无水，排水沟不冻结。

2) 隧道衬砌混凝土要求：

(1) 拱墙背后的空隙必须回填密实。因严重超挖和塌方产生的空洞要制定具体处理方案经批准后实施。

(2) 衬砌混凝土强度在合格标准内。

(3) 衬砌厚度不小于设计值。

(4) 混凝土表面密实，每延米的隧道面积中，蜂窝麻面和气泡面积不超过0.5%。不符合要求时，每超过0.5%减0.5~1分。蜂窝麻面深度超过5 mm时不论面积大小，一处减1分。深度超过10 mm时应处理。

(5) 混凝土因施工养护不当产生裂缝，每条裂缝减0.5~2分。

4.1.1.4　《公路隧道设计规范》(JTG D70—2004)

9.2.15：钢筋混凝土衬砌构件，按荷载级别组合求得的最大裂缝宽度不应大于0.2 mm。

4.1.1.5　《公路隧道设计规范》

8.3.10：当采用钢筋混凝土衬砌结构时，混凝土强度等级应不小于C25，受力主筋的净保护层厚度不小于40 mm。

4.1.2　铁路运营隧道衬砌安全等级评定标准

《铁路运营隧道衬砌安全等级评定暂行规定》(铁运函〔2004〕174号)[5]对隧道衬砌状态的分类、含义以及隧道衬砌安全等级做了详细的阐述。

4.1.2.1　隧道衬砌状态分类及含义

根据保证隧道衬砌正常使用和行车安全的要求，衬砌状态可分为完好、缺陷和病害三类，具体含义如下：

① 隧道衬砌状态完好是指隧道衬砌结构状态符合设计要求，无任何缺陷或病害。

② 隧道衬砌缺陷是指隧道交付运营时业已存在的可见的或隐蔽的质量缺陷，主要指衬砌厚度不足、衬砌混凝土强度不足、衬砌背后有空洞或回填不密实、基底不密实等。

③ 隧道衬砌病害是指隧道交付运营时业已存在的或运营期间出现的影响衬砌使用寿命或行车安全的劣化状态，主要指衬砌漏水、衬砌位移或裂纹、衬砌变形、净空不足、衬砌压溃或剥落、衬砌腐蚀、整体道床裂损、仰拱或底板裂损、基床软化及翻浆等。

4.1.2.2　衬砌缺陷的量化指标[5-6]

① 隧道衬砌厚度及混凝土强度缺陷的量化指标(表4.1.20)

表 4.1.20　隧道衬砌厚度及混凝土强度缺陷的量化指标

缺陷项目	缺陷等级严重程度缺陷程度	1	2	3	4
		轻微	较严重	严重	极严重
衬砌厚度不足	$0.90 \leq h_1/h < 1$	L_c 不限	——	——	——
	$0.75 \leq h_1/h < 0.90$	$L_c < 5$	$L_c \geq 5$	——	——
	$0.60 \leq h_1/h < 0.75$	——	$L_c < 5$	$L_c \geq 5$	——
	$H_1/h < 0.60$	——	——	$L_c < 5$	$L_c \geq 5$
衬砌混凝土强度不足	$0.85 \leq q_1/q < 1$	L_q 不限	——	——	——
	$0.75 \leq q_1/q < 0.85$	$L_q < 5$	$L_q \geq 5$	——	——
	$0.65 \leq q_1/q < 0.75$	——	$L_q < 5$	$L_q \geq 5$	——
	$q_1/q < 0.65$	——	——	$L_q < 5$	$L_q \geq 5$

表中:L_c——检测衬砌厚度不足地段的测线连续长度;

L_q——检测衬砌混凝土强度不足地段的连续长度;

q——设计衬砌混凝土强度;

q_1——检测断面衬砌混凝土测点的平均强度;

h——设计衬砌厚度;

h_1——检测衬砌厚度。

② 隧道衬砌背后有空洞或回填不密实、基底不密实的量化指标(表 4.1.21)

表 4.1.21　隧道衬砌背后有空洞或回填不密实、基底不密实的量化指标

缺陷项目		缺陷等级			
		1	2	3	4
		轻微	较严重	严重	极严重
		测线连续长度/m			
衬砌背后有空洞	有空洞	$kL_c \leq 1$	$1 < kL_c \leq 3$	$3 < kL_c \leq 5$	$kL_c > 5$
回填不密实	不密实	$sL_c \leq 3$	$3 < sL_c \leq 9$	$9 < sL_c \leq 15$	$sL_c > 15$
基底不密实	不密实	$dL_c \leq 3$	$3 < dL_c \leq 9$	$9 < dL_c \leq 15$	$dL_c > 15$

表中:kL_c——衬砌背后回填有空洞地段测线连续长度;

sL_c——衬砌背后回填不密实地段的测线连续长度;

dL_c——基底不密实地段的测线连续长度。

4.1.2.3　隧道衬砌病害的量化指标(表 4.1.22)

隧道衬砌病害的量化指标见表 4.1.22。

4.1.2.4　隧道衬砌安全等级评定

① 根据隧道衬砌缺陷及病害的分布情况,应分段评定隧道衬砌缺陷及病害的等级。当同一地段有多项缺陷或病害项目时,应按严重程度最高的项目判定其等级。

② 隧道衬砌安全等级分段评定时,其每段的长度不宜小于隧道内净空最大宽度。否则,应视为相邻段病害等级中高等级地段。

③ 隧道衬砌的安全等级,可按衬砌状态及危及行车安全的程度划分为完好(D)、轻微(C)、较严重(B)、严重(A1)、极严重(AA)五个等级,并应按表 4.1.22 规定的标准评定。

表 4.1.22　隧道衬砌病害的量化指标

序号	病害项目	病害等级			
		1	2	3	4
		轻微	较严重	严重	极严重
1	衬砌漏水	拱部有季节性滴水、边墙有季节性淌水	拱部有滴水、边墙有淌水	拱部滴水呈线、边墙淌水流泥、隧底涌水、结冰侵限	拱部漏水直击接触网，影响正常运营
2	衬砌裂纹	衬砌有收缩裂纹或环向裂纹	裂纹多于三条、有交叉；裂纹长度小于5 m、宽度小于3 mm	裂纹呈网状、有剥落掉块可能；裂纹长度5～10 m，宽度3～5 mm；裂纹错位长度小于5 m、宽度小于3 mm	裂纹呈网状、有剥落掉块；裂纹长度大于10 m、宽度大于5 mm；裂纹错位长度大于5 m、宽度大于3 mm
3	基床软化、翻浆	基床局部软化、翻浆	基床软化、翻浆，轨道几何尺寸变化较小	基床软化、翻浆较严重、轨道几何尺寸变化较大	基床软化、翻浆严重，轨道何尺寸变化异常

表 4.1.23　隧道衬砌安全等级评定标准

项目	安全等级										
	D	C	B			A1			AA		
	完好	轻微	较严重			严重			极严重		
衬砌病害等级	无病害	1	2	2	2	3	3	3	4	4	4
衬砌缺陷等级	无缺陷	1	2	1	1 * 3 * 4 *	3	2	1 * 2 * 4 *	4	3	1 * 2 * 3 *
围岩级别				Ⅳ～Ⅵ			Ⅳ～Ⅵ			Ⅳ～Ⅵ	
地下水状况				发育			发育			发育	
对行车安全的影响		对行车安全无影响	病害有发展；对行车安全尚未产生影响			病害发展较快，存在危及行车安全可能			病害已危及行车安全		

4.1.2.5　隧道衬砌安全等级的评定应按下列步骤进行

① 详细研究分析所搜集的隧道修建、运营资料，衬砌病害调查与观测资料，衬砌状态检测资料；

② 对照隧道衬砌缺陷的量化指标（表 4.1.20、表 4.1.21）及衬砌病害的量化指标（表 4.1.22），分段评定隧道衬砌缺陷及隧道衬砌病害等级；

③ 依据分段评定的衬砌病害及衬砌缺陷等级，结合隧道工程地质、水文地质及对行车

安全的影响情况,按评定标准(表4.1.23)综合评定该段隧道衬砌的安全等级。

④ 一座隧道衬砌的安全等级,应在分段评定的基础上,按各段中病害最严重地段的安全等级确定。

4.1.3 民用建筑可靠性鉴定标准

隧道土建结构主要是有混凝土构件组成的,其健康状态可参照《民用建筑可靠性鉴定标准》(GB 50292—2015)[15]相关技术要求进行评价。

4.1.3.1 一般规定

民用建筑可靠性鉴定可分为安全性鉴定和正常使用性鉴定。民用建筑可靠性鉴定应按下列框图规定的程序图(图4.1.2)进行。

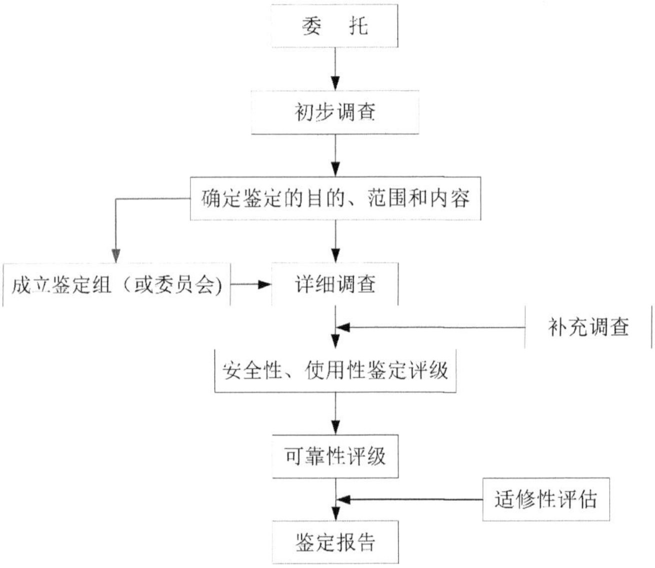

图4.1.2 鉴定程序

(1) 安全性和正常使用性的鉴定评级应按构件子单元和鉴定单元各分三个层次每一层次分为四个安全性等级和三个使用性等级,并应按《民用建筑可靠性鉴定标准》(GB 50292—2015)表3.2.5规定的检查项目和步骤从第一层开始分层进行:

① 根据构件各检查项目评定结果确定单个构件等级;

② 根据子单元各检查项目及各种构件的评定结果确定子单元等级;

③ 根据各子单元的评定结果确定鉴定单元等级;

(2) 各层次可靠性鉴定评级应以该层次安全性和正常使用性的评定结果为依据综合确定每一层次的可靠性等级分为四级。

(3) 当仅要求鉴定某层次的安全性或正常使用性时检查和评定工作可只进行到该层次相应程序规定的步骤。

(4)民用建筑安全性鉴定评级的各层次分级标准,应按表4.1.24的规定采用。

表 4.1.24　安全性鉴定分级标准

鉴定对象	等级	分级标准	处理要求
单个构件或其检查项目	a_u	安全性符合本标准对 a_u 级的要求,具有足够的承载能力	不必采取措施
	b_u	安全性略低于本标准对 a_u 级的要求,尚不显著影响承载能力	可不采取措施
	c_u	安全性不符合本标准对 a_u 级的要求,显著影响承载能力	应采取措施
	d_u	安全性不符合本标准对 a_u 级的要求,已严重影响承载能力	必须及时或立即采取措施

民用建筑正常使用性鉴定评级的各层次分级标准应按表 4.1.25 的规定采用。

表 4.1.25　使用性鉴定分级标准

鉴定对象	等级	分级标准	处理要求
单个构件或其检查项目	a_s	使用性符合本标准对 a_u 级的要求,具有正常的使用功能	不必采取措施
	b_s	安全性略低于本标准对 a_s 级的要求,尚不显著影响使用功能	可不采取措施
	c_s	使用性不符合本标准对 a_s 级的要求,显著影响使用功能	应采取措施

4.1.3.2　混凝土构件的安全性鉴定

混凝土结构构件的安全性鉴定,应按承载能力、构造以及不适于继续承载的位移或变形和裂缝等四个检查项目分别评定每一受检构件的等级并取其中最低一级作为该构件安全性等级。

1）当混凝土结构构件的安全性按承载能力评定时,应按表 4.1.26 的规定,分别评定每一验算项目的等级,然后取其中最低一级作为该构件承载能力的安全性等级。

表 4.1.26　混凝土结构构件承载能力等级的评

构件类别	$R/(\gamma_0 S)$			
	a_u 级	b_u 级	c_u 级	d_u 级
主要构件	≥1.0	≥0.95 且<1	≥0.90 且<0.95	<0.90
一般构件	≥1.0	≥0.90 且<1	≥0.85 且<0.90	<0.85

注:① 表中 R 和 S 分别为结构构件的抗力和作用效应应按本标准第 4.1.2 条的要求确定;γ_0 为结构重要性系数,应按验算所依据的国家现行设计规范选择安全等级并确定本系数的取值;

② 结构倾覆、滑移、疲劳脆断的验算,应符合国家现行有关规范的规定。

2）当混凝土结构构件的安全性按构造评定时应按表 4.1.27 的规定分别评定两个检查项目的等级然后取其中较低一级作为该构件构造的安全性等级。

3）当混凝土结构构件的安全性按不适于继续承载的位移或变形评定时应遵守下列规定:

(1) 对桁架(屋架、托架)的挠度,当其实测值大于其计算跨度的 1/400 时,应按《民用建筑可靠性鉴定标准》第 4.2.2 条验算其承载能力。验算时,应考虑由位移产生的附加应力的影响,并按下列原则评级:

① 若验算结果不低于 b_u 级,仍可定为 b_u 级,但宜附加观察使用一段时间的限制;

② 若验算结果低于 b_u 级,可根据其实际严重程度定为 c_u 级或 d_u 级。

（2）对其他受弯构件的挠度或施工偏差造成的侧向弯曲，应按表4.1.28的规定评级。

表4.1.27 混凝土结构构件构造等级的评定

检查项目	a_u 级或 b_u 级	c_u 级或 d_u 级
连接（或节点）构造	连接方式正确构造符合国家现行设计规范要求无缺陷或仅有局部的表面缺陷工作无异常	连接方式不当构造有严重缺陷已导致焊缝或螺栓等发生明显变形滑移局部拉脱剪坏或裂缝
受力预埋件	构造合理受力可靠无变形滑移松动或其他损坏	构造有严重缺陷已导致预埋件发生明显变形滑移松动或其他损坏

注：① 注评定结果取 a_u 级或 b_u 级，可根据其实际完好程度确定；注评定结果取 c_u 级或 d_u 级，可根据其实际严重程度确定；

② 构件支承长度的检查结果不参加评定，但若有问题，应在鉴定报告中说明，并提出处理建议。

表4.1.28 混凝土受弯构件不适于继续承载的变形的评定

检查项目	构件类别		c_u 级或 d_u 级
扰 度	主要受弯构件——主梁托梁等		$>l_0/250$
	一般受弯构件	$l_0 \leq 9$ m	$>l_0/250$ 或 45 mm
		$l_0>9$ m	$>l_0/200$
侧向弯曲的矢高	预制屋面梁、桁架或深梁		$>l_0/500$

注：① 表中 l_0 为计算跨度；② 评定结果取 c_u 级或 d_u 级，可根据其实际严重程度确定。

（3）对柱顶的水平位移或倾斜当其实测值大于本标准表6.3.5所列的限值时应按下列规定评级：

① 若该位移与整个结构有关，应根据本标准第6.3.5条的评，定结果，取与上部承重结构相同的级别作为该柱的水平位移等级。

② 若该位移只是孤立事件，则应在其承载能力验算中考虑此附加位移的影响，并根据验算结果按本条第1款的原则评级。

③ 若该位移尚在发展，应直接定为 d_u 级。

4）当混凝土结构构件出现表4.1.29所列的受力裂缝时，应视为不适于继续承载的裂缝并应根据其实际严重程度定为 c_u 级或 d_u 级。

5）当混凝土结构构件出现下列情况的非受力裂缝时，也应视为不适于继续承载的裂缝，并应根据其实际严重程度定为 c_u 级或 d_u 级：

① 因主筋锈蚀产生的沿主筋方向的裂缝其裂缝宽度已大于1 mm；

② 因温度收缩等作用产生的裂缝其宽度已比本标准表4.1.17规定的弯曲裂缝宽度值超出50%，且分析表明已显著影响结构的受力。（注：当混凝土结构构件同时存在受力和非受力裂缝时应按本标准第4.2.5条及第4.2.6条分别评定其等级并取其中较低一级作为该构件的裂缝等级。）

6）当混凝土结构构件出现下列情况之一时不论其裂缝宽度大小应直接定为级 d_u 级：受压区混凝土有压坏迹象；因主筋锈蚀导致构件掉角以及混凝土保护层严重脱落。

表 4.1.29 混凝土构件不适于继续承载的裂缝宽度的评定

检查项目	环境	构件类别		c_u 级或 d_u 级
受力主筋处的弯曲含一般弯剪裂缝和轴拉裂缝宽度/mm	正常湿度环境	钢筋混凝土	主要构件	>0.50
			一般构件	>0.50
		预应力混凝土	主要构件	>0.20(0.30)
			一般构件	>0.30(0.50)
	高湿度环境	钢筋混凝土	任何构件	>0.40
		预应力混凝土		>0.10(0.20)
剪切裂缝/mm	任何湿度环境	钢筋混凝土或预应力混凝土		出现裂缝

注:① 表中的剪切裂缝系指斜拉裂缝以及集中荷载靠近支座处出现的或深梁中出现的斜压裂缝;

② 高湿度环境系指露天环境开敞式房屋易遭飘雨部位经常受蒸汽或冷凝水作用的场所如厨房浴室寒冷地区不保暖屋盖等以及与土壤直接接触的部件等;

③ 表中括号内的限值适用于冷拉Ⅲ、Ⅳ、Ⅴ级钢筋的预应力混凝土构件;

④ 对板的裂缝宽度以表面量测值为准。

4.1.3.3 混凝土构件的正常使用性鉴定

混凝土结构构件的正常使用性鉴定应按位移和裂缝两个检查项目分别评定每一受检构件的等级并取其中较低一级作为该构件使用等级。

注:混凝土结构构件碳化深度的测定结果主要用于鉴定分析不参与评级但若构件主筋已处于碳化区内则应在鉴定报告中指出并应结合其他项目的检测结果提出处理的建议。

(1) 当混凝土桁架和其他受弯构件的正常使用性按其挠度检测结果评定时,应按下列规定评级;

① 若检测值小于计算值及现行设计规范限值时,可评为 a_s级;

② 若检测值大于或等于计算值但不大于现行设计规范限值时,可评为 b_s级;

③ 若检测值大于现行设计规范限值时,应评为 c_s级。

注:允许在一般构件的鉴定中对检测值小于现行设计规范限值的情况,直接根据其完好程度定为 a_s级或 b_s级。

(2) 当混凝土结构构件的正常使用性按其裂缝宽度检测结果评定时,应遵守下列规定:

① 若检测值小于计算值及现行设计规范限值时,可评为 a_s级;

② 若检测值大于或等于计算值,但不大于现行设计规范限值时,可评为 b_s级;

③ 若检测值大于现行设计规范限值时,应评为 c_s级;

④ 若计算有困难或计算结果与实际情况不符时,宜按表 4.1.30 或表 4.1.31 的规定评级。

⑤ 对沿主筋方向出现的锈蚀裂缝,应直接评为 c_s级;

⑥ 若一根构件同时出现两种裂缝,应分别评级,并取其中较低一级作为该构件的裂缝等级。

表 4.1.30　钢筋混凝土构件裂缝宽度等级的评定

检查项目	环境	构件类别		a_u 级	b_u 级	c_u 级
受力主筋横向或斜向裂缝宽度/mm	正常温度环境	主要构件	屋架、托架	≤0.15	≤0.20	>0.20
			主梁、托梁	≤0.20	≤0.30	>0.30
		一般构件		≤0.25	≤0.40	>0.40
	高湿度环境	任何构件		≤0.15	≤0.20	>0.20

注:① 高湿度环境系指露天环境开敞式房屋易遭飘雨部位经常受蒸气或冷凝水作用的场所如厨房浴室寒冷地区不保暖屋盖等以及与土壤直接接触的部位等;

② 对拱架和屋面梁,应分别按桁架和主梁评定;

③ 对板的裂缝宽度以表面量测的数值为准。

表 4.1.31　预应力混凝土构件裂缝宽度等级的评定

检查项目	环境	构件类别	评定标准		
			a_u 级	b_u 级	c_u 级
横向或斜向裂缝宽度/mm	正常湿度环境	主要构件	无裂缝(≤0.15)	无裂缝(>0.15 且≤0.20)	无裂缝(>0.20)
		一般构件	无裂缝(≤0.20)	无裂缝(>0.20 且≤0.30)	无裂缝(>0.30)
	高湿度环境	任何构件	(无裂缝)	(无裂缝)	出现裂缝

注:① 表中括号内的限值适用于冷拉Ⅱ、Ⅲ、Ⅳ级钢筋的预应力混凝土构件;

② 当构件无裂缝时,评定结果取 a_u 或 b_u 级,可根据完好程度确定。

4.1.4　高速铁路桥隧建筑物修理规则(试行)

高速铁路隧道劣化等级评定见表 4.1.32。

表 4.1.32　隧道劣化等级评定

1) 隧道衬砌裂损及渗漏水劣化/(处 · m^{-1})

类型等级	(1) 衬砌变形或移动	(2) 衬砌开裂、错动	(3) 衬砌压溃	(4) 衬砌渗漏水
AA	山体滑动使衬砌移动、变形、下沉发展迅速,危及行车安全;变形或移动速率>10mm/年	开裂、错台长度 $L≥3$ m 宽度 $\delta>5$ mm 开裂、错台使衬砌呈块状,且有发展。	拱部压溃有掉块可能;边墙压溃范围大于 1 m^2	隧底冒水、拱部滴水成线、严寒地区边墙淌水,翻浆冒泥严重,道床下沉、上拱,不能保持轨道几何尺寸,影响正常运行
A1	变形或移动速率 $v≥3$ mm/年	开裂、错台长度 $L<3$ m 且宽度 3 mm≤δ≤5 mm	边墙压溃范围小于 1 m^2、或有掉块可能	隧道滴水、淌水、渗水及排水不良引起道床翻浆冒泥
B	有变形,但速率 $v<3$ mm/年	开裂、错台长度 $L<3$ m,且宽度<3 mm 或一般龟裂或无发展	边墙压溃范围小	漏水使基床状态恶化,钢轨腐蚀

表 4.1.32(续)

2）隧道冻害、衬砌腐蚀劣化/(处 · m^{-1})

类型等级	(1) 隧道冻害	(2) 混凝土衬砌厚度不足	(3) 混凝土衬砌强度不足
AA	冰楔和围岩冰胀的反复作用使衬砌变形、开裂并构成纵横交错的裂缝	因施工缺陷或腐蚀致使衬砌厚度 $h_i/h<0.60$，且长度≥3 m	因施工缺陷或腐蚀致使衬砌混凝土强度 $q_i/q<0.65$，且长度≥3 m
A1	① 冻害致使洞内排水设备破坏 ② 冻融使道床翻浆冒泥、轨道几何状态恶化 ③ 冻害造成衬砌变形、开裂，但未形成纵横交错裂缝	衬砌厚度 $h_i/h<0.60$，且长度<3 m ② 衬砌有效厚度 $0.60\leq h_i/h<0.75$，且长度≥3 m	衬砌混凝土强度 $q_i/q<0.65$，且长度<3 m 凝土强度 $0.65\leq q_i/q<0.75$，且长度≥3 m
B		① 衬砌有效厚度 $0.60\leq h_i/h<0.75$，且长度<3 m ② 衬砌有效厚度 $0.75\leq h_i/h<0.90$，且长度≥3 m	凝土强度 $0.65\leq q_i/q<0.75$，且长度<3 m ② 混凝土强度 $0.75\leq q_i/q<0.85$，且长度≥3 m
C		① 衬砌有效厚度 $0.75\leq h_i/h<0.90$，且长度<3 m ② 衬砌有效厚度 $0.9\leq h_i/h<1$ 衬砌有剥蚀	凝土强度 $0.75\leq q_i/q<0.85$，且长度<3m ② 混凝土强度 $0.85\leq q_i/q<1$

注：q_i——检测断面衬砌混凝土测点的平均强度；q——设计衬砌混凝土强度；h_i——检测衬砌厚度，当衬砌混凝土存在内部缺陷时，检测衬砌厚度应换算为有效衬砌厚度，即将检测衬砌厚度减去内部缺陷削弱的部分厚度，h——设计衬砌厚度；长度指沿隧道纵向连续长度。

3）隧道通风设施劣化，仰坡、洞底及排水设施劣化

类型等级	(1) 通风不良(座)	(2) 仰拱及铺底损坏/(处 · m^{-1})	(3) 排水设施/(处 · m^{-1})	(4) 坍方落石/(处 · m^{-1})
AA		仰拱变形损坏及铺底损坏影响线路稳定等	① 未按规定设置隧道内、外排水设施 ② 隧道内外排水设施严重损坏，造成隧道内漏水或影响道床稳定	洞口仰坡坍方落石 洞口仰坡有危石未处理
A1	① 有害气体浓度超过容许值且未设通风机械机械不能使用	仰拱变形损坏及铺底损坏	隧道内、外排水设施损坏	洞口仰坡防护设施损坏
B	通风机械不能正常使用			

表 4.1.32(续)

4）救援通道

类型等级	(1) 作业通道	(2) 出口通道衬砌变形或移动	(3) 出口通道衬砌开裂、错动	(4) 出口通道衬砌压溃
A1	作业通道严重失修,危及人身安全	变形或移动速率 $v>10$ mm/年,有新的变形出现	开裂、错台宽度 $\delta \geq$ 3 mm	压溃范围 $S \geq 1$ m^2 或有可能掉块
B		变形或移动速率 10 mm/年 $\geq v \geq 3$ mm/年	开裂、错台长度 $L<3$ m,且宽度<3 mm或一般龟裂或无发展状态	压溃范围 $S<1$ m^2,剥落块体厚度小于3 cm

4.2 定量评价法

4.2.1 一般规定

《公路隧道设计规范》(JTG D70-2004)[1]中:隧道结构应按破损阶段法验算构件截面的强度。结构有抗裂要求时,对混凝土构件应进行抗裂验算,对钢筋混凝土结构构件应验算其裂缝宽度。其主要原因如下:

(1) 在结构设计领域,目前多数工程结构已采用概率极限状态设计法,以可靠指标独立结构构件的可靠度,并采用以分项系数表达的计算式进行设计。公路隧道因建设时间短,样本及专题的研究成果积累都还尚少,目前尚未具备采用极限状态设计法设计的条件,然而由于对衬砌限制裂缝开展宽度等将是延长使用寿命的基本条件,因而对隧道结构设计提出同时按承载能力和限制裂缝开展宽度计算的规定。

(2) 对构件截面的强度,因公路隧道目前尚未具备按概率极限状态法设计的条件,故仍规定按破损阶段验算,必要时配筋量按限制裂缝开展宽度进行计算。

4.2.2 衬砌内力和变形

4.2.2.1 荷载结构法

1) 设计原理

隧道开挖后地层的作用主要是对衬砌结构产生荷载,衬砌结构应能安全可靠地承受地层压力等荷载的作用。计算时先按地层分类法或实用公式确定地层压力,然后按弹性地基土结构物的计算方法计算衬砌内力,并进行结构截面设计。

2) 计算原理

(1) 基本未知量与基本方程

取衬砌结构点的位移为基本未知量。由最小势能原理或变分原理可得系统整体求解时的平衡方程为:

$$[K]\{\delta\} = \{P\} \tag{4.2.1}$$

式中 $[K]$——衬砌结构的整体刚度矩阵,为 $m \times m$ 阶方阵,m 为体系节点自由度的总个数;

$\{\delta\}$——由衬砌结构节点位移组成列向量,即$\{\delta\}=[\delta_1\quad\delta_2\quad\cdots\quad\delta_m]^{\mathrm{T}}$;

$\{P\}$——由衬砌结构节点荷载组成列向量,即$\{P\}=[P_1\quad P_2\quad\cdots\quad P_m]^{\mathrm{T}}$。

矩阵$\{P\}$、$[K]$和$\{\delta\}$可由单元的荷载矩阵$\{P\}^e$、单元的刚度矩阵$[K]^e$和单元的位移向量矩阵$\{\delta\}^e$组装而成,故在采用有限元方法进行分析时,需先划分单元,建立单元刚度矩阵$[K]^e$和单元荷载矩阵$\{P\}^e$。

隧道承重结构轴线的形状为弧形时,需用折线单元模拟曲线。划分单元时,只需确定杆件单元的长度。杆件厚度 d 即为承重结构的厚度,杆件宽度取为 1 m。相应的杆件横截面面积为 $A=d\times1$,抗弯惯性矩为 $I=\frac{1}{12}\times1\times d^3$,弹性模量 E 取为混凝土的弹性模量。

(2) 单元刚度矩阵的计算

设梁单元在局部坐标系下的节点围岩$\{\delta\}=[u_i,v_i,\theta_i,u_j,v_j,\theta_j]^{\mathrm{T}}$,对应的节点力为$\{f\}=[X_i,Y_i,M_i,X_j,Y_j,M_j]^{\mathrm{T}}$,则有

$$\{f\}=[K]^e\{\delta\} \tag{4.2.2}$$

式中$[K]^e$为梁单元在局部坐标系下的刚度矩阵,并有

$$[K]^e=\begin{bmatrix} \frac{EA}{l} & 0 & 0 & -\frac{EA}{l} & 0 & 0 \\ 0 & \frac{12EI}{l^3} & \frac{6EI}{l^2} & 0 & -\frac{12EI}{l^3} & \frac{6EI}{l^2} \\ 0 & \frac{6EI}{l^2} & \frac{4EI}{l} & 0 & -\frac{6EI}{l^2} & \frac{2EI}{l} \\ -\frac{EA}{l} & 0 & 0 & \frac{EA}{l} & 0 & 0 \\ 0 & -\frac{12EI}{l^3} & -\frac{6EI}{l^2} & 0 & \frac{12EI}{l^3} & \frac{6EI}{l^2} \\ 0 & \frac{6EI}{l^2} & -\frac{2EI}{l} & 0 & -\frac{6EI}{l^2} & \frac{4EI}{l} \end{bmatrix} \tag{4.2.3}$$

式中　l——梁单元的长度;

A——梁的长截面积;

I——梁的惯性矩;

E——的弹性模量。

对于整体结构而言,各单元采用的局部坐标系均不相同,故在建立整体矩阵时,需要按式(4.2.4)将局部坐标系下建立的单元刚度矩阵$[K]^e$转换成结构整体坐标系中的单元刚度矩阵$[K]^e$。

$$[K]^e=[T]^{\mathrm{T}}[K]^e[T] \tag{4.2.4}$$

式中　$[T]$——转置矩阵,表达式为

$$[T]=\begin{bmatrix} \cos\beta & \sin\beta & 0 & 0 & 0 & 0 \\ -\sin\beta & \cos\beta & 0 & 0 & 0 & 0 \\ 0 & 0 & 1 & 0 & 0 & 0 \\ 0 & 0 & 0 & \cos\beta & \sin\beta & 0 \\ 0 & 0 & 0 & -\sin\beta & \cos\beta & 0 \\ 0 & 0 & 0 & 0 & 0 & 1 \end{bmatrix} \tag{4.2.5}$$

β——局部坐标系与整体坐标系之间的夹角

(3) 地层反力作用模式

地层弹性抗力由下式给出:

$$F_n = K_n \cdot U_n \tag{4.2.6}$$

$$F_s = K_s \cdot U_s \tag{4.2.7}$$

其中

$$K_n = \begin{cases} K_n^+ & U_n \geqslant 0 \\ K_n^- & U_n < 0 \end{cases} \tag{4.2.8}$$

$$K_s = \begin{cases} K_s^+ & U_s \geqslant 0 \\ K_s^- & U_s < 0 \end{cases} \tag{4.2.9}$$

式中 F_n, F_s——分别为法向和切向弹性抗力;

K_n, K_s——相应的围岩弹性抗力系数,且 K^+、K^- 分别为压缩区和拉伸区的抗力系数,通常令 $K_n^- = K_s^- = 0$。

杆件单元确定后,即可确定地层弹簧单元,它只设置在杆件单元的节点上。地层弹簧单元可沿整个截面设置,也可只在部分节点上设置。沿整个截面设置地层弹簧单元时,计算过程中需用迭代法作变形控制分析,以判断出抗力的确切位置。

3) 应用

深埋隧道中的整体式衬砌(通常用于自成拱能力差的Ⅵ级围岩)、浅埋隧道中的整体或复合式衬砌及明洞衬砌(其上方的覆盖层不能形成卸载拱),故均应按荷载结构法计算。从理论上讲,深埋隧道中的复合式衬砌的二次衬砌计算应采用地层结构法,但荷载结构法也积累了一定的经验。

模型试验和理论分析表明:隧道衬砌承载后的变形受到围岩的约束,从而改善了衬砌的工作状态,提高了衬砌的承载能力。因此采用荷载结构法计算隧道衬砌的内力和变形时,应通过考虑弹性抗力等体现围岩对衬砌变形的约束作用。弹性抗力的大小及分布,对回填密实的衬砌结构可采用局部变形理论,按下式计算

$$\sigma = k\delta \tag{4.2.10}$$

式中 σ——弹性抗力的强度,MPa;

k——围岩弹性抗力系数,无实测数据时可按表 4.2.1 选用;

δ——衬砌朝向围岩的变形值,变形朝向洞内时区为零,m。

表 4.2.1 各级围岩的物理力学性质指标标准值

围岩级别	重度 γ /($kN \cdot m^{-3}$)	弹性抗力系数 κ /($MPa \cdot m^{-1}$)	变形模量 E /GPa	泊松比 μ	内摩擦角 φ /(°)	黏聚力 C /MPa
Ⅰ	26~28	1 800~2 800	>33	<0.2	>60	>2.1
Ⅱ	25~27	1 200~1 800	20~33	0.2~0.25	50~60	1.5~2.1
Ⅲ	23~25	500~1 200	6~20	0.25~0.3	39~50	0.7~1.5
Ⅳ	20~23	200~500	1.3~6	0.3~0.35	27~39	0.2~0.7
Ⅴ	17~20	100~200	1~2	0.35~0.45	20~27	0.05~0.2
Ⅵ	15~17	<100	<1	0.4~0.5	<20	<0.2

当隧道基底围岩过于松软时,有先做仰拱稳定坑道底部,然而再建边墙的施工方法,这时应考虑仰拱对隧道衬砌结构内力的影响。如果仰拱在边墙之后修建,一般不需计算仰拱的作用。但若遇到在隧道竣工后,围岩压力增长仍比较显著的地层,则亦需考虑仰拱对结构内力的影响。模筑衬砌考虑仰拱对结构内力的影响时,仰拱按弹性地基上的曲梁计算。

4.2.2.2　地层结构法

1）设计原理

地层结构法的设计原理是将衬砌和地层视为整体共同受力的统一体系,在满足变形协调条件的前提下分别计算衬砌与地层的内力,据以验算地层的稳定性和进行结构截面设计。

目前计算方法以有限单元法为主,适用于设计构筑在软岩或稳定的地层内的衬砌。

2）初始地应力的计算

(1) 初始自重应力

初始自重应力通常采用有限元或给定水平侧压力系数的方法计算。

① 有限元法

即初始自重应力由有限元法算得,并将其转化为等效节点荷载。

② 给定水平侧压力系数法

即在给定水平侧压力系数 K_0 值后,按下式计算初始自重地应力:

$$\sigma_z^g = \sum \gamma_i H_i \tag{4.2.11}$$

$$\sigma_x^g = K_0(\sigma_z - p_w) + p_w \tag{4.2.12}$$

式中　σ_z^g, σ_x^g——竖直方向和水平方向初始自重地应力;

γ_i——计算点以上第 i 层岩石的重度;

H_i——计算点以上第 i 层岩石的厚度;

p_w——计算点的孔隙水压力,在不考虑地下水头变化的条件下,p_w 由计算点的静水压力确定,即 $p_w = \gamma_w H_w$(γ_w 为地下水的重度,H_w 为地下水的水位差)。

(2) 构造应力

构造地应力可假设为均布或线性分布应力。假设主应力作用方向保持不变,则二维平面应变的普遍表达式为

$$\left.\begin{aligned} \sigma_x^s &= \alpha_1 + \alpha_4 z \\ \sigma_z^s &= \alpha_2 + \alpha_5 z \\ \tau_{xz}^s &\alpha_3 \end{aligned}\right\} \tag{4.2.13}$$

式中　$\alpha_1 \sim \alpha_5$——常系数;

z——竖直坐标。

(3) 初始地应力

将初始自重应力与构造应力叠加,即得初始地应力。

3）本构模型

(1) 岩石单元

① 弹性模型

对于平面应变问题,横观各向同性弹性体的应力增量可表示为

$$\{\Delta\sigma\}=\begin{bmatrix}\Delta\sigma_x\\ \Delta\sigma_z\\ \Delta\tau_{zx}\end{bmatrix}=[D]\{\Delta\varepsilon\}=\begin{bmatrix}\dfrac{E_0E_v-\mu_{vh}^2E_h^2}{E_0} & \dfrac{E_hE_v\mu_{vh}(1+\mu_{hh})}{E_0} & 0\\ \dfrac{E_hE_v\mu_{vh}(1+\mu_{hh})}{E_0} & \dfrac{E_v^2\mu_{vh}(1-\mu_{hh}^2)}{E_0} & 0\\ 0 & 0 & G_{hv}\end{bmatrix}$$

(4.2.14)

式中　E_v——竖直方向(z)弹性模量；

E_h——水平方向(x,y)弹性模量；

μ_{vh}——竖直向应变引起水平向应变的泊松比(竖直面内的泊松比)；

μ_{hh}——水平面内的泊松比；

G_{hv}各向同性弹性体的应力增量可表示为：

$$\{\Delta\sigma\}=\begin{bmatrix}\Delta\sigma_x\\ \Delta\sigma_z\\ \Delta\tau_{zx}\end{bmatrix}=[D]\{\Delta\varepsilon\}=\frac{E(1-\mu)}{(1+\mu)(1-2\mu)}\begin{bmatrix}1 & \dfrac{\mu}{1-\mu} & 0\\ \dfrac{\mu}{1-\mu} & 1 & 0\\ 0 & 0 & G_{hv}\end{bmatrix} \tag{4.2.15}$$

② 非线性弹性模型

采用邓肯—张模型的假设,并认为应力—应变关系可用双曲线关系近视描述,则在主应力 σ_3 保持不变时

$$\sigma_1-\sigma_3=\frac{\varepsilon_1}{\alpha+b\varepsilon_1} \tag{4.2.16}$$

轴向应变 ε_1 和侧向应变 ε_3 之间假设也存在双曲线关系,即有

$$\varepsilon_1=\frac{\varepsilon_3}{f+d\varepsilon_3} \tag{4.2.17}$$

式中　α,b,f,d 均为有试验确定的参数。

在不同应力状态下弹性模量的表达式为：

$$E_i=\left[1-\frac{R_f(1-\sin\varphi)(\sigma_1-\sigma_3)}{2C\cos\varphi+2\sigma_3\sin\varphi}\right]^2Kp_0\left(\frac{\sigma_3}{p_0}\right)^n \tag{4.2.18}$$

式中　R_f——破坏比,数值小于1(一般在0.75～1.0之间)；

C,φ——土的黏聚力和内摩擦角；

p_0——大气压力,一般100 kPa；

K,n——由试验确定的参数。

不同应力状态下泊松比的表达式为：

$$\mu_i=\frac{G-F\lg\dfrac{\sigma_3}{p_0}}{(1-A)^2} \tag{4.2.19}$$

$$A=\frac{(\sigma_1-\sigma_3)d}{Kp_0\left(\dfrac{\sigma_3}{p_0}\right)^n\left[1-\dfrac{R_f(1-\sin\varphi)(\sigma_1-\sigma_3)}{2C\cos\varphi+2\sigma_3\sin\varphi}\right]} \tag{4.2.20}$$

式中　G,F,d 为由试验确定的参数。

由 E_i 和 μ_i 即可确定该应力状态下的弹性矩阵 $[D]$。

③ 弹塑性模型

（ⅰ）屈服准则

材料进入塑性状态的判断准则采用德鲁克—普拉格（Drucker-Prager）或莫尔—库仑（Mohr-Coulomb）屈服准则，其中 Drucker-Prager 屈服准则的表达式为

$$f = \alpha I_1 + \sqrt{J_2} - K = 0 \tag{4.2.21}$$

式中　I_1——应力张量的第一不变量；

J_2——应力张量的第二不变量；并有

$$\alpha = \frac{\sin\varphi}{\sqrt{3}\sqrt{3+\sin^2\varphi}} \tag{4.2.22}$$

$$K = \frac{\sqrt{3}C\cos\varphi}{\sqrt{3+\sin^2\varphi}} \tag{4.2.23}$$

Mohr-Coulomb 屈服准则的表达式为

$$f = \frac{1}{3}I_1\sin\varphi - \left(\cos\theta + \frac{1}{\sqrt{3}}\sin\theta\sin\varphi\right)\sqrt{J_2} + C\cos\varphi = 0 \tag{4.2.24}$$

式中

$$\theta = \frac{1}{3}I_1\arcsin\left[\frac{-3\sqrt{3}}{2}\cdot\frac{J_3}{J_2^{3/2}}\right], \quad -\frac{\pi}{6} \leqslant \theta \leqslant \frac{\pi}{6}$$

J_3——应力偏量的第三不变量。

（ⅱ）弹塑性矩阵

材料进入塑性状态后，其弹塑性应力—应变关系的增量表达式为

$$\{d\sigma\} = \left[[D] - \frac{[D]\left\{\frac{\partial g}{\partial \sigma}\right\}\left\{\frac{\partial f}{\partial \sigma}\right\}^{T}[D]}{A + \left\{\frac{\partial f}{\partial \sigma}\right\}^{T}[D]\left\{\frac{\partial g}{\partial \sigma}\right\}}\right]\{d\varepsilon\} = ([D] - [D_p])\{d\varepsilon\} = [D_{ep}]\{d\varepsilon\} \tag{4.2.25}$$

式中　$[D]$，$[D_p]$，$[D_{ep}]$——分别为材料的弹性矩阵、塑性矩阵和弹塑性矩阵；

A——与材料硬化有关的参数，理想弹塑性情况下，$A=0$；

f——屈服面函数；

g——塑性势面函数，采用关联流动法则时，$g=f$。

（ⅲ）弹塑性分析的计算过程

增量时步加荷过程中，部分岩土体进入塑性状态后，由材料屈服引起的过量塑性应变以初应变的形式被转移，并由整个体系中的所有单元共同负担。每一时步中，各单元与过量塑性应变相应的初应变以等效节点力的形式起作用，并处理为再次计算时的节点附加荷载，据以进行迭代运算，直至时步最终计算时间，并满足给定的精度要求。

④ 黏弹性模型

三元件广义开尔文（Kelvin）模型，由弹性元件和 Kelvin 模型串联组成，如图 4.2.1 所示，其应力应变关系为：

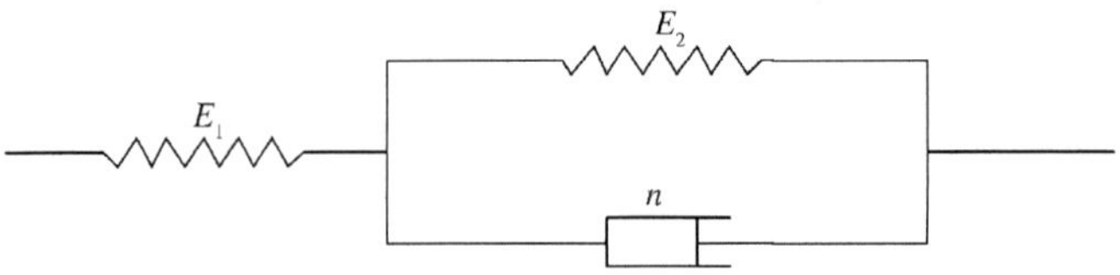

图 4.2.1　广义 KelVin 模型

$$\frac{\eta}{E_1+E_2}\sigma+\sigma=\frac{\eta E_1}{E_1+E_2}\varepsilon+\frac{E_1E_2}{E_1+E_2}\varepsilon \tag{4.2.26}$$

衬砌施作后的蠕变方程为

$$\varepsilon(t)=\left[\frac{1}{E_1}+\frac{1}{E_2}(1-e^{-\frac{E_2}{\eta}t})\right]\sigma_0=\sigma_0J(t) \tag{4.2.27}$$

式中　$J(t)$——蠕变柔量；

σ_0——常量应力。

（ⅰ）梁单元

与荷载—结构法中“单元刚度矩阵的计算”相同。

（ⅱ）杆单元

设杆单元在局部坐标系中的节点位移为$\{\bar{\sigma}\}=[\bar{u}_i,\bar{v}_i,\bar{u}_j,\bar{v}_j]$，对应的节点为$\{\bar{f}\}=[\bar{X}_i,\bar{Y}_i,\bar{X}_j,\bar{Y}_j]$，则有

$$\{\bar{f}\}=[\bar{K}]\{\bar{\sigma}\} \tag{4.2.28}$$

其中$[\bar{K}]$为在局部坐标系下的单元刚度矩阵，并有

$$[\bar{K}]=\begin{bmatrix}\frac{EA}{l} & 0 & -\frac{EA}{l} & 0\\ 0 & 0 & 0 & 0\\ -\frac{EA}{l} & 0 & \frac{EA}{l} & 0\\ 0 & 0 & 0 & 0\end{bmatrix} \tag{4.2.29}$$

式中　l——杆长；

A——杆的截面积；

E——杆的弹性模量。

（ⅲ）接触面单元

接触面采用无厚度节理单元模拟，不考虑法向和切向的耦合作用时，有增量表达式

$$\begin{Bmatrix}\Delta\tau_s\\ \Delta\sigma_n\end{Bmatrix}=\begin{bmatrix}K_s & 0\\ 0 & K_n\end{bmatrix}\begin{Bmatrix}\Delta u_s\\ \Delta u_n\end{Bmatrix}=[K^e]\begin{Bmatrix}\Delta u_s\\ \Delta u_n\end{Bmatrix} \tag{4.2.30}$$

式中　K_s——接触面的切向刚度；

K_n——接触面的法向刚度。

接触面材料的应力—应变关系一般为非线性关系，并常处于塑性受力状态。当屈服条件采用莫尔—库仑屈服条件，并假定节理材料为理想弹塑性材料及采用关联流动法则时，对平面应变问题，可导出接触面单元剪切滑移的塑性矩阵为：

$$[D_p] = \frac{1}{S_0}\begin{bmatrix} K_s^2 & K_s S_1 \\ K_s S_1 & S_1^2 \end{bmatrix} \tag{4.2.31}$$

式中

$$S_0 = K_s + K_n \tan^2 \varphi;$$

$$S_1 = K_n \tan \varphi$$

φ——接触面的内摩擦角。

对处于非线性状态的接触面单元,应力与相对应的关系式为

$$\tau_s = K_s \Delta u_s \tag{4.2.32}$$

$$\sigma_n = K_n v_m \frac{\Delta u_n}{v_m - \Delta u_n} \tag{4.2.33}$$

式中　v_m——接触面单元的法向最大允许嵌入量。

4）单元模式

（1）一维单元

对两节点一维线性单元,设节点位移为$\{\delta\} = \{u_i, v_i, u_j, v_j\}$时,单元上任意点的位移为:

$$u = \sum N_i u_i \tag{4.2.34}$$

式中 N 为插值函数,并有

$$\left.\begin{aligned} N_1 &= \frac{1-\zeta}{2} \\ N_2 &= \frac{1+\zeta}{2} \end{aligned}\right\} \tag{4.2.35}$$

（2）三角形单元

对三节点三角形单元,设节点坐标为$\{x_i, y_i, x_j, y_j, x_m, y_m\}$,节点位移$\{\delta\} = \{x_i, y_i, x_j, y_j, x_m, y_m\}$,对应的节点力$\{F\} = \{X_i, Y_i, X_j, Y_j, X_m, Y_m\}$,则当取线性位移模式时,单元内任意点的位移为:

$$\begin{bmatrix} u \\ v \end{bmatrix} = [N]\{\delta\} \tag{4.2.36}$$

式中　$[N]$——形函数矩阵,即

$$[N] = \begin{bmatrix} N_i & 0 & N_j & 0 & N_m & 0 \\ 0 & N_i & 0 & N_j & 0 & N_m \end{bmatrix} \tag{4.2.37}$$

其中:

$$N_i = \frac{1}{2\Delta}(a_i + b_i x + c_i x);$$

$$a_i = x_i y_i - x_m y_i;$$

$$b_i = y_i - y_m;$$

$$c_i = x_m - x_i;$$

Δ——单元面积。

（3）四边形单

采用四节点等参单元,并设节点位移为$\{\delta\} = \{u_1, v_1, u_2, v_2, u_3, v_3, u_4, v_4\}^{T}$时,位移模式可由双线性插值函数给出,形式为

$$\left.\begin{aligned} u &= N_1u_1 + N_2u_2 + N_3u_3 + N_4u_4 \\ v &= N_1v_1 + N_2v_2 + N_3v_3 + N_4v_4 \end{aligned}\right\} \tag{4.2.38}$$

式中 N 为插值函数

$$\left.\begin{aligned} N_1 &= \frac{1}{4}(1-\zeta)(1-\eta) \\ N_2 &= \frac{1}{4}(1+\zeta)(1-\eta) \\ N_3 &= \frac{1}{4}(1+\zeta)(1+\eta) \\ N_4 &= \frac{1}{4}(1-\zeta)(1+\eta) \end{aligned}\right\} \tag{4.2.39}$$

5）施工过程数值模拟

（1）一般表达式

开挖过程的模拟一般通过在开挖边界上施加释放荷载实现。将一个相对完整的施工阶段称为施工步，并设每个施工步包含若干增量步，则与施工步相应的开挖释放荷载可在包含的增量步骤释放，以便较真实地模拟施工过程。具体计算中，每个增量步的荷载释放量可由释放系数控制。对各施工阶段的状态，有限元分析的表达式为

$$\begin{aligned} &[K]_i\{\Delta\delta\}_i = \{\Delta F_{\mathrm{r}}\}_i + \{\Delta F_{\mathrm{g}}\}_i + \{\Delta F_{\mathrm{p}}\}_i \qquad (i = 1, L) \\ &[K]_i = [K]_0 + \sum_{\lambda=1}^{i}[\Delta K]_\lambda \qquad (i > 1) \end{aligned} \tag{4.2.40}$$

式中 L——施工步总数；

$[K]_i$——第 i 施工步岩土体和结构的总刚度矩阵；

$[K]_0$——岩土体和结构（施工开始前存在）的初始总刚度矩阵；

$[\Delta K]_\lambda$——施工过程中，第 λ 施工步的岩土体和结构刚度的增量或减量，用以体现岩土体单元的挖除，填筑及结构单元的施作或拆除；

$\{\Delta F_{\mathrm{r}}\}_i$——第 i 施工步开挖边界上的释放荷载的等效节点力；

$\{\Delta F_{\mathrm{g}}\}_i$——第 i 施工步新增自重等的等效节点力；

$\{\Delta F_{\mathrm{p}}\}_i$——第 i 施工步增量荷载的等效节点力；

$\{\Delta\delta\}_i$——第 i 施工步的节点位移增量。

对每个施工步，增量加载过程的有限元分析的表达式为

$$\begin{aligned} &[K]_{ij}\{\Delta\delta\}_{ij} = \{\Delta F_{\mathrm{r}}\}_i \cdot \alpha_{ij} + \{\Delta F_{\mathrm{g}}\}_{ij} + \{\Delta F_{\mathrm{p}}\}_{ij} \qquad (i = 1, L; j = 1, M) \\ &[K]_{ij} = [K]_{i-1} + \sum_{\zeta=1}^{i}[\Delta K]_{i\zeta} \qquad (i > 1) \end{aligned} \tag{4.2.41}$$

式中 M——各施工步增量加载的次数；

$[K]_{ij}$——第 i 施工步中施加第 j 荷载增量步时的刚度矩阵；

α_{ij}——与第 i 施工步第 j 荷载增量步相应的开挖边界释放荷载系数，开挖边界荷载完全释放时有 $\sum_{j=1}^{M}\alpha_{ij} = 1$；

$\{\Delta F_{\mathrm{g}}\}_{ij}$——第 i 施工步第 j 增量步新增单元自重等的等效节点力；

$\{\Delta\delta\}_{ij}$——第 i 施工步第 j 增量步的节点位移增量；

$\{\Delta F_p\}_{ij}$——第 i 施工步第 j 增量步增量荷载的等效节点力。

(2) 开挖工序的模拟

开挖效应可通过在开挖边界上设置释放荷载,并将其转化为等效节点力模拟。表达式为

$$[K-\Delta K]\{\Delta\delta\}=\{\Delta P\} \tag{4.2.42}$$

式中　$[K]$——开挖前系统的刚度矩阵;

$[\Delta K]$——开挖工序中挖除部分的刚度;

$[\Delta P]$——为开挖释放荷载的等效节点力。

开挖释放荷载可采用单元应力法或 Mana 法计算。

(3) 填筑工序的模拟

填筑效应包含两个部分,即整体刚度的改变和新增单元自重荷载的增加,其计算表达式为

$$[K+\Delta K]\{\Delta\delta\}=\{\Delta F_g\} \tag{4.2.43}$$

式中　$[K]$——填筑前的刚度矩阵;

$[\Delta K]$——新增实体单元的刚度;

$\{\Delta F_g\}$——新增实体单元自重的等效节点荷载。

(4) 结构的施作与拆除

结构施作的效应应体现为整体刚度的增加及新增结构的自重对系统的影响,其计算式为

$$[K+\Delta K]\{\Delta\delta\}=\{\Delta F_g^s\} \tag{4.2.44}$$

式中　$[K]$——结构施作前系统的刚度矩阵;

$[\Delta K]$——新增结构的刚度;

$\{\Delta F_g^s\}$——施作结构自重的等效节点荷载。

结构拆除的效应包含整体刚度的减少和支撑内力释放的影响,其中支撑内力的释放可通过施加一反向内力实现,其计算表达式为

$$[K-\Delta K]\{\Delta\delta\}=-\{\Delta F\} \tag{4.2.45}$$

式中　$[K]$——结构施作前系统的刚度矩阵;

$[\Delta K]$——拆除结构的刚度;

$\{\Delta F\}$——拆除结构内力的等效节点力。

(5) 增量荷载的施加

在施工过程中施加的外荷载,可在相应的增量步中用施加增量荷载表示,其计算式为

$$[K]\{\Delta\delta\}=\{\Delta F\} \tag{4.2.46}$$

式中　$[K]$——增量荷载施加前系统的刚度矩阵;

$\{\Delta F\}$——施加的增量荷载的等效节点力。

6) 应用

(1) 初期支护

由于岩土体介质的性质通常具有明显的不确定特征,岩土工程问题分析中经验起主导作用,因而《公路隧道设计规范》规定Ⅰ～Ⅴ级围岩中复合式衬砌的初期支护主要按工程类比法设计,即参照已往工程实例确定支护参数。

经验表明，Ⅰ～Ⅲ级围岩具有较强的自支承能力，对其施作薄层喷射混凝土和少量锚杆后即可保持稳定，支护参数采用工程类比法确定即可，而不必对初期支护进行计算。Ⅳ、Ⅴ级围岩在根据经验选定支护参数后任需要进行检验计算。

由于计算机技术的迅速发展，工程技术人员及科研人员已经采用连续介质的有限元法，按地层结构的设计模型对Ⅳ、Ⅴ级围岩中的初期支护内力和变形进行计算，取得了较好的效果。

采用地层结构法进行计算时，可通过对释放荷载系数控制初期支护的受力，以使初期支护和二次衬砌按较为合理的分担比例共同承受释放荷载的作用，具体的分担比例可按表4.2.2选用。

表4.2.2 释放荷载分担比例表

围岩级别	分担比例	
	围岩+初期支护	二次衬砌
Ⅳ	60%～80%	40%～20%
Ⅴ	20%～40%	80%～60%

注：围岩工程地质条件较好时，初期支护取大值，二次衬砌取小值，围岩工程地质较差时相反。

(2) 二次衬砌

复合式衬砌的二次衬砌用于Ⅰ～Ⅲ级围岩时，由于初期支护作为永久结构已可使围岩保持稳定，因而二次衬砌可按构造要求选定厚度，不必进行验算。对于Ⅳ～Ⅴ级围岩，二次衬砌应按承载结构进行力学分析，计算原理和方法与同类围岩中的初期支护相同。然而，由于已往有对其采用荷载结构法计算的经验，因而对其也可采用荷载结构法计算。

4.2.3 衬砌截面强度

(1) 按破损阶段验算构件截面的强度时，应根据不同的荷载组合，分别采用不同的安全系数，并不应小于表4.2.3和表4.2.4所示的数值。验算施工阶段的强度时，安全系数可采用表4.2.3和表4.2.4“永久荷载+基本可变荷载+其他可变荷载”栏内的数值乘以折减系数0.9。

表4.2.3 混凝土和砌体结构的强度安全系数

破坏原因	圬工种类			
	混凝土		砌体	
	荷载组合			
	永久荷载+基本可变荷载	永久荷载+基本可变荷载+其他可变荷载	永久荷载+基本可变荷载	永久荷载+基本可变荷载+其他可变荷载
混凝土或砌体达到极限强度	2.4	2.0	2.7	2.4
混凝土达到抗拉极限强度	3.6	3.0		

表 4.2.4　钢筋混凝土的强度安全系数

破坏原因	荷载组合	
	永久荷载+基本可变荷载	永久荷载+基本可变荷载+其他可变荷载
钢筋达到计算强度或混凝土	2.0	1.7
混凝土达到抗拉极限强度	2.4	2.0

(2) 混凝土和砌体矩形截面轴心及偏心受压构件的抗压强度应按(4.2.47)计算:

$$KN \leqslant \varphi\alpha R_a bh \tag{4.2.47}$$

式中　R_a——混凝土或砌体的抗压极限强度按表 4.2.5 和表 4.2.6 采用。

表 4.2.5　混凝土的极限抗压强度

强度种类	混凝土强度等级					
	C15	C20	C25	C30	C40	C50
抗压 R_a/MPa	12.0	15.5	19.0	22.5	29.5	36.5
弯曲抗压 R_w/MPa	15.0	19.4	24.2	28.1	36.9	45.6
抗拉 R_t/MPa	1.4	1.7	2.0	2.2	2.7	3.1

注:片石混凝土的抗压极限强度可采用表中的数值。表中弯曲抗压极限强度 $R_w=1.25R_a$ 换算。

表 4.2.6　砌体的极限强度

砌体种类		强度种类				
		抗压 R_a/MPa				抗剪 R_j/MPa
		片石	块石	粗料石	混凝土砌块	
沙浆强度等级	M7.5	3.0	—	—	—	0.35
	M10	3.5	5.5	8.0	5.5	0.40
	M15	4.0	6.0	9.0	6.0	0.50

注:混凝土砌块高度 h 超过 20 cm 时,表中混凝土块砌体的抗压极限强度应乘以下列提高系数 c:$h\leqslant40$ cm 时,$c=0.6+0.02h$;$h>40$ cm 时,$c=1.2+0.005h$;当 $c>1.7$ 时,取 1.7。

K——安全系数,按表 4.2.3 和表 4.2.4 采用;

N——轴向力,kN;

b——轴截面宽度,m;

h——截面厚度,m;

φ——构件纵向弯曲系数,对于贴壁式隧道衬砌、明洞拱圈及墙背紧密回填的边墙,可取 $\varphi=1$,对与其他构件,应根据其长细比按表 4.2.5 采用;

α——轴向力的偏心影响系数,按表 4.2.7 采用。

表 4.2.7 混凝土及砌体构件的纵向弯曲系数

H/h	<4	4	6	8	10	12	14	16
纵向弯曲系数	1.00	0.98	0.96	0.91	0.86	0.82	0.77	0.72
H/h	18	20	22	24	26	28	30	
纵向弯曲系数	0.68	0.63	0.59	0.55	0.51	0.47	0.44	

注：① H 为构件的高度，h 为截面短边的边长（当轴心受压时）或弯矩作用平面内的截面边长（当偏心受压时）。

② 当 H/h 为列表数值的中间值时，φ 可按内插法求得。

表 4.2.8 偏心影响系数 α

e_0/h	α	e_0/h	α	e_0/h	α	e_0/h	α	e_0/h	α
0.00	1.000	0.10	0.954	0.20	0.750	0.30	0.480	0.40	0.236
0.02	1.000	0.12	0.923	0.22	0.698	0.32	0.426	0.42	0.199
0.04	1.000	0.14	0.886	0.24	0.645	0.34	0.374	0.44	0.170
0.06	0.996	0.16	0.845	0.26	0.590	0.36	0.324	0.46	0.142
0.08	0.979	0.18	0.799	0.28	0.535	0.38	0.278	0.48	0.123

注：表中 e_0 为轴向力偏心距。表中 $\alpha=1.000+0.648(e_0/h)-12.569(e_0/h)^2+15.444(e_0/h)^3$

（3）按抗裂要求：

按抗裂要求，混凝土矩形截面偏心受压构件的抗拉强度应按式（4.2.48）计算。

$$KN \leqslant \varphi \frac{1.75R_l bh}{\dfrac{6e_0}{h} - 1} \tag{4.2.48}$$

式中 R_l——混凝土的抗拉极限强度，按表 5.2.9 采用。

注：当为混凝土矩形截面构件 $e_0 \leqslant 0.20h$ 时，系抗压强度控制承载力，可不必按式（4.2.48）计算；$e_0>0.20h$ 时系抗拉强度控制承载能力，可不必按式（4.2.47）计算。

4.2.4 衬砌抗裂计算

（1）《公路隧道设计规范》（JTG D70-2004）[1] 中第 9.2.15 条：钢筋混凝土衬砌结构构件，按荷载基本组合求得最大裂缝宽度 ω_{max} 不应大于 0.2 mm。

（2）《铁路隧道设计规范》（TB10003—2016）中第 10.3.3 条：钢筋混凝土受拉、受弯和偏心受压构件，其最大裂缝宽度可按式（2.3.1）计算，对 $e_0 \leqslant 0.55h_0$ 的偏心受压构件，可不检算裂缝宽度。（3）《铁路隧道设计规范》（TB10003—2005）中第 10.3.4 条：裂缝宽度验算时，钢筋混凝土构件纵向受拉钢筋应力按式（2.3.3）～式（2.3.6）计算。

第五章　隧道衬砌缺陷、病害防治措施

5.1　隧道病害整治原则

隧道病害给隧道的正常运营和安全都带来影响，有时影响十分严重；而且，病害整治和保持运营之间矛盾突出，病害整治干扰正常运营，造成运营损失，而病害整治在空间、时间和施工条件都局限的条件下进行，困难重重。

隧道病害防治受技术和经济水平控制，并不是成本越高，越保险越好，而要和隧道所处的工程地质条件、水文地质条件、隧道的结构特点、功能和设防等级相适应，综合考虑技术、经济及环境因素，确保隧道技术质量、经济合理，并具有可持续性。

因此，首先要预防为主，必须在设计阶段就要采取预防措施，防止病害产生；另一方面，对出现的病害须查清病害原因，采取合理的措施进行整治，提高隧道病害整治的工程质量和经济效益。隧道病害防治是一项系统工程，要求业主、设计、施工、材料供应、运营等单位紧密配合，既要求设计时在业主的支持下，采用先进可靠的预防技术和优化设计，又要求施工时在现场监理的严格监督和密切配合下，严格施工工艺，保证设计意图的实现。同时，还应反馈信息，改进和优化新建隧道的设计方法和施工工艺[15]。

随着人们对隧道病害产生的后果、病害机理认识的深化以及对环保和运营舒适度要求的提高，人们对隧道病害防治原则的认识不断深化，逐渐趋于科学合理。以隧道防水为例，以前为降低工程成本，片面强调“以排为主”。新的《地下工程防水技术规范》提出：地下工程防水的设计和施工应遵循“防、排、截、堵相结合，刚柔相济，因地制宜，综合治理”的原则，还提出了地下工程排水的设计和施工必须符合环境保护的要求，并采取相应的措施，传统采用的排水型隧道设计日益受到质疑。再如，以前对隧道防火认识不足，连接意大利、法国，穿越阿尔卑斯山的勃朗峰隧道火灾，韩国大邱地铁大火使人警醒，深感隧道防火的重要性及迫切性[18-19]。

5.2　保护层厚度不足

如果钢筋保护层厚度不足，一般均采用抹水泥砂浆来处理，如抹灰层厚度较大，最好先挂钢丝网，抹灰前应先刷一遍结构胶，再抹灰。这样可避免抹灰层空鼓和开裂。保护层厚度不足的治理主要有以下两种情况[23-24]：

（1）对保护层厚度不足部位的混凝土凿毛；挂钢丝网，网丝直径0.5～2 mm、网格尺寸5～25 mm，网格形状为正方形或矩形；抹灰前刷一道结构胶，避免抹灰层空鼓和开裂；用高一标号水泥砂浆进行抹灰处理。

(2) 表面漏筋,应先刷洗干净后,再在表面抹 1∶2 或 1∶2.5 水泥砂浆,将表面漏筋部位抹平;漏筋较深的凿去薄弱混凝土和突出颗粒,洗刷干净后,用比原来高一级的细石混凝土填塞压实。

5.3 保护层厚度过厚

一般不需要处理,如果偏差太大,就需按结构计算构件的承载力及裂缝,如不满足就需进行加固处理(加筋加大截面或粘钢、粘碳纤维等)[24]。

《公路隧道设计规范》[1]中 8.3.10 规定:当采用钢筋混凝土衬砌结构时,混凝土强度等级应不小于 C25,受力主筋的净保护层厚度不小于 40 mm。《混凝土结构设计规范》(GB0010—2010)8.2.3 条文说明:当保护层很厚时(例如配置粗钢筋;框架顶层端节点弯弧钢筋以外的区域等),宜采用有效的措施对保护层混凝土进行拉结,防止混凝土开裂剥落、下坠。通常为保护层采用纤维混凝土或加配钢筋网片。

5.4 二次衬砌混凝土背后空洞或不密实

隧道二次衬砌背部存在空洞或脱空时,都会促进围岩的松弛,使衬砌产生弯曲应力,而损伤衬砌的功能,降低其承载力,这已经得到理论和实践的证实。密实的回填二次衬砌背部的空洞和脱空是极为必要的[19]。

对拱顶部位二次衬砌背后脱空采用拱顶预留注浆孔进行注浆回填;对拱腰及边墙处二次衬砌背后脱空采用钻孔后注浆回填。

首先采用探地雷达确定二次衬砌混凝土背后空洞或不密实的部位及数量,根据背后空洞或不密实的位置、数量以及分布情况结合注浆效果,明确需注浆加固的范围和数量。根据现场实际情况选定合适的注浆方案[28]。

(1) 对于脱空高度小于 10 cm,一般采用 ϕ42 mm 管压注纯水泥浆处理,水灰比为0.5∶1。

(2) 对于脱空高度大于 10~15 cm,一般采用 ϕ42 mm 管压注水泥砂浆处理,水泥砂浆要具有良好的流动性。

(3) 对于脱空高度大于 15 cm,一般采用 ϕ150 m 钢管接混凝土输送泵直接泵送混凝土。混凝土要具有良好的和易性和流动性。坍落度控制在 15~20 cm,碎石最大粒径要小于 1 cm。

回填材料方面不但要有自稳性和填充性,还要具有一定的流动性。这里所谓的一定的流动性,是指在一定压力以上,回填材料易于变形,可充填到空洞中,而在一定压力以下,流动性会大大降低性能。此外还应具有以下特征:

① 遇水离析和稀释小;

② 相对密度小,对衬砌的荷载小;

③ 材料进行二次衬砌空洞和脱空的回填。其技术要点如下:

(1) 水泥浆液配合比

可采用单液水泥浆或双液水泥浆。采用单液水泥浆时,水泥浆水灰比为:0.5∶1~

1∶1,水泥宜采用32.5级(R)硅酸盐早强水泥。并通过试验按需掺配高强减水剂、速凝剂及其他添加剂;添加剂的性能质量应符合GB8076的规定,使用前应作效果试验,凝结时间宜初凝不超过5 min、终凝不超过10 min。

(2) 注浆压力和灌浆管设置

注浆压力初压0.2~0.5 MPa、终压0.5~1.2 MPa,可采用逐渐加压式注浆,也可采用定压注浆,注浆时将注浆芯管安装在预埋的灌浆管上,注浆速度为30~60 L/min。预埋的灌浆管应注意避免破坏防水板,灌浆管端头设置防堵设施,注浆结束后应将灌浆管孔封堵密实。

(3) 注浆前的准备工作

注浆前应先对注浆管路系统用1.5~2.0倍注浆终压进行吸水试验,检查管路系统能否耐压,有无漏水,机械设备是否正常,试运行20 min后,进行注浆现场试验,确定注浆参数。试验及压浆过程中,要求有值班施工技术人员在场,并根据现场注浆实际情况,作出准确判断及时对浆液稠度和凝固时间作出调整。

(4) 二次衬砌拱顶注浆施工

首先用凿岩机准确地在二次衬砌存在空洞或二次衬砌和初衬脱空的部位进行钻孔,再安装注浆管,注浆管应在空洞或脱落部位的两个端头设计,保证注浆管很好的固定在二次衬砌中,注浆管周围可以用锚固剂填充周围的空隙。注浆管要设置阀门,以便注浆不密实时进行二次注浆。

注浆前应合理确定注浆顺序,应先对管孔进行清理。注浆时如出现压力迅速上升而浆液却不易注入或注入量很小的情况,应加大水灰比、降低浆液浓度,同时检查注浆管有无堵塞,并加以疏通。相反当发现注浆压力较低或压力上升缓慢而浆液注量却特别大时,应停止注浆,检查是否有漏浆或串浆的现象并及时加以堵塞,同时宜采用减少水灰比或在水泥浆中掺入适量(5%~10%)的水玻璃或采用双液注浆以缩短凝结时间;当压注水玻璃液后,压强明显上升,达到目标要求时,可停止压注水玻璃,仍用原水泥浆液,或用小泵量间歇注浆。

注浆结束标准宜以注浆压力和注浆时间、注浆量综合判定。当达到下述情况之一时即可结束注浆:

① 当注浆压力达到设计终压时;

② 当注浆量达到或超过设计注浆量,孔口管出现冒浆时;

③ 当注浆压强已达到设计终压,且稳压10 min后,即使进浆量仍未达到设计浆量,也可结束注浆;

④ 注浆时衬砌表面如出现有渗漏水部位,可改用压注水泥—水玻璃或其他化学浆液进行注浆堵水。

注浆过程中要经常检查浆液质量,控制好浆液水灰比、注浆压力、注浆量,并逐管填写注浆记录。注浆完成后应检查固结效果,分析注浆记录,对注浆量偏少和有怀疑的灌浆管应重点检查,采用冲击—回波法、地质雷达法、声波监测和直接钻芯取样等方法观察浆液充填和密实情况,如发现效果不佳,应进行补管注浆。

5.5 隧道二次衬砌厚度不足

(1) 利用数值方法计算二次衬砌厚度不足对衬砌结构的影响,当二次衬砌厚度不足影响结构受力的情况,及时采取加固缺陷部位的围岩和初期支护的承载能力或改变二次衬砌结构形式等措施,如采用锚杆、喷锚网或锚杆加钢带等方法进行加固措施,有效消除隧道二次衬砌厚度不足对结构的危害。

如某隧道局部二次衬砌厚度不足,对不能满足受力要求的二次衬砌厚度不足部分,凿毛原二次衬砌砌混凝土表面,选用3.0 m长R25中空注浆锚杆,按照间距1.0 m×1.0 m打设锚杆并压注30号水泥浆,提高围岩、初期支护与二次衬砌的整体承载能力,做好防水后,喷射5 cm厚聚丙烯纤维混凝土

(2)利用数值方法计算二次衬砌厚度不足对衬砌结构的影响,当隧道二次衬砌厚度不足,对一般结构受力影响较小时,可不作专门处理。

对二次衬砌厚度不足的地段进行监测和混凝土的变形分析,如不影响整体质量,不需处理。如混凝土变形分析不利于隧道安全和整体质量时,根据影响程度,采取相应的措施[32,35]。

5.6 隧道衬砌裂损

5.6.1 概述

隧道衬砌裂缝一般是指作为隧道主要结构的二次衬砌混凝土表面的可见裂缝,它是指二次衬砌混凝土中的不连续面,这些薄弱部位是引起混凝土破坏的主要原因。从裂缝的可见程度可分为宏观裂缝和微观裂缝。肉眼可见的裂缝范围一般以0.05 mm为界(实际最佳视力可分辨到0.02 mm),因此我们可认为宽度大于或等于0.05 mm的裂缝称为“宏观裂缝”。参考国内外大量的文献资料和工程经验,对于一般的隧道,宽度小于0.2 mm的裂缝对隧道的正常使用、承载、防腐都无太大影响,故可以把宽度小于0.2 mm的裂缝结构称为无裂缝结构。但当结构防水要求不渗不漏(即达到《我国地下工程防水技术规范》中一级防水标准),裂缝宽度的最小值应规定在0.1 mm以下。因此,我们研究的裂缝治理技术,是指裂缝宽度大于0.2 mm(或0.1 mm)的二次衬砌混凝土结构的加固和补强。

对隧道衬砌裂缝的修补,可按照以下原则进行:对干裂缝以充填封闭为主;对渗水裂缝以堵为主,排堵结合。隧道由于裂缝,尤其是拱墙上的贯穿性斜裂缝(或纵向裂缝),对隧道的使用功能和承载能力影响相对较大,因此必须对隧道拱墙上贯穿性的斜(包括纵向)裂缝进行治理。

公路隧道衬砌裂缝的修补方法较多,如表面封闭法、灌封胶注射修补法、压力注浆修补法等,各种方法都有自己的适应条件,详见表5.6.1[47]。

5.6.2 素混凝土衬砌裂缝治理

在公路隧道中Ⅰ~Ⅲ级围岩地段,由于围岩的物理力学性质较好,二次衬砌均为素混凝土结构,衬砌裂缝的产生一般不是因为围岩压力产生,可能是由于施工因素、环境因素等引起,一般裂缝宽度和数量均较小,对隧道的承载能力和稳定性影响较小,对隧道正常使用影响不大。一般可根据裂缝性质采取以下几种治理措施:

5.6.2.1　表面涂抹法

对于裂缝宽度较小（$w<0.1$ mm），裂缝较多、分布面较广，且无明显的剪切错动和渗漏水迹象，不影响结构安全和正常使用的裂缝，可采用直接涂抹法进行表面修补。施工方法：

表 5.6.1　混凝土结构裂缝修补方法一览表

方法名称	方法特点和功能	方法适用条件
表面封闭修补法	利用混凝土表层微细独立裂缝或网状裂纹的毛细作用吸收低黏度且具有良好渗透性的裂缝封闭修补胶液封闭裂缝通道，提高结构的耐久性。对有防渗要求的结构部位，还应在裂缝表面粘贴玻璃纤维布（GF 布）或碳纤维布（CF 布）以增强封护作用	裂缝宽度 $w<0.15$ mm 的浅裂缝
灌缝胶注射修补法	以一定的压力将低黏度、高强度的高分子聚合物裂缝灌缝胶注射入裂缝内，胶液固化后将开裂两侧的混凝土连接成结构整体；胶液还能进一步渗透到裂缝周围的混凝土毛细缝隙中，形成较宽的加固带，并能沿着钢筋走向渗透，保护钢筋和增加钢筋与混凝土的黏合力，起到对裂缝修复并对结构局部增强并提高耐久性的作用	0.1 mm$\leqslant w \leqslant$1.5 mm 的静止型独立裂缝、贯穿性裂缝以及蜂窝状混凝土局部缺陷的补强和封闭
压力注浆修补法	在一定的时间内，以较高的压力将修补裂缝的超细无收缩水泥注浆料、改性聚合物水泥注浆料及不回缩微膨胀水泥注浆料压入裂缝腔内，填实混凝土结构裂缝空间形成结构整体	$w \geqslant 0.15$ mm 的静止型裂缝、大型结构的贯穿性裂缝、大体积混凝土的蜂窝状严重缺陷以及深而蜿蜒的裂缝
填充密封修补法	在构件表面沿裂缝走向骑缝凿出或切出槽深和槽宽分别$\not<$20 mm 和 15 mm 的 U 型沟槽，然后用改性环氧树脂或弹性填缝材料充填，并粘贴 GF 布或 CF 布封闭其表面；当为活动裂缝时，槽宽按 15 mm+$5w_{max}$确定	$w \geqslant 0.5$ mm 的活动裂缝和静止裂缝

① 将裂缝附近的混凝土表面凿毛；

② 用钢丝刷配以高压水清洗并洒水湿润；

③ 然后刷一层水泥砂浆，再用 1∶（1～2）水泥砂浆分 2～3 层涂抹，总厚度控制在 10～20 mm 左右，并用铁抹压密抹光。

5.6.2.2　骑缝注浆法

对于宽度不大（0.1 mm$\leqslant w<$0.2 mm），范围较小，数量较少，大部分为环向裂缝，有渗漏水迹象的裂缝，可采用此方法。施工方法：

① 沿裂缝布孔，将水集中引排；

② 埋管注浆，先堵小水，后堵大水；

③ 割管，防水沙浆找平。

5.6.2.3　挂网喷浆法

对于宽度略宽（$w \geqslant 0.2$ mm），数量较少，对承载力影响较小的裂缝，可采用此法。施工方法：

① 凿除局部破坏部位；

② 打钎钉、挂钢筋网；

③ 喷混凝土或钢纤维混凝土；

④ 防水沙浆找平。

一般情况下，由于围岩岩性较好，素混凝土衬砌结构不会出现较大裂缝，但是，一旦出现较大的剪切错动裂缝，将会对结构安全造成很大的威胁，处理不当会导致塌方等事故发生。因此，在采取裂缝治理的基础上，应密切关注素混凝土衬砌结构裂缝的发展。

5.6.3 钢筋混凝土衬砌裂缝治理

隧道衬砌混凝土表面常出现一些无扩展性的细微裂缝（裂缝宽度小于 0.2 mm），这种裂缝是稳定的，不会影响结构的使用和耐久性。从美观考虑，可先清洗干净裂缝表面，然后涂刷环氧树脂浆液二至三遍，最后用刮抹料、调色料处理混凝土表面，使其颜色与周围衬砌混凝土颜色一致。环氧树脂浆液配比为：环氧树脂：501 稀释剂：二甲苯：乙二胺 = 1：0.2：0.35：0.08。刮抹料配比为：水泥：细沙：水 = 1：2：0.35。调色料配比，水泥：白水泥：107 胶 = 5：3：1。

国内外隧道裂缝的治理技术，主要有拆除重建法、锚固注浆法、挂网喷浆法、套衬补强法、骑缝注浆法、凿槽嵌补法、直接涂抹法等，根据裂缝的特征选取适宜的方法进行治理。

5.6.3.1 纵向、斜向裂缝治理

（1）纵向、斜向裂缝对隧道衬砌结构安全性影响较大，一般选用注浆法，沿裂缝走向钻孔，注入前先清除裂缝表面浮渣、灰尘等污物，用毛刷蘸甲苯、丙酮等有机溶液清洗表面并保持干燥，然后安装注入嘴，用环氧树脂将其余部分裂缝封闭，最后注入环氧树脂，如图 5.6.1 所示。

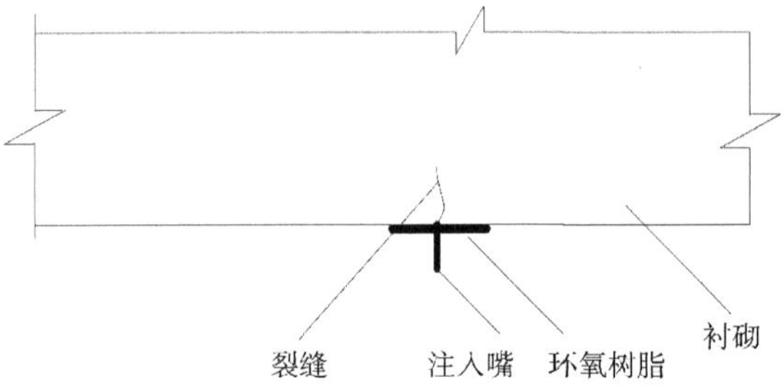

图 5.6.1 纵向、斜向裂缝处理措施示意图

（2）衬砌混凝土表面开裂并伴有渗水的情况。该种裂缝基本上为贯穿型裂缝，因此，对有水裂缝的治理必须是在衬砌内部封填裂缝，阻断水的通道，以阻止地下水引起的钢筋锈蚀和加固治理的耐久性。施工中对渗漏水裂缝一般先进行表面清洗，寻找到裂缝轨迹后，根据渗漏水情况采取对应的凿槽注浆堵漏与凿槽引排的措施，如图 5.6.2 和图 5.6.3 所示。

① 对于有渗漏水的情况，当细小裂缝或孤立的渗水点不便引排的情况下，宜采取凿槽注浆堵漏措施，一般开槽的深度不宜大于 8 cm，不宜小于 4 cm。

具体操作参考：先沿渗水裂缝凿宽 6 cm、深 5 cm 的沟槽，用水冲洗干净，然后沿裂缝每隔 0.5 ~ 0.8 m 设置 1 根长度为 15 cm 的 ϕ10 mm 注浆钢管，注浆管前端分叉劈开对准渗水裂缝，用双快水泥固定注浆管，待水泥达到一定强度后，通过注浆管压注纯水泥浆液，注浆压力为 0.3 ~ 0.5 MPa，注浆后割掉注浆管外露部分，并用 M20 水泥砂浆填充沟槽。

② 如水量大对结构可能产生较大压力时，宜先“凿槽引排”，引排开槽断面形状以矩形或倒梯形为好，封堵槽沟时要加混凝土界面剂。封槽后应检查效果，使结构表面平整、光滑。

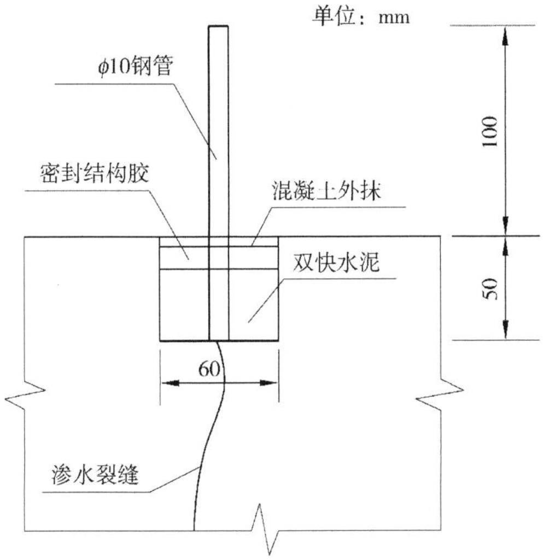

图 5.6.2　渗水裂缝注浆堵漏处理

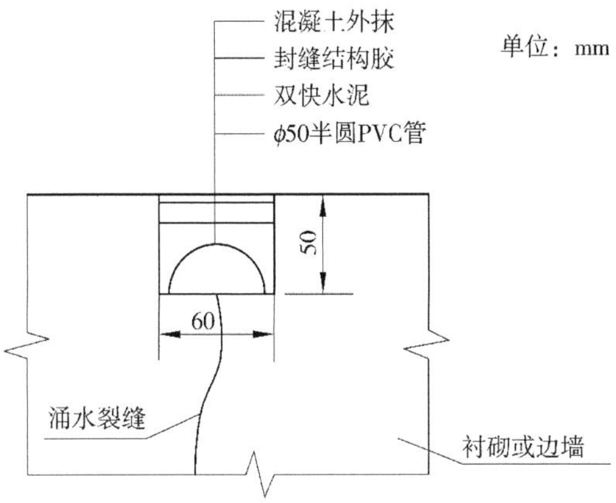

图 5.6.3　凿槽引排断面示意图

封槽材料有：双快水泥、聚合物水泥砂浆、改性环氧树脂沙浆及普通速凝沙浆等。

具体操作参考：先沿渗水裂缝凿宽 6 cm、深 5 cm 的槽，将水引至集中处，并从集中处沿隧道衬砌向边沟凿宽 6 cm、深 5 cm 的沟槽，用水冲洗干净，然后在槽中扣入 50 mm 的半圆 PVC 管，将水引入边沟，用双快水泥固定并封好管沿，用 M20 水泥砂浆填充沟槽。

（3）纵向、斜向裂缝观测。综合考虑裂缝长度、宽度和位置、围岩类别、衬砌类型、地下水等情况，选取有代表性的裂缝进行定期观测（如拱顶纵向裂缝对隧道承载力影响较大），不少于裂缝总数的 30%。

① 先用超声波法检测 1 次深度，然后每隔半个月观测 1 次裂缝宽度和长度，做好记录；

② 连续 3 个月内裂缝长度和宽度没有变化时，适当放宽测量时间间隔，可改为每月观测 1 次，半年后作 1 次深度检测；

③ 若连续半年以上裂缝长度、宽度及深度均没有变化，应认为裂缝没有发展，可进行裂缝封闭处理；

④ 若裂缝继续发展，应重新分析原因，视情况进行补强处理。

观测时应做好空气温度、湿度记录，便于修正温度、湿度变化对裂缝产生的影响。

5.6.3.2　环向裂缝治理

（1）根据裂缝宽度大小、对结构稳定性影响大小等选择不同的治理方案。

① 对于较细小的环向裂缝（$w<0.3$ mm），裂缝无明显的剪切错动和渗漏水迹象，不影响结构安全和正常使用的，可选定涂抹浇灌法来处理。基本工艺为：先采用凿毛、喷沙或钢丝刷刷毛等办法清除需要修补范围内的混凝土表面浮浆和污渍，并沿裂缝长度方向将裂缝凿成“V”形，之后用高压气枪冲洗干净。待风干或吹干后，反复在裂缝上涂抹环氧树脂胶液，直至胶液浸透裂缝为止。

② 裂缝宽度较大（$w\geqslant0.3$ mm）时，可采取骑缝注浆法（工法参考前面介绍）或凿槽嵌补法。凿槽嵌补法施工方法：沿裂缝凿倒梯形沟槽；将浮沉刷净，涂刷底胶；嵌入高强黏合材料；防水沙浆找平。

(2) 衬砌分段施工时，由于端模板安装不牢固，在挤压下局部跑模，或者由于环向施工缝处粘连，在温度作用下，将另一侧的衬砌拉裂，致使环向裂缝不整齐，影响美观。可在环向裂缝两侧各切开一条缝，将中间凿除，形成一深度不小于 3 cm 的凹槽，用毛刷蘸甲苯、丙酮等有机溶液清洗表面并保持干燥，然后用环氧树脂填补，填补至与衬砌表面齐平后抹光，待环氧树脂达到一定强度时进行环向切缝，切缝要规则，深度 3 cm。处理措施图 5.6.4 示。

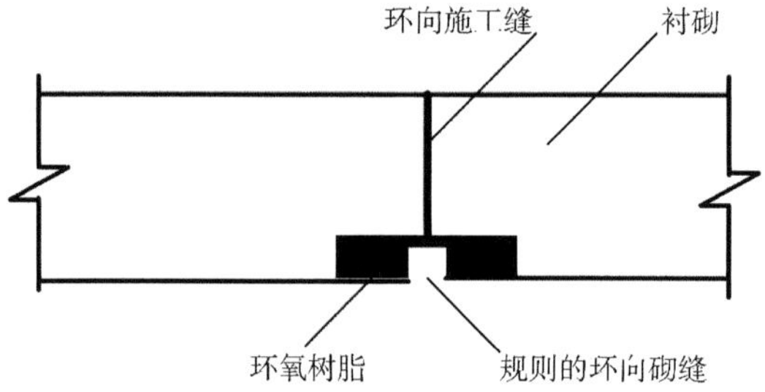

图 5.6.4　环向裂缝处理措施示意图

(3) 有渗漏水情况时参考纵向、斜向裂缝渗漏水治理。

5.6.3.3　裂缝补强

多处裂缝闭合成环，有剥落的危险，因此在裂缝灌浆修补的基础上，在外表面粘贴碳纤维板以增加强度，并防止掉块。

5.6.4　灌浆法施工工艺

隧道混凝土结构的裂缝可根据裂缝的深度和宽度而采取不同的修补方法，修补方法众多，采用的修补材料也各异。一般细而浅的裂缝常用涂抹浇灌法进行修补，对于较深的裂缝则采用灌浆法，对于一些已严重发展的裂缝则采用粘钢(或碳纤维)粘贴加固法。考虑到材料的强度要求，修补裂缝用的粘贴或填缝材料通常都采用高分子化学材料，这主要是因为它们硬化后的强度高，黏性好，且易于施工。通过使用这种高分子化学材料，能使裂缝周围受损或疏松的混凝土形成整体，起到修补与补强的作用。国内目前较常用的这种高分子材料为环氧树脂加各种其他化学原料按不同比例配制的环氧树脂胶液。

采用灌浆法修补裂缝时，先将结构物的裂缝封闭，仅留出进浆口及排气孔，然后将配制好的较低黏度的浆液通过压浆泵将浆液压入裂缝内，浆液扩散并固化后便能将混凝土周围的混凝土联结成整体，达到恢复原结构强度的目的。

5.6.4.1　低压注浆法

(1) 适用范围

适用于宽度为 0.2 ~ 3.0 mm 的混凝土裂缝修补。

(2) 材料和机具

封口胶(修补胶)；灌缝胶；弹力低压注射器；注浆嘴。

(3) 修补工艺

低压注浆法修补混凝土裂缝的工序如下：裂缝清理→粘贴注浆嘴和封闭裂缝→试漏→配制注浆液→压力注浆→二次注浆→清理表面。

① 裂缝清理：缝中如被泥土粉尘堵塞，可用小型工业吸尘器吸出。沿裂缝两边约5 cm

的混凝土表面要用湿布擦去尘土,但要注意缝中不得进水。

② 粘贴注浆嘴和封闭裂缝:注浆嘴宜用封口胶骑缝粘贴,注浆嘴的间距与裂缝宽度有关,其间距参考表5.6.2。当裂缝数量较多时,具体做法如下。首先,在预计要贴嘴的裂缝位置贴上医用白胶布,再用窄毛刷将封口胶沿裂缝来回涂刷,使裂缝封闭。大约10 min后,揭去胶布条,露出小缝。然后,用封口胶将注浆嘴在预留的小缝处骑缝粘上,整个底座都要用封口胶包严,固化后周边可能有裂口,必须反复用封口胶补上,以免注浆时漏浆。

表5.6.2　注浆嘴间距参考表

裂缝宽度/mm	0.2 ~ 0.3	0.3 ~ 0.5	0.5 ~ 1	1 ~ 3
注浆嘴间距/cm	10 ~ 20	20 ~ 30	30 ~ 40	40

③ 试漏:试漏要逐条裂缝进行。每条连通的裂缝,先将注浆嘴堵上,留一个嘴用注射器压气,在封闭的裂缝上涂肥皂水进行试漏。对于有经验的操作者,也可不必试漏。

④ 配制注浆液:注浆操作一般在粘嘴的第二天进行,灌缝胶为A、B两组分,取洁净容器(塑料或金属盆)和称重衡器按配比混合,搅拌均匀为止,胶液应现配现用,以防凝胶。

⑤ 注浆:用注射器吸取注浆液,插入注浆嘴,用手推动注射器活塞,使浆液通过注浆嘴压入裂缝,当相邻的嘴中流出浆液时,就可以拔出注射器,堵上塞子,将注射器移到相邻注浆嘴重复注浆。垂直缝,一般由下往上注浆,水平缝,从一端向另一端逐个注浆。如果裂缝较细时,可以使用注射器上的弹力装置对注浆液自动加压,此时,一个人可以同时照看若干个注射器。

⑥ 二次注浆:为了保证浆液充满,在注浆后约半小时,可以对每个注浆嘴再次补浆。

⑦ 检查:灌注胶的强度发展与环境温度有很大关系,一般情况(20 ~ 25 ℃)1 d后开始固化,10 d后达到要求强度。检查注缝质量可以用小型空心钻机,跨缝钻取芯样,进行检查。

5.6.4.2　高压注浆法

(1) 适用范围

适用于处理大型结构贯穿性裂缝,大体积混凝土的蜂窝状严重缺陷以及深而蜿蜒的裂缝,具有操作简捷、可四季施工、经济环保等特点。

(2) 材料和机具

封口胶;灌注胶;高压注浆机;高压注浆嘴。

(3) 施工工艺

裂缝处理→钻孔→埋设灌浆嘴→封缝→密封检查(此步骤一般可省去)→配制胶液→灌浆→二次注浆→结束→检验

(4) 施工方法

① 裂缝处理:清除裂缝表面的灰尘、浮浆、松散层等污物,用钢丝刷、毛刷将裂缝两侧30 ~ 50 mm清净并保持干燥备用。

② 钻孔:缝的旁边50 ~ 100 mm,45°斜角钻孔。

③ 埋设灌浆嘴:灌浆嘴有两种,一种为一次性的塑料嘴,另一种为可重复使用的铜制嘴。灌浆嘴埋设处裂缝宜应明显可见、无灰尘堵塞,将灌浆嘴中心孔对准裂缝。若裂缝贯穿

构件,沿裂缝两面骑缝埋设灌浆嘴,一侧作为注浆嘴,另一侧作为排气嘴、出浆嘴。

④ 封缝:采用封口胶封闭灌浆嘴之间缝隙,胶液应涂抹均匀,避免产生小孔和气泡,厚度不小于 3 mm,宽度不小于 20 mm。

⑤ 密封检查:封口胶固化后可沿裂缝涂一层肥皂水,采用压缩空气检查密闭效果,若发现漏气部位,重新用胶封闭。

⑥ 配制胶液:灌注胶为 A、B 两组分,取洁净容器(塑料或金属盆)和称重衡器按配合比混合,搅拌均匀为止,然后倒入注浆罐内,胶液应现配现用,以防凝胶。

⑦ 灌浆:灌浆压力 0.1 ~0.4 MPa 左右,操作人员应戴护目镜,以防胶液飞溅。注浆以所有排气嘴均可见饱满浆液为佳。

⑧ 二次注浆:为了保证浆液充满,在注浆后约半小时,可以对每个灌浆嘴再次补浆。

⑨ 结束:待浆液初步固化,失去流动性后即可拆除灌浆嘴。

5.6.5 碳纤维布粘贴工艺

由于裂缝闭合成环,有剥落的危险,因此在裂缝灌浆修补的基础上,在外表面粘贴碳纤维板以增加强度,并防止掉块。碳纤维块的宽度应该大于裂缝拱的高度并跨缝粘贴,长度应超过裂缝环向发展范围[14]。碳纤维板施工工艺如下:

(1) 混凝土基面的处理

① 用角磨机打磨混凝土表面,并用吹风机吹净,露出干净、结构坚实的表面。

② 清理打磨基面上的粉尘,用吹风机吹干净,确保粘贴基面上干净、无油污并充分干燥。

(2) 涂底胶

① 根据标准用量,算出所涂布面积的底胶用量,视现场气温等实际情况,确保在使用期内一次用完,按底胶规定的比例把底胶主剂和固化剂置于配胶容器中,用电动搅拌器搅拌均匀。

应注意:配好的底胶如超过使用期后决不能使用;在底胶中严禁添加任何溶剂,含有溶剂的毛刷或被溶剂润湿了滚筒等工具在未干燥之前不得使用。

② 用滚筒刷或毛刷均匀、无遗漏地将底胶涂在需补强的混凝土表面,底胶涂布面边界应不小于所粘贴的碳纤维布大小。

应注意:施工部位的温度应不低于 50 ℃或高于 350 ℃,相对湿度应小于 70%,遇雨天混凝土表面结雾或有水分,应用电吹风将潮湿部位表面处理至干燥后方可施工。

③ 等底胶凝胶至指触干燥(视施工现场气温情况,一般需 4 h 左右)后,如发现表面有突起毛刺,应用沙布打磨光顺,注意不能将底胶层打磨穿。如有打磨穿的局部应重复操作步骤。

(3) 修整找平层

① 底胶指触干燥后,若发现粘贴表面上有坑洼、模板接头处出现的高度差等情况,应用找平胶进行刮填修补,保证模板接头处无明显高度差。

② 等找平胶固化至指触干燥(视施工现场气温情况,一般需 4 h 左右)后,如发现整平部位表面有突起毛刺,应用沙布打磨平顺。

(4) 粘贴碳纤维布

① 按设计要求的尺寸裁剪碳纤维布。

应注意：a. 碳纤维布的裁剪数量应保证能在当天用完；b. 碳纤维布一定要做好防潮处理，避免影响质量。c. 碳纤维布在运输、储存、裁剪和粘贴过程中应避免受到弯折，每天施工所用的剪裁好的碳纤维布应妥善保存。d. 碳纤维布为导电材料，使用碳纤维布时应尽量远离电气设备及电源。

② 根据黏结胶的标准用量，计算出所涂布的面积的需用量，视现场气温等实际情况，确保在使用期内一次用完，按黏结胶使用说明规定的比例把黏结胶主剂和固化剂置于配胶容器中搅拌均匀。

应注意：已配好的黏结胶如超过使用期后不能使用。

③ 用滚刷均匀地将黏结胶涂在选定的混凝土表面，黏结胶涂刷面积应大于所粘贴碳纤维布的面积。

应注意：在模板接头处出现的高度差位置和拐角以及碳纤维布搭接部位处应多涂一些。

④ 在已涂好黏结胶的混凝土表面铺覆碳纤维布，碳纤维布的铺覆方向符合设计要求，一层中各张布之间的搭接应在纤维方向进行，并且搭接长度应不小于 10 cm。

⑤ 用专用胶辊或刮板在碳纤维布上沿纤维方向施加压力并向一个方向或从中间向两个方向滚动碾压，但不允许来回反复滚动，使树脂胶液充分浸渍碳纤维布，形成复合材料，消除气泡，使碳纤维和底层充分黏结。严禁交叉垂直于碳纤维方向滚动碾压施工，以免出现折丝弯丝现象。

⑥ 应遵循下述自然养护制度：每处施工完成后，自然养护 24 h 内应确保不受外力硬性冲击等干扰；每道工序过程中及完工后，均应采取适当措施保证不受污染或雨水侵袭；自然养护下至达到设计要求需要 5 d 左右。

⑦ 对粘贴施工完成后的复合材料层，经自然养护至黏结胶完全固化后，对碳纤维布粘贴面仔细检查，如果碳纤维布贴层有空鼓或气泡，可以用刀片将碳纤维布划开（注意不要划断得太长），然后采用注射器针管将调制好的黏结胶注入空鼓或气泡内填充至密实。应保证密实粘贴面积达到 100%。

碳纤维片粘贴的质量标准；a. 黏结胶浸润碳纤维束良好；b. 碳纤维片粘贴密实与混凝土结合达到 100%；c. 碳纤维片方向不发生弯曲；d. 顺纤维方向搭接长度不小于 10 cm，各层碳纤维片搭接部位不得位于同一条线上，必须错开至少 50 cm。e. 碳纤维片材规格、贴片位置、长度、宽度、纤维方向、层数符合设计规定。

（5）涂刷表面防护胶

复合材料凝胶固化后，在复合层表面采用毛刷或刮板均匀涂刷表面防护胶，形成防护层。

（6）表面涂装

将水泥和 107 胶混合成的涂料，涂刷于碳纤维表面，使其颜色与混凝土颜色基本一致。

5.6.6　灌缝胶注射修补法

（1）裂缝灌封胶（注射剂）材料

① 裂缝灌封胶（注射剂）材料的安全性能和工艺性能应符合表 5.6.3 和表 5.6.4 的指标。

② 裂缝灌封胶(注射剂)材料主要采用环氧树脂、改性丙烯酸树脂和改性聚氨酯类材料制成。

表 5.6.3　裂缝灌封胶(注射剂)安全性能指标

检验项目		性能或质量指标	试验方法标准
钢-钢拉升抗剪强度标准值/MPa		≥10	GB/T 7124
胶体性能	抗拉强度/MPa	≥20	GB/T 2568
	受拉弹性模量/MPa	≥1 500	GB/T 2568
	抗压强度/MPa	≥50	GB/T 2569
	弯曲强度/MPa	≥30,且不得呈脆性(碎裂状)破坏	GB/T 2570
不挥发物含量(固体含量)		≥99%	GB/T 14683
可灌注性		在产品使用说明书规定的压力下,能注入宽度为 0.1mm 的裂缝	现场试灌注固化后,取芯样检查

表 5.6.4　裂缝灌封胶(注射剂)工艺性能指标

检验项目	性能或质量指标	试验方法标准	备注
混合后初始黏度	≤500 mPa · s	GB/T 12007.4	气温 25 ℃下测定
可操作时间	≥60 min	GB/T 7123	气温 25 ℃下测定
施工环境温度	5 ~40 ℃	—	5 ℃时应具有可灌性; 40 ℃时应在 40 min 内可灌注完毕

(2) 裂缝灌封胶(注射剂)材料

① 骑缝打磨裂缝范围的混凝土表面并吹风清洁干净,打磨范围应超出裂缝四周各 50 ~ 100 mm。

② 骑缝粘贴固定专用注射器的 BC 基座,要求基座中心对准裂缝中心,基座间距一般为 200 ~400 mm(即每延米裂缝粘贴 3 ~6 个),基座间裂缝表面刮涂环氧树脂胶泥或粘贴 GF 布进行严密封闭防止压注时灌封胶从基座裂缝中溢出。

③ 按设计要求和产品说明书要求配兑干燥型或潮湿型灌封胶,每次配兑的灌胶数量以一次压注完胶液不在注射器内发热、变稠和凝胶为限,做到专人配兑、专人检核,称量准确,搅拌充分,即配即用。

④ 先将灌封胶吸入注射器并用活动卡条固定,在将注射器装入 BC 基桩拧紧固定,全部注射器安装完成后松开固定卡条,使灌封胶在注射器配套专用压力筋作用下低速低压连续自动地将灌封胶源源不断地压入裂缝深处,一个注射器的灌封胶注射完毕,立即换上另一个预先吸满灌封胶的注射器继续压注,直至裂缝完全灌满为止。

⑤ 灌封胶固化 8 h 后撤除注射器,剔除封缝胶泥或封缝 GF 布,用手提沙轮机打磨平顺并吹风清洁干净,自检后报工程监理和质监单位检查验收。

5.7　衬砌混凝土强度不足

对于混凝土强度不足的受弯构件,通常可根据受弯构件在变形和裂缝方面的表现、混凝土的设计强度等级、配筋情况、混凝土强度不足的幅度(即前述的强度等级下降系数)及混凝土结构设计和使用的要求确定处理方案[19,21-24,43]。

5.7.1　加固原则

(1) 当混凝土强度等级不足的幅度较小,构件控制截面的抗弯、抗剪承载能力下降的幅度均在5%以内时,可不进行结构加固处理。

(2) 按实测混凝土强度等级对原结构进行承载能力和变形验算,若能满足设计及使用要求时,除了进行结构裂缝密封修补处理外,可以不做结构加固处理。

(3) 若实测的混凝土强度等到级使得受弯构件的承载能力不满足上述(1)(2)条的要求,则应进行相应的结构加固处理。常用的加固方法有,加大截面加固法、外包钢加固法、预应力加固法、改变结构传力途径法、粘贴片材材料(钢板、碳纤维等)加固法等[24,26]。

5.7.2　加固方案

5.7.2.1　粘钢加固法

粘钢加固法即在混凝土构件外部粘贴钢板,以提高其承载能力和满足正常使用的一种加固方法。此法适用于承受静力作用的一般受弯、受拉及受压构件的加固。优点是被加固构件基本不受损伤,可以充分发挥原构件的作用;加固后几乎不改变构件的外形且不影响建筑功能;施工工艺简单,施工工期短。但该方法的耐久性较差,且要求环境温度不大于60 ℃,相对湿度不大于70%,以及无化学腐蚀影响,否则应采取相应的措施。

1) 施工工艺流程

粘钢加固法施工工艺流程如图5.7.1所示。

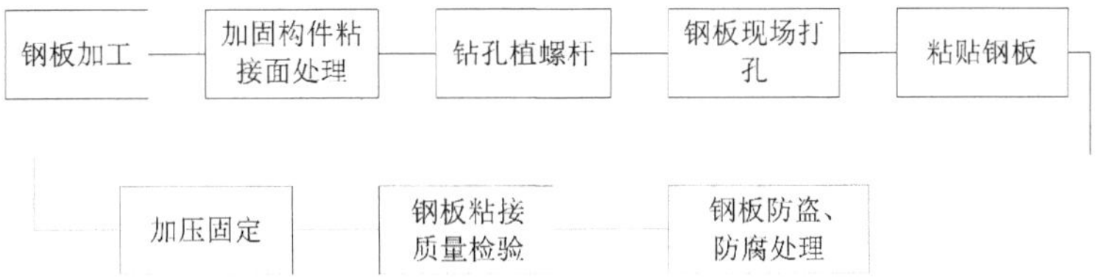

图5.7.1　施工工艺流程

2) 施工方法

(1) 钢板加工

钢板一般由工厂加工制作,切割后的钢板边缘应平顺、光滑、无毛刺、缺口等缺陷。运至现场后进行除锈和粗糙处理。其方法:用电动磨光机反复打磨粘贴面,至露出金属光泽,再用平沙轮打磨拉毛处理,纹道与钢板受力方向垂直。

(2) 加固构件黏结处理

① 在粘贴钢板位置用平沙轮将混凝土表面打磨去掉2 ~3 mm厚表面。

② 结合面的粗糙处理:可采用1.5 ~2.5 kg的尖头錾石花锤,在混凝土结合面上錾出麻

点,形成点深约 3 mm、点数为 600 ~ 800 点/m^2 的均匀分布;也可錾成 4 ~ 5 mm、间距约 30 mm的梅花形分布;也可采用沙轮机垂直于钢板粘贴的方向,在混凝土结合面上打出纹深为 3 ~4 mm、间距约 50 mm 的横向纹路。

③ 若结合面混凝土坑槽较深(超过4 mm),有较大错台或混凝土局部松散老化,应对较低处混凝土表面凿毛或凿除松散老化混凝土,用聚合物沙浆进行修补,固化后再进行打磨。

④ 粘贴钢板前应检测混凝土表层含水率。表层含水率不宜大于 4%,且不得大于 6%;对于含水率超限的部位应进行自然干燥或人工干燥,直到含水率满足要求后才能粘贴。

(3) 钻孔植螺杆

按要求位置在混凝土表面标出螺杆孔位置,按植螺杆工艺进行植螺杆。

(4) 钢板现场打孔

准确测量已植螺杆的位置,然后在钢板上标出螺杆孔眼位置,用电动钻机进行钻孔。钻孔完成后进行试装,若不合适应对孔眼进行适当扩孔,钻孔完成后对钢板进行编号存放。

(5) 粘贴钢板

粘贴钢板前应用丙酮对处理好的钢板进行清理,除去钢板表面附着的油污和杂质并晾干;将配置好的胶粘剂用抹刀同时涂抹在已处理好的混凝土表面和钢板表面上。为使胶液充分渗透扩散在结合面上,应先用少量胶液在结合面上来回刮抹,再抹胶液至所需厚度,且使中间厚边缘薄,然后将钢板贴于预定位置。粘贴后的胶层厚度应控制在 2 ~3 mm,竖贴时胶层宜上厚下薄;仰贴时胶液的垂流度不应大于 3 mm。粘贴后用手锤轻敲钢板,如无空洞声,表示已贴密室,否则应剥下钢板重新补胶黏结。

(6) 加压固定

钢板粘贴好后,加垫片紧固螺帽,对钢板进行加压固定,其加压顺序从钢板的一端向另一端逐点加压,或由钢板中间向两端逐点加压;不得由钢板两端向中间加压;加压时,应按胶缝厚度控制在 2 ~2.5 mm 进行调整。

(7) 钢板防腐处理

将从钢板边缘挤出的胶液抹在钢板侧面,形成等边三角形断面,如果挤出的胶液数量较少,应适当增加胶液数量,保证三角形断面的边长不小于 5 mm;另外在切除多余的螺杆后,在剩余的螺杆上涂抹环氧胶液,使螺杆丝口中充满胶液。

胶结剂完全固化后并对钢板粘贴密实性检查完后,对钢板外露的表面用电动沙轮或钢丝刷进行除锈,直至露出金属光泽;对外露螺杆和螺帽也进行除锈,用丙酮将钢板和螺杆、螺帽擦洗干净,然后按图纸要求进行防腐处理。

5.7.2.2 粘贴纤维复合材料加固法

纤维复合材料是由基体材料(环氧树脂)和增强材料(纤维)所组成复合材料。这种复合材料既可以保持原有材料的特性,又发挥组合后的新特性,它可以根据需要进行加固设计,从而最合理地达到使用要求的性能。工程中常见的纤维复合材料有,玻璃纤维、碳纤维和芳纶纤维等。其中以碳纤维的抗拉强度和弹性模量最大,其价格较贵,碳纤维片材加固的构件在较高温度、湿度、化学腐蚀条件下能够保持良好的工作性能。玻璃纤维极限抗拉强度较低,其弹性模量一般为 17 GPa,与混凝土的弹性模量 25.5 GPa(C20)较接近,若能保证粘贴牢固,玻璃纤维复合材料在加固过程中能保证与混凝土的变形一致。

5.8　隧道渗漏水

5.8.1　隧道渗漏水整治原则[7]

5.8.1.1　分析病害成因，对症整治

检查和分析清楚病害成因是隧道整治的基础。根据引发水害的影响因素和规律，以及病害等实际情况，采取针对性的措施，才能取得良好的整治效果；否则整治效果就不会好。

5.8.1.2　合理选择防水材料

随着科学的进步，隧道水害整治材料有了很大的发展。1950～1960 年主要采用普通水泥净浆或沙浆抹面喷涂；1970～1980 年有了特种水泥、橡胶沥青、橡胶水泥、焦油聚氨酯等，20 世纪 90 年代引进了 R 料（改性确保时）、优止水（优防水）、赛柏斯等新型防水材料，防水材料种类的增多，使水害整治材料有了更大的余地。根据隧道水害的特点，合理地选择防水材料、可做到施工简便、质量可靠、牢固耐久、造价低廉。隧道衬砌一般比较潮湿，增设内防水层使用的材料应具有可在潮湿界面上施工的特性，否则不是施工施工工艺麻烦就是影响效果；隧道内一般通风较差，使用的材料应该是无毒、无味、无污染的；隧道是永久建筑物，使用的材料应是耐久性好、长寿命的。对于有侵蚀介质的隧道，在弄清侵蚀介质性质的基础上，选择耐腐蚀的材料；在有流水的部位，注浆应选用水溶性聚氨酯，因为水溶性聚氨酯遇水迅速膨胀和固化，堵水效果显著，但聚氨酯强度低，耐久性差，价格高，流水一旦被堵住，衬砌后仍应压注普通水泥净浆或沙浆空隙，对衬砌局部少量漏水宜选用立止水、R 料、赛柏斯等堵水材料。

5.8.1.3　严格施工工艺

不论采用哪种材料、不论增设内防水层还是注浆堵水都应严格按施工工艺进行，否则会将严重影响整治效果。

（1）隧道增设内防水层时，衬砌表面必须平整，要用凿毛及高压水进行认真清理，使衬砌表面不得有灰尘、油污、泛碱、油漆、翻浆、剥落在即的混凝土等。不然，无论用什么方法施作的内防水层都不可能与衬砌牢固连接在一起。

（2）增设内防水层必须经过注浆堵漏的基础上进行，在衬砌有明显水流的情况下，不论采用何种材料施作内防水层，都不可能与基底黏结牢固。也就是说，增设内防水层只能在没有明水的基面上进行（有点的材料要求基面上必须干燥）。衬砌有较大射流或渗流时，必须进行堵漏处理，然后增设内防水层。

（3）堵漏必须与引排相结合，一般是在拱部采取堵的方法，在墙部采取排的方法。在漏水严重的地段，应先凿槽埋管引排；避免因强堵而增加衬砌背后的积水压力，导致衬砌其他薄弱部位出现新的渗漏。

（4）注浆堵水应按施工工艺进行，必须根据渗漏水情况合理布孔，根据堵水类型保证钻孔深度，严格控制水灰比和注浆压力，注浆前先压水检查注浆孔贯通情况及估算注浆量，注浆完成后应认真复查注浆效果，未达到设计要求的应进行补浆。基底注浆应保证注浆量及基底清洗的洁净度，如基底清洗不干净，含有泥沙，注浆就不能达到预期效果。

5.8.2 隧道渗漏水整治措施

隧道建设是一个过程,分为勘测与设计、施工、验收等阶段,在每个阶段施工质量或防水材料出现问题,都可能会引发隧道水害。运营隧道出现的渗漏水病害客观原因是隧道的地质条件不好,主观原因是隧道施工质量不佳、防水材料质量不造成的[15,25,40,48-49]。

现行的公路隧道衬砌混凝土防水系统主要由横纵向排水管+塑料板防水层+盲沟+防水混凝土。由于目前施工工艺水平还不是很成熟、先进,塑料板的焊接工艺还达不到相关要求,为隧道渗漏水留下了隐患;隧道施工缝的防水措施不到位,也为隧道渗漏水提供了通道。

防水混凝土是集支护与防水为一体的防水形式,它结构合理、工艺简单、造价较低,国内外倾向与大量采用防水混凝土衬砌,实现结构防水。

运营隧道渗漏水病害根据渗漏水病害的类型可以采用以下不同的形式。

5.8.2.1 隧道衬砌渗漏水

1) 按渗漏水危害程度

按渗漏水危害程度可以采用:附加防水层、注浆防水、塑料管(盲管)排水。

附加防水层是附加在围护结构上的防水层,既可做外防水层,又能做内防水层或夹层防水层,在工程商可以单独使用,又可以复合使用。按材料划分:塑料防水板防水层、水泥砂浆防水层、卷材防水层、卷材防水层、涂料防水层、金属防水层。按照施作位置划分:外贴防水层、夹层防水层、内贴防水层[26-27]。

(1) 附加防水层

① 防水沙浆

水泥砂浆防水层主要是利用硅酸盐水泥及其他特种水泥、外加剂、掺合料配置的沙浆、运用人工反复抹压或喷射的方法,使得水泥浆体分散均匀,增加水泥水化面积,并保证了在较长时间内,有足够的水分来满足水泥水化的需要。尤其是掺加各各种不同外加剂后,更增加了水泥砂浆的密实性。水泥砂浆防水层由叫刚性防水沙浆面。刚性防水层,最早使用于天津等地,20 世纪 40 年代就有应用。常用水泥砂浆配合比见表 5.8.1。

表 5.8.1 水泥砂浆配合比

名称	配合比(质量比)		水灰比 (水：水泥)	
	水泥	沙		
水泥浆	1		0.55～0.50	水泥砂浆防水层第一层
水泥浆	1		0.37～0.40	水泥砂浆防水层第三、五层
水泥砂浆	1	1.5～2.0	0.40～0.50	水泥砂浆防水层第二、四层

厚度为 15～20 mm,施工时须分层铺抹或喷射,水泥浆分层厚为 2 mm,水泥浆为 10 mm,铺抹时应压实,表面应提浆压光。

南昆铁路隧道采用喷沫沙浆防水层整治拱部大面的面漏、网状裂缝渗漏水。施工方法是:先对主要出水点凿槽引排,嵌缝堵漏;再对渗漏面进行凿毛处理,凿毛表面粉尘要清晰干净,并保持衬砌混凝土湿润;最后进行喷抹沙浆防水层。每次喷抹配置好的沙浆厚度为 6～8 mm,抹浆前,在混凝土面涂水泥净浆,以便沙浆同混凝土黏结。每层抹面间隔时间为 2～

3 h，每层抹好后用铁抹子压实，抹第二层时要对前一层拉毛，一般抹三层即可。抹好沙浆后，须进行养护，养护时间为 14 d。

② 防水涂料

涂料防水层应选用房术、抗菌、无毒或低毒、刺激性小的涂料。因为地下施工，有毒气体不易散逸，对作业人员健康不利，所以要禁用毒性涂料，如苯乙烯焦油沥青涂料。

（ⅰ）基面：必须清干净、无浮浆、无水珠、不渗水，使用油溶性或非浸固性等涂料时，基面应保持干燥。以利于涂料均匀涂敷，并保证涂料与基面具有足够的黏聚力，蜂窝麻面、裂缝和渗水必须进行认真处理。

（ⅱ）配合比制备及施工，必须严格按各种涂料的要求进行。

（ⅲ）涂刷或喷涂，不得少于两篇，后一层的涂料必须待前一层涂料结膜后方可进行，涂刷或喷涂必须均匀，第二层的涂料方向，应与第一层垂直。

（ⅳ）为增强防水效果，涂料可与玻璃丝布、菠萝毡片、土工布等纤维材料复合使用。

（2）注浆防水

① 注浆原理

注浆是用液压、气压或电化学方法、把某些能凝固的浆液注入岩土体的空隙、裂隙等结构面中，使岩土体形成强度高、抗渗性能好、稳定性高的新结构，从而达到改善岩土的物理力学性质的目的。

注浆防水是利用压力降注浆材料压入围岩、衬砌裂隙或壁后空隙，达到堵塞裂缝、增强防水的目的。注浆的作用与目的有防渗、堵水和加固。

注浆技术具有实用性很强、应用广泛等特点。注浆技术包括三大部分：注浆材料、注浆工艺、注浆设备。

② 注浆类型

注浆包括预注浆、衬砌前围岩注浆、回填注浆、衬砌内注浆、衬砌后围岩注浆，在运营隧道渗漏水治理过程中主要是采用的回填注浆、衬砌内注浆、衬砌后围岩注浆。

③ 注浆材料

a）注浆材料的性能要求

（ⅰ）具有良好的可灌性；

（ⅱ）凝胶时间可根据需要调节；

（ⅲ）固化时收缩小，与岩石、混凝土、沙土等有一定的黏聚力；

（ⅳ）固结后有一定的抗压、抗拉强度等级和抗渗性、耐久性；

（ⅴ）稳定性好；

（ⅵ）如地下水有侵蚀性时还应具有相应的耐侵蚀性；

（ⅶ）无毒或低毒、毒环境污染小；

（ⅷ）注浆工艺简单，操作方便、安全。

b）注浆材料确定原则：

注浆材料的选择可根据工程水文地质情况、注浆目的、注浆工艺、设备和成本等因素，按下列规定选用

（ⅰ）衬砌后围岩注浆，可用水泥浆液、化学浆液；

（ⅱ）回填注浆宜选用水泥浆液、水泥砂浆、或掺有石灰、黏土、粉煤灰的水泥浆液；

(ⅲ) 衬砌内注浆宜选用水泥浆液、化学浆液。

c) 典型注浆材料

(ⅰ) 水泥浆液

水泥浆液具有来源广、无毒性和环境污染问题、成本低等优点。缺点是浆液稳定性差、析水性、凝结时间长、当地下水流速较大时易受冲刷和稀释。

水泥浆液的类型有纯水泥浆、水泥黏土浆液。浆液组成有水泥、水和各种外加剂(速凝剂、缓凝剂、引气剂、膨胀剂)

不同水灰比的水泥浆的可注性见表5.8.2。

表5.8.2 水泥浆水灰比及其可注性

水灰比	0.6	0.8	0.6	1.0	2.0	4.0	8.0	12.0
可注入的平均缝宽度/mm	0.53	0.47	0.48	0.39	0.39	0.38	0.33	0.28

水泥浆液由于颗粒型,因此最大的缺点就是可注性差,超细水泥浆液解决了这一问题。超细水泥与普通水泥可注性比较,见表5.8.3。

表5.8.3 超细水泥与普通水泥可注性比较

名 称	比表面积/($cm^2 \cdot g^{-1}$)	最大粒径/μm	可注性
普通水泥	3 000~3 200	90	$K>5\times10^{-4}$ cm/s 的粗沙,裂隙宽度>0.6 mm 的缝隙
超细水泥	8 000~9 000	20	$K>10^{-3}\sim10^{-4}$ cm/s 的细沙,裂隙宽度>0.05 mm 的缝隙

注:K——渗透系数。

超细水泥浆液的可住性与化学浆液相近,且无毒、无污染、结石强度高、耐久性好,成为理想的注浆材料。

超细水泥注浆是理想的衬砌内部注浆注浆材料,适用于衬砌内部空洞、裂纹注浆注浆,因为与围岩裂缝及回填层相比,衬砌内部空洞、裂纹要小得多。

(ⅱ) 水泥—水玻璃浆液

水泥—水玻璃浆液的类型有水泥—水玻璃浆、水玻璃—氯化钙浆、水玻璃—硫酸钠浆和水玻璃—硫酸(改性水玻璃浆液)等。水泥—水玻璃浆液是以水泥和水玻璃为主剂,两者按一定的比例,采用双液式注入,必要时加入速凝剂和缓凝剂所形成的注浆材料。

这种浆液克服了单液水泥浆的凝结时间长且难以控制、动水条件下结石率低等缺点,提高了水泥注浆的效果,扩大了水泥注浆的范围。适用于隧道大涌水、突泥封堵及岩溶流塑黏土的劈裂固结,在地下水流速较大的地层中采用这种混合型浆液可达到快速堵漏的目的。也可用于防渗和加固注浆,它是隧道施工中的主要注浆浆材。

(ⅲ) 化学浆液

化学浆液种类繁多,防水中常用的化学浆液类型有环氧树脂类、聚氨酯类、丙烯酸盐类(以前主要用丙烯酸胺类,由于有一定毒性,现改用丙烯酸钙、丙烯酸盐类)。

(3) 隧道排水

竖向盲沟(管):位于边墙衬砌背后,主要排边墙的围岩地下水,间距一般为10~30 cm。

环向盲沟(管):位于拱部和边墙衬砌背后,主要排拱部和边墙围岩的地下水,间距一般不大于10 m。

排水管(槽)(衬砌外预埋管引排):排除某一集中漏水。

集水钻孔:为扩大集水范围,在盲管(沟)内向围岩钻的集水钻孔。

纵向盲管:围岩裂隙水分布较广,单靠竖向盲管(沟)不能排除围岩裂隙水,在两道竖向盲管(沟)间设纵向盲管(沟)。

隧底盲管(沟):主要排除路基道床和路床的水。

2) 按渗漏水位置及严重程度[48-49]

(1) 拱部大面积渗漏水

拱部大面积渗漏水,采取拱部壁后注浆处理。注浆钢管采用 ϕ42 马牙扣形注浆管,梅花形布置,注浆材料采用水泥砂浆。

① 注浆施工工艺

注浆施工工艺流程见图5.8.1。

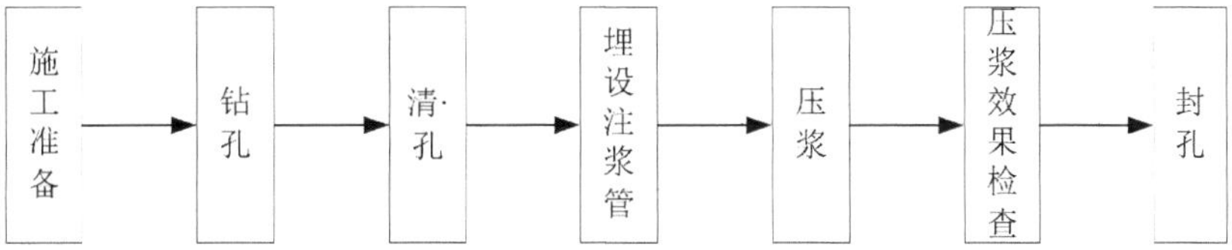

图5.8.1　注浆施工工艺

② 施工方法

做好施工所需的各种材料,认真检查压浆机等设备的完好情况并进行试运转,进行劳动力组织计划安排等。

采用风钻钻孔直接打入钢管法注浆,注浆钢管采用马牙扣形注浆管,直径为42 mm,如图5.8.2所示。注浆孔用风钻钻孔,孔径为45~50 mm,注浆管的长度根据既有衬砌的厚度而定,管子一般外露15 cm,并深入岩层10~20 cm。钻孔后用带倒钩的钢刷清孔,然后埋设注浆管。埋管前在马牙扣处缠以沾有铅油的麻丝,用大锤将钢管打入孔内,使麻丝与孔壁充分挤压紧密。外露段一般应有丝扣,打管时在丝扣一端须带压盖螺帽以保护丝扣,最后用塑胶泥将孔口周围封闭。注浆材料采用水泥砂浆,水灰比(质量比)0.6 : 1~1 : 1,灰沙比1 : 1~1 : 1.25。注浆前应进行注浆试验,用秒表记下压入和流出时间,根据此来确定注浆量、注浆压力,检查管路设备运行情况。在未进行注浆试验前,注浆压力可参照:初压为0.1~0.3 MPa,终压为0.5 MPa。注浆过程中,可根据实际情况适当调整参数。浆液胶凝时间为

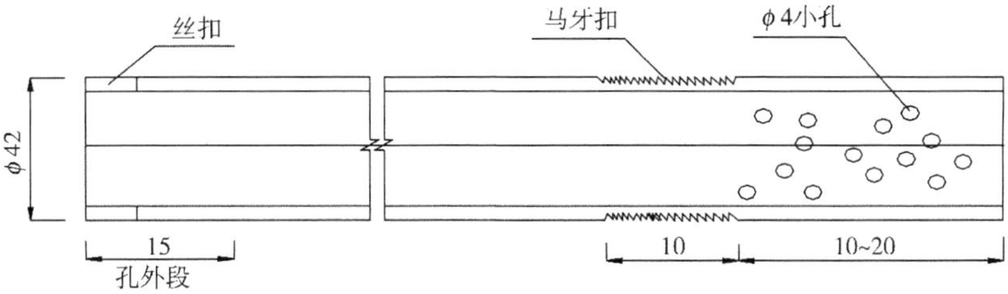

图5.8.2　马牙口形注浆管示意图(单位:cm)

2～5 min,如不满足,注浆过程中可适当添加一定数量的速凝剂。注浆压力达到终压后稳定 10 min,注浆孔不进浆或很少进浆,即可结束注浆。停泵后立即封闭孔口阀门,拆卸和清洗管路,待浆液凝固后割除外露注浆管,而后用塑胶泥封堵孔口。保证封孔后结构不渗、漏水。

③ 注浆施工技术措施

注浆顺序自拱脚向拱顶依次压注,多水地段,先两头后中间。注浆是一项连续作业,不得任意停泵,以防堵塞管路。注浆时应时刻注意注浆压力、衬砌变形观察和储浆液下降情况,若注浆时间较长而不升压,可能流窜太远,应缩短浆液胶凝时间或停注,若跑浆严重,可间歇注浆。注浆期间应有专人记录浆液消耗量,注浆时间及注浆压力数据。拱顶应设置检查孔,检查注浆效果。注浆过程中应加强洞内照明,密切注意衬砌情况,一旦出现变形,就立即停止注浆,并采取相应的措施。

(2) 施工缝、裂缝渗漏水处理

对于施工缝和裂缝一般渗漏水地段采取凿槽填充堵漏剂;严重地段,结合边墙施工缝,凿槽埋设半圆形 PVC 管引排。

① 一般渗漏处理施工工艺

一般渗漏处理施工工艺流程如图 5.8.3 所示。

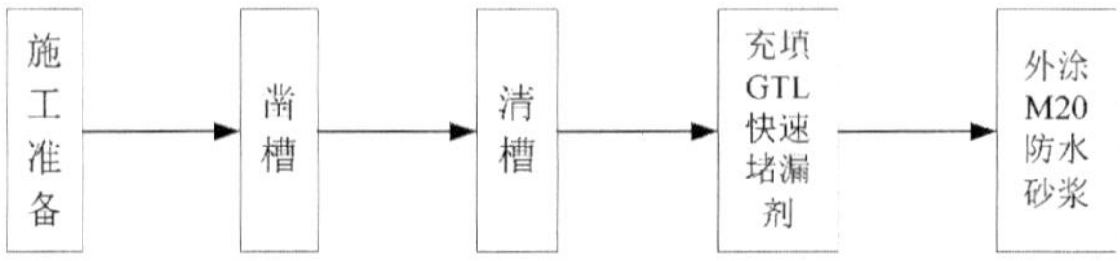

图 5.8.3　一般渗漏处理施工工艺

② 一般渗漏处理主要施工方法及技术措施

对渗漏水施工缝和裂缝沿缝凿成宽为 4 cm,外口宽为 6 cm,深度为 5 cm 的楔形槽,如图 5.8.4 所示。

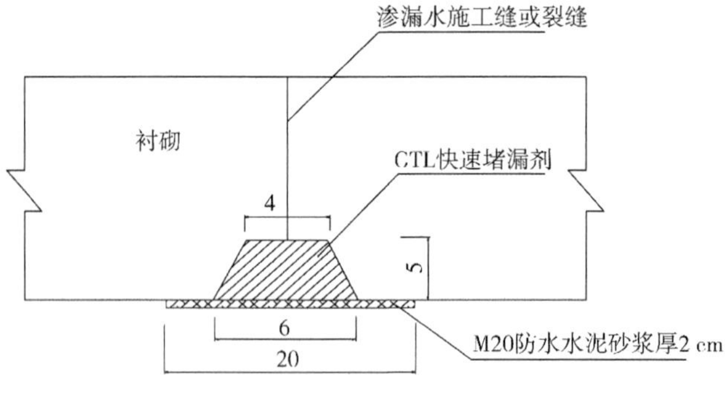

图 5.8.4　GTL 快速堵漏剂施工图(单位:cm)

用刷子把槽内所有杂物或粉状物清理干净,并用水湿润。把拌好的堵漏胶泥放在手上,感到胶泥发热稍微发硬时,迅速迎漏水方向压下,持续一定时间才可松手。一般先堵上缝,后堵下缝。

按要求配制 M20 防水沙浆,进行调制,将配制好的防水沙浆从上向下均匀抹在 GTL 快速堵漏剂外表及裂缝周围。

首次使用GTL快速堵漏剂前要对其性能进行试验,确定适用全本工点的最佳配合比。配制时严格按配合比进行。用工具将堵漏剂抹压密实,因堵漏剂初凝时间都较短,故操作人员要动作快,做到堵漏剂随调随用。堵漏剂在干燥环境下密封储存,开袋后一定用完。

③ 整治严重渗漏的施工工艺

整治严重渗漏的施工工艺如图5.8.5所示。

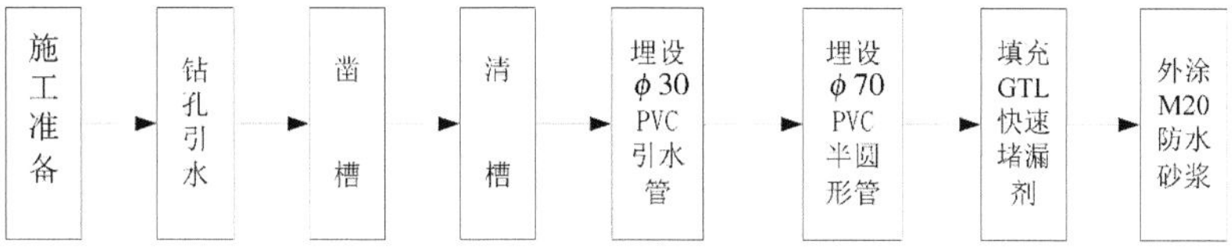

图5.8.5　严重渗漏的施工工艺

④ 严重渗漏整治方法及技术措施

施工缝、裂缝严重渗漏处采取埋管排水措施,在地下水丰富地段沿起拱线处做引水孔。

钻引水孔;在起拱线处用风钻机钻引水孔,钻眼角度与水平向上约成45°,钻孔长2 m,孔径50 mm。如图5.8.6所示:

加工和埋设引水管:引水管采用 ϕ3 cm 的 PVC 管,管外以土工布包紧,外缠细铁丝固定。将引水管放入引水孔中。

钻孔角度要确保45°左右,半圆形管要紧贴在槽中,出水口要进行防护以免被堵塞。防水堵漏施工严格按照有关操作规程及新产品说明要求进行。

(3) 衬砌渍水、单个漏水点处理

对衬砌渍水严重地段采用外刮防水沙浆处理;单个漏水点采用像施工缝、裂缝一般渗漏处理一样对漏点凿成楔形槽填充GTL快速堵漏剂外刮涂防水沙浆。

3) 按渗漏水的形式[15,19,40]

高速公路隧道及地下工程渗漏水形式主要表现为三种形式,即点的渗漏、缝的渗漏和面的渗漏,根据渗漏快慢又可分为慢渗、快渗、漏水和涌水。

(1) 点渗漏治理

对点渗漏的处理,有表面封堵、浅孔注浆和埋管引排三种办法。表面封堵用于衬砌表面有渗漏痕迹、范围小或当前无渗漏的部位。浅孔注浆用于表面有湿渍或渗漏轻微流淌的部位。埋管引排则用于当前有明显渗漏,且渗漏量较大,出水点位于变形缝、施工缝或边墙上。

① 表面封堵

表面封堵如图5.8.7所示。

a) 材料

遇水膨胀腻子条,杜拉纤维防水沙浆。

b) 施工工艺

(ⅰ) 将待修补点表面凿毛,使修补处下陷1 cm,并以出水孔为轴,凿直径3 cm,深2 cm的锥形孔穴;

(ⅱ) 用钢丝刷除去表面浮碴,并用水清洗干净;

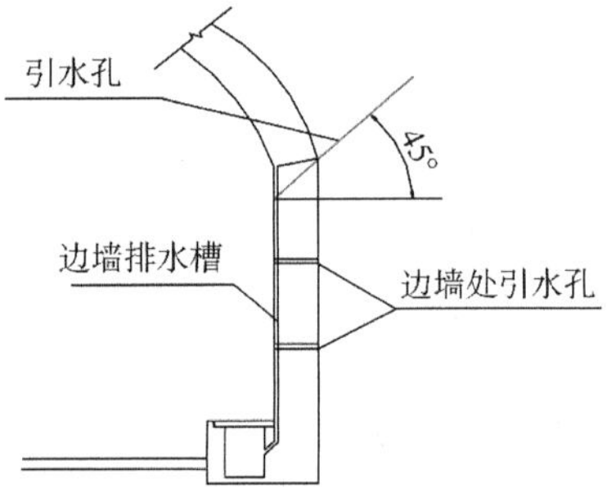

图 5.8.6　排水槽立面图

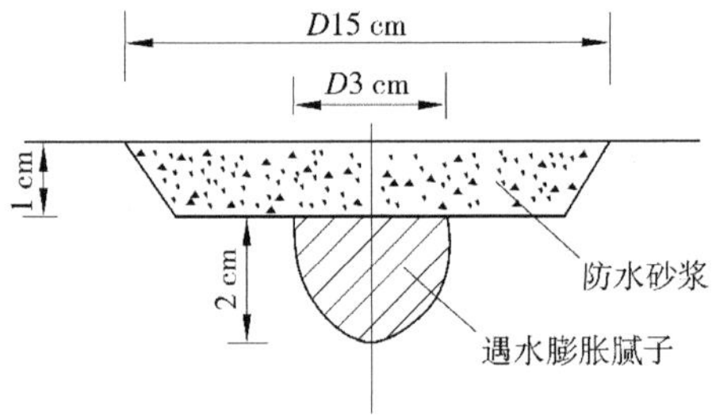

图 5.8.7　表面封堵示意图

（ⅲ）用遇水膨胀腻子条填充锥形孔穴；

（ⅳ）用杜拉纤维防水沙浆抹面；

（ⅴ）涂刷 2 遍 SWF 混凝土密封胶。

② 注浆堵漏

a）材料

TZS—Ⅱ水溶性聚氨酯和无水丙酮，缠了麻绳的注浆管（管长 10 cm，管内径为 5 mm，外径 7 mm）。

b）施工工艺

（ⅰ）在渗水孔位置将衬砌表面凿毛；

（ⅱ）用电钻钻眼，钻孔直径为 22 mm，孔深为 12 ~ 15 cm；

（ⅲ）用钢丝刷刷除表面浮碴，并用水清洗钻孔；

（ⅳ）用快硬纤维防水沙浆固定注浆管；

（ⅴ）用手压泵灌 TZS—Ⅱ水溶性聚氨酯与丙酮的混合液。TZS—Ⅱ水溶性聚氨酯与无水丙酮的质量比为 5∶1，注浆压力≤0.6 MPa。注浆过程要求缓慢进行，以使浆液充分挤入渗漏部位；

（ⅵ）注浆结束后用小木条将注浆管尾堵住，以免浆液外流，一周后将注浆管外露部分用气割枪割除，并用快硬防水沙浆抹平表面；

（ⅶ）涂刷 2 遍 SWF 混凝土密封胶。

③ 埋管引排

埋管引排的施工工艺与缝渗漏治理的暗埋 PVC 管的施工工艺基本一样，只是针对渗漏部位不同而已，其施工工艺将详见缝渗漏治理。

（2）缝渗漏治理

高速公路隧道的渗漏缝可分为施工缝、变形缝和衬砌受力后出现的乱向裂缝。治理技术主要有：裂缝的渗漏治理技术是化学注浆和 XYPEX（赛柏斯）堵漏；循环施工缝的渗漏治理技术是铝槽外排和 PVC 管外排；变形缝的渗漏治理技术是暗埋 PVC 管排水法。其治理技术及施工工艺叙述如下：

① 裂缝渗漏治理

a）化学注浆

此法用于治理渗漏水较严重的裂缝，且裂缝宽度及延伸性较大根据钻孔方式的不同可分为骑缝钻孔注浆法和斜缝钻孔注浆法。注浆材料为 TZS—Ⅱ水溶性聚氨酯堵漏剂和缠了麻绳的注浆管(管长 10 cm,管内径为 5 mm,外径 7 mm)。

(a) 骑缝钻孔注浆

裂缝延伸方向基本与衬砌表面垂直时应用。

(b) 施工工艺

(ⅰ) 沿缝凿毛衬砌表面,用水清洗干净,并观察裂缝走向;

(ⅱ) 间隔 30 ~ 40 cm,用电钻沿缝钻眼,孔深 12 ~ 15 cm,孔径 22 mm;

(ⅲ) 用水清洗钻孔后,用快硬防水沙浆固定注浆管,并抹压缝的表面;

(ⅳ) 待防水沙浆有一定强度时,向钻孔注水清洗裂缝;

(ⅴ) 用手压注浆泵灌注 TZS—Ⅱ水溶性聚氨酯与丙酮的混合液,注浆过程应缓慢进行,注浆顺序为由下而上(针对拱部和墙部的竖向裂缝),注浆压力≤0.6 MPa;

(ⅵ) 一周后用气割枪割除注浆管外露部分,并用防水沙浆抹平表面;

(ⅶ) 刷 2 遍 SWF 混凝土密封胶或 XYPEX 浓缩剂灰浆。

(c) 斜缝钻孔注浆

裂缝延伸方向与衬砌表面有一定角度时应用。它的施工工艺与骑缝钻孔注浆法基本一致,只是注浆孔的布置不一样,如图 5.8.8 所示。

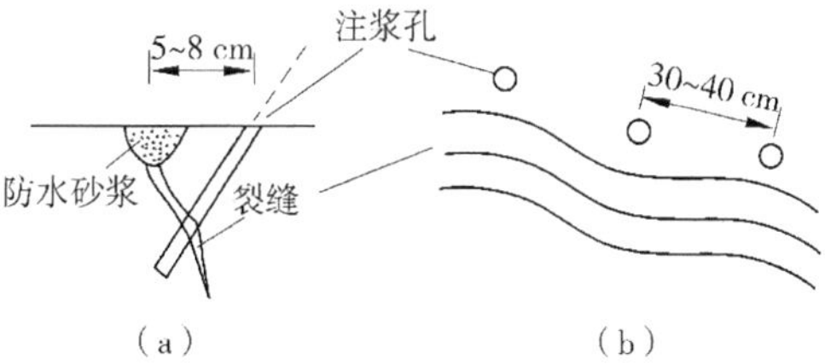

图 5.8.8　斜缝钻孔注浆示意图

(a) 斜缝钻孔注浆;(b) 斜缝注浆孔布置图

b) XYPEX(赛柏斯)堵漏

此法一般用于治理渗漏水不严重的裂缝。

(a) XYPEX 浓缩剂灰浆的调制。用于涂刷时按体积比为 5 份料 2 份水调和;用于抹面时按体积比为 6 份料 1 份水调和,一次不宜调多,要在 20 min 内用完,混合物变稠时要频繁搅动,中间不能加水。

(b) XYPEX 堵漏的混凝土基面条件及气候

(ⅰ) XYPEX 不能在雨中或环境温度低于 4 ℃时使用;

(ⅱ) 混凝土基面要湿润,但不能有明水,并且基面应当粗糙、干净。

(c) 施工工艺

(ⅰ) 沿缝凿 25 mm 宽,30 ~ 50 mm 深的 U 形槽。

(ⅱ) 用钢丝刷除掉浮碴,并用水浸湿基面。

(ⅲ) 用毛刷在槽内和沿槽口的两侧宽 100 mm 处涂刷一层 5 份料 2 份水调和的 XYPEX 灰浆。

(ⅳ) 当灰浆涂层干燥约 10 min,但仍然有黏着性的时候用 XYPEX 浓缩剂 6 份料 1 份水调和的干面团填满槽并与表面齐平。

(ⅴ) 稍微用水洒湿填缝的表面,然后在所修复的区域上再涂一道 XYPEX 灰浆。

(ⅵ) 养护。在两天内、定期喷雾水养护。

② 施工缝渗漏治理

对于施工缝的渗漏治理,提出了先引水、后排水的治理原则,即用铝膜将缝内水引至铝槽或 PVC 管,再排至两侧边沟内。

a)铝槽外排法

铝槽外排如图 5.8.9 所示。

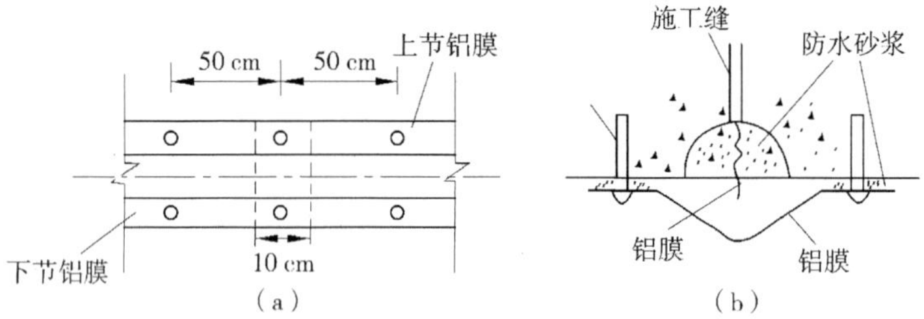

图 5.8.9　铝槽外排示意图

(a) 铝槽接茬仰视图;(b) 铝槽安装横断面图

(a) 材料准备

(ⅰ) 制作铝槽。用自制的模具将铝材压制成 V 字形,尺寸如图 5.8.10 左图所示,每条铝槽长 4 ~5 m。

(ⅱ) 铝膜。铝膜卷材宽 48 mm,厚 0.2 mm,用剪子剪成长 40 cm/条,并人为将其打皱,如图 5.8.10 右图所示。

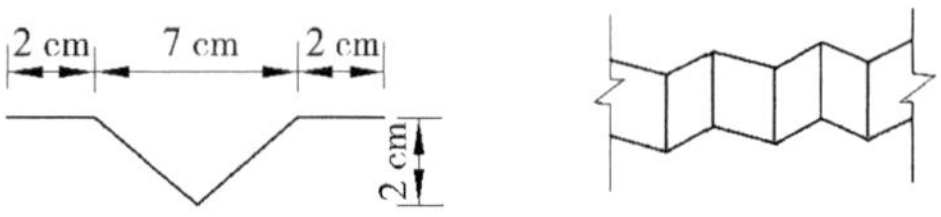

图 5.8.10　铝槽横断面尺寸与打皱的铝膜

(b) 施工工艺

(ⅰ) 凿 U 形槽,宽 4 cm,深 3 cm。

(ⅱ) 用钢丝刷刷除浮碴,并用水冲洗干净。

(ⅲ) 敷设铝膜舌片。用沙浆固定铝膜,抹沙浆时应尽量抹压槽的两侧,并抹至与衬砌表面齐平。还应尽量将打皱的铝膜插至槽的底部。

(ⅳ) 安装铝槽。铝槽的安装顺序是先拱顶后两侧,接茬部位是下节压上节,接茬长度为 10 cm,用冲击钻沿铝槽两翼间隔 50 cm 钻眼,然后用胀管螺丝固定铝槽。

(ⅴ) 铝槽两侧与衬砌表面接缝处抹压纤维防水沙浆,目的是为了防止水从铝槽两翼与衬砌表面之间的缝隙溢出。

(ⅵ) 在铝槽两侧所抹的防水沙浆上刷 2 遍 SWF 混凝土密封胶或 XYPEX 浓缩剂灰浆。

b) PVC 管外排法(图 5.8.11)

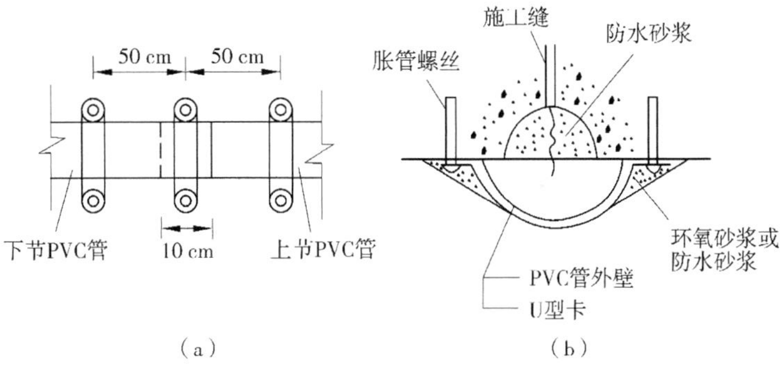

图 5.8.11　PVC 管外排示意图
(a) PVC 管接茬处仰视图;(b) PVC 管接安装横断面图

(a) 材料准备

(ⅰ) PVC 管,管长 4 m,管内径 7 cm,管厚 2 mm,将其锯成 2 个半圆形 PVC 管。

(ⅱ) 环氧树脂涂料配制。用 JS 聚氨酯道路嵌缝胶专用底涂料甲组料(氧树脂)和乙组料(固化剂)配制,配制比例,按体积比甲料：乙料=1：2。

(b) 施工工艺

(ⅰ) 凿 U 形槽,宽 4 cm,深 3 cm。

(ⅱ) 用钢丝刷刷除浮碴,并用水冲洗干净。

(ⅲ) 敷设铝膜舌片。用沙浆固定铝膜,抹沙浆时应尽量抹压槽的两侧,并抹至与衬砌表面齐平。还应尽量将打皱的铝膜插至槽的底部。

(ⅳ) 安装 PVC 管。用 U 型卡和胀管螺丝固定,间距为 50 cm。安装顺序是先拱顶后两侧,接茬处是下节压上节,接茬长度为 10 cm。

(ⅴ) 在 PVC 管壁两侧及衬砌表面涂刷一层环氧树脂。

(ⅵ) 待环氧树脂刷层有一定黏结强度时,抹压纤维防水沙浆以堵塞 PVC 管两侧与衬砌表面之间的缝隙,以防止水从此缝隙溢出。

(ⅶ) 在纤维防水沙浆表面涂刷 2 遍 SWF 混凝土密封胶或 XYPEX 浓缩剂灰浆。

③ 变形缝渗漏治理

为了适应结构变形的需要,对变形缝的渗漏治理采用暗埋 PVC 管排水法(图 5.8.12),是属于一种刚柔堵排相结合的治理技术。这种方法从外观上来看,比外排法要美观,受外界

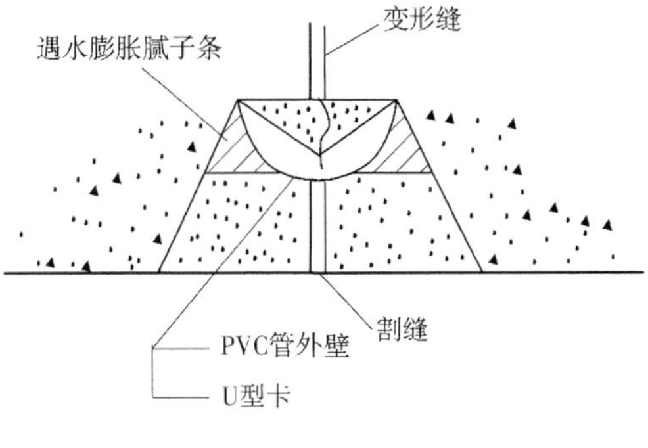

图 5.8.12　暗埋 PVC 管排水法

环境的影响小,防渗漏效果较显著,但施工工艺较复杂。

a）材料准备

PVC 管(长 4.0 m,管内径 5 cm,管壁厚 2 mm,将其锯成半圆形 PVC 管)、U 型卡、胀管螺丝、环氧树脂涂料配制。

b）施工工艺

(ⅰ) 凿梯形槽,槽上底宽 5 cm,下底宽 6 cm,高 4 cm;

(ⅱ) 用钢丝刷刷除浮碴,并用水清洗干净;

(ⅲ) 用沙浆敷设铝膜舌片;

(ⅳ) 安装 PVC 管。安装顺序是先拱顶后两侧接茬部位是下节压上节,接茬长度 10 ~ 15 cm,用 U 型卡和胀管螺丝固定 PVC 管,间距 50 cm;

(ⅴ) 在 PVC 管外壁及槽的两侧涂刷一层环氧树脂;

(ⅵ) 待环氧树脂涂层有一定黏结强度时,在 PVC 管两侧挤压一层遇水膨胀腻子条,然后抹纤维防水沙浆,抹至与衬砌混凝土表面齐平;

(ⅶ) 待纤维防水沙浆有一定强度后,沿变形缝割缝;

(ⅷ) 涂刷 2 遍 SWF 混凝土密封剂或 XYPEX 浓缩剂灰浆。

(3) 面渗漏治理

① 表面涂刷

(a) 涂刷材料

XYPEX(赛柏斯)浓缩剂。

(b) 施工工艺

(ⅰ) 基面处理:凿平、打毛、用高压清洗机冲洗基面;

(ⅱ) 渗漏严重处应进行浅孔注浆;

(ⅲ) 涂刷 2 ~3 层粉水体积比为 5∶2 的 XYPEX(赛柏斯)浓缩剂灰浆,一般刷一层是 0.65 ~0.8 kg/m^2,总涂层厚度应小于 1.2 mm;

(ⅳ) 待涂层初凝后用喷雾水养护 2 ~3 d,每天定喷 3 次。

② 浅孔注浆

浅孔注浆用于因混凝土内部不够密实而引起的渗漏,衬砌表面多为蜂窝麻面状。其施工工艺如下:

(ⅰ) 布孔,按梅花状布设孔位,孔间距为 600 ~800 mm。

(ⅱ) 钻孔,用直径中 42 mm 冲击钻头打孔,孔深 30 ~500 mm,并用高压清洗机将钻孔清洗干净。

(ⅲ) 安装注浆管,将砸管套在注浆管外端,用榔头将其敲入钻孔内。

(ⅳ) 按比例配制水泥一水玻璃双液浆,并分别装入各自的注浆桶中。

(ⅴ) 用双液注浆泵进行注浆作业,注浆顺序为先注外周的注浆孔后注内部的注浆孔并依次推进;当一孔注浆压力达到设计值,一般为 2 ~3 MPa,且进浆速度很慢时,继续注 2 ~3 min后,即可停止注浆。

(ⅵ) 注浆结束一周后,用气割枪割除注浆管外露部分,然后在表面涂刷 2 遍 SWF 混凝土密封胶或 XYPEX(赛柏斯)浓缩剂灰浆。

5.8.2.2　隧道路面冒水

为此制定了埋设对剖 PVC 管(镀锌管)、埋设对剖大直径排水管、埋设毛细排水管和埋设毛细排水带。前三种方法的施工工艺基本相同,埋设毛细排水带与其不同,对埋设对剖 PVC 管(镀锌管)的和埋设毛细排水施工工艺进行介绍。由于大直径排水管、毛细排水管、埋设毛细排水带的排水性能与传统排水材料不同,现对它们的性能进行介绍[40-42]。

1）埋设对剖 PVC 管(镀锌管)

① 在冒水处的伸缩缝用道路切割机切深为 8 ~ 10 cm,宽为 3 cm,至隧道边沿缝隙排水沟,或电缆沟。

② 凿除切割掉的混凝土成 U 形槽(深 8 ~ 10 cm×3 cm)。

③ 埋入 30 mm×30 mm 镀锌槽钢(PVC 管)反扣在槽内,作排水通道腔。

④ 封堵快速堵漏剂 1 cm,将冒水封堵。

⑤ 封堵 1 cm SR 橡胶嵌缝膏柔性防水层(因隧道路面会因热胀冷缩产生移动)。

⑥ 最后一层即表面层封堵高强度聚氨酯弹性混凝土,以保证因路面混凝土震动重新渗漏水,施工完毕 15 h 即可行车通行。

2）大直径排水管

塑料埋地排水管按所用材料分为全塑料管和钢增强塑料管。全塑料管又分为实壁管和多种结构壁管(如双壁波纹管等)。钢增强塑料管也拥有几种不同的结构设计,但主要指钢带增强聚乙烯螺旋波纹管(steel rein forced polyethylene corrugated pipe,简称“SRPCP”)。目前在塑料埋地排水管领域,中小直径范围(800mm 以下)的主流产品是 PVC、PE 及 PP 双壁波纹管,大直径范围(800 mm 以上)的主流产品则是钢带增强塑料埋地排水管。其主要性能如下:

(1) 耐化学性:不被污染、废水及化学药品腐蚀,不因土壤中腐烂物质而腐蚀;

(2) 抗冲击:抗冲击,耐冲击、耐压,地基下沉情况下也不破裂,而且变形后复原性强,对任何地基都有很好的适应性;

(3) 耐老化:管材通常为黑色,可承受存放和施工过程中太阳的直晒;

(4) 耐寒性:管材在-60 ℃环境中不会被冻裂及膨胀漏水;

(5) 质量轻:便于运输,施工方便,是水泥管质量的 1/8,埋管只需挖土机,不需大型设备;

(6) 连接方便:管材可先在沟外连接,用挖土机推到沟中,减少工程时间和费用;

(7) 耐磨性优越:比钢管、水泥管耐磨,生活水废渣通运能力强;

(8) 排水流通性优越:内部光滑,减少摩擦,排水速度快;

(9) 经济性:施工、管理、维修费用低;

(10) 环境影响:材料是无毒性原料,对土地等环境无害,并且完能再生使用。

(11) 管道系统稳定性好:管材圆形外拉筋结构不但增加了管材的环刚度,同时具有根阻作用,解决了管道纵向移位产生的拉紧及顶紧问题。

(12) 完全可靠的环刚度:由于钢塑两种材料的弹性模量比大于 200,质量比大于 7.85,因此与纯塑管相比,钢带增强极易使管材(特别是大直径管材)具有足够安全可靠的环刚度及相对较高的刚度质量比。

3）毛细透排水带

毛细透排水带/管系中国台湾防排水技术专家胡明群先生经过多年潜心研制发明的一种优良性能的新型防水抗渗材料。毛细透排水带/管的结构设计巧妙利用了“毛细力、虹吸力、表面张力、重力”等物理现象,模拟大自然生态机制,具有防堵塞、无土壤流失、抗压能力、抗冲击能力极强、促进排水、易施工等诸多优点。毛细透排水带/管有效地解决了过去采用穿透性过滤排水方法易出现的因淤积堵塞、土壤流失等问题而造成结构沉降、坍塌以及排水系统失效等现象,可广泛应用于铁路、公路、地铁、机场、隧道、挡墙边坡、桥梁桥台、地下建筑、病险水库治理加固、江河堤防、市政道路等土木工程构筑物的排水防渗工程。

(1) 工作原理(图 5.8.13)

① 毛细透排水带为宽 200 mm(或 100 mm)、厚度仅为 2 mm 的软质薄塑胶片,每隔 1.5 mm开设直径为 1 mm 的毛细孔,每根毛细孔再纵向剖开 0.3 mm 宽度之槽沟,设计上为内大外小,且埋设时吸水沟槽面向下或垂直贴附于治理面。如此一来,当土壤中饱含水分时,由于圆孔直径为 1 mm,而沟槽宽度只有 0.3 mm,就会产生毛细现象,迫使水流由下往上自行倒吸进入毛细导管内,而土壤中被水流夹带之颗粒将因重力作用自行向下沉淀,形成水土自动分离。

② 槽孔设计上内大外小,沟槽进水口宽度 0.3 mm 较导水毛细孔直径 1 mm 窄许多,就算有少数细小颗粒进入毛细导管,也会再次从沟槽向下沉降回归土壤或随管道流向出口排放。

③ 细长状槽沟本身较个别分离孔洞设计更不易堵塞。

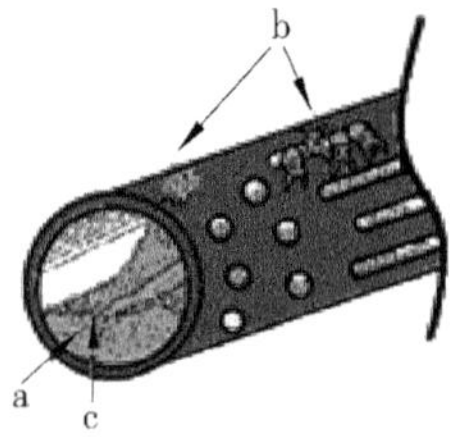

(a)

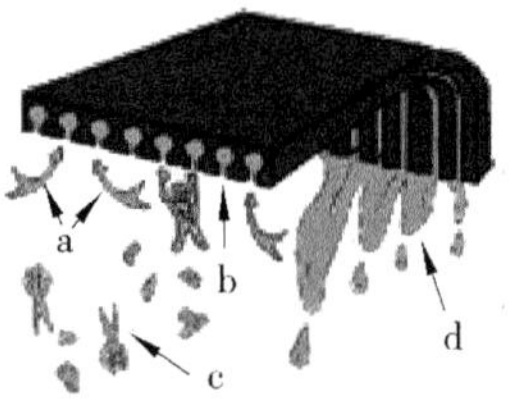

(b)

图 5.8.13 传统排水材料与毛细排水带工作原理图

(a) 传统排水材料:a——泥沙淤积管内;b——孔洞易被堵塞;c——滤网易堵塞

(b) 毛细透排水带:a——(毛细力)将水倒吸入毛细导管内;b——(表观张力)防止回漏且窄沟有过滤自清的功能;c——(重力)使土壤颗粒下沉与毛细进入反向而水土分离;d——(虹吸力)利用安装落差产生虹吸力促进排水

(2) 产品特点

① 不堵塞:突破传统过滤设计观念,直接利用重力现象产生水土分离效果;

② 排水排(潮)气功能:能迅速排出土壤中过饱和水,利用排气系统将土壤中潮湿气体排出使土壤中气体循环流通,起到防潮作用;

③ 抗土压力强:拱桥形结构设计,有效分散应力分布;

④ 主动式排水:利用毛细力、虹吸力增进排水效率;

⑤ 高渗透性:开孔率大于 20%,有效吸水面积大;

⑥ 不需级配滤层:具自清功能,可直接覆土回填;

⑦ 施工简单:卷筒型包装不占体积,减少运输、仓储、管理、施工成本;

⑧ 具挠曲柔性：可与起伏不平之地紧密贴合，形成无限长、压不扁之水流高速公路；

⑨ 低成本：高效率、降低总体施工成本缩短施工周期。

(3) 施工方法与步骤

① 毛细式透排水带埋设沟槽切割开挖。按毛细式透排水带设计布置图所标示的位置、深度及坡度，切割开挖毛细式透排水带埋设沟槽。

② 裁剪毛细式透排水带。按设计要求剪裁每条毛细式透排水带所需长度，一般由顶部路面面以下 20 cm 的距离内不铺设毛细式透排水带，裁剪时以不损伤毛细导水槽孔为原则。

③ 设毛细式透排水带。将毛细式透排水带的开槽面向下，贴于开挖沟槽的面，采用钉、钩等适当方式固定拉衬，注意不要产生褶曲。同时在毛细式透排水带进出水面末端 30 cm 范围内铺设厚为 20 cm 的中粗沙，以利收集渗至毛细式透排水带下端的渗漏水，向隧道路面的边沟渗流。

④ 浇筑混凝土路面。

5.9　隧道衬砌浅部缺陷治理

隧道的浅部缺陷主要有蜂窝、露筋；表面脱皮、破损、麻面、水波纹及水泡；表面气泡表面麻点和返沙等[5,21-23]。

5.9.1　混凝土浅层缺陷的修补原则

混凝土浅层缺陷的修补应包括混凝土表层破损深度不超过钢筋保护层的混凝土构件修补。

修补材料宜选用聚合物水泥砂浆、环氧树脂水泥砂浆、防水材料、微膨胀水泥砂浆等面积较大时可采用喷射沙浆或混凝土。

混凝土浅层缺陷修补的施工应满足下列要求：

① 混凝土表面应凿毛并露出混凝土坚硬部分表面的松散层附着物油污污垢灰尘等应清除干净。

② 配制修补材料时应称量准确搅拌均匀。

③ 裸露钢筋应除锈并涂一薄层环氧浆液在尚未固化前再压抹修补材料。

④ 修补材料应具有一定的可使用时间满足被粘混凝土构件的定位调整等操作时间。

⑤ 修补材料一次或分次嵌入缺陷并抹平修整。

5.9.2　混凝土表层缺陷的修补应符合下列规定

混凝土表层缺陷的修补应包括混凝土表面出现沙斑沙线蜂窝麻面表层裂缝缺陷的混凝土构件修补。

修补材料宜采用防腐涂料聚合物水泥浆、沙浆或环氧水泥浆、沙浆、防水材料等。

混凝土表层缺陷修补的施工应满足下列要求：

① 混凝土表面缺陷处应凿毛并露出密实部分；

② 配制修补材料时应称量准确搅拌均匀；

③ 应仔细涂布压抹修补材料；

④ 应进行表面修整必要时表面应涂布涂料。

5.9.3 衬砌蜂窝麻面

衬砌蜂窝主要是由于混凝土结构局部出现疏松、沙浆少、石子多、石子之间所形成的空隙或因振捣不好、含有气泡等施工原因等造成类似蜂窝状的窟窿,低或无强度状态。处理方法主要按蜂窝缺损的厚度来进行。

① 小蜂窝(缺损厚度在 5 mm 以下的情况):把松散的混凝土清除后,先用清水将表面冲刷干净,在小桶内拌匀,依照漆工刮泥子的方法,将 1 : 2 水泥砂浆用刮刀大力压入麻点内,即压即刮平,随后按混凝土养护方法进行养护,待沙浆终凝硬化具有一定强度后(24 h 后),再用细沙纸打磨,用水冲除表面粉尘,可使混凝土外表光滑平整,颜色较为一致。

② 较大蜂窝(缺损厚度在 5 mm 以上的情况)及露筋:凿去蜂窝处薄弱松散颗粒,并剔成喇叭形,刷洗净后,支模后,用拌和站的 C50 无收缩混凝土进行仔细填塞捣实,抹平,及时进行养护。

③ 较深蜂窝,如清除困难,可埋压浆管、排气管,表面抹沙浆或灌筑混凝土封闭后,进行水泥压浆处理,抹面,及时洒水养护。

5.9.4 表面脱皮、破损、麻面、水波纹及水泡

脱皮、破损、麻面、水波纹现象产生的原因是由于混凝土的浇筑时间太长,下边墙混凝土已凝固,模板的上浮及下沉导致撕掉混凝土表皮形成的外观缺陷。

表面脱皮、破损、麻面、水波纹及水泡的处理要点如下:

① 缺陷深度小于 5 mm 的主要采用打磨的方式处理,打磨时注意与四周成型混凝土平顺过渡连接,磨平后表面用混凝土原浆调色。

② 缺陷深度大于或等于 5 mm 的,标定缺陷范围,凿成四边形或多边形等规则面,凿至坚实基面,深度以最深凹处为标准,最深凹处的凿除厚度不小于 5 mm,然后采用比原混凝土标号高一级的级配混凝土沙浆修补。

③ 为了获得可以接受混凝表面颜色,经现场对比试验,把白水泥与灰色普通水泥按一定比例混合一起使用,使用筛除了未见颗粒的细沙,沙浆中掺用浆合物(以如环氧树脂、白乳胶等),并采用沙浆或光滑的石板抹面,以使混凝土达到光滑的表面。或采用原配合比混凝土浆液调色抹平。

5.9.5 表面麻点和返沙

在二次衬砌混凝土表面出现麻点和返沙部位,用钢丝刷子刷除后再用清水冲洗,把附在混凝土表面的泥皮、尘土或浮沙等杂物刷洗干净,尤其是麻点内杂物必须清洗干净。面层返沙时,可用纤维刷清扫,或用纤维刷沾水刷洗。对二次衬砌混凝土表面由于模板块间形成的错台进行打磨,使之平整光滑。

用黏结胶与水泥按一定比例拌制成水泥素浆(或加入适当的沙子配制成水泥砂浆)修补表面缺陷,调配比例视混凝土表面麻点、凹陷和返沙程度而定,一般采用 1 : 7 ~ 8 调配。在施工中为了保证修补颜色与原混凝土颜色一致,采用同标号白水泥进行调色,修补时应使混凝土表面平整,补料干硬后用细沙纸进行打磨。对混凝土表面缺陷较严重的采用分层多

次进行修补。

5.10　水泥混凝土路面治理

5.10.1　一般裂缝[40]

此裂缝的处理可采用环氧树脂修补圬工工艺方法进行。具体如下：

5.10.1.1　配合比工艺

① 先将水泥、中(粗)沙与水按其设计配合比进行配制。

② 将环氧树脂与稀释剂搅拌均匀。当环境温度低于 20 ℃时，可用温水溶法，(即将拌和物装入器皿内路入水中加温)使树脂溶化，加热温度不超过 40 ℃。

③ 将硬化剂加入已稀释的树脂溶液中，迅速搅拌。如使用间苯二胺(或乙二胺)作硬化剂时，应用温水溶法预先将硬化剂加热溶化，但温度不得超过 65 ℃。

④ 将加好硬化剂的树脂倒入拌和好的粗细填料中，将含有环氧树脂的沙浆混合物，边和拌边压入裂缝中。

⑤ 加入硬化剂后的树脂料，一般不宜加热。如气温过低影响操作或拌和时，间苯二胺(或乙二胺)有产生结晶析出现象时，可用温水溶法稍微加热，但不得局部加热或加热过高，以防拌和物早期凝固。

⑥ 含有环氧树脂的拌和物，应在浅槽内拌和，便于及时散除化学热。

环氧树脂拌和物的配合比为：水泥：沙：环氧树脂：间苯二胺(乙二胺)：水＝1：3：0.25：0.02：0.45。本配合比为质量比。拌和物应在 30 min 内用完。

5.10.1.2　方法选用

① 裂纹宽小于 0.15 mm，一般不作修补，必须进行封闭时，可涂二层树脂涂料；

② 裂纹宽 0.15～0.3 mm 时，沿裂纹凿一条外口宽 20 mm，深约 3 mm 的“V”形槽，然后涂一层厚约 0.2 mm 的树脂涂料，再用树脂沙浆修补平整；

③ 裂纹宽大于 0.3 mm 时，沿裂纹凿一条外口宽 20 mm，内口宽约 6 mm，深约 7 mm 的梯形槽，修补方法同②；

④ 圬工(混凝土路面)表皮剥落或大块混凝土脱落时，凿除松散沙浆或混凝土，涂一层厚约 0.2 mm 树脂涂料，用树脂沙浆修补平整。

5.10.2　断板裂缝[40]

这类裂缝处理可视裂缝走向，确定切割宽度，切缝应与混凝土路面分格的横缝平行，切割深度为 12 cm，将切割区内的原混凝土凿除并清洗干净，并将底部的裂缝凿成“V”形槽，用环氧树脂胶拌和水泥砂浆灌实。然将槽底部用 1：1 水泥砂浆铺平，并放置方孔为 5 mm 的钢丝网，再浇筑抗折强度不小于 4.5 MPa 的细石混凝土进行振捣压实，经收水抹面后覆盖养生。细石混凝土中应掺配膨胀剂，其比例为水泥质量的 15%。

混凝土路面的裂缝或断板按上述措施修补后，应建立观测点，观测修补后的道路使用情况。

5.11 沥青混凝土路面裂缝治理[40]

(1) 对于车辙深度≥25 mm 的路段,处理时将表面层和中面层挖除,重新摊铺沥青面层。洒布粘层油,铺筑5 cm 改性沥青混合料,再洒布粘层油,最后铺筑4 cm 的沥青混合料。

(2) 对于发生的局部沉陷,发生的大规模纵向裂缝路段(缝宽大于 20 mm),开挖表面层后,如果发现中面层完好,则仅重铺表面层;如果发现中面层也有裂缝,则继续铲除中面层,开挖直至达到完好的层位为止。灌注材料要求流动性好,压强高,可选用水泥浆,并可增加添加剂来改善和易性、提高强度。

(3) 对于大规模松散和坑槽的路段,铲除面层,铲除面层后如发现基层松散或破坏时,继续铲除基层,填充水泥稳定级配碎石作基层,然后铺设面层。

(4) 隧道路面表层治理采用4.5 cm 的改性沥青混凝土表层+0.5 ~0.7 kg/m^2的改性乳化沥青粘层维修治理。

(5) 裂缝类病害(缝宽在 5 ~20 mm)维修步骤:

① 采用裂缝刻槽机或金刚锯对裂缝刻槽,刻槽深度为 12 ~19 mm;

② 采用空气压缩机、钢毛刷等对已刻槽进行清洁,并采用热气枪进行干燥;③灌入流动性较好的热沥青;

④ 用细沙撒在刚修整的沥青材料上,防止刚施工完毕的封面材料在车轮作用下受磨损而脱落。

第六章　隧道病害治理工程实例

6.1　隧道衬砌渗漏水治理

6.1.1　博莱高速公路隧道渗漏水治理[39]

205 国道博莱高速公路淄博段地形复杂，起伏变化较大，设有凤凰山、乐疃、青石关三座隧道。前者为分离式双洞，后两者为连拱形式。三座隧道洞身围岩以石灰岩、白云岩为主，有强、弱风化带，并有软弱夹层。施工时发现有岩溶现象。隧道区域地下水埋置较深，在隧道主体以下，透水通道主要为构造裂隙、溶洞、孔等，其补给源主要为大气降水，对隧道主体有影响的主要为季节性降水。建成通车后，三座隧道衬砌出现大量裂缝，相继出现渗漏水现象。特别是近几年降雨较多，隧道渗漏水更为频繁，其中两座连拱隧道情况严重，特别是青石关隧道，隧道的控制室、隧道内拱部、边墙以及中隔墙出现多处大面积渗漏水现象；在冬季，隧道内多处出现冰柱、冰溜。这些严重影响了隧道结构稳定、行车安全、整体美观，需要及时治理。

6.1.1.1　渗漏水原因分析

1）客观原因

（1）隧道二次衬砌采用小模板施工，施工接缝较多。二次衬砌施工完成后，早期的混凝土温度应力和收缩应力使得衬砌接缝处出现微小裂缝，在后期大气环境的周期性变化影响下，裂缝会有所发展。特别是当裂缝进水后，在冬季裂缝水的冻胀作用下，裂缝逐年扩展。

（2）隧道穿越的山体岩性为石灰岩、白云岩，节理裂隙较发育，小型溶沟较多，地下水通道畅通，再加上近几年沿线地区雨量大，致使地表水补给充沛，岩溶、裂隙等地下水丰富、涌水量大，造成隧道洞体周边有大量的水蓄积。

（3）隧道周围裂隙水中钙物质较多，造成了隧道排水系统，特别是导水盲管的堵塞。

（4）由于冬季气温低，使得排水管冻结，引起排水管、衬砌冻胀开裂，产生新的水流通道。新的水流通道在低温下，又产生冻胀开裂，形成恶性循环。

2）主观原因

（1）隧道防排水系统不完善。隧道虽然采用了复合式衬砌，但仅在拱部设有防水板，并且当二次衬砌产生贯穿性裂缝时，拱部防水板已经破坏失效。

（2）两侧边墙没有铺设防水板，仅设有竖向盲管。岩体与混凝土的析出物、渣体极易堵塞管道，导致地下水没有出路，而沿衬砌施工缝和裂缝渗漏出来。

（3）中隔墙顶部的排水系统设计存在一定的问题，无法保证施工过程不堵塞导水盲管。

（4）施工采用了小模板，人为留下过多的施工缝，增大了渗漏水的可能性。

(5) 二次衬砌中间安设复合式遇水膨胀橡胶条,由于施工和产品质量问题,很难严格达到防水标准。另外,在低温作用下,施工缝是抵抗衬砌结构纵向受拉的薄弱部位,极易产生拉裂,导致防水措施失效。

(6) 二次衬砌虽然采用了膨胀剂防水混凝土,但施工中可能由于振捣不到位,致使衬砌不密实,出现蜂窝麻面,使防水混凝土的抗渗标号达不到设计要求,从而导致渗漏。

(7) 经雷达检测显示,隧道衬砌厚度局部区域达不到设计要求,部分衬砌和附近围岩存在不密实、脱空、破碎等缺陷,说明施工质量控制存在问题。

(8) 隧道浅埋段地表、隧道洞门上端、隧道内部等处的排水设施维护不到位,存在部分截水沟、排水沟堵塞,个别洞门附近地表出现陷洞等情况,大气降水不能及时排走而大量渗入到隧道周边。

6.1.1.2 渗漏水治理措施

公路隧道渗漏水的治理,应根据漏水的水源、类型、部位以及漏水量,确定治理方案和选择材料。根据雷达检测和现场调查成果,确定博莱高速公路隧道渗漏水治理原则为:截、堵、排相结合,综合治理;拱部堵排结合,边墙以排为主,局部水量大的区域堵排结合;先拱后墙,先堵后排,循序进行。

1) 地表水截流

针对隧道地区主要补给水源为大气降水这一客观原因,加强地表水截流措施。将地面坑洼填平,将洞顶截水沟、排水沟等排水设施疏通整修,尽量不使地表水渗流到隧道周边。

2) 一、二次衬砌间注浆

此方法主要适用于渗漏水量很大的部位,根据雷达检测指出的缺陷位置和裂缝分布状况确定注浆位置。其中青石关隧道由于衬砌裂缝分布密集,故拱部沿全长 3 条纵线注浆布点,4 m×4 m 梅花状分布。注浆孔必须保证不能破坏防水板。注浆材料选用可灌性好、结石率高、快凝早强、凝结时间可调的水泥—水玻璃浆液。配合比:425#普通硅酸盐水泥∶水玻璃∶水=1∶0.5∶0.8;注浆压力控制在 0.6~1.0 MPa。注浆原则:由下部孔眼向上部孔眼压注,以确保地下水被封堵在二次衬砌背后;由无水地段向有水地段压注,由水少地段向水多地段压注,以使水流汇集,便于引排。

注浆完成后,附近区域裂缝如有漏浆现象,说明浆液已扩散到此位置,可能达到了封堵作用,应观察一段时间,暂时可不进行下步治理工作;否则应该进行下步工作。

3) 凿槽引排

此方法主要适用于拱、墙单点线流、股流、射水等水量较大的施工缝和衬砌裂缝。根据雷达检测提供的裂缝状况确定引排位置。具体布置见图 6.1.1,左图适用于施工缝,右图适用于衬砌裂缝。施工步骤如下:

(1) 表面清洗:把裂缝左右约 10 cm 的衬砌混凝土表面清洗干净,找到缝隙的位置及水源。

(2) 割缝或钻孔:在渗水缝隙左右各 3 cm 处用切割机割深为 6~8 cm 的缝,或用冲击钻每隔 2 cm 钻孔,为凿槽做准备。

(3) 凿槽:人工凿出深度为 8 cm(施工缝)或 6 cm(衬砌裂缝)的槽,一般凿成内大(6 cm)外小(4 cm)的倒梯形槽,保证外敷防水层有 2~3 cm 厚。

(4) 埋管:在槽底埋设 ϕ50 mm 弹簧半管直至边墙底部,用锌铁皮固定,边墙底部至纵

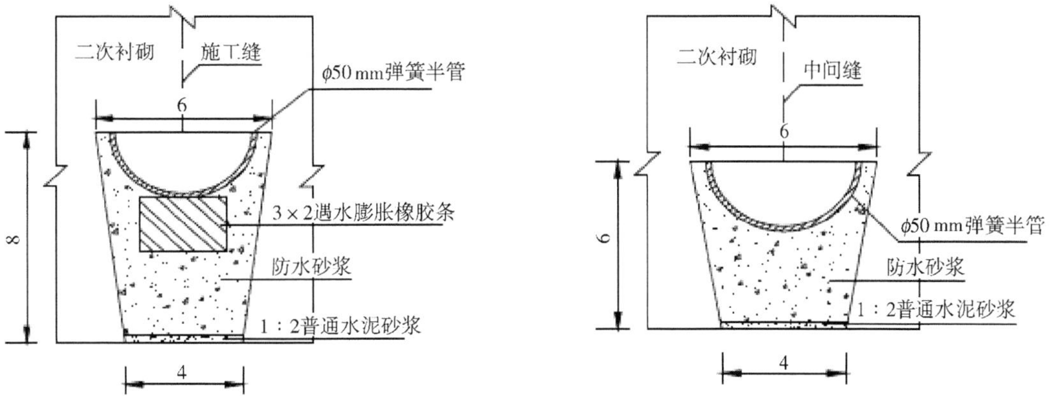

图 6.1.1　凿槽引排布置图(单位:cm)

向排水沟用 ϕ50 mm PVC 圆管连接。

(5) 封填:分两种情况:针对施工缝,先用遇水膨胀橡胶止水条嵌缝,然后再封填防水沙浆;针对衬砌裂缝,直接封填防水沙浆。

(6) 刷浆找平:等防水沙浆达到一定强度后,喷湿修复区域,刷 1∶2 普通沙浆找平,建议厚度 0.5 ~0.8 cm。

(7) 养护:在 14 d 内进行喷水养护。

防水沙浆配合比:425#普通硅酸盐水泥∶BR 增强型防水剂∶BR—2 专用粉∶沙∶水＝1∶0.14∶0.03∶1∶0.35。

4) 注浆封堵

此方法主要使用于渗漏水量较小、水流分散、不利于引排的衬砌裂缝及个别出水点、面。根据裂缝状况确定封堵位置。具体布置见图 6.1.2。

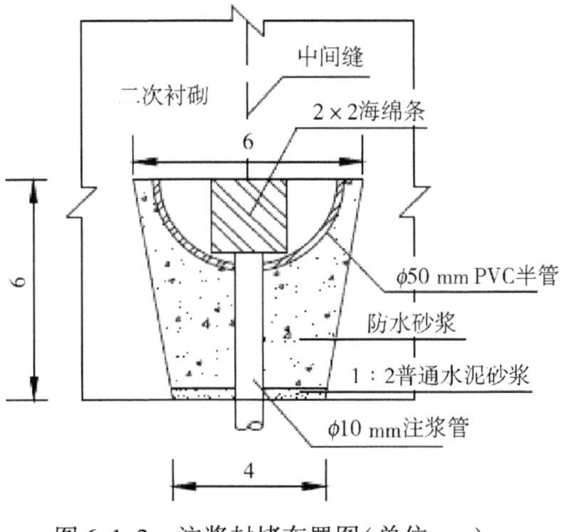

图 6.1.2　注浆封堵布置图(单位:cm)

进行衬砌内部注浆,以封闭水流通道及衬砌裂缝,或使水流相对集中,便于引排。注浆原则:点漏注浆先注水量较小者,后注较大者;环向裂缝由下向上依次注浆;水平或斜裂缝由水量较小端向较大端注浆;面漏由周边向中心依次注浆。施工步骤如下:

(1) 表面清洗:同凿槽引排。

(2) 割缝或钻孔:同凿槽引排。

(3) 凿槽:同凿槽引排。

(4) 埋管:在槽底埋设 ϕ50 mm 的 PVC 半圆管,管内放置 2 cm×2 cm 的海绵条。

(5) 封填:同凿槽引排,但同时垂直壁面埋置 ϕ1 cm 注浆管,该管一端穿透半圆管,压紧海绵条,另一端延伸至衬砌外。

(6) 注浆:等防水沙浆达到一定强度后,从注浆管注入丙凝浆液;根据旁边相应注浆管流出浆液情况判断注浆效果,力求浆液充满缝隙并分布均匀;注浆压力控制在 0.3 ~ 0.4 MPa,一般通过现场测试确定;注浆完成后,用铁丝扎牢注浆管口,以防浆液流出;等浆液硬结后,割断注浆管。

(7) 刷浆找平:同凿槽引排。

(8) 养护:同凿槽引排。

丙凝浆液组成成分见表 6.1.1。防水沙浆配合比同凿槽引排。

表 6.1.1　丙凝浆液建议配合比

体系	材料名称	作用	用量/kg
A 液	丙烯酰胺	主剂	18.9
	亚甲基双丙烯酰胺	交联剂	1
	三乙醇胺	促进剂	0.7
	水		79.4
B 液	过硫酸铵	引发剂	0.7
	水		99.3

5) 中隔墙打孔泄水

双连拱隧道中隔墙起拱线处严重渗漏,可能是纵向盲管或竖向盲管产生堵塞。针对这种情况,在中隔墙上端,单侧每隔 10 m、两侧交错用钻机斜向上打孔,进入上面的干砌片石隔离层,边墙凿槽,埋设 ϕ8 cm PVC 排水导管,下端接入两侧排水沟,让两拱圈间的上层滞水能够排出。在 PVC 排水导管离地面 1.2 m 高处设一个检查孔,可以定期打开,检查流水情况和疏通管道。具体布置见图 6.1.3。

施工步骤如下:

(1) 打孔泄水:在中隔墙上端,单侧每隔 10 m、两侧交错用钻机斜向上打孔,进入上面的干砌片石隔离层,让两拱圈间的上层滞水尽量排出。

(2) 表面清洗:同凿槽引排。

(3) 割缝或钻孔:方法同凿槽引排,尺寸见布置图。

(4) 凿槽:方法同凿槽引排,尺寸见布置图。

(5) 埋管:在泄水孔底塞入一个外裹无纺布的钢丝球,在孔内和槽底埋设 ϕ80 mm 的 PVC 圆管。

(6) 封填:同凿槽引排。

(7) 刷浆找平:同凿槽引排。

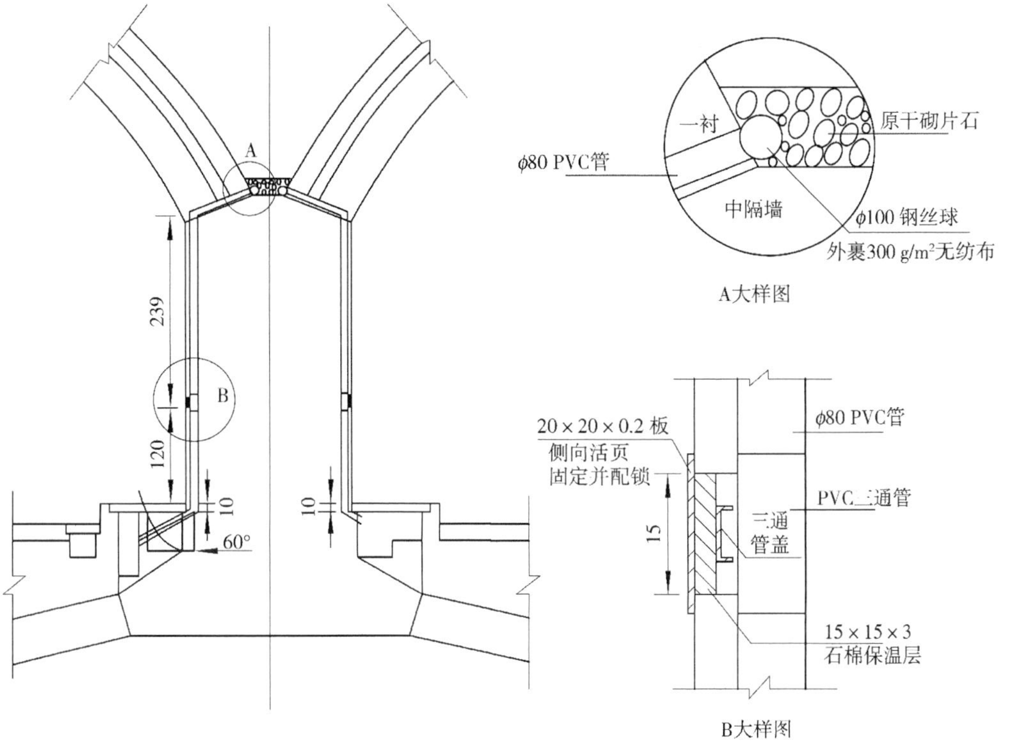

图 6.1.3　中隔墙打孔泄水布置图

(8) 养护:同凿槽引排。

6) 控制室涂料防渗

控制室顶面和侧面均渗水严重,并伴有明水流出。裂缝按凿槽引排、注浆封堵方案处理,顶面和侧面大面积渗水区域涂刷 911 非焦油聚氨酯防水涂料。施工步骤如下:

(1) 表面处理:清除泥土、浮尘、水泥浆及老化部分,如有油污,应用有机溶剂清除干净。

(2) 配料:先将 B 组分搅拌均匀,然后将 A 组分和 B 组分按 1∶2 质量比例混合。搅拌均匀后即可使用,搅拌料须在 10 min 内用完,搅拌器具必须干燥、清洁。

(3) 底涂:将混合均匀的胶料加入 5% ~10% 的有机溶剂(二甲苯,不能含水),用橡胶或塑料板均匀涂刮,封闭基层面气孔。

(4) 涂抹:将混合均匀的胶料用橡胶或塑料板均匀涂刮,要求厚度一致。厚度一般为 1.5 ~2.0 mm,分 2 ~3 次涂刮,每一道厚度控制在 0.7 mm 左右,第二道厚度控制在 0.8 ~1.0 mm左右,后次涂刮应在前次涂刮 24 h 之后。

6.1.1.3　治理过程

博莱高速公路隧道渗漏水治理工作分两阶段进行。2004 年 10 月至 12 月对三座隧道的左线进行病害治理施工。此次完成实际工程量中水泥—水玻璃浆液达到 2 699.99 m^3,远远超出设计量。原设计预计平均每孔注浆量约 2 m^3,实际治理中平均每孔注浆量约7 m^3,最大一孔达 32.712 m^3,注浆量超过 20 m^3的有 13 孔。这主要是由于隧道建设过程中原施工质量较差,衬砌与围岩不密贴,衬砌背后存在较大空洞所致。仅此一项就大大超出了原来的工程量。

2005 年 3 月至 6 月对三座隧道的右线进行了病害治理施工。从减少工程费用的角度考虑,将一、二次衬砌间注浆材料变更为水泥—水玻璃和水泥—粉煤灰浆液。水泥—水玻璃浆液配比保持原设计不变;水泥 ~ 粉煤灰浆液建议配比：水泥：粉煤灰 = 0.7：0.3(质量比)、水：固 = 0.6：1(质量比)。浆液用量的控制原则为:水泥—水玻璃浆液用量应不小于整个浆量的 30%,水泥—粉煤灰浆液用量约占整个注浆量的 70%。

6.1.1.4 治理效果

博莱高速公路三座隧道的渗漏水治理工程经过一个冬季的雪水、春夏季的雨水检验,治理效果整体达到了预期目标。总体来说,第二阶段春季右线施工效果好于第一阶段冬季左线施工;拱顶一、二次衬砌间注浆效果明显,中隔墙治理效果稍差;青石关、乐疃隧道效果较好,凤凰山隧道稍差。

6.1.2 漳龙高速公路隧道渗漏水治理[40]

漳州高速公路龙岩段于 2000 年全线通车,经过十多年的运营,该路段隧道渗漏严重,有的甚至呈线性直接洒落路面,渗漏水不仅影响隧道衬砌安全,降低隧道路面抗滑性能,危及过往车辆行车安全,而且缩短隧道内附属设施的使用寿命。

6.1.2.1 渗漏水类型及原因分析

根据渗漏水的不同特点,洞壁渗漏水分为裂缝线形渗漏和面形渗漏两种类型:

1) 裂缝线形渗漏

这种渗漏表现为沿隧道横截面环向发生,呈“竖直方向”,拱顶至拱腰部渗漏水直接滴落路面,拱腰至拱脚处渗漏则延伸至侧墙,并蔓延,潮湿成片,拱腰处渗漏滴水现象最为明显。导致此类渗漏的原因是雨量充沛,地表水下渗严重,地下水丰富,隧道又处偏压地势处,地下水大量汇集。Ⅰ ~ Ⅱ期隧道衬砌时采用小模板浇筑,混凝土横向接缝不密贴,一年四季温差产生热胀冷缩的影响,致使施工缝变化产生渗漏。该类线形渗漏占据了隧道渗漏大部分。

与路线方向平行的小模板横缝之间也出现部分线形渗漏,呈“水平方向”,或局部“点状”渗漏水量较大的漏点,为衬砌混凝土配比不佳或局部振捣不密实造成,主要集中在两侧拱腰位置。

此外,有部分由衬砌裂缝引起的不规则线形渗漏。个别孔洞未堵出现渗漏也归入线形渗漏。

2) 面渗

面形渗漏主要分布在拱顶或拱腰处,它表现为无明显水流,仅表面湿润或水珠悬挂,渗漏水量不大且在外来水源压力较低时而干燥,但当外来水源压力较大时,渗水区域明显扩大,造成此类渗漏的原因是衬砌混凝土振捣不够实心密实,但孔隙又不大,或孔隙未直接抵达衬砌外侧所致。有些看似大面积湿润区域(如侧墙呈大片潮湿状的渗水)其实非面形渗漏,而是线形渗漏导致。

6.1.2.2 施工方案

1) 裂缝线形渗漏水处理

(1) 裂缝线形渗漏水处理:对隧道渗水部位以排为主,防堵为辅,主要在混凝土内埋设导流暗管,将水排至水沟。

(2) 其工艺流程为:表面清洗→割缝→凿槽→埋管→封填→刷浆→场地清理→检查验收。

(3) 施工步骤

① 表面清洗:把裂缝左右约 30 cm 的衬砌混凝土表面清洗干净,找到水源位置。

② 割缝或钻孔:在渗水缝隙左右各 3 cm 处用切割机割深为 6 ~ 8 cm 的缝,或用冲击钻每隔 2 cm 钻孔,为凿槽做准备。

③ 凿槽:人工凿出深度为 8 cm(施工缝)或 6 cm(衬砌裂缝)的槽,一般凿成“U”字形槽。割缝与凿槽应避开环向衬砌主筋,绕过横向连接筋,勿割断。由于凿槽导致暴露的钢筋应用水泥砂浆重新封填保护。

④ 埋管:将槽内混凝土表面的浮渣清洗干净,之后在槽底埋设 ϕ50 mm 弹簧半管直至边墙底部,用锌铁皮固定,边墙底部至电缆沟用 ϕ50 mm PVC 圆管连接(电缆沟盖板以下 30 cm)。

⑤ 封填:分三层封填。

第一层:采用堵漏防水材料封填 15 mm 厚。

第二层:待第一层封填材料干燥后,在槽两侧和第一层封填材料外表面刷涂环氧树脂(或专用黏结材料),再填入 15 mm 厚 SR 塑性止水材料,性能见表 6.1.2,使用时按产品使用方法施工,以保证产品的最佳使用效果。

第三层:用厚 15 mm 防水沙浆再次封填。

⑥ 刷浆找平:等防水沙浆达到一定强度后,喷湿修复区域,刷 1 : 2 普通沙浆找平。

⑦ 养护:在 14 d 内进行喷水养护。

表 6.1.2　SR 塑性止水材料主要性能表

项目	测试条件	SR
断裂伸长率/%	10 ℃	850
	-10 ℃	800
	-40 ℃	200
耐热性/mm	45°倾角,80 ℃,5 h 流淌值	≤2
施工度/mm	25 ℃ 5 s,锥入度值	9 ~ 15
抗渗性/MPa	≤5 mm 厚,48 h	1.5 ~ 1.9
冻融试验/次	-20 ~ 20 ℃循环,不皱不裂	>300

2) 混凝土面渗漏处理

采取表面涂抹 XYPEX(赛柏斯)防水材料办法处理面形渗漏。其处理流程为基面处理→材料涂刷→护处理。首先把面渗区域及其外围 20 cm 处用凿子凿除 20 ~ 30 mm,以露出新鲜混凝土表面为止,凿除的表面不要求平整光滑,以增加堵漏材料与旧混凝土的黏土的黏聚力。然后用高压水枪清洗衬砌表面,去除浮面水渍杂质,用镘刀涂抹 XYPEX(赛柏斯)浓缩剂半干料团,最后刷浆、养护。

6.1.2.3　治理效果

隧道洞壁渗漏水采用堵漏宝、SR 柔性防水嵌缝膏等刚柔结合的方式进行整治与传统的防水层加混凝土套拱衬砌方案相比,堵漏防水材料不仅施工方法简便,施工速度快,治理渗漏水的效果也优于其他整治方法,同时能节省大量费用。实践证明无论隧道洞壁治理方案都是成功的,值得在今后隧道养护中进行推广应用。

6.2 隧道路面冒水治理措施

6.2.1 漳龙高速公路隧道路面冒水治理[40]

6.2.1.1 隧道路面冒水原因

隧道路面渗水主要出现在路面伸缩缝与纵向施工缝,路面产生渗漏水的主要原因有:

(1) 因地下水源丰富、水压较大,加上建设期隧道排水系统因诸多因素影响排水功能,地下水就顺伸缩缝往上冒水,致使路面渗水。

(2) 隧道路面存在断板、掉角现象,给地下水提供出口而渗水。

(3) 漳龙高速公路龙岩段Ⅰ~Ⅲ期隧道原设计路面两侧底部未设置纵向排水设施,隧道两侧电缆沟墙把路面下部地下水封闭。

(4) 漳龙高速公路龙岩段Ⅰ~Ⅱ期隧道电缆沟沟内水位较高致使排水腔内地下水无法通过电缆沟排出,甚至形成反灌。

(5) 原渗水整治结果欠佳,受重车影响破坏,重新出现路面渗水,具体表现如下:

① 隧道路面渗水排水槽切割过宽,实测槽宽 120 mm 左右,由于槽面过宽,重车行驶过程中轮胎陷入槽内产生局部冲击力,行驶的车辆对槽边又连续不断碰撞,因而出现路面防水槽混凝土啃边、断板、塌陷等现象,严重影响行车安全。

② 路面渗水的封堵材料为刚性,经不起重车碾压产生破碎,又经不起隧道自身的热胀冷缩变化,重新拉裂渗水施工缝而再渗水。

③ 地下水含钙量高,含钙物质在排水腔内固化致使排水腔堵塞。

6.2.1.2 路面防水施工方案(图 6.2.1)

(1) 在路面渗水的胀缩缝处切割、凿出深 12 cm,宽 4 cm 的 U 形槽,视现场具体情况连通至隧道边沿排水沟。

(2) 埋入 30 mm×30 mm 镀锌槽钢反扣在槽内,作引水通道。

(3) 封堵 1 cm 厚 XYPEX(赛柏斯)堵漏剂,将渗水封堵。

(4) 封堵 SR 橡胶嵌缝膏柔性防水层。

(5) 最后一层即表面层封堵高强度环氧树脂混凝土,施工完毕 24n 即可行车通行。

(6) 对原渗漏水治理点进行整改。

(7) 在电缆沟沟内水位较高的出水口处进行扩大或增设跌水,以降低水位。

(8) 凿除原整治路面渗水的封堵材料及角钢。

(9) 在凿除路面渗水的封堵材料及角钢后补上 HK—KB—1 混凝土快速修补剂。

(10) 补上 HK—KB—1 混凝土快速修补剂后,在冒水处的伸缩缝重新用道路切割机切割引水槽,再按上面方案施工。

6.2.2 大洋滩隧道和樊村隧道路面冒水治理[41]

随着杭金衢高速公路的通车运营,大洋滩隧道和樊村隧道群出现了不同程度的病害,病

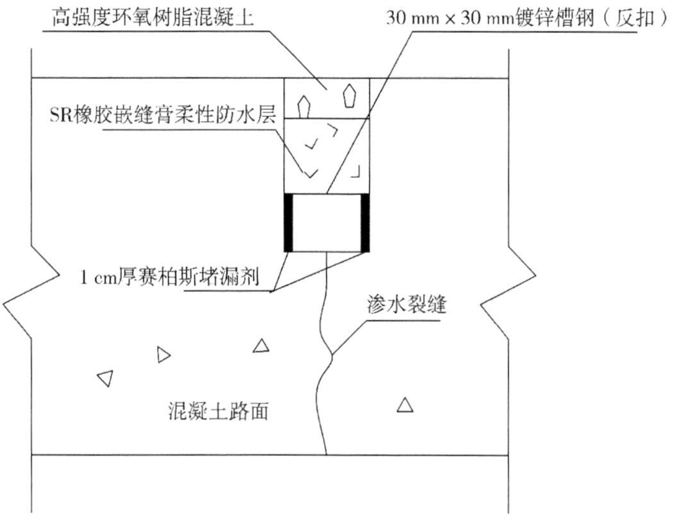

图 6.2.1　路面渗水治理示意图

害主要为衬砌裂缝、衬砌渗漏水和局部地段路面渗水。若对病害不尽快采取措施进行整治、加固，将逐渐危及隧道的安全性和耐久性。

（1）路面渗水

路面渗水主要出现在樊村 1 号隧道局部路段，从现场情况看，隧道路中央处渗出水为清水，不夹带泥沙等杂质。检查相应路基中央排水沟出水口，发现水量不大。初步判断为路基中央排水沟可能局部堵塞，造成管内水压上升，这种承压水会沿着混凝土路面缝隙处渗出。局部地方出现渗水、翻浆现象，说明该处仰拱混凝土存在裂缝、破碎现象；下卧层处承压水沿缝隙上升，并夹带泥沙渗出路面。

（2）路面渗水整治

为彻底处理樊村 1 号隧道局部路段路面渗水，保证混凝土路面的使用寿命，根据现场渗水情况决定采取措施将路面表面积水排干，为此制定了埋设毛细排水管、埋设对剖大直径排水管和埋设毛细排水带等 3 种排水试验方案。

通过对路面渗水整治实施的 3 个方案进行比较，得出：埋设对剖大直径排水管方案排水量大，日后维护时若堵塞需用钢丝绳清洗疏通，但造价低；埋设毛细排水管方案排水量较小，日后不需维护，造价较高；埋设毛细排水带方案路面无水迹，但需凿除原路面混凝土，工程量大。需在混凝土养护期后开放交通，对交通影响大，造价高。因此推荐埋设对剖大直径排水管方案作为今后养护实施方案。

6.3　隧道裂缝治理措施

6.3.1　圆梁山隧道衬砌裂缝[35]

圆梁山隧道衬砌裂缝可分为两种情况：一是有渗水裂缝；二是无渗水裂缝，即干缝。渗水裂缝多半是穿透性裂缝，在整个结构厚度上都开裂，甚至可能连背后柔性防水材料也撕破,或者背后防水材料未铺设好,导致结构防水失败。隧道渗水裂缝多为不规则裂缝,而且衬砌质量不佳,衬砌背后多数未施作柔性防水层,处理这种裂缝要根据渗漏水情况分别予以引排或封堵。以引排为主,封堵是为了排顺畅,减少引排工作量。

6.3.1.1 裂缝情况的调查

根据对圆梁山隧道现场调查和检测,已衬砌段均出现了一定数量的裂缝,其中自 DK351+471 至 DK354+346(2875 m)共有裂缝 286 处,其宽度最小 0.1 mm,最大 2.15 mm;自 DK355+442.5 至 DK362+466(共 7 023.5 m),左右侧分别检查,线路右侧共有裂缝 538 处,线路左侧共有裂缝 559 处,其宽度最小 0.1 mm,最大 2.05 mm。

在以上裂缝中,从走向来看,基本上属于环向施工缝,有少许斜向裂缝,未见纵向裂缝。从渗水情况来看,大多数为不渗水的干裂缝,出口段有 75 处渗水裂缝,占全部裂缝数的 6.8%。从裂缝宽度来看,1 mm 以上的占 23.9%,0.3 ~ 1 mm 的占 65.8%,小于 0.3 mm 的占 10.3%。

6.3.1.2 裂缝产生的主要原因

隧道衬砌混凝土裂缝产生的主要原因如下:

(1) 混凝土干裂缝。上述裂缝绝大部分属于环向施工缝,其产生的主要原因是由于在衬砌施工过程中养护湿度不够,导致混凝土干缩而产生裂缝。这种情况产生的裂缝其深度很可能贯穿整个衬砌厚度,对隧道防水影响很大。

(2) 地质条件恶化。主要由于受软弱围岩松动压力、大变形岩的挤压作用、偏压隧道的不均匀受力、相邻洞室开挖的相互影响等因素,改变了隧道的受力状况,出现应力重分

布或局部应力集中,导致隧道结构变形、侵限或破坏。

(3) 地下水的作用。由于地下水的渗流及侵蚀作用,导致混凝土强度降低或厚度减小。

(4) 混凝土的碳化。主要是由于空气中的二氧化碳和混凝土的碱性成分氢氧化钙、硅酸三钙、硅酸二钙等水化产物相互作用,形成碳酸盐,降低混凝土碱度,破坏钢筋表面的钝化膜,使混凝土失去对钢筋的保护作用,加快钢筋锈蚀。同时碳化还会加剧混凝土的收缩,导致混凝土结构产生裂缝和破坏。

(5) 由于圆梁山隧道存在高压水,且岩溶发育,洞内与地表存在明显水力联系,当排水盲管被泥沙封堵后,阻塞了水的排泄孔,水压升高,导致混凝土衬砌开裂。

6.3.1.3 隧道裂缝的治理技术

对圆梁山隧道衬砌裂缝的修补,可按照以下原则进行:对干裂缝以充填封闭为主;对渗水裂缝以堵为主,排堵结合。

隧道由于裂缝,尤其是拱墙上的贯穿性斜裂缝(或纵向裂缝),对隧道的使用功能和承载能力影响相对较大,因此必须对隧道拱墙上贯穿性的斜(包括纵向)裂缝进行治理。

隧道衬砌裂缝一般是指作为隧道主要结构的二次衬砌混凝土表面的可见裂缝,它是指二次衬砌混凝土中的不连续面,这些薄弱部位是引起混凝土破坏的主要原因。从裂缝的可见程度可分为宏观裂缝和微观裂缝。肉眼可见的裂缝范围一般以 0.05 mm 为界(实际最佳视力可分辨到 0.02 mm),因此可认为宽度大于或等于 0.05 mm 的裂缝称为“宏观裂缝”。参考国内外大量的文献资料和工程经验,对于一般的隧道,宽度小于 0.2 mm 的裂缝对隧道的正常使用、承载、防腐都无太大影响,故可以把宽度小于 0.2 mm 的裂缝结构称为无裂缝结构。但当结构防水要求不渗不漏(即达到《地下工程防水技术规范》中一级防水标准),裂

缝宽度的最小值应规定在0.1 mm以下。因此,工程中的裂缝治理技术,是指裂缝宽度大于0.2 mm(或0.1 mm)的二次衬砌混凝土结构的加固和补强。

1）裂缝影响程度的定量分析

对裂缝的影响程度定量分析比较复杂,它涉及裂缝位置、方向、长度、宽度、深度、密度等诸多方面,为了实际工作中便于操作,参照国内外有关规范的规定,可采用裂缝宽度进行判断,而如果裂缝位置、方向、密度等对结构稳定十分不利,则相应的影响程度及级别应考虑降低一个级别。

《混凝土结构设计规范》(GB50010—2010)第三章规定,钢筋混凝土结构的一般构件的最大裂缝宽度为0.4 mm。

《铁路隧道设计规范》(TB10003—2016)第8章规定,钢筋混凝土衬砌结构构件,考虑长期荷载作用的影响进行计算时,表面裂缝计算宽度限值不应大于0.2 mm,特殊环境条件下应符合现行《铁路混凝土结构耐久性设计规范》要求。

《民用建筑可靠鉴定标准》(GB50292—2015)规定,混凝土构件不适于继续承载的裂缝宽度的评定标准如表6.3.1所示。

表6.3.1　混凝土构件不适于继续承载的裂缝宽度的评定

检查项目	环境	构件类别		c_u 级或 d_u 级
受力主筋处的弯曲(含一般弯剪)裂缝和受拉裂缝宽度/mm	室内正常环境	钢筋混凝土	主要构件	>0.50
			一般构件	>0.70
		预应力混凝土	主要构件	>0.20(0.30)
			一般构件	>0.30(0.50)
	高湿度环境	钢筋混凝土	任何构件	>0.40
		预应力混凝土		>0.10(0.20)
剪切裂缝和受压裂缝/mm	任何环境	钢筋混凝土或预应力混凝土	出现裂缝	

注:① 表中的剪切裂缝系指斜拉裂缝和斜压裂缝;

② 高湿度环境系指露天环境、开敞式房屋易遭飘雨部位、经常受蒸汽或凝水作用的场所(如厨房、浴室、寒冷地区不保暖屋盖等)以及与土壤直接接触的部件等;

③ 表中括号内的限值适用于热轧钢筋配筋的预应力混凝土构件;

④ 裂缝宽度以表面测量值为准。

根据以上三个规范或标准的有关规定,并参照国内多座铁路、公路隧道及地下铁道区间隧道的设计、施工的有关标准和多座隧道病害调查、统计资料及整治经验,对于裂缝宽度的影响程度可制订下列评价标准:

(1) 裂缝宽度 $W\geq 0.5$ mm,其影响程度可定为a级,非常严重;

(2) 裂缝宽度 $0.3\leq W<0.5$ mm,其影响程度可定为b级,比较严重;

(3) 裂缝宽度 $0.1\leq W<0.3$ mm,其影响程度可定为c级,影响轻微;

(4) 裂缝宽度 $W<0.2$(0.1 mm),可认为其对结构使用功能和承载能力无太大影响,其影响程度可定为d级,基本无影响。

2）裂缝治理技术

(1) 无水裂缝的处理

圆梁山隧道的无水裂缝集中在非富水区段。无水衬砌裂缝的施工遵循先环向,后纵向的顺序,纵向延伸较长的裂缝逐段进行处理,裂缝密度大的区域逐条进行处理。在圆梁山隧道无水裂缝治理过程中主要采用以下两种方法。

① 直接涂抹法

直接涂抹法主要是针对裂缝宽度在0.1～0.3 mm之间、且无明显的剪切滑移和渗漏水迹象、对结构的承载能力影响不大、不影响结构安全和正常使用的裂缝,采用水泥基渗透结晶型材料进行涂抹处理。具体施工步骤如下:

(ⅰ)用凿除、喷沙、酸洗、钢丝刷洗、高压水或风冲等方法,让裂缝周围的基面粗糙、干净。

(ⅱ)将涂膜材料的各组分按比例调和、搅匀。

(ⅲ)用抹子、滚筒、尼龙刷、专用喷枪等工具将混合料涂刷或喷射到基面上。涂刷时应注意来回用力,以保证明凹凸处都能涂上。喷涂时,喷嘴距离涂层要近些,以保证灰浆能喷射表面微孔或微裂隙中。一次涂刷厚度不宜超过0.2 mm,且混合料应在规定时间用完。

(ⅳ)当需涂第二层时,一定要等第一层初凝后呈潮湿状态时进行,如太干则应喷洒些水,对基面润湿。

(ⅴ)涂抹后必须加强养护,涂层初凝后易用喷雾式,防止洒水时涂层破坏。

② 埋管灌浆法

埋管灌浆法主要是针对宽度在0.3～0.5 mm之间、范围较大或有明显错动迹象、对结构的承载能力会产生一定影响的混凝土裂缝进行修补加固。处理过程如下:沿裂缝延伸方向凿宽5 cm、深5 cm的沟槽,槽长度由裂缝起止点各向外延伸10 cm,用毛刷刷净槽内浮尘,然后检查裂缝深度大于5 cm的裂缝。对裂缝深度大于5 cm的裂缝,每隔0.5～0.8 m设置1根$L=17$ cm、$\phi10$ mm注浆钢管。再用环氧树脂沙浆嵌补沟槽并固定注浆管,待环氧树脂沙浆凝固后,通过注浆管压注环氧树脂浆液,注浆压力为0.3～0.5 MPa。注浆结束后,有注浆管的割掉注浆管外露部分,并涂刷刮抹料和调色料。无水衬砌裂缝处理断面如图6.3.1所示。

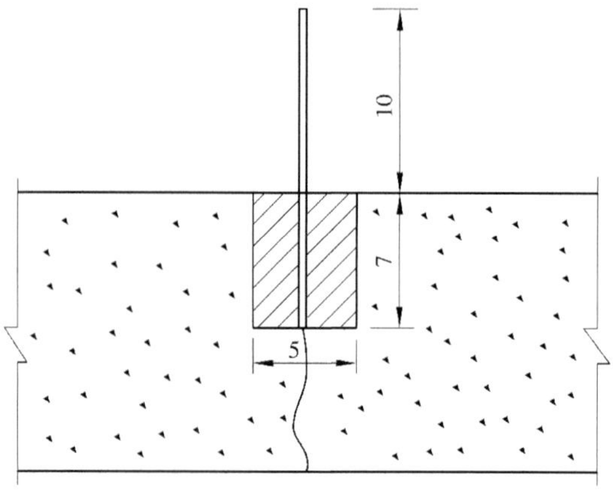

图6.3.1　无水衬砌裂缝处理断面示意

埋管灌浆法施工要求及注意事项：

（ⅰ）裂缝处理。一般可进行表面处理，清除裂缝表面的灰尘、浮碴及松散层，清洗干净并保持干燥；封缝可使用环氧树脂胶泥，厚 1 mm 左右，宽 20 ~ 30 mm；也可用粘贴玻璃丝布的方法，贴 2 ~ 3 层，不得有鼓泡和皱纹。

（ⅱ）密封检查。裂缝封闭后进行压气试漏，以检查密闭效果。灌浆工序要确保灌浆质量，机具应事前进行检查。灌浆压力要保证适当，一般化学浆液的灌浆压力常为 0.2 MPa。待缝内浆液达到初凝而不外流时，可拆下灌浆嘴，再用环氧树脂胶泥封好口。灌浆施工时必须遵守安全规定，浆材应封闭储存，远离火源。施工时应通风良好，严禁烟火，并配备各种消防和防护设施。施工中使用的环氧树脂沙浆、环氧树脂浆液、刮抹料、调节料配比见表 6.3.2、表 6.3.3、表 6.3.4、表 6.3.5。

表 6.3.2　环氧树脂沙浆配比表

材料名称	6101 树脂/g	乙二胺/g	二丁酯/g	沙子/g	水泥/g
数量	100	8	15	400	200

表 6.3.3　环氧树脂浆配比表

材料名称	6101 树脂/g	乙二胺/g	501 号/g	二甲苯/g
数量	100	10	20	35

表 6.3.4　刮抹料配比表

材料名称	水泥/g	细沙/g	水/g
数量	100	200	50

表 6.3.5　调色料配比表

材料名称	水泥/g	白水泥/g	107 胶/g	水/g
数量	100	60	50	50

干裂缝修补工艺流程如图 6.3.2 所示。

图 6.3.2　干裂缝修补工艺流程

（2）渗水裂缝处理

圆梁山隧道的渗水裂缝主要集中在高压富水区段，产生渗水裂缝主要是由防水板焊缝质量不好、排水盲管安设不当以及混凝土振捣不密实、抗渗性能差等原因造成的。在施工中主要采取了以下几种方式进行处理。

① 引排

当裂缝渗水量较大（以线状流出）、渗水含泥沙且水压大时，应先做引排，这样可以减少水对结构的压力。引排开槽的断面形状以矩形或倒梯形为好，封堵槽沟时要加混凝土界面剂。引排管用半圆形 PVC 管或小直径钢纤透水管均可。封槽后应注意使结构表面平整、光滑。引排管上端应高于渗水部位 10 cm 以上，并一直通到洞内排水沟。可采用的封槽材料有：双快水泥、堵漏灵、堵漏停、聚合物水泥砂浆、改性环氧树脂沙浆、普通速凝沙浆等。

② 凿槽封堵

对于不便引排的细小裂缝或孤立的渗水点，采取堵的方式比较合适。封堵材料与前述引排中所用的封槽材料相同。开槽的断面开头有矩形、梯形、倒梯形、梯形加矩形等。倒梯形开槽较麻烦，封槽后比较牢固，不易剥落。矩形槽应在槽的两侧加纵向沟，增加封堵的牢固性。开槽的深度不宜大于 8 cm、不宜小于 4 cm，太深了影响结构强度，切槽机也不易操作；太浅了，封堵不牢，表面层不易施作，宽度以 4 ~ 6 cm 为宜。

封堵工艺流程是：沿裂缝切槽（用手持式切割机），凿除混凝土，清理槽内碴子，对流水成线的渗漏水可做临时引排，先将容易堵的沟槽用堵水材料封好，再将引排部位封堵，检查封堵效果，对仍然渗水的部位凿除返修，最后在堵漏材料的外面抹防水沙浆和相应的涂料，保持和原隧道表面颜色一致。

③ 注浆封堵

对处于水位线以下的结构渗水裂缝，只用凿槽封堵的方式治理不能彻底，复发率很高，采用注浆封堵的方式较为合理。同时这类裂缝多数比较细窄，耗浆量不多，使用超细水泥浆或水泥—水玻璃浆液，注浆材料固化后强度高，与原混凝土有较好粘接密封性，使水无法透过。超细水泥注浆对于裂缝宽度在 0.5 mm 以上、且裂缝水量不大、主要是渗漏水时，采用超细水泥进行注浆封堵。

施工工艺：

（ⅰ）首先将渗水的杂物清理干净，找出真正的漏水点；

（ⅱ）确定需要注浆的裂缝长度，用切割机沿渗水缝两侧切槽，宽约 4 ~ 5 cm，槽深 5 cm 左右；

（ⅲ）用电铲或其他工具凿除中间的混凝土，并清理干净；埋设注浆管，注浆管底部要对准渗水处，然后用速凝堵漏剂封堵管周围空隙。注浆管 1.0 ~ 1.5 m 埋一个，注浆管埋设后应进行检查，除水从注浆管流出外，其余部位不应再渗漏，否则要进行修补。注浆管埋设完毕后，连接好管路和泵自下而上进行注浆；PR 注浆完毕后，检查注浆效果，清除外露注浆管，将裂缝表面处理平整。

（ⅳ）注浆材料配比：$W:C=(0.6\sim0.8):1$。

（ⅴ）注浆压力：0.4 ~ 0.5 MPa。

④ 套衬补强法

隧道Ⅲ ~ Ⅳ级围岩地段，其稳定性较差，锚固注浆作用不大。因此，对于该处宽度在0.5 ~1.0 mm、且密度较大、但无明显错动迹象的混凝土裂缝，主要采用套衬补强法。套衬补强后，由于增加了混凝土厚度，改变了结构的受力特征，提高了衬砌的整体性和承载能力。套衬补强适用于净空要求不太严格的隧道，而对于净空不允许缩小的隧道则不能使用。钢筋混凝土套衬补强的主要施工步骤为：

（ⅰ）将原混凝土面凿毛，冲净并在墙脚部位施作单排或双排植筋钻孔。钻孔直径不宜小于 ϕ22 cm，孔距以 15 ~ 20 cm 左右为宜。

（ⅱ）工作台架就位，按设计要求绑扎单层或双层钢筋。

（ⅲ）模板架设，满注混凝土，混凝土宜用细石混凝土，标号不宜低于 C25，厚度不宜小于 20 cm。

（ⅳ）待混凝土达到设计强度的 70%或 2.5 MPa 以上时，可拆模、养护。

（ⅴ）由于套衬混凝土厚度较薄，一般情况下拱部混凝土很难灌注密实，建议待混凝土达到设计强度后进行回填灌浆，灌浆宜采用水泥砂浆，压力应控制在 0.3～0.5 MPa。

⑤ 凿槽嵌补法

如衬砌混凝土裂缝宽度在 0.3～0.5 mm 之间，并无明显的剪切错动和渗漏水迹象，且裂缝范围较小、数量较少，可采用凿槽嵌补法修补。具体施工步骤如下：

（ⅰ）用小扁凿沿裂缝凿开一道沟槽，槽宽 2～5 cm，槽深根据裂缝深度确定，最大深度不得超过三分之二次衬砌砌厚度，用钢丝刷清除缝内浮碴，并用高压风或吸尘器吹或吸干净缝内尘土，保证缝内无水、干燥。

（ⅱ）在缝的两侧面和底面涂刷底胶，底胶厚度宜为 0.3 mm 左右，用涂刷方法铺匀。

（ⅲ）用配制好的接缝材料进行填缝，并捣固密实。目前嵌缝的主要材料有聚合物水泥砂浆、聚氨酯类和沥青胶泥类等。对于基面潮湿的裂缝，宜用水溶性材料。

（ⅳ）用防水沙浆或其他材料将裂缝表面抹平，并进行合理的养护。

⑥ 回填注浆施工

回填注浆是对原衬砌拱部空腔进行回填水泥砂浆。回填注浆施工过程：在拱部钻设回填注浆孔，安设 $L=3$ m 的 $\phi42$ mm 注浆钢管，然后接管压注水泥砂浆，注浆压力不大于 0.5 MPa，并以总量 150 m^3控制。水泥砂浆配比为：水灰比 $W:C=0.8:1$，沙率 200%。注浆管排距 3.0 m，梅花形安设。

⑦ 使用 KRYTON（凯顿百森）系列防水材料修补渗水裂缝

针对部分地段混凝土表面湿渍和施工缝渗漏水情况，考虑到不破坏止水带，主要采用注浆和涂抹防水涂料的方法进行处理。在圆梁山隧道施工过程中，我们采用了一种新型防水材料——KRYTON（凯顿百森）系列防水材料。它是加拿大凯顿公司生产的水泥基结晶型防水材料，在有水存在的条件下，材料中所含活性化学物质向混凝土内部渗透，在混凝土中形成不溶于水的针状结晶，填充和封堵渗水的孔隙和裂缝，提高混凝土的防水抗渗能力。可用于裂缝修补的有表 6.3.6 中的几种产品。

表 6.3.6　修补裂缝的防水材料

品种	名称	符号	特性
Krystol T1	水泥基渗透结晶型防水涂料	KT1	遇水生产结晶
Krystol T2	水泥基渗透结晶型防水涂料	KT2	加强防水效果
Krystol Baricote	水泥基渗透结晶型快硬高强修补材料	KB	微膨胀，黏聚力强
Krystol Plug 水	水泥基渗透结晶型带水堵漏材料	KP	带水施工，快速堵漏

a）在处理混凝土表面湿渍时，主要采用涂抹凯顿百森防水涂料的方法进行治理，其工艺流程见图 6.3.3。

b）在处理施工缝渗漏水时，考虑到不破坏止水带，主要采用注浆和涂抹 KT1 渗透结晶

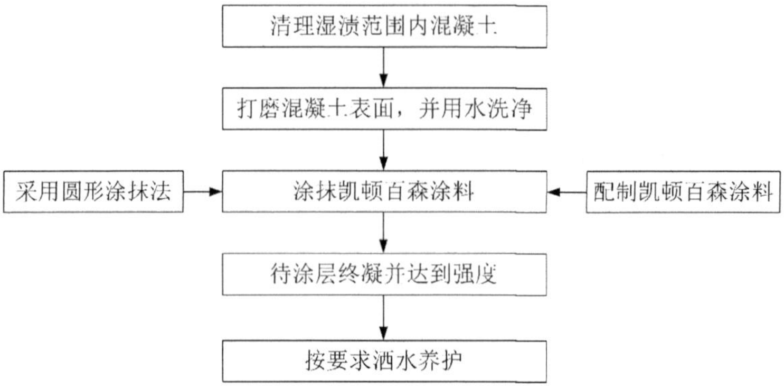

图 6.3.3　涂抹防水涂料工艺流程

型防水涂料的方法进行治理，其步骤如下：

（ⅰ）沿施工缝两侧并与施工缝相距 15 cm 处，呈 45°方向，向施工缝钻斜孔，钻孔直径 ϕ10 ~ 20 mm，环向孔距 50 ~ 100 cm，钻孔深度控制在 22 mm 左右，并确认与施工缝相交。

（ⅱ）安装注浆管，并将管周围封闭牢固。

（ⅲ）采用注浆泵注入 HSC 浆，如 HSC 无法注入则注入水溶性聚氨酯，注入压力控制在 2 MPa以内。

（ⅳ）将水完全封堵后，将出现湿渍的施工缝表面打磨粗糙并清洗干净，用尼龙刷或钢刷涂抹 KT1 渗透结晶型防水涂料。

3）治理效果

圆梁山隧道在采用凯顿百森防水材料进行防渗堵漏施工之后，经修补后的衬砌基本没有再出现渗漏水现象，有效地提高了混凝土的抗渗能力，取得了显著的防水效果。

6.3.2　小曼萨河公路隧道衬砌裂损治理[43]

6.3.2.1　概况

云南省元（江）磨（黑）高速公路小曼萨河隧道（以下简称小曼萨河隧道），位于云南元磨高速公路 K235+745 ~ K235+980 段，全长 235 m，属于双连拱大跨度隧道。元江口高程 158.33 m，位于 R=150 m，L_s=120 m，I=10% 的圆曲线上；磨黑口 76.67 m 位于 R=150 m，L_s=120 m，I=10% ~2.37% 的缓和曲线上，纵坡 3%。据《公路隧道设计规范》（JTJ026—90）和隧道所在路段地面横坡陡，在此分离不开的情况下，设计为带中墙的整体式双跨连拱结构。单跨净宽 10.75 m，净高 7.9 m。单跨采用单心圆，边墙侧为曲线，中墙为直线，中墙厚 2 m，隧道净宽 25.24 m，隧道最大埋深约为 240 m，洞内预留、预埋了照明控制箱洞和电线、电缆管、槽以及维修电源插座。

根据本隧道为双跨连拱的特点，并结合路基及地形情况，进口采用正交型翼墙式洞门，出口采用正交型台阶式洞门。洞口施工中应尽量减少扰动周围岩体，尽早做好洞口边、仰坡的防护及隧道洞门，确保洞口安全。

隧道衬砌根据围岩类别、地形、埋深、成洞条件等进行设计。由于隧道进出口成洞条件困难，设计共长 21 m，明洞衬砌或偏压明洞衬砌，其余各段与围岩类别（Ⅱ、Ⅲ类）相对应设计为复合式衬砌。由于本隧道跨度较大且曲线半径较小，因此，偏压复合式衬砌段采用管棚

(ϕ108 mm×6 mm),其余复合式衬砌段采用小导管(ϕ42 mm×4 mm),对前方围岩进行注浆加固后再开挖。

由于隧道路面维修困难,使用年限要适当增长,因此隧道内路面采用水泥混凝土路面,其面层为 24 cm 厚的 35 号水泥混凝土,洞内设有仰拱及仰拱填充混凝土者,不设基层。

防排水系统根据隧道区的气象条件和水文条件,本隧道的防排水设计采用以"防、排"为主,"防、排、堵、截"相结合的综合治理措施。其各段的防、排水情况如下:

(1) 洞外:根据地形情况,在洞口上边、仰坡外侧设置与地形相应的截排水沟,将边沟坡水引出隧道区,进入天然沟中排走。

(2) 明洞:明洞拱墙部外层铺设由土工布、防水板、土工布组成的防水层。在墙脚处设置 HDPE ϕ116 mm 纵向排水管,纵向排水管与引水管相连,将衬砌背后的水引入侧沟排走,并在回填土上设置一层厚 50 cm 的黏土隔水层,让水顺回填土坡面流进洞顶水沟引入沟谷中排走。

(3) 洞内:在初期支护与二次支护间敷设 350 g/m^2 土工布(抗拉强度大于 1 840 N、顶破强度大于 3 940 N)和塑料防水板组成的防水层外,要求对施工缝! 工作缝! 沉降缝作专门的防水处理,同时衬砌背后每隔 10 m 左右设置一环向盲沟。盲沟与纵向排水管相连通,使衬砌背后水通过盲沟下设置的纵向排水管和 HDPE ϕ116 mm 引水管至隧道两侧水沟排走。施工缝、工作缝不应设置于有集中流水地段。

6.3.2.2　隧道病害概况

隧道病害主要有三类:第一类是局部坍塌冒顶;第二类是隧道侧移;变形和开裂;第三类是坡顶滑塌。

隧道坍塌冒顶发生在上行线的 K235+889 ~ K235+899 地段,塌方段岩性主要为沙与黏土,混有少量块石。地表塌陷直径为 14.6 m,深度为 123 m。受其影响 K235+889 ~ K235+899 地段的初期支护段也发生了移位和开裂。

隧道的侧移、变形和开裂主要发生在出口段 K235+920 ~ K235+970 地段,比较严重的部位是 K235+940 ~ K235+965 地段。边墙、拱顶和中隔墙都发生开裂和偏移。

K235+940 ~ K235+965 地段中隔墙于 2002 年 2 月底 ~ 5 月 20 日期间向路线左侧偏移 50 mm,在 7 月 20 日至 8 月初的十几天内,K235+957 ~ K235+965 地段,向路线左侧偏移达 125 mm,边墙裂缝最大错位达 150 mm,洞口墙面也出现了两道较大的裂缝,明洞边墙拉裂错位达 65 mm。隧道边墙、拱顶和中隔墙的破坏有三个特点:其一是开裂程度在洞口 K235+965 附近较重,向隧道内减轻;其二是隧道上部破坏重,下部破坏轻;其三是开裂具有左移性,裂缝的上方一侧和出口方一侧一律向左移动。

坡顶滑塌主要发生在隧道入口段山坡,那里山坡陡峭,松散层较厚,有多次坍塌历史,每遇暴雨都有可能发生滑坡、泥石流。

经过现场调查,发现小曼萨河隧道出口段(里程 K235+940 ~ +970)和隧道中间过渡段(里程 K235+820 ~ +940)区段隧道围岩支护及二次衬砌结构发生严重的破坏。破坏情况综合归纳如下:

(1) 隧道出口段(里程 K235+940 ~ +970)

① 中隔墙:沉降缝和施工缝均发生横向错位,一般错位 30 ~ 60 mm,最大的错位达 125 mm,并伴有下沉现象。顶部和起拱线相交部位有连续贯通的裂缝,局部混凝土压碎,成

块脱落，墙体内的钢筋变形凸出，最严重情况是部分中隔墙墙体已折断。

② 边墙：上行线边墙有明显的裂缝。在 K235+940～+965 区间，距基础约 1.8 m 高处沿纵向多条裂缝，缝宽一般约 1 mm。还有其他方向的裂缝，最大裂缝宽度为 15 mm。下行线边墙也有一些斜裂缝，但不如上行线边墙严重。

③ 拱顶：有许多纵向裂缝，裂缝长 4～5 m，最大裂缝宽度超过 10 mm。这些裂缝表明该处拱圈已断裂。

(2) 隧道中间段(里程 K235+820～+940)

① 中隔墙：顶部起拱线处有明显的连续贯通的裂缝，墙体沉降缝和施工缝处也有明显的错位，一般为 3.0 cm 左右。

② 边墙：此区段裂缝不如出口段裂缝严重，上行线有明显的斜裂缝，最大裂缝宽度1.5 cm。

③ 拱顶：没有发现明显的裂缝。

综上所述，小曼萨河隧道里程 K235+900～K235+970 区间已建成的钢筋混凝土衬砌结构均发生不同程度的破坏，尤其以出口段 K235+935～K235+970 区段的内衬结构破坏严重，部分拱顶的边墙、中隔墙断裂，钢筋屈服，结构基本上丧失了承载能力。

6.3.2.3 衬砌病害类型及危害

隧道衬砌是承受地层压力、防止围岩变形坍落的工程主体建筑物。地层压力的大小，主要取决于工程地质、水文地质条件和围岩的物理力学特性，同时与施工方法、支护衬砌是否及时和工程质量的好坏等因素有关。作用在支护衬砌上的地层压力，主要有形变压力、松动压力，在膨胀性地层有膨胀压力，在有冻害影响的隧道存在冻胀性压力。

(1) 衬砌开裂

隧道衬砌裂缝根据走向及其和隧道长度方向的相互关系，分为纵向裂缝、环向裂缝和斜向裂缝。环向工作裂缝，一般对于衬砌结构正常承载影响不大。拱部和边墙的纵向裂缝及斜向裂缝，破坏结构的整体性，危害较大。

纵向裂缝：纵向裂缝平行于隧道轴线，其危害性最大，发展可引起隧道掉拱、边墙断裂甚至整个隧道塌方。环向裂缝：环向裂缝主要由纵向不均匀荷载、围岩地质变化、沉降缝等处理不当所引起，多发生在洞口或不良地质地带与完整岩石低层的交接处。环向裂缝约占裂缝总长的 30%～40%。斜向裂缝：斜向裂缝一般和隧道呈 45°左右，也常因混凝土衬砌的环向应力和纵向受力组合而成的拉应力造成的，其危害性仅次于纵向裂缝，也需认真加固。

(2) 衬砌变形

混凝土衬砌发生收敛变形，造成隧道净空不够，或侵占预留加固的空间，个别隧道的混凝土衬砌侵入达 30～40 mm，因此运营隧道需定期进行限界测量，作为加固的依据。

(3) 衬砌腐蚀破坏

我国西南地区不少铁路隧道混凝土衬砌被酸性地下水所腐蚀。这些地区的地下水，硫酸根(SO_4^{2-})在水中含量高达 6 000 mg/L，因而造成混凝土衬砌和道床被腐蚀成豆腐渣状，强度降低 30%，这种混凝土衬砌的处理和加固难度较大。

(4) 衬砌背后空洞

衬砌与围岩之间没有回填密实，出现脱空，空洞从 0.3～1.5 m 不等，一般加固方法困难。

(5) 仰拱破碎,道床下沉,翻浆冒泥

直接影响行车安全,加固修补又受行车时间限制,因此施工时必须及时处理。

6.3.2.4　治理措施

根据小曼萨河隧道仿真计算的结果、隧道的裂损情况以及小曼萨河隧道的补强设计思想,结合相关专家在隧道实地勘察收集资料的分析结果与元磨高速公路建设指挥部的意见,确定了小曼萨河隧道加固修复的措施,主要为下几个方面:

(1) 衬砌裂缝修复

在对隧道衬砌加强前,需修复衬砌裂缝,以防止衬砌混凝土内部钢筋的锈蚀及衬砌渗水,从而为后面衬砌补强做好前提工作。对裂缝及破损混凝土进行化学灌浆及加固修补处理,使结构逐步恢复成整体,达到恢复结构刚度的目的,具体方法如下:

① 对于小于0.3 mm 的缝隙采用 YZJ—1 型结构胶(力学性能见表6.3.7)进行表面封堵;

② 对于0.3 mm 至2 mm 以内的裂缝采用 YZJ—5 型灌注结构胶进行灌缝处理;

③ 对于大于2 mm 以上的裂缝,先凿出混凝土松动部分,然后采用 CGM 高强微膨胀无收缩化学灌浆料进行灌缝处理;

④ 对于破损混凝土,采用插筋及高于原混凝土强度的纤维混凝土进行补强及修形。

表6.3.7　YZJ—1 结构胶的力学性能

项目	单位	指标(平均值)	测试标准
抗压强度	MPa	72.48	GB/T2569
抗拉强度	MPa	33.51	GB/T2568
抗折强度	MPa	45.64	GB/T2570
黏结拉剪强度(钢—钢)	MPa	18.1	GB7124
黏结正拉强度(钢—混凝土)	MPa	3.42	GB/T12594
韧度	$(N\cdot cm/cm^3)$	850	GB4159
硬度	布氏	12	GB4346
弹性模量	GPa	6.1	GB/T2568
泊松比		0.35	GB/T2568
耐久性能	h	2 000 h 强度不降低	GB/T14522
疲劳(碳纤维板粘不锈钢)	万次	200 万次不破坏	GB3075
工作环境	℃	-40 ~ 60	
配合比(质量)	A 组分(白色膏状):B 组分(黑色膏状)= 4:1		

(2) 衬砌的补强

① 对于拱脚、中隔墙及错台处,在错台部位的屈服筋混凝土凿开,重新焊接一定长度的钢筋替代屈服筋(搭接长度按规范规定),将错台部分重新浇筑高于原混凝土强度的纤维混凝土并修形,以便后续黏结钢板之用。

② 对于边墙,中隔墙的处理,首先进行基础灌浆,形成稳定的基础。对边墙、中隔墙局部加强处理,首先灌缝,其次粘钢、植筋将钢板锁住。对于拱顶及边拱采用对拱外圈进行灌

浆处理,将周围松散堆积物灌浆后形成拱圈,厚度 1.2 ~3.2 m。

③ 粘贴钢板,代替已屈服的钢筋,以恢复结构的强度。沿环向粘贴板宽为 400 mm,厚为 16 mm 的钢板;在钢板上设置锚栓,将钢板固定,锚栓采用 M16,锚深 160 mm。然后在钢板上焊置环向 I20b 的工字钢,结构胶封闭,形成密封空间,然后灌注由 YZJ—3 结构胶配制的灌注胶,将钢板牢固地黏结在二次衬砌混凝土上。再喷射的 300 ~500 mm 厚改性聚丙烯纤维混凝土,形成 1 100 ~1 300 mm 厚的整体拱截面,设计时可考虑构件截面整体工作,如图6.3.4示。

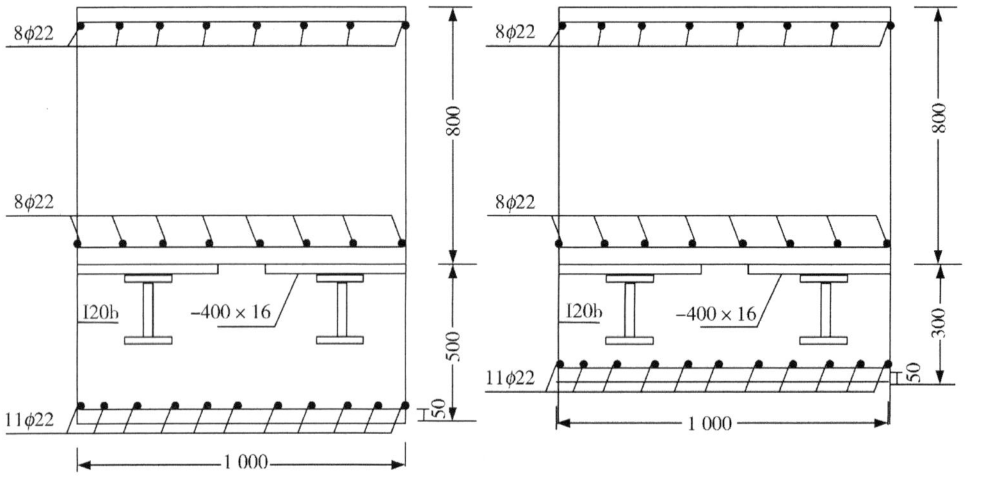

图 6.3.4　衬砌粘贴钢加固图(500 mm,300 mm)

④ 工字钢肋。在钢板外焊工字钢肋,一方面可在粘钢板施工时和内衬套浇筑前替代钢架支撑,保证施工安全,同时工字钢肋又可以帮助恢复二次衬砌结构的刚度,如图 6.3.4 示。

⑤ 所有新老混凝土接合面的处理,均采用在老混凝土植筋、挂网、凿毛、喷射新老混凝土界面胶 YZJ—4,然后在此基础上喷射纤维混凝土,从而形成1 100 ~1 300 mm 厚的组合截面,如图 6.3.3 所示。

6.3.2.5　施工方案

(1)裂缝灌注加固施工工艺

对裂缝进行一次全面检查,记录裂缝发生的位置、宽度与长度、按裂缝宽度 $\delta \leq 0.30$ mm 与 0.30 mm$<\delta \leq 2$ mm 和 $\delta>2$ mm 进行分类,做好标记。对于裂缝宽度 $\delta \leq 0.3$ mm 的进行封闭处理(用 YZJ—1 结构胶),用钢钎、手提式切割机沿裂缝延伸方向凿成"V"形槽("V"形槽宽 3 cm,深 3 cm),清除"V"形槽灰尘、浮渣及松散层等污物,再用高压空气将混凝土粉尘吹干净。对于 0.30 mm$<\delta \leq 2$ mm 的裂缝进行注胶(YZJ—5 结构胶),用钢钎、手提式切割机沿裂缝延伸方向凿成"V"形槽("V"形槽宽 4 cm,深 3 cm),凿完后再用钢刷及压缩空气将混凝土屑粉层消除干净。对于 $\delta>2$ mm 的裂缝,用钢钎、手提式切割机沿裂缝延伸方向凿成"V"形槽("V"形槽宽 4 cm,深 4 cm),凿完后再用钢刷及压缩空气将混凝土屑粉层消除干净,最后用丙酮试剂沿裂缝凿的"V"形槽内擦洗干净并保持干燥。然后按图 6.3.5 所示的裂缝灌注施工流程图施工,来修复衬砌裂缝。

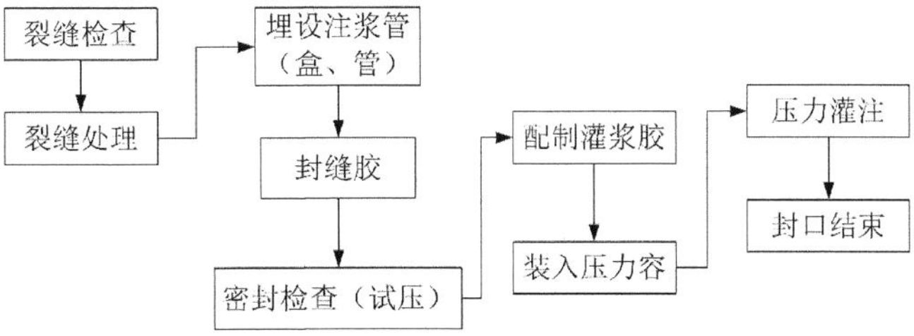

图 6.3.5　裂缝灌注加固施工流程

(2)钢结构表面糙化施工工艺

钢结构表面处理：用电动钢刷打磨钢板、工字钢表面，把钢结构表面氧化层磨除，然后用棉纱蘸丙酮擦洗干净。用油漆刷刷 YZJ—5 结构胶均匀涂刷于钢板、工字钢表面。

喷射沙砾：筛好的沙砾装入喷沙机内，喷射沙砾压力 0.5 MPa 左右，喷枪嘴距结构 50 ~ 80 cm 为宜，以完全覆盖钢结构表面即可，厚度控制在 2 ~ 3 mm 内。施工流程图如图 6.3.6 所示。

图 6.3.6　钢结构表面糙化标准施工流程

(3) 包钢灌胶加固施工工艺

按设计图纸确定钢板在混凝土表面的位置。凿去构件与钢板结合面处不良混凝土，清除混凝土表面松散物、浮浆及油污直至完全露出坚实基层。若表面严重凸凹不平，可用环氧沙浆修补。将处理后的混凝土结合面打磨平整，用丙酮清洗混凝土结合面，要求表面无油污，无灰尘，然后用压缩空气吹去浮尘。

钢板与混凝土粘接面应除锈，用角磨机打磨出金属光泽，然后用丙酮清洗干净。由于隧道二次衬砌已严重变形，形成了一个不规则的弧形，制作每一块钢板都必须现场测量隧道拱的弧度；将制作好的钢板用带帽螺栓(螺栓间距 40 cm)固定在二次衬砌混凝土预定结合面。把钢板(钢板每块长 0.28 m，宽 0.4 m)与钢板接头处(打磨成 45°夹角)进行焊接，然后再将 20b 工字钢焊在钢板上。用 YZJ—1 结构胶将钢板与混凝土构件边缘密封。在钢板上适当位置钻孔，粘贴灌浆嘴并留出排气孔。包钢灌胶加固施工工艺流程如图 6.3.7 示。

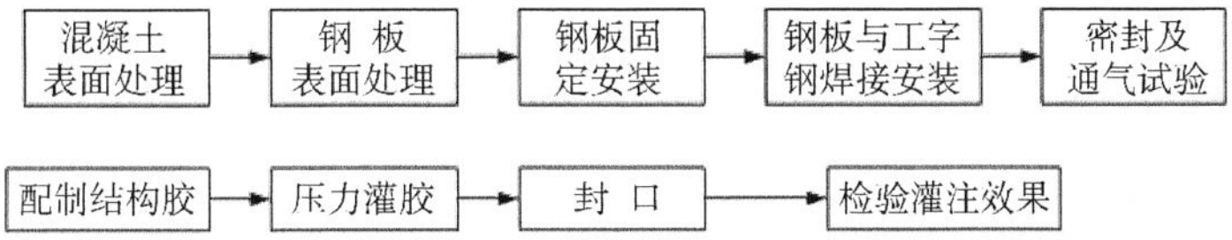

图 6.3.7　湿包钢加固施工流程

(4) 新老混凝土界面处理施工工艺

新(老)混凝土表面处理:用钢钎对老混凝土表面凿毛,除去松散物和浮尘,露出老混凝土坚实层,然后用高压水冲洗干净。浇筑新混凝土前,老混凝土表面必须保持干饱和状态。

将称量好的 YZJ—4 新老混凝土界面剂与水搅拌均匀后,加入称量好的 4.25R 普硅水泥继续用电动搅拌机搅拌均匀,搅拌时间大于 3 min,然后将无机界面胶用筛网过滤即可使用。YZJ—4 新老混凝土界面剂与 42.5R 普硅水泥的质量比为 1∶0.36,水量根据天气条件及新混凝土浇筑时间以可喷涂或涂刷为宜。将配好的无机界面胶用刷子涂刷在已成饱和干状态的老混凝土表面上(如为大面积施工,最好采用喷涂工艺),以完全覆盖老混凝土,厚度控制在 2~3mm 内。最后在涂刷无机界面胶后及时浇筑新拌混凝土。施工流程图如图 6.3.8所示。

图 6.3.8　新老混凝土界面处理施工流程

(5) 粘钢加固施工工艺

混凝土、钢板表面处理。按照设计图纸,在混凝土表面划线,确定粘贴钢板位置。对于混凝土构件黏结面应根据构件混凝土表面的新旧程度、坚实程度、干湿程度分别处理。对于钢板粘贴面应根据钢板锈蚀程度按不同方法处理。用抹刀将配制好的结构胶同时抹在已清洗过的不平整混凝土表面和钢板粘接面。钢板上抹胶应中间厚边缘薄,然后将钢板贴于预定位置。钢板粘贴后用手锤沿粘贴面轻轻敲击钢板,无空洞声表示已粘贴密实,否则剥下钢板补胶,重新粘贴。

在粘贴时应固定加压。钢板粘贴好后立即用卡具、支撑式膨胀螺栓固定,并适当加压,以使胶液刚从钢板边缘挤出为准。若用膨胀螺栓固定钢板,一般兼作钢板永久锚固措施。施工时埋设孔应预先与钢板一道于涂胶前配钻,并将埋设孔中灌胶,待胶固化后再粘贴钢板,螺栓的锚固效果更有保证。施工流程图如图 6.3.9 所示。

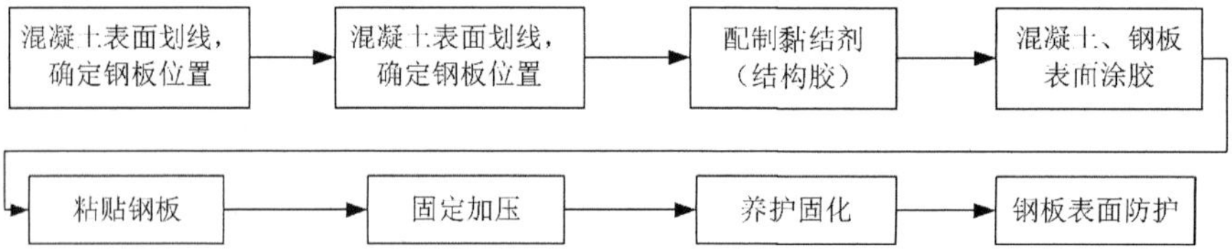

图 6.3.9　粘贴钢加固施工流程

(6) 植筋加固施工工艺

根据设计图纸在植筋的平面位置上,用红油漆或其他颜色作出标记,定位钻孔位置并标出孔深、孔径;孔径:$D=d+(5\sim6\ \text{mm})$,式中:d 为钢筋直径(以毫米计);D 为钻孔直径。孔深:$H=15d$。

采用高压气冲洗(用空压机)清除孔内灰尘,在钻孔过程中,孔内会积存灰渣,尤其是向下打孔时,灰渣不易跑出,应经常清渣,用上述方法清除后,在灌胶前,用丙酮清洗一遍,达到孔壁无灰尘。

灌注结构胶。用专用工具将搅拌好的胶注入清洗过的孔内,注胶量以钢筋插入后,胶充满钻孔为宜。配胶、注胶、插筋必须流水作业,连续进行。配制好的胶,必须在 45 min 内使用完毕,以免凝固。

钢筋处理:植筋长度的确定,视情况而定,如外部加焊钢筋,其最小长度为:孔深+搭焊长度+200 mm,以免焊接时高温影响胶的强度;钢筋表面处理,用电动钢丝刷或人工钢丝刷,清除钢筋表面的锈蚀,用丙酮除钢筋表面油污及灰尘。

最后植入焊接钢筋及锚固钢筋:将处理好的钢筋,植入灌注好结构胶的孔内,垂直钻孔,将钢筋插入孔内,由于结构胶有一定浓度,一般一次并不能插到底,采用反复拉出、插入或旋转方法直到钢筋到底(注意:不时插到底后,会有回弹,应加以防止)。

养护固化:钢筋植入定位后应加以保护,防止碰撞和移位,保持 3 d,待结构胶固化后原材料方可受力。施工流程图如图 6.3.10 所示。

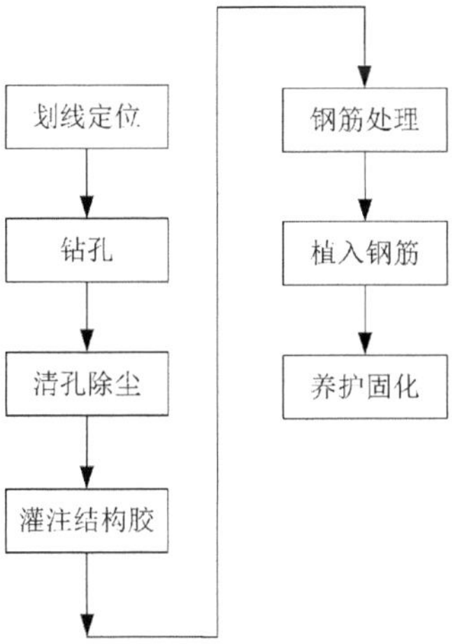

图 6.3.10　植筋加固施工流程

6.3.3　青沙山隧道衬砌开裂补强处理[44]

6.3.3.1　概况

青沙山隧道是青海省平(安)阿(岱)高速公路上唯一的一座隧道,全长 3 340 m,位于化隆县境内,海拔高度 3 000 m,是青海省最长的高速公路隧道。围岩岩性为辉石闪长岩、玄武岩、蚀变玄武岩、火山角砾岩、安山岩、千枚岩、断层泥,节理裂隙发育,围岩结构变化频繁,平均每开挖 8 ~ 10 m 变化一次,与设计地质资料偏差较大。涌水量较大,最大涌水量为 1 080 m^3/d。这给施工组织带来了很大的困难,即使按照新奥法的施工原理,根据监控量测结果及时调整支护参数,也很难适应围岩的变化,加之认识上的偏差,变更设计不能很好地适应隧道围岩的地质情况,造成衬砌裂缝等质量隐患。如果不及时有效地治理,会引发渗水、甚至塌落等病害,造成隧道运营环境的恶化。

6.3.3.2　裂缝形态

K32+957、K32+948、K32+928 处衬砌各产生一处环向连通裂缝，K32+908 处衬砌两侧边墙部位产生近 2 m 的环向长裂缝，K32+960 ~ K32+860 段调平层原纵向施工缝均产生 5 ~ 20 mm 张开性裂缝，调平层 K32+885 ~ K32+860 段附近各产生一道约 20 m 的纵向裂缝。

6.3.3.3　地质情况及施工情况

（1）地质情况

2003 年 12 月 26 日上午当掌子面开挖至 K32+963 后，围岩突变，岩石为严重风化的蚀变玄武岩及部分白垩系沙质泥岩混杂，呈粉末及泥土状，有少量渗水、夹泥，拱顶出现塌方，塌体高度沿线路方向右侧约 4 ~5 m 高，左侧约高 1 m。

2004 年 1 月 5 日，当隧道掘进至 K32+948 时，围岩又突变为千枚岩，含水饱和，为可塑泥土状，围岩有“饼化”现象，围岩压力较大。在已完成初期支护的

K32+963 ~ K32+953 段，格栅钢架变形，有 4 处拱顶开裂，存在严重掉皮现象。后 K32+969 ~ K32+949 段现不同程度的格栅钢架变形，拱脚处格栅钢架钢筋出现受压扭曲，初期支护喷混凝土表面出现开裂掉皮现象。

（2）施工情况

2003 年 12 月 26 日，监理、建设、施工单位现场会议作出如下决定：从 K32+963 开始由Ⅳ类围岩加强施工，恢复原设计Ⅲ类围岩施工，会上施工单位提出按Ⅰ类围岩施工，未被采纳。为确保安全，施工单位用 I20b 工字钢架代替 H13 格栅钢架。不久后又应施工单位提出，总监办又一次召集建设、施工单位，再次补充决定在 K32+963 ~ K32+953 的 10 m 范围内，将 H13 的钢格栅变更为 I20b 工字钢架，间距仍按 1.0m 计量。

2004 年 1 月 6 日，监理、建设、施工单位现场会议决定：① 对 K32+963 ~ K32+953 段进行补强。在既有钢架之间再增设 10 榀 I12 工字钢拱架加固，每榀钢拱架设 4 m 长的 ϕ22 mm沙浆锚杆 23 根，并与既有拱架用 ϕ22 mm 螺纹钢连接，间距 100 cm，挂 ϕ8 mm 钢筋网后覆盖钢拱架。并在仰拱中加钢拱架 7 榀，与原 I20b 拱架连接（加在拱顶有裂纹处）。② 从K32+948 起变更为Ⅰ类围岩，但取消二次衬砌混凝土钢筋。

2004 年 1 月 14 日监理、建设、施工单位现场会议决定：对 K32+953 ~ K32+948 段补强加固，增加 5 榀 I12 工字钢架加固，每榀钢拱架设 4 m 长的 ϕ22 mm 沙浆锚杆 23 根，并与既有拱架用 ϕ22 mm 螺纹钢连接，间距 100 cm，挂 ϕ8 mm 钢筋网后覆盖钢拱架，并在仰拱中加钢拱架 5 榀，与原格栅钢架连接。

根据三次会议精神结合现场实际情况，施工单位对 K32+963 处塌方空穴进行认真回填处理，K32+963 ~ K32+948 段按Ⅲ类围岩施工（其中 K32+963 ~ K32+958 段用 I20b 工字钢架代替 H13 格栅钢架），K32+948 ~ K32+865 段按Ⅰ类围岩施工（取消二次衬砌混凝土钢筋）。并对 K32+969 ~ K32+948 段进行了初期支护加强。按照“新奥法”的施工原则，贯彻短进尺、弱爆破、强支护、仰拱超前，衬砌紧跟的原则。于 2004 年 1 月 17 日至 2004 年 3 月 17 日施工完本段仰拱，于 2004 年 4 月 10 日至 2004 年 4 月 27 日施工完本段衬砌。

6.3.3.4　开裂原因分析

根据开裂情况，结合原设计施工图和有关会议纪要的实际施工情况，认为该段施工当时围岩为千枚岩和白垩系沙质泥岩，存在“饼化”现象，局部呈可塑状。该围岩具有一定的膨胀性，而针对此围岩情况采取的初期支护参数相对较小，初期支护比较薄弱。尽管对该段初

期支护进行了局部补强，但初期支护加 I12 工字

钢架补强，刚度不够强大，而且受力不均匀，同时取消了二次衬砌混凝土钢筋，减弱了二次衬砌的抗剪切（抗围岩膨胀性）性能，是造成本段二次衬砌及调平层开裂的主要原因。

根据裂缝的发展状况：裂缝均由边墙底部先产生后再向拱部延伸，且本段调平层沿纵向施工缝均发生张开性裂口的实际情况，结合本段监控量测的反馈数据（均为拱顶和调平层有上拱趋势，两侧边墙底部 1.5 m 高度范围向内收敛），分析认为该段结构基础上鼓是衬砌及调平层开裂的直接原因。

6.3.3.5　隧道衬砌裂缝的治理

应根据隧道的地质条件、气候条件、环境条件及开裂情况，认真分析其开裂原因，通过对比、分析，选用适当的处理方法进行综合治理，以确保结构承载能力和正常、安全使用。纵观国内外隧道裂缝的治理技术，主要有拆除重建法、锚固注浆法、挂网喷浆法、套衬补强法、骑缝注浆法、凿槽嵌补法、直接涂抹法等。

（1）拆除重建法适应于裂缝宽度较大（$W \geqslant 0.5$ mm），数量较多，结构破坏严重，隧道基本丧失了承载能力，不能正常使用。

施工时采取如下步骤：

① 架设临时支撑；

② 逐段拆除原结构；

③ 施作临时支护；

④ 施作新的衬砌结构。

施工时应注意：

① 防止隧道坍塌、掉块；

② 减小爆破震动对既有衬砌的影响。

（2）锚固注浆法适应于裂缝宽度较大（$W \geqslant 0.15$ mm），但数量较少，对隧道的承载能力和稳定性影响较小，对隧道正常使用影响较大。

施工时采取如下步骤：

① 在裂缝两侧钻孔；

② 安装中孔锚杆；

③ 注浆，安装垫板；

④ 防水沙浆找平。

施工时应注意：

① 防止突然掉块；

② 严格控制注浆压力；

③ 注意行车安全。

（3）挂网喷浆法适应于围岩较好，岩石强度较高，裂缝宽度 $W \geqslant 0.5$ mm 且数量较少，对隧道的承载能力和稳定性影响较小，对隧道正常使用影响不大。

施工时采取如下步骤：

① 凿除局部破坏部位；

② 打钎钉、挂钢筋网；

③ 喷混凝土或钢纤维混凝土；

④ 用防水沙浆找平。

施工时应注意:

① 防止突然掉块;

② 注意喷浆均匀性。

(4) 套衬补强法适应于围岩较差,岩石软弱破碎,裂缝宽度 0.3 mm≤W<0.5 mm,且数量较少,对隧道的承载能力和稳定性影响较小,对隧道正常使用影响不大。

施工时采取如下步骤:

① 将裂缝严重部位进行锚固注浆;

② 将原衬砌凿毛;

③ 施作钢筋混凝土套衬。

施工时应注意:

① 套衬应和边墙基础连接成整体;

② 套衬拱部应回填、灌浆。

(5) 骑缝注浆法适应于裂缝宽0.2 mm≤W<0.3 mm,有明显的剪切错动和渗漏水迹象,且裂缝范围较小、数量较少、大部分为环向裂缝。

施工时采取如下步骤:

① 沿裂缝布孔,将水集中引排;

② 埋管注浆,先堵小漏水,后堵大漏水;

③ 割管,防水沙浆找平。

施工时应注意:

① 合理选择钻孔参数和注浆材料;

② 严格控制注浆顺序和注浆压力。

(6) 凿槽嵌补法适应于裂缝宽0.2 mm≤W<0.3 mm,无明显的剪切错动和渗漏水迹象,且裂缝范围较小、数量较少、大部分为环向裂缝。

施工时采取如下步骤:

① 沿裂缝凿倒梯形沟槽;

② 将浮尘刷净,涂刷底胶;

③ 嵌入高强黏合材料;

④ 用防水沙浆找平。

施工时应注意:

① 正确选择嵌缝材料;

② 严格施工工艺。

(7) 直接涂抹法适应于裂缝宽 W<0.2 mm,无明显的剪切错动和渗漏水迹象,不影响结构完全和正常使用。

施工时采取如下步骤:

① 使基面粗糙、干净;

② 分层喷射或涂抹结晶、渗透性混合料;

③ 加强养护,防止淋、晒。

施工时应注意:

① 注意基面清理;

② 重视材料配比;

③ 严格施工工艺;

④ 满足养护条件。

6.3.3.6　补强方案的确定

具体采用哪种方案更为合适,将根据病害产生的原因而定。由于拱顶及侧边围岩已松动破坏,因此,加固方案以不破坏现有的二次衬砌为原则,以免施工时发生危险。同时尽可能不破坏现有防水结构,防止造成隧道漏水,影响今后的使用。而且加固后不侵入现有隧道的建筑限界内。针对青沙山右幅隧道出口段 K32+960 ~ K32+860 段部分二次衬砌发生开裂的情况(结构基础上鼓是开裂的直接原因),采取以下补强处理方案。

(1) 补强里程范围

发生开裂的里程范围为 K32+960 ~ K32+860,为防止裂缝继续纵向延伸,决定对开裂段前后各延伸 10 m 进行补强处理,里程为 K32+970 ~ K32+850。

(2) 补强措施

① K32+970 ~ K32+850 段二次衬砌基础范围进行补强处理。

沿该段两侧衬砌基础范围(不破坏防水层)每侧向下以 30°角施作两排(共计 4 排)ϕ50 mm注浆小导管(壁厚 4 mm),纵向间距 1.0 m,长度 L=4.5 m,两排小导管交错布置,排距为 0.8 m。注浆材料为水灰比 0.5 的 M30 水泥浆,注浆压力为 0.5 MPa。

② K32+970 ~ K32+850 段调平层、仰拱下基础进行补强处理。

对该段调平层、仰拱向下以>60°角施作四排 ϕ50 mm 注浆小导管(壁厚 4 mm),纵向间距 1.0 m,梅花形布置,长度 L=4.5 m,注浆材料为水灰比 0.5 的 M30 水泥浆,注浆压力为 1.0 MPa。

6.3.3.7　施工工艺

(1) 钻孔。钻孔采用 TYQZJ100D 型潜孔钻干钻,根据设计孔位布孔,并根据设计下倾角进行施钻,孔径 ϕ75 mm。成孔后用高压风将孔中岩粉或地下水清除,造孔完成后及时下管。如遇仰拱工字钢拱架,移开一定距离重钻,如遇坍孔,必须停钻进行固壁灌浆,待沙浆达到一定强度后重新钻孔。

(2) 注浆。采用 GZJB 型液压双液注浆泵注浆,水泥浆采用沙浆搅拌机拌和,水灰比为 0.5。其强度>30 MPa。安装小导管后用锚固剂封闭孔口 30 cm,将注浆皮管套在小导管管口,用铁丝绑紧,通过小导管,自孔底有压一次性灌注至孔口溢浆,注浆压力不小于设计注浆压力,若漏浆严重,无法注满,采用间歇注浆,即在注浆半小时后暂停,待 1 ~2 h 后再进行孔口补注浆。一次注浆完毕后,对小导管进行再次补注浆,直至凝固后的水泥浆充满整个小导管。钻孔、注浆工艺流程图见图 6.3.11。

6.3.3.8　治理效果

通过处理完成后近 3 个月的观察,裂缝位置粘贴的盖玻璃片没有发生开裂,原裂缝宽度也没有变化,净空收敛值稳定,也没发现渗漏水现象。

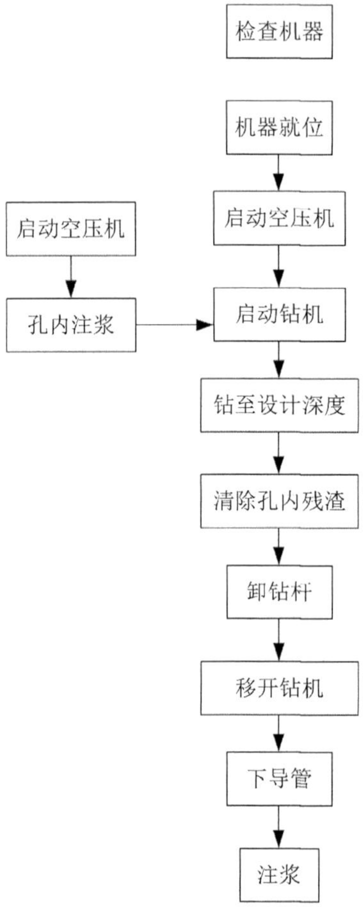

图 6.3.11　钻孔注浆工艺流程图

6.4　隧道混凝土二次衬砌厚度不足及混凝土不密实的处理[53]

6.4.1　大岭 1 号隧道概况

（1）隧道工程概况

大岭 1 号隧道位于广西境内，进口里程 ID176+363，出口里程 ID176+676，隧道全长 313 m，其中Ⅲ级围岩 40 m、Ⅳ级围岩 75 m、Ⅴ级围岩 198 m。隧道全段位于直线上，隧道内纵波连续上坡，变坡点里程 IDK176+450，进口段坡度为 0.58%，坡长 1 750 m，出口端坡度为0.30%。本隧道环境作用为碳化环境，环境作用等级为 T2 级。

隧址区唯一丘陵区，地形起伏较大，最大高差约 80 m，植被很发育。隧道主要穿越全风化、强风化和弱风化的粉砂岩。山体顶部至洞顶最大厚度约 50 m。本隧道围岩级别为Ⅲ～Ⅴ级。

（2）建筑限界

隧道建筑限界及衬砌内轮廓采用“通隧（2008）0201—08”图，内轨顶面以上净空面积 92 m^2，并满足电力牵引双层集装箱运输的要求，曲线地段不考虑加宽，全隧道线间距4.6 m。

(3) 洞内规定类型

洞内采用有砟轨道,碎石道床,内轨顶面至道床底面的高度 766 mm,轨道设计标高=路肩设计标高+0.982 m

6.4.2 大岭 1 号隧道无损检测病害情况

大岭 1 号隧道 IDK176+464.7~IDK176+466.6 拱顶二次衬砌厚度不足、IDK176+418.3~IDK176+423 等 6 段拱顶、拱腰部分存在二次衬砌混凝土不密实情况。为达到设计要求,需对六段混凝土进行处理。具体情况见表 6.4.1。

表 6.4.1 大岭 1 号隧道无损检测病害情况统计表

序号	位置	起始里程	终止里程	长度/m	病害类型
1	拱顶	IDK176+464.7	IDK176+466.6	1.9	二次衬砌厚度不足 32 cm(40 cm)、不密实
2	拱顶	IDK176+415.7	IDK176+417.9	2.2	不密实
3	右拱腰	IDK176+418.3	IDK176+423	3.7	不密实
4	右拱腰	IDK176+465	IDK176+466.5	1.5	二次衬砌厚度不足 31 cm(40 cm)、不密实
5	右拱腰	IDK176+478	IDK176+481.8	3.8	二次衬砌厚度不足 35 cm(40 cm)、不密实
6	右拱腰	IDK176+513.6	IDK176+515.1	1.5	不密实

6.4.3 大岭 1 号隧道无损检测病害地段设计情况

(1) IDK176+464.7~IDK176+466.6、IDK176+465~IDK176+466.5、IDK176+478~IDK176+481.8 拱顶、右拱腰混凝土二次衬砌厚度不足地段设计情况

① 地质情况

大岭 1 号隧道 IDK176+464.7~IDK176+466.6、IDK176+465~IDK176+466.5、IDK176+478~IDK176+481.8 地段为Ⅲ级围岩地段。地质情况为奥陶系粉砂岩,钙质胶结,弱风化,节理裂隙较发育,基岩裂隙水不发育。

② 初期支护

大岭 1 号隧道 IDK176+464.7~IDK176+466.6、IDK176+465~IDK176+466.5、IDK176+478~IDK176+481.8 地段为Ⅲ级围岩地段,采用Ⅲb 型复合式衬砌。预留变形量 5~8cm。初期支护参数见表 6.4.2。

表 6.4.2 初期支护参数表

围岩级别	C25 喷射混凝土		ϕ6 mm 钢筋网		锚杆		钢架	
	设置部位	厚度/cm	设置部位	网格间距/cm	长度/m	间距/m	设置部位	间距/m
Ⅲ级围岩	拱墙	12(纤维混凝土)	拱墙	25×25	3.0	1.2×1.5(环×纵)	/	/
	仰拱	/						

③ 二次衬砌设计

大岭 1 号隧道混凝土二次衬砌不足段为Ⅲb 型复合式衬砌,二次衬砌采用 C30 钢筋混凝土浇筑,厚 40 cm;仰拱充填采用 C20 混凝土,厚 50 cm;拱墙钢筋网采用环纵向为 ϕ6 mm

钢筋,钢筋网格为 25 cm×25 cm。

(2) IDK176+415.7 ~ IDK176+417.9、IDK176+418.3 ~ IDK176+423、IDK176+513.6 ~ IDK176+515.1 段二次衬砌混凝土不密实地段设计情况

① 地质情况

大岭 1 号隧道 DK176+415.7 ~ IDK176+417.9、IDK176+418.3 ~ IDK176+423、IDK176+513.6 ~ IDK176+515.1 地段为Ⅳ级围岩地段,地质情况为奥陶系粉砂岩,钙质胶结,强风化,节理裂隙较发育,基岩裂隙水不发育。

② 初期支护

大岭 1 号隧道 DK176+415.7 ~ IDK176+417.9、IDK176+418.3 ~ IDK176+423、IDK176+513.6 ~ IDK176+515.1 地段为Ⅳ级围岩地段,采用Ⅳb 复合式衬砌。预留变形量 8 ~ 10cm。初期支护参数见表 6.4.3。

表 6.4.3 初期支护参数表

围岩级别	C25 喷射混凝土		ϕ6 mm 钢筋网		锚杆		钢架	
	设置部位	厚度/cm	设置部位	网格间距/cm	长度/m	间距/m	设置部位	间距/m
Ⅳ级围岩	拱墙	25(纤维混凝土)	拱墙	20×20	3.5	1.2×1.2(环×纵)	拱墙	0.8
	仰拱	10(素混凝土)						

③ 二次衬砌设计

大岭 1 号隧道 DK176+415.7 ~ IDK176+417.9、IDK176+418.3 ~ IDK176+423、IDK176+513.6 ~ IDK176+515.1 地段二次衬砌为Ⅳb 复合式衬砌,采用 C35 钢筋混凝土浇筑,厚 45 cm;仰拱充填采用 C20 混凝土,厚 55 cm;拱墙及局部边墙钢筋网采用环纵向为 ϕ6 mm 钢筋,钢筋网格为 20 cm×20 cm。

6.4.4 病害情况分析及处理原则

(1) IDK176+464.7 ~ IDK176+466.6、IDK176+465 ~ IDK176+466.5、IDK176+478 ~ IDK176+481.8 拱顶、右拱腰混凝土二次衬砌厚度不足地段情况分析及处理方式

大岭 1 号隧道 IDK176+464.7 ~ IDK176+466.6、IDK176+465 ~ IDK176+466.5、IDK176+478 ~ IDK176+481.8 段二次混凝土厚度不足地段处于Ⅲ级围岩地段向Ⅳ级围岩地段过渡部位,病害点距离设计围岩变化交界处平均为 7.0 m,岩石较破碎,基岩裂隙水不发育。其衬砌形式采用Ⅲb 型复合式衬砌,初期支护拱墙采用 ϕ6 mm 钢筋网 25 cm×25 cm 及 C25 素混凝土进行网喷混凝土,二次衬砌采用 C30 混凝土;仰拱充填采用 C20 混凝土。隧道由初期支护和二次衬砌钢筋混凝土共同作用对其安全起到保护作用。考虑到初期支护后围岩基本处于稳定状态后才进行二次混凝土衬砌。同时,此段检测病害点范围较小,如进行拆除涉及周边混凝土范围较大,不利于混凝土整体质量。

据此分析,对此处先采取观测方式,进行混凝土变形分析,如不影响整体质量不进行拆除处理。如果混凝土变形分析不利于隧道安全和整体质量即进行人工拆除修补。

(2) IDK176+415.7 ~ IDK176+417.9、IDK176+418.3 ~ IDK176+423、IDK176+513.6 ~ IDK176+515.1 段二次衬砌混凝土不密实地段情况分析及处理方式

大岭 1 号 IDK176+415.7～IDK176+417.9、IDK176+418.3～IDK176+423、IDK176+513.6～IDK176+515.1 地段Ⅳ级围岩地段，采用Ⅳb 符合式衬砌，衬砌厚度为 45 cm。

根据衬砌厚度和不密实处进行比较，实际为填充混凝土不密实，二次衬砌混凝土保证了密实度。据此对不密实混凝土采用回填注浆的方式进行施工以保证密实度。

6.4.5　病害治理方案

1）IDK176+464.7～IDK176+466.6、IDK176+465～IDK176+466.5、IDK176+478～IDK176+481.8 顶拱、右拱腰混凝土二次衬砌不足地段处理方案

大岭 1 号隧道 IDK176+464.7～IDK176+466.6、IDK176+465～IDK176+466.5、IDK176+478～IDK176+481.8 顶拱、右拱腰混凝土二次衬砌不足，检测二次衬砌厚度分别为 32 cm、31 cm、35 cm（设计 40 cm）。该段为Ⅲb 型复合式衬砌，采用 C30 钢筋混凝土浇筑，此段涉及范围较小。为减少对已衬砌混凝土的伤害，故采用人工配风镐进行拆除。

（1）施工工序

根据无损检测结果，由测量人员对拱顶欠挖范围进行标识。利用钢筋台车作为工作平台，人工风镐凿除二次衬砌混凝土。混凝土凿除厚对欠挖区域进行测量复测，并在欠挖点上标识出欠挖范围和厚度，然后人工配风镐和铁钎对欠挖围岩进行处理，完成后进行测量复检，直至合格为止。如图 6.4.1 所示。

欠挖处理完成后，按照施工工艺依次进行初期支护，修复防火板施工、二次衬砌混凝土施工。

（2）施工方法

① 施工准备

（ⅰ）采用二次衬砌施工用的钢筋台车，做成修补工作平台。

（ⅱ）二次衬砌拆除范围由测量放线、描绘出施作区域线，标识出位置。

（ⅲ）检查风镐的完整性和转动情况，检查风路是否畅通，各连接接头是否牢固。

② 凿除二次衬砌混凝土及欠挖围岩

在测量放线区域内人工持风镐对二次衬砌混凝土进行凿除，由一点扩大到面逐层剥离混凝土。混凝土凿除厚根据测量放样对欠挖围岩进行人工凿除。在凿除过程中注意对钢筋及钢架的保护，避免破坏钢筋及钢架。为保证后期防水板恢复，二次衬砌混凝土凿除范围边界要比围岩欠挖地段边界大 20 cm，在此范围内的混凝土贴近防水板范围 5 cm 内由人工持铁钎进行凿除，已防止防水板被破坏不利于防水板的焊接修复。

③ 初期支护

欠挖处理完成后，对初期支护受到破坏的部位，安装Ⅲb 级复合式衬砌要求按初期支护参数进行支护。方法为在欠挖处理面初喷 4 cm 喷射混凝土后，钻设系统锚杆，复喷混凝土至设计厚度。

喷射混凝土时应分层，分片由下而上进行，喷射时受喷面与喷嘴保持 1.5～2 m 距离，喷射角度保持 90°。

系统锚杆及钢筋网的现场加工应提前加工完成。锚杆及钢筋网的加工严格按照设计要求进行加工并检查合格后方能投入使用。待初喷完成后连续施工，避免出现施工环节中途过长时间的停留，施工工艺转换出现脱节现象。钻孔完毕后用高压风清洗，锚孔的深度大于

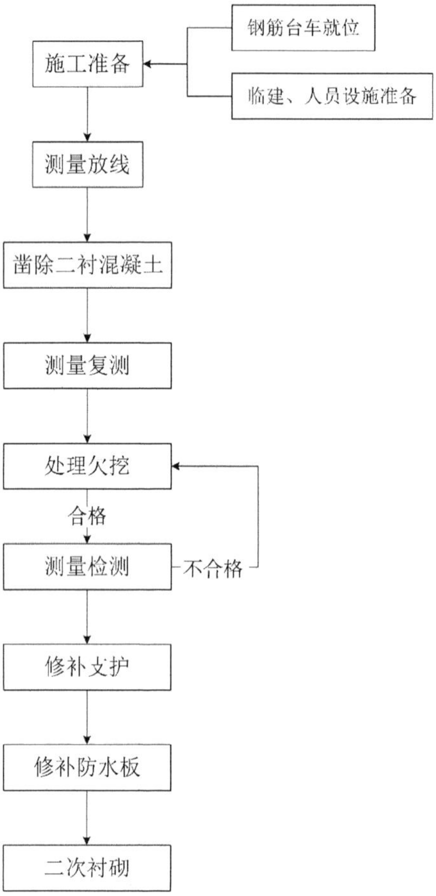

图 6.4.1　施工程序框图

设计锚杆设计长度的 10 cm,直径大于杆体直径 15 mm,孔距偏差在±150 mm,锚杆插入孔中的长度达 95% 以上。锚杆位置和数量符合设计要求,锚杆垫板与初喷面紧贴。组合式中空注浆锚杆待水泥浆体强度达到 10 MPa 以后方可紧锚杆垫板。

钢筋网网格搭接长度为 1 ~2 个网格。钢筋网片随初喷面的起伏设定,与受喷面的间隙一般不小于 4 cm,并与锚杆连接牢固。钢筋网格尺寸允许偏差为±10 mm;钢筋网的搭接长度允许误差为±50 mm;钢筋网保护层厚度不小于 40 mm。

④ 防水板修复

欠挖围岩处理及初期支护修补完成后对防水板进行修补,对要修补区域的范围进行认真确认,然后根据数据进行防水板裁剪,挂设土工布及防水板,并保证质量要求。

防水板铺设工艺如下:

(ⅰ) 基面处理

铺设防水层前对初期支护找平,采用补喷及沙浆找平。对外露的锚杆进行切除、磨平,水泥砂浆封堵找平。

(ⅱ) 吊挂土工布

基面处理完毕后,先在喷层表面吊挂土工布,用 ϕ80 塑料垫圈和射钉将无纺土工布固定于基面上,再把防水板固定在土工布上。

(ⅲ) 铺设防水板

防水板采用无钉铺设法,吊挂土工布后,将防水板用专用黏合剂黏合在吊挂土工布的垫圈上。

(ⅳ) 防水板焊接

防水板接缝采用热合机自动双缝进行热熔焊接,搭接宽度 45 cm。焊接前先取小样进行焊接试验,以确定最佳的焊接温度和走行速度。

(ⅴ) 防水板质量检查和处理

防水板铺设均匀连续,焊缝宽度不小于 15 mm,搭接宽度 15 cm,焊接完毕后焊缝应透明、无气泡、无杂质,接缝平顺、无褶皱、均匀连续、无假焊、漏焊、焊穿或夹层等现象。

⑤ 衬砌混凝土

拆除段的验收合格后进行混凝土衬砌。初衬前需对混凝土接头位置进行凿毛处理。模板采用钢模台车,HBT60C 泵进行混凝土下料,软轴式振捣棒及扶着式振捣器振捣。浇筑后混凝土要求表面颜色一致,无蜂窝麻面。

二次衬砌采用液压模板衬砌台车浇筑成形,采用混凝土输送车及混凝土运输泵运输混凝土,插入式振捣器捣固,浇筑混凝土时必须对称分层浇筑,两侧高差不超过 0.5 m。混凝土浇筑必须连续施工,液压模板台车应准确对位,支撑牢固,保证刚度,浇筑中不变形,不走移。拆模时,混凝强度不应小于 8 MPa。落模后及时养护,养护时间不少于 14 d。

⑥ 装饰

为保证新浇混凝土与周围混凝土颜色一致,采用白水泥+灰水泥+乳胶,配成接近周围混凝的颜色,然后对新混凝土进行抹面的方法对新浇混凝土进行装饰以达到美观的效果。

2) IDK176+415.7 ~ IDK176+417.9、IDK176+418.3 ~ IDK176+423、IDK176+513.6 ~ IDK176+515.1 段二次衬砌混凝土不密实地段处理方案

大岭 1 号 IDK176+415.7 ~ IDK176+417.9、IDK176+418.3 ~ IDK176+423、IDK176+513.6 ~ IDK176+515.1 段混凝土为不密实,该段设计衬砌厚度为 45 cm。不密实混凝土地段采用回填注浆的方式进行施工以保证混凝土密实度。

(1) 施工工序

根据无损检测报告,由测量人员对不密实混凝土范围进行标识,利用钢筋台车作为工作平台进行不密实处钻孔机注浆施工。在测量人员标识的处理范围内按 50 cm 间距梅花形布置,用红油漆标识注浆孔位置。注浆孔采用 YT—28 手风钻钻孔,距防水板 5 cm 范围采用人工持铁钎进行凿孔,防止对防水板的破坏。注浆孔钻设完成后,用高压风进行清孔处理。一段钻孔完成后即进行单孔注浆,注浆采用 SGZ—B 型灌浆泵灌浆,灌浆满足要求后即进行封口处理。

其施工程序为施工准备——测量放线——钻孔清孔——注浆——封口,如图 6.4.2 所示。

(2) 施工方法

① 钻孔

根据无损检测资料由测量人员对混凝土不密实部位范围进行放线。钻孔使用 YT—28 型气腿钻机施钻,钻孔中严格控制钻入深度,在孔底 5 cm 范围内严禁使用机械钻孔,采用人

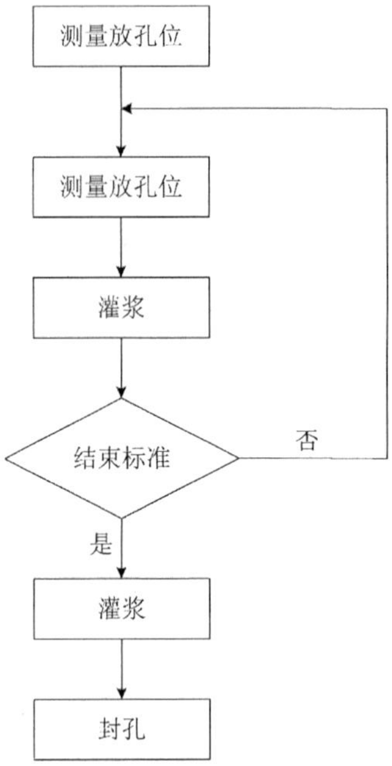

图 6.4.2 回填灌浆工艺流程图

工凿孔的方式进行,以防止防水板被破坏。

② 灌浆

钻孔结束后进行孔口及孔内清理,架设灌浆机进行灌浆。灌浆采用纯水泥注入式灌浆为主,灌浆的压力按采用 0.2 ~0.3 MPa,灌浆的水灰比为 0.6(或 0.5)∶1 的浆液。灌浆在 0.2 ~0.3 MPa 压力下,灌浆孔停止吸浆,并继续灌注 10 min 即可结束。

灌浆结束后,采用机械压浆进行封孔或采用硬性水泥砂浆将全孔封填密实,孔口抹平。

灌浆应连续进行,因故终止灌浆的灌浆孔,按照钻孔的要求扫孔,再进行复灌,在 0.2 ~0.3 MPa 压力下,灌浆孔停止吸浆,并继续灌注 10 min 即可结束。

③ 灌浆效果检测

对病害部位采取无损检测的方式进行混凝土质量检查。

④ 装饰

为保证钻孔点与周围旧混凝土颜色一致,采用白水泥+灰水泥+乳胶,配成接近周围混凝的颜色,然后对新混凝土进行抹面的方法对新浇混凝土进行装饰以达到美观的效果。

6.5 病害综合治理

6.5.1 下洋隧道病害整治[42]

下洋隧道位于福建省省道 306 线永春境内下洋镇区,桩号为 K164+164 ~ K164+989,全长 825 m,最大埋深约 180 m,原施工桩号为 K7+223(现 K164+989)~ K8+048(现 K164+

164)。公路等级为山岭重丘区Ⅱ级一般公路。该隧道位于直线上,纵坡为-1.5%,隧道为三心圆断面,净宽 10.5 m,高 5.0 m,于 1998 年建成通车。几年运营后,由于地下水作用,逐渐出现拱顶渗漏水、衬砌层裂缝等病害。为消除这些病害对行车安全造成的隐患,2002 年 6 月起对隧道进行病害整治。

6.5.1.1　病害概况

1）主要病害

（1）K7+223～460 段,拱圈及墙身斜裂缝密集,渗漏水严重,几乎有缝必渗(漏),且裂缝有发展趋势,有几处横向裂缝滴水成线,K7+423 处有一集中水流。

（2）K7+460～K8+048 段,局部有细小裂缝,靠近出口段有斜向裂缝,拱圈与墙体的水平接缝有渗水现象。

（3）进口端洞门端墙,两侧均有裂缝产生。

（4）依据地质雷达探测结果显示:全隧道上部多处存在脱空区,最高达 13m 以上,拱顶纵断面凹凸不平。

2）病害主要原因

该隧道围岩以泥炭质粉砂岩为主,夹浅褐—灰白色砂岩、硅质砂岩、碳质页岩等互层。地层岩性普遍软弱,进出口两翼频繁出现煤层及粉煤层,且隧道所处山头植被较好,地下水非常丰富,原施工过程中坍方地段较多,原施工把复合式衬砌改为整体式衬砌,部分地段采用“台阶法”“先拱后墙法”,依施工情况不同,原衬砌共采用 8 种拱圈及墙体厚度不尽相同的断面类型。在工程完工后,在有发生坍塌的地段曾进行一次注浆加固。造成下洋隧道这些病害的主要原因有:

（1）隧道本身地质条件差,地下水丰富;

（2）受施工条件限制,施工支护强度偏弱,开挖期间坍方频繁,造成拱顶上方存在较大空洞,大量地下水在拱顶滞留;

（3）排水系统陆续被堵塞而失效导致原衬砌大量裂缝的产生;

（4）隧道衬砌温度裂缝。

3）病害整治措施

针对该隧道存在的严重的渗漏水的情况及部分地段结构强度不足等现象,结合前一次治理的情况及效果,从几方面入手,采取整治渗漏水与结构补强相结合,堵水与引排水相结合,同时对局部地段特殊处理的设计方案。

（1）注浆加固

依照现场不同程度的病害情况,分别采取了注纯水泥浆和水泥砂浆的措施。对于斜裂缝密集、且存在渗漏水的 K7+223～460 段,采取了压注纯水泥浆进行加固围岩、堵水的治理方案。根据地质雷达的探测结果,在 K7+440～K8+030 段,拱顶存在较大的脱空区,导致大量的地下水在拱顶滞留,给拱圈带来安全隐患,故该段先在拱顶压注水泥砂浆进行填充加固,后再压注纯水泥浆堵漏;同时两侧拱脚压注水泥砂浆加固边墙。

压注纯水泥浆和拱顶注水泥砂浆均采用 ϕ42 mm 钢花管,管长 4.0 m,在注浆管上开孔,孔径 ϕ8 mm(后为加大出浆量而改成 ϕ12 mm),孔距 10～20 cm,交错设孔,端头 50 cm 不加工注浆孔。开钻注浆孔采用 T—27 型手持式凿岩机,而注浆采用 UB—3 型注浆泵。注浆浆液指标见表 6.5.1。

表6.5.1　注浆浆液指标

项目种类	水泥用量/(kg·m^{-3})	水灰比	灰沙比	注浆压力/MPa
纯水泥浆	740	0.8∶1～1∶1	—	1.0～1.5
水泥砂浆	690	0.8∶1～1∶1	1∶0.4～1∶1.25	0.2～0.5

拱脚注浆原采用 ϕ32 mm(L=3.50 m)WTD25 中空注浆锚杆,后因要进行全隧道套衬,考虑到锚杆头将会影响套衬,而变更为 ϕ32 mm 钢花管。

① 压注纯水泥浆

压注纯水泥浆时,注浆压力保持在 1.0～1.5 MPa,终孔压力稳定 2 min 后即可停止注浆,为防止压力过大而损坏原衬砌,在结构最薄弱的 K7+223～440 段,采用钢拱架和格栅钢架进行临时支护,每榀间距 1.0 m。

注浆管环向间距为 1.0 m,纵向间距 1.0～1.2 m,梅花形交错布置。注浆管与原衬砌层的法线角须小于 15°,故每个环向断面注浆管为 19～20 根。

在预注浆地段先用钢拱架或格栅钢架进行支护,用 T27 手持式凿岩机钻孔,将孔打好后,用凿岩机将注浆管送入孔中,端头预留 20～0 cm。注浆采取先低孔位后高孔位、先边墙后拱部、从下坡向上坡方向逼近的顺序,以钻完一孔,压注一孔的原则进行施工。注浆完成后用布将注浆管堵死,待水泥浆凝固后将外露的端头统一切割掉,后用沙浆补平。

注浆速度一般为 0.06～0.08 m^3/min,注浆时间从 1 min 到几小时不等。注浆时间最长的一孔用时达 50 h,水泥用量达 150 t。

② 压注水泥砂浆

压注水泥砂浆的压力控制在 0.5 MPa,一般为 0.2～0.3 MPa,注浆压力稳定以上或吸浆量很少不吸浆即可停止注浆。因压力较小可不用临时支护,按下坡方向上坡方向推进的顺序注浆。

K7+460～K8+030 段,拱与边墙的水平交接缝渗水严重,为加固边墙而在两侧拱脚压注水泥砂浆,原设计采用 WTD—25 中空锚杆作为注浆管,上下两排交错布置,纵向间距 1 m×1 m,锚杆须进入围岩 1 m 以上。后因全隧道进行套衬,为方便套衬施工,除先期施工的 K7+900～K8+030 段,K7+460～560、K7+735～810 两段变更为 ϕ32 mm 的钢花管,注浆管长为 3.5 m,布置方式不变。压注沙浆用沙均采用细河沙,其含泥量不大于 5%。

(2) 开槽引水

经过注浆加固后,原来在拱顶的分流变为集中水流,为把拱顶上的水引入边沟,采取开槽引水的方案。为彻底解决引排水问题,在施工进程中全隧道同时采用几种引排水措施,而对 K7+388～440,K7+710～780 两段水流最为集中的地段采取特殊处理。

① 边墙开孔

在两侧边墙墙脚距水沟盖板上方 20～30 cm 处开一排 ϕ50 mm 的泄水孔,孔深为 4 m,孔间距为 5 m。

② 设置嵌入式盲沟

原则上纵向间距 10 m 设一道嵌入式环向盲沟,先用钻机在两侧边墙顶和拱脚各开一个 ϕ60 mm 泄水孔,钻深为 4 m,以降低水位,过孔的位置沿全断面在原衬砌层开凿一条 70 mm

×35 mm 的环向槽，埋入 MF—7 型塑料盲沟，盲沟间距 1.5～2.0 m 用钢筋固定一处，将泄水孔中水引至墙脚，通过泄水管排入边沟，泄水管为 ϕ50 mm 的 PVC 管，泄水管的出水口在水沟盖板下方。

③ 设置纵向盲沟

考虑原衬砌有较多细小裂缝，仍时有水渗出，为能将水全部排入边沟，在全隧道铺挂 WRM—100 防水布的同时，在防水板末端两侧边墙墙脚处各设一条 ϕ30 mm 纵向软式透水软管，引排防水板后的水，纵向盲沟与环向盲沟相搭接（与环向盲沟同用出水口）或直接断开，出水口与泄水管并排，从水沟盖板下伸出。

（3）局部处理

下洋隧道漏水最为严重的地段分别在 K7+388～440 和 K7+710～800 两段。对这两段进行了局部处理。

① K7+388～440 段

由于该段当初施工时发生坍塌，故在拱顶形成较大的脱空区，大量地下水在此汇集，而使该段渗漏水非常严重，经注浆后形成几股集中水流。故对其采取特殊处理，将环向盲沟的间距缩小为 5 m，加大边墙和拱脚两处的泄水孔，开孔为 ϕ70 mm，钻深 6 m，孔内预埋 ϕ50 mm透水软管；并根据裂缝走向、渗水状况大量嵌埋短盲沟，在水流较大的断面并行嵌埋两条 MF—7 塑料盲沟，为此，在 50 延米的地段内，共设置 MF—7 塑料盲沟 479 m。尽可能增加排水通道的冗余量，确保今后运行过程中，即使有部分盲沟被堵塞，仍可保证排水顺畅，该段新套衬完成后，每个出水口均有较大的水流。

② K7+710～800 段

根据地质钻探结果表明，该段存在一个较大的地质断层，在原施工时也发生大坍方，在拱顶形成一个大脱空区，该段在施工时采用了双层衬砌，排水处理较为成功，投入使用后没有漏水现象，但拱顶同样汇集大量地下水，在进行压注水泥浆钻孔时，原套衬钻破后，大量水涌出，其最大流量达 180 t/h（累计），后水量虽然有所减少，但仍保持在 50～60 t/h 之间，其水量大大超过 K7+388～K7+440 段，直到 2002 年 10 月以后，进入枯水期，没有坡面渗蓄水的补充水量才逐渐减小。为较彻底地解决该段的病害，保障衬砌安全，在拱顶和边墙高处大量开泄水孔降低水位，并采取同 K7+388～440 段相同的措施，加密环向盲沟；盲沟内的泄水孔也同样采取加大加深泄水孔（ϕ70 mm，深 6 m），孔内预埋 ϕ50 mm 透水软管的处理。针对雨季水量骤然增加的情况，将盲沟槽加宽加深为 10 cm×10 cm，预埋入半圆的 ϕ100 mm 的 PVC 管，将水由 PVC 管引入边沟，PVC 管外覆盖上 MF—7 盲沟，出水管由 ϕ70 mm 改为 ϕ100 mm 的 PVC 管。原衬砌层预先所开的泄水孔均与短盲沟相连，确保雨季排水。

（4）套衬

为根治该隧道病害，在 2002 年 8 月 31 日工地会议上决定由原只对 K7+223～426 段套衬改为全隧道套衬，在保证隧道净高、净宽符合规范要求的前提下，采用 25 cm 厚 C25 防水钢筋混凝土套衬。防水混凝土掺入 HEA 抗裂防水剂，依原衬砌病害程度的不同分别采用了不同的配筋方式。

① 混凝土的技术要求

（ⅰ）抗渗等级为 S8，坍落度为 16～18，采用 HEA 抗渗剂，325R 水泥。抗渗剂用量占水泥用量 8%。

（ⅱ）配合比：水泥∶水∶细集料∶碎石∶外掺剂=1∶0.48∶2.31∶2.72∶0.08。

（ⅲ）集料要求：碎石最大粒径不超过 30 mm，针片状颗粒少于 20%，细集料为河中沙，含泥量少于 1.5%。

② 配筋

根据原套衬结构强度和渗漏水情况的不同，除 K7+385～433 段外，采取了两种不同的配筋方式，K7+223～385、K7+433～460、K7+710～K8+048 段拱圈裂缝较多，且存在发展的趋势，结构强度较为薄弱，采用双层配筋，主筋为 ϕ25 mm 螺纹钢筋，间距 250 mm，纵向主筋 ϕ10 mm 钢筋。K7+460～710 段裂缝较少，原结构强度较好，故采用单层配筋，主筋为 ϕ22 mm，间距不变。纵向主筋仍为 ϕ10 mm 钢筋。因套衬厚度较薄，为方便安装，主筋预加工成弧形，安装从上到下进行，先利用简易台车把钢筋中部焊接好，钢筋采用单面焊接时，焊缝不小于 10 d，为保障保护层厚度，内外层均需绑上垫块。内外层钢筋须分别插入水沟盖板下 40 cm、90 cm。钢筋焊接时，为防止将防水板烧坏，用木板将其与防水板隔开。

③ 套衬厚度不足 25 cm 地段特殊处理

K7+389～413 段右侧墙身在原来施工时由于是采用木模而变形，导致造成现在套衬厚度无法达到 20 cm 厚的最低要求。为此其配筋采取不同的方式，即仍采用双层钢筋，外层钢筋由 ϕ25 mm 改为 ϕ32 mm，纵向拉筋由 ϕ10 mm 改为 ϕ12 mm，内层钢筋不变，内外层钢筋交错布置，主钢筋间距不变。

④ 浇筑

该隧道衬砌模板采用 12 m 全液压台车，采用 SANY 重工输送泵，混凝土须达到 5 MPa 方可拆模，喷水养护时间 7 d 以上。

6.5.1.4 整治体会

下洋隧道为福建病害最为严重的公路隧道，其治理的复杂程度远远超出原设计方案，故数次变更设计图纸，由原定 203 m 新套衬而变更为全隧道套衬，工期也由原定半年延长至一年，现工程施工已接近尾声，套衬基本完工。据现场观察，设置的排水系统排水效果较好，达到预期目的。其施工体会如下：

（1）关于注浆加固问题。

采取注浆（纯水泥浆和水泥砂浆）的目的是加固围岩、并堵水，全隧道注浆共用水泥 3 265 t，但从该隧道实际施工后情况表明，注浆加固取得一定效果，但并不尽人意，无法达到原设想的治理效果，而后来为确保根治病害，不得不全隧道套衬。

（2）关于注浆填充的副作用问题。

在脱空区压注水泥砂浆填充，由于注浆用的是液态浆液，压注到拱顶后是流动的，且脱空区往往有流动的地下水，故大量的浆液与地下水混合到一起，造成浆液稀释，甚至被冲走（尤其是纯水泥浆），而无法成型。物探资料显示，拱圈顶部纵断面是凹凸不平的，混合浆液在压力作用下流动，可能会堆积在凹处，而凹处恰恰是拱圈最薄弱的地方，反而增大该处的压力，对结构造成安全隐患。

（3）塑料盲沟表面包裹无纺布值得商榷。

在设计方案中，每道 MF—7 塑料盲沟表面均包裹无纺布后才嵌入槽中，包裹无纺布的目的是防止地下水中的小颗粒堵塞环向盲沟，起过滤杂质的作用。然而，下洋隧道的围岩的地土质较特殊，故其流出的地下水中夹带的更多是淤泥质的一些非常微小的颗粒，从地下水较为集中的地段流出的水都是呈黄色的,其颗粒粒径甚至小于无纺布纤维丝间的孔隙,由于在枯水期,地下水补充量小,无法形成较大的水压力,水中夹带的这些淤泥质的微小颗粒会逐渐附着在无纺布表面,经一段时间后无纺布的小孔隙会渐渐堵塞,失去渗漏水的作用,从而导致环向盲沟失效。在地下水丰富的 K7+390 ~ 410 段,由于钢筋配筋方案进行变更设计,故盲沟预埋较长时间后才套衬,据现场观察,仅一个星期的时间,无纺布表面已完全发黑,水流沿着无纺布外表面流下,而不是经盲沟→泄水管流出。故类似下洋隧道的情况,盲沟是否必要包裹无纺布,实有待商榷。

6.5.2　屈家坡隧道病害整治方法与措施[45]

6.5.2.1　工程概况

屈家坡隧道位于国道 108 线广元南段,系山岭重丘区高速公路隧道。屈家坡隧道为分离式双线隧道,隧道中线相距 40 m。隧道左、右线起讫里程分别为 ZK29+390 ~ ZK29+960、YK29+355 ~ Yk29+960,长度分别为 570 m、605 m。隧道采用单心圆曲边墙结构。洞身结构按矿山法(洞口浅埋段)和新奥法(洞身深埋段)施工原理进行设计。工程自 1997 年 9 月 10 日兴建,隧道主体工程于 1998 年 10 月 23 日完成,耗时 13 个月。

6.5.2.2　工程地质条件

(1) 地质构造和地层岩性

测区西北部为龙门山断褶带所制约,东南方受巴中莲花状构造影响,构造形迹为自北东逐渐向东偏转的短轴状弧形褶皱,总趋势为北东东向。构造上,该区位于北东向构造带走马岭向斜南翼,河湾场背斜元北东倾伏端。隧道依次穿越第四系全新统坡残积层(Q_4^{el+dl})、中侏罗统沙溪庙上亚组(J_2S_2),洞身段岩性为粉砂岩、泥质粉沙夹细砂岩,中 ~ 厚层状,粉砂岩及泥质粉砂岩具饱、脱水风化特征。

(2) 水文地质条件

隧道区位于嘉陵江北西侧,设计高程高于江水多年平均最高洪水位。区内地下水主要以基岩裂隙水为主,次为第四系全新统残、坡积上层滞水。区内岩层产状平缓,相对隔水层覆盖面积较大,含水层补给条件差,径流短,排泄快,地下水贫乏。

6.5.2.3　隧道病害状况

隧道土建结构施工完成后,各段落出现不同程度的病害,严重影响隧道的结构安全。

(1) 实际衬砌厚度不足

据隧道拱部钻孔资料统计,屈家坡隧道钻孔共 19 个,仅 3 孔合格,最小厚度 13 cm(设计厚度为 35 cm),最大厚度 70 cm(设计厚度为 60 cm)。据雷达检测技术报告资料统计,隧道衬砌实际厚度大部分未达到设计值,衬砌层厚度变化趋势普遍为从墙脚至拱腰到拱顶逐渐变薄。屈家坡隧道左洞 ZK29+486 ~ ZK29+517,右洞 YK29+829 ~ YK29+832 等段落拱顶衬砌厚度小于 20 cm。

(2) 部分衬砌混凝土强度不够

据隧道衬砌混凝土强度检测报告统计:屈家坡隧道左洞强度不合格测区超过 40.3%,右洞不合格测区高于 40%。

(3)拱背普遍存在空洞

据隧道钻孔资料显示,屈家坡隧道共钻孔 19 个,仅 4 个孔拱背回填密实,其余钻孔拱背均有空洞,空洞最大高度达 140 cm。据雷达检测技术报告,屈家坡隧道左洞 ZK29+390 ~ +395、ZK29+940 ~ +960,右洞 YK29+355 ~ +365、YK29+955 ~ +960 段回填密实,其余超挖和塌方均未回填,存在不同程度的空洞,其高度范围为 10 ~210 cm,一般为 40 ~90 cm。

(4) 衬砌表面出现裂缝或裂纹

左线隧道:左、右边墙共 29 条竖向裂纹,均为沿施工缝开裂,最宽为 0.35 mm;拱部环向裂纹 3 条,最宽 0.8 mm(ZK29+728);纵向裂缝 11 条,最宽 1.5 mm(ZK29+430);斜向裂缝 4 条,最宽 2.0 mm(ZK29+711 ~ +727);ZK29+425 ~ +464 段 39 m 范围为各种裂纹集中地段,有 4 条纵向裂纹,分布在左右拱脚及拱顶,裂纹宽达 1 ~1.5 mm;ZK29+711 ~ +736 段集中了各种裂缝 5 条,其中 ZK29+711 ~ +727 斜向裂缝长达 17 m,最大宽度为 2.0 mm;ZK29+756 拱顶衬砌掉块达 2 m×1.0 m。

右线隧道:左、右边墙共有 20 条竖向裂纹,拱部 22 条环向裂纹,均发生在施工缝处,拱部纵向裂纹发生在拱脚附近,共 13 条,最大宽度 1mm(YK29+524);YK29+355 ~ +38 段多为沿施工缝环向裂纹,YK29+500 ~ +544 段为本洞裂纹集中地段,有 7 条环向和 5 条纵向裂纹,裂纹的最大宽度达 1.0 mm,最长的纵向裂纹为 30 m;YK29+712 ~740 段在左拱脚处分布着几乎相连的三条纵向裂纹,最大宽度为 0.4 mm。

(5) 隧道内空局部侵限

根据隧道断面净空检测报告,隧道实际施工内空断面和原设计断面有差别,局部有侵限情况。

(6) 隧道出现渗漏水情况

屈家坡隧道左洞左边墙共有 15 处渗水痕迹,其中 ZK29+710 ~ +760 段比较集中,该段 50 m 范围内共有 9 处渗水痕迹,右边墙共有 19 处渗水痕迹,其中 ZK29+710 ~760 范围内有 7 处,ZK29+782 ~ +836 范围内共有 9 处,拱部渗水较少,仅有 4 处。右洞左边墙有 4 处渗水痕迹,右边墙有 5 处渗水痕迹,渗漏水主要集中在侧墙部。

6.5.2.4 隧道病害原因分析

结合现场勘察成果,并根据理论及经验分析,我们认为造成这些病害的原因主要有如下几个方面。

(1) 衬砌裂缝产生原因

① 衬砌厚度、强度偏低及地质原因所致

因为采用矿山法施工,操作难度较大,稍有不慎,便很难达到设计要求。实际施工中,因人为因素,未严格按设计进行。衬砌厚度、强度普遍低于设计值。屈家坡隧道左洞 ZK29+440 ~432、ZK29+660 ~ +845、ZK29+865 ~ +920,右洞 YK29+365 ~ +432、YK29+503 ~ +885 等段拱部实际衬砌厚度均低于 30 cm,而设计厚度为 35 cm 及 60 cm;隧道衬砌强度大部分段落未达到设计强度。在衬砌荷载增大或应力集中的情况下,因强度、厚度偏低,便形成拉裂或压裂性裂缝,导致隧道衬砌开裂。特别是局部段落的地质原因,拱部围岩较为破碎,加之衬砌强度厚度不够,个别地段甚至严重压碎,如左洞 ZK29+720 ~ +785 段。

② 拱背空洞所致

拱背超挖大,隧道通长除洞口段,基本未回填,以致留下较大空洞,使衬砌受力不均匀,产生横向拉裂。由于拱背普遍存在空洞,在围岩较破碎地带,随时可能垮塌,对衬砌造成潜在威胁,同时,计算中所考虑的对衬砌有利的围岩弹性抗力实际不存在,使衬砌受力更为不利。

③ 先拱后墙施工方法导致拱部开裂

采用先拱后墙法施工,在大断面隧道中,由于刹肩质量难以保证,从而导致拱部衬砌在外载和自身静载作用下发生拱脚位移,导致拱部开裂,这类现象已在多个工程中验证,也是本隧道拱部开裂的重要原因。

④ 不均匀沉降导致侧墙开裂

隧道边墙基底部分地段未清理虚渣或基础较薄弱,在围岩压力或自重作用下,导致侧墙衬砌出现不均匀沉降,侧墙出现较密集的竖向裂纹。屈家坡隧道侧墙部裂纹较少,边墙基底不均匀下沉不严重。

⑤ 衬砌收缩变形所致

因温度或养护等原因,衬砌产生收缩变形,导致拱部或侧墙出现较多环向裂纹。施工中衬砌拆模时间过早及养护时间不够,衬砌产生较大收缩变形,同时又因强度不能充分发挥,承载及抵抗变形能力差,很容易造成混凝土衬砌垂直轴向的收缩性裂缝。

(2) 隧道渗漏水原因

施工中防排水系统未严格按设计施工,屈家坡隧道部分地段未施作防水层,两隧道防水板间搭接不符合要求。所设置的盲沟、排水沟又部分堵塞,造成水路不通畅。因此,在衬砌开裂的裂缝处,出现渗漏水。另外,地下水在侧墙处无法排到排水沟,因此侧墙渗水处较多。

(3) 隧道内空侵限

施工采用模板浇筑衬砌,在振捣混凝土时,模板产生跑模或变形。

6.5.2.5　病害治理方案

根据病害现状、发展趋势及潜在隐患,针对具体病害成因,立足于彻底整治、不留后患、不得降低隧道结构的安全度、设计标准和使用功能的前提,拟定以下治理方案。

1) 结构病害治理

衬砌强度、厚度不足,有荷载裂缝段,根据病害严重程度确定分类治理原则,采取补强加固措施。其中,裂缝按其成因及危害性确定处理原则,拱部及侧墙环、竖向裂缝大多因施工缝处收缩变形所致,对结构安全影响较小,可不进行针对性加固处理,拱部纵斜向裂缝为荷载裂缝,必须进行处理。同时,考虑到屈家坡属山岭重丘区高速公路隧道,根据其使用功能及内净空富余量,并针对隧道具体病害情况,因地制宜,各段落采取了不同的补强加固措施。按分类治理原则,病害分类及相应治理方案如下。

(1) A 类病害段

分类原则:

① 拱部严重压裂破碎、龟裂、剥落掉块,裂缝密集或交错割裂,衬砌处于基本或临近失稳状态。

② 衬砌混凝土强度不足。

③ 衬砌厚度偏离设计值较多,并低于 30 cm。

④ 拱背存在空洞。此类地段存在严重隐患,应彻底整治。此段共长 75 m。

治理方案:

① 在安全临时支撑及防护的前提下,拆除原衬砌拱圈混凝土。拆除混凝土时必须采用微差控制爆破或静态爆破。每次拆除长度不得大于 1 m,并严格控制每段起爆装药量,防止

对围岩产生破坏以致掉块坍方。

② 补作喷锚网初期支护，加固围岩并增强围岩整体承载能力。锚杆采用 ϕ22 mm 全粘药卷锚杆，长 3.0 m。间距 1.5 m×1.5 m，梅花形布置，锚杆端部设置垫板。钢筋网采用 ϕ6.5 mm钢筋，网格间距 25 m×25 mm，C20 喷射混凝土 15 cm。

③ 按原设计补作防排水系统。

④ 浇筑套拱衬砌混凝土（套拱中设置钢筋），厚度 25 cm。

⑤ 拱背回填：浇筑衬砌的同时，采用衬砌同级混凝土回填拱背空洞。

(2) B 类病害段

分类原则：衬砌表面有纵斜向拉裂性裂缝，不密集，均为荷载裂缝，此类地段因应力集中，拱背有空洞。结构安全存在较大隐患。此段共长 210 m。

治理方案：

① 压浆充填拱背空洞：形成护拱，减轻拱顶、拱腰冲击荷载，并使拱背受力均匀。

② 原二次衬砌表面施作锚杆，使围岩及衬砌形成整体承载系统：采用 ϕ22 mm 全黏结药卷锚杆（加垫板），长 3.50 m，间距 1.5 m×1.5 m，端头外露 10 cm，新旧衬砌可结合良好。

③ 现浇 C25 混凝土套拱 25 cm，设置钢筋，主筋 ϕ22 mm。

(3) C 类病害段

分类原则：裂缝较少或衬砌较完整，这些地段仍有存载能力，不至于马上失稳，但因衬砌强度、厚度不足，拱背存在空洞，裂缝仍有发展的可能，隧道安全有潜在危险。

治理方案：

① 压浆充填拱背空洞。

② 打设钎钉（40 cm 长），间距 1.0 m×1.0 m，以使新旧混凝土结合良好，防止衬砌开裂。

③ 现浇 C25 混凝土套拱 25 cm：套拱中设置钢筋，主筋 ϕ22 mm，形成整体结构。防止后期增长的围岩压力及衬砌开裂。

(4) 特殊加固段

分类原则：已套拱（厚 20 cm）段衬砌强度普遍偏低，未套拱前原衬砌及围岩已临近失稳，拆除危险性大，难以保证施工安全。同时，原有套拱衬砌及钢轨仍可利用。此段共长 71 m。

治理方案：

① 打设锚杆并压注 30 号水泥浆，间距 1.5 m×1.5 m，固结围岩及加固衬砌。锚杆采用 R25 中空注浆锚杆，长 3.0 m。

② 凿除侧墙部分侵限衬砌，喷射钢纤维混凝土 8 cm，补强套拱及原衬砌强度。

2) 拱背空洞充填。

屈家坡隧道空洞高度较大。为了空洞充填密实同时节约造价，对空洞高度小于 1.0 m 的地段压注 20 号水泥砂浆；而对空洞高度大于 1.0 m 的地段，为避免压浆对原有较薄弱衬砌造成损坏，同时也为了降低造价，采用先灌注 C20 细石混凝土后压注 20 号水泥砂浆的方法充填。

注浆采用 20 号水泥砂浆，施工时根据具体情况分几次压入，为防止拱顶坍塌，注浆压力控制为 0.1 ~0.4 MPa。拱顶压浆时考虑了相应安全措施，一是注浆压力严格控制，发现问题及时停止压浆，二是施作临时支撑，以防拱顶坍塌。注浆时先边墙后拱顶。

鉴于注浆效果在病害治理中至关重要，业主、监理、设计单位、承包商均非常重视注浆效果的检查。某一段落注浆完毕后，均进行了注浆效果检查和评定，当不符合要求时，须补孔注浆。

具体检查办法为：

(1) 对注浆过程中的各种记录资料综合分析，注浆压力和注浆量是否合理。

(2) 每段按纵距 20 m 在拱顶布设检查孔，检查孔应钻取岩芯，观察浆液充填情况。

(3) 施工单位严格进行病害地段的监控量测工作，做好原始记录并及时反馈分析，以便研制下一步的处理措施及报警。

(4) 业主邀请有经验的单位对病害段进行地质雷达探测，检查拱背空洞是否充填密实。

经过以上严格的注浆控制及要求，竣工检测时拱背空洞充填合格率达 100%，注浆效果显著。

3) 边墙基底加固

因边墙基底不均匀沉降，导致侧墙形成较密集竖向裂缝地段(非施工缝处裂纹)，设置 ϕ100 mm 树根桩，树根桩为 ϕ100 mm 桩孔，每孔中插入 2 根 ϕ22 mm 单根钢筋，树根桩纵向间距 50 cm，压浆采用 20 号水泥砂浆，其水灰比为 0.5 : 1 ~ 0.6 : 1；注浆压力为 0.3 ~ 0.5 MPa。

4) 渗漏水治理

隧道治理已不可能采用内层防水，最切实可行的措施为通过点堵、线堵和面涂堵漏相结合的防水方式，并"防、排"结合，施作全面的外层防排水系统。

(1) 衬砌表面裂缝处有滴漏水或渗水较严重时，必须采用凿槽埋管方式引水至边沟。埋管采用 ϕ50 mm 半圆胶管，质软可顺应裂缝方向。

(2) 衬砌表面裂缝处有轻微渗水时，先将裂缝凿成"V"形槽，后采用 901 速效堵漏剂止水。

(3) 边墙脚渗水较严重处，加密设置横向排水管，排水管采用软式透水管。

(4) 锚杆端部防水：先在端部凿槽，后压抹 901 速效堵漏剂防水。

(5) 原衬砌表面或喷射钢纤维混凝土表面有轻微渗水处分层抹压 903 防渗堵漏胶与 901 速效堵漏剂配浆 3 mm，拱部钢纤维喷射混凝土表面找平后涂抹黑色 JS 复合防水涂料 1 mm(同时作为拱部装饰材料)，以达到外层防水作用。

得益于完善的防排水系统治理，隧道竣工检测验收时几乎是滴水不漏，达到了彻底治理的目的。

5) 隧道侧墙内空侵限处理

屈家坡隧道侧墙侵限超过 8 cm 地段应凿除，从而保证隧道套拱衬砌满足最小厚度 20 cm的要求；右洞 YK29+432 ~ YK29+503 段已套拱 20 cm，做特殊加固设计，须保证 8 cm 厚钢纤维喷射混凝土及内空断面与其余套拱段统一，因此，侵限 17 cm 的地段必须凿除。

6.5.2.6　治理结论

屈家坡隧道病害治理工程于 2001 年 6 月 28 日竣工，经过业主、监理、设计、施工等各方的共同努力，基于不得降低隧道结构安全度、使用功能的前提，达到了彻底整治、不留后患的目的。

6.5.3 重庆八一隧道病害检测与整治[46]

6.5.3.1 工程概况

重庆八一隧道是连接重庆牛角沱与菜园坝火车站的重要通道,1986 年 6 月建成。该隧道设计为直墙割圆拱式内轮廓,内缘半径为 6.875 m,隧道净宽 11.0 m,净高 6.83 m,侧墙高 4.2 m。隧道全长 569.2 m(整治后实测结果),埋深约 1.5 ~42.5 m。

隧道区围岩为侏罗系中统沙溪庙组紫红色泥岩与砂岩互层,围岩类别有Ⅱ、Ⅲ、Ⅳ、Ⅴ类。

八一隧道建成 20 a 后,隧道洞内出现不同程度的病害,影响车辆通行和行人安全。为此,重庆市市政设施管理局决定对该隧道进行整治。受其委托,重庆交通科研设计院对八一隧道进行了地质雷达检测、隧道净空断面尺寸检测及裂缝渗漏水检测。随后对该隧道进行了整治设计与施工,整治施工结束后又进行了地质雷达检测和隧道净空断面尺寸检测。

6.5.3.2 隧道病害前检测

1) 隧道断面检测

采用 BJSD—3 型激光隧道断面检测仪进行隧道内净空检测。八一隧道共检测 58 个断面。检测结果表明,隧道实际内轮廓线在边墙部位基本未侵入设计内轮廓,部分断面内轮廓线在拱部侵入设计内轮廓,但均未侵入建筑限界。

2) 地质雷达检测

(1) 检测内容

本次检测所使用的仪器是美国 SIR—20 型地质雷达。针对本次检测对象的工程特点,采用工作频率为 400 MHz 的天线。该仪器的特点是分辨率高,擅长于进行大数据量、高密度的连续探测并实时绘出彩色波形图,比较适合本工程检测的需要。主要检测内容包括:

① 二次衬砌混凝土厚度情况;

② 二次衬砌混凝土均匀密实情况;

③ 拱背空洞或欠密实区充填情况;

④ 二次衬砌混凝土钢支撑及配筋分布情况;

⑤ 围岩含水及导水情况。

测线布置见图 6.5.1。

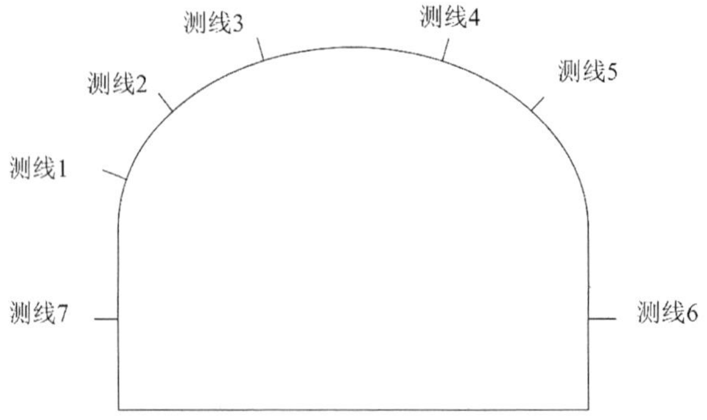

图 6.5.1 地质雷达测线布置(面向牛角沱方向南端)

（2）检测结果

① 二次衬砌混凝土厚度

衬砌厚度在86～192 cm之间，主要在100 cm左右，厚度比较均匀。衬砌厚度包括部分超挖充填喷护厚度在内，超挖填充加固厚度一般为30～75 cm。两边墙出现的超挖加固处理段较少，一般开挖界线均较平整，拱部出现的超挖加固处理段较多。

② 衬砌密实情况

衬砌混凝土整体浇筑较密实，但也有振捣不均匀不够密实区，或在水灰比偏大时发生离析现象，从而形成较轻度蜂窝状。

③ 围岩空洞或不密实区

包括围岩或初期支护与二次衬砌间的不密实区、或在衬砌与围岩间的施工缝隙。

④ 钢支撑及钢筋网分布

洞口两端28.4～48.0 m、515～578 m两段，从左右两拱腰到左右两侧下边墙，初期支护钢筋网，二次衬砌双层配筋（粗筋）。

根据部分测线统计，以下段落在二次衬砌中也有置筋（细筋）：48～68 m，78～123 m、148～180 mm、230～260 m、268～320 m、337～350 m、353～359 m。

两边墙超挖点或段落很少，但拱部超挖频繁，超挖段落均加用钢筋（网）喷护密实；局部采用钢架支撑加固，主要在148～157 m段测线5（右下拱腰）有所发现。

⑤ 围岩含水及导水情况

根据地质雷达信号衰减波形特点，在进口端0～58 m段、出口端520～570 m段围岩处于潮湿状态并有导水漏水现象；洞内中间段也有零星导水现象，但未发现较大面积积水。

6.5.3.3　隧道病害现状

（1）衬砌开裂变形

衬砌碎裂并掉块脱落，钢筋外露锈蚀；衬砌拱墙分布有纵向和斜向裂缝，裂缝长度在1～7 m不等，局部严重地段形成网状裂缝。八一隧道累计裂缝长673.3 m，其中缝宽大于3 mm的裂缝占56%。

（2）衬砌混凝土劣化

部分测点混凝土检测强度未达到设计强度。隧道衬砌钻芯强度检测结果显示（表6.5.2），隧道拱顶和拱腰部位普遍存在混凝土不密实、蜂窝麻面和局部离析现象；边墙基本密实，未发现明显混凝土不密实、蜂窝麻面现象；隧道局部地段拱腰部分衬砌与围岩存在脱空现象。

表6.5.2　八一隧道衬砌钻芯强度检测结果

钻芯部位	抗压强度/MPa	
	最大值	最小值
拱顶	35.3	20.3
拱腰	36.8	16.9
边墙	44.9	23.2

(3) 衬砌渗漏水

渗水主要出现在拱部裂缝及个别边墙部位,雨后渗漏水更严重,局部裂缝处有小股水流出。施工缝有45条,大多数施工缝均存在渗漏水现象,雨后渗漏量明显增大。拱部、边墙局部成片渗水,特别是南端洞口明洞与暗洞结合段,渗水严重。

(4)隧道病害安全性评价

通过对八一隧道的病害调查、检测及钻芯取样试验,综合分析隧道各种病害的实际情况,依据《公路隧道养护技术规范》(JTG H12—2003)中有关规定,八一隧道主要病害情况及安全性判定见表6.5.3。

表6.5.3 八一隧道安全性评价结果

桩号	衬砌材料劣化和破损情况	衬砌裂缝	衬砌起层、剥落	渗漏水	判定
0~55	强度满足设计要求	存在裂缝,有一定发展趋势	无	有少量渗漏水和滴水	1A
55~85	强度有所下降,结构可能受到损害	裂缝密集,拱顶有一条剪切裂缝,裂缝有发展趋势	拱顶混凝土少量表面剥落	有少量渗漏水和滴水	2A
85~130	强度满足设计要求	裂缝密集,多条剪切裂缝,裂缝有发展	无	有少量渗漏水和滴水	1A
130~290	强度有相当程度的下降,结构受到一定的损害	裂缝密集,多条剪切裂缝,裂缝有发展	拱顶和拱腰有多处混凝土掉块,最大面积约2 m^2,深度达35 cm	有少量渗漏水和滴水	2A
290~345	强度满足设计要求	裂缝密集,多条剪切裂缝,裂缝有发展	衬砌混凝土存在少量表面剥落情况	有少量渗漏水和滴水	1A
345~385	强度满足设计要求	裂缝分布较少	无	基本无渗水	B
385~578	强度有所下降	有一定裂缝	衬砌混凝土存在少量表面剥落情况	有少量渗漏水和滴水	1A

6.5.3.4 隧道病害成因分析

(1) 地质及环境因素

① 围岩地质

隧道洞身主要为沙质泥岩,在地下水长期侵蚀下容易软化,使得围岩松弛、强度降低。久而久之,在围岩的自重作用下,致使衬砌结构较薄弱的地段不能支持作用在衬砌上的外荷载,拱部沿隧道纵向产生张裂缝,在拱肩2处产生斜向开裂和龟甲状开裂。另外,围岩倾向投影到隧道纵断面方向,由北向南倾斜,地下水顺岩层流动必然是隧道南端比北端更为丰富,这表现在2个隧道内南端(菜园坝方向)的渗漏比北端(牛角沱方向)更为严重。

② 地形与环境因素影响

从地貌上看,隧道穿越的垭口为哑铃形地形最薄处,表明该地段较其周围围岩风化破碎严重,节理裂隙发育。而原地勘勘察报告未充分考虑上述因素,将围岩级别定得过高,从而导致依据该围岩级别所设计的衬砌结构偏于不安全。

③ 变形压力影响

软岩流变形成的变形压力持续作用在隧道衬砌结构上,隧道建成后受附加荷载的长期作用,致使衬砌承载力降低,并在薄弱地段发生破坏。

④ 材质劣化

材料劣化主要包括混凝土碳化、钢材腐蚀等。隧道建成近20年,洞内交通量很大,车辆排放尾气致使材质劣化。同时,隧道未设置防水层,渗漏水比较严重,地下水侵蚀造成钢筋锈蚀。材质劣化加快了衬砌材料的老化。

(2) 设计原因

① 设计理念不明确

八一隧道建于20世纪80年代,由于当时设计观念尚未完全形成主动加固围岩的设计理念,设计中无系统的初期支护,只是在施工阶段遇到破碎岩层时,根据当时地质情况临时设置局部喷锚支护,围岩压力及变形荷载主要由模筑混凝土衬砌承担。随着时间推移和围岩松弛压力及变形压力的发展,隧道拱部裂缝越来越严重,局部拱顶产生掉块现象。

② 防排水设计考虑不周

二次衬砌背后未设防水板,对衬砌混凝土无抗渗要求。隧道施工缝和沉降缝未设置止水带和止水条。由于地下水的长期侵蚀、渗透,导致隧道大半施工缝漏水。隧道运营多年以后结构开始出现裂缝,在水作用下裂缝进一步发展,渗漏水严重,加速材料劣化并逐渐引起结构承载力降低。

③ 结构设计

八一隧道采取直墙边截面拱的结构形式,拱部矢跨比(0.25)较小,结构受力条件较差。该隧道埋深较浅,围岩压力以垂直压力为主,在直墙与圆拱接触带易形成应力集中带,长期作用下会产生剪胀破坏形成裂缝,该结构形式排水不畅,出现积水区,对隧道结构稳定性不利。

(3) 施工原因

① 爆破技术

当年隧道修建时,光面爆破技术在公路隧道中尚未普及,若干地段爆破差。特别是Ⅳ级围岩地段采用了全断面爆破,超挖大,洞内拱部坍塌较高,回填不密实,在衬砌背后留下了相当数量的空隙和空洞,当时没有注浆回填。

② 小模板浇筑

二次衬砌都是采用小模板施作,局部衬砌本身没有达到设计厚度,混凝土施工容易产生漏浆、错台、蜂窝、衬砌结构下沉,外观粗糙。

③ 混凝土配合比

混凝土配合比不合理,施工时振捣不充分。随时间推移,二次衬砌结构承载力逐渐下降,材质劣化,病害随之增加。

6.5.3.5　隧道病害整治措施

1) 衬砌开裂治理措施

根据对八一隧道检测后的安全性评价结果(表6.5.3),采取专门针对性设计。1A、2A级地段,即隧道中出现的破损、开裂、剥落和材质劣化的部位,针对在拱部边墙上出现对结构

安全有影响的纵向和斜向裂缝一并治理,具体措施:

(1) 在0+45 ~0+355、0+375 ~0+510 段,共计445 m,采用钢拱架或高强 W 钢带与锚杆同时加固。锚杆呈梅花形布置,间距为@1.0 m×1.0 m。在0+120 ~0+350 段采用长为4.0 m的锚杆,其余地段均为3.5 m 的锚杆

(2) 0+130 ~0+350 段为严重渗漏水地段,该段采用注浆孔深入围岩深度50 cm 以上,从拱顶向两侧拱脚注浆,堵水的同时加固围岩。

(3) 嵌补衬砌裂缝,恢复旧衬砌的整体性和承载力。根据裂缝的迹长、缝宽和空间分布方向,采取相应的措施:

①缝宽小于或等于5 mm,迹长小于或等于3 m 的无渗水裂缝,对结构影响小,不做专门处理,而是通过对全隧道施作套拱,将新旧套拱结合以提高隧道的承载力,使隧道安全系数和耐久性达到设计标准。

② 缝宽大于5 mm、迹长大于3 m 的纵向裂缝和斜线裂缝,对结构安全影响大,可能危及行人和行车安全。八一隧道90%的裂缝分布集中在0+120 ~0+240 段拱部,并伴有渗水和局部剥落。因此,整治措施采取补强和治水同时进行。具体措施步骤:

沿裂缝方向凿槽—清洗槽缝—止水带封堵—表面涂刷防水材料—套拱。

③ 表面龟裂、交叉裂缝及蜂窝麻面的衬砌段,在宽大裂缝处嵌补完成后,剔除衬砌表面的劣化材料,表面凿毛并清洗,用补强剂嵌补,并施作套拱。

2) 渗漏水裂缝治理措施

(1) 拱背空洞和超挖回填不密实区长期积水浸泡导致拱部渗水裂缝、材质劣化,结合衬砌开裂、剥落,主要采用注浆的办法解决渗水。

(2) 拱部密实但存在渗水型裂缝,采取凿槽嵌补的方法。

(3) 边墙环向渗水裂缝、渗水施工缝采取凿槽埋管引排法。

(4) 少量孤立的漏水点采取直观法、毛刷法、干灰法找准漏水点凿槽嵌补。

(5) 沿隧道全长设置环向系统排水盲沟,并在0+130 ~0+300 段原二次衬砌与新套拱之间设置防水层。

(6) 全洞采用套拱(表6.5.4)加固处理,抗渗标号不低于S8。具体措施:

表6.5.4 重庆八一隧道套拱结构形式

桩号	长度/m	结构破损等级	套拱形式	备注
0+000 ~0+045	45	1A	C30 单层钢筋混凝土	原衬砌厚度为1.0 ~1.5 m 钢筋混凝土
0+045 ~0+095	50	2A	C30 双层钢筋混凝土	
0+095 ~0+120	25	1A	C30 单层钢筋混凝土	
0+120 ~0+300	180	2A	C30 双层钢筋混凝土	
0+300 ~0+355	55	1A	C30 单层钢筋混凝土	
0+355 ~0+375	20	B	C30 素混凝土	
0+375 ~0+510	135	1A	C30 单层钢筋混凝土	
0+5100 ~0+578	68	1A	C30 单层钢筋混凝土	原衬砌厚度为1.0 ~1.5 m 钢筋混凝土

① 模筑套拱以前,应将衬砌表面凿毛,并将凿毛后的衬砌表面清洗干净。

② 模筑套拱时,应在套拱拱顶沿隧道纵向每隔 2 m 预留 3 个充填注浆孔。

③ 注浆孔环向间距 3 m,待套拱强度达到 70% 以上后,沿隧道全长进行充填水泥浆,以确保模筑套拱的密实度。

④ 套拱注浆完成后,在清洗干净后的套拱衬砌表面沿隧道全长涂刷防水材料。

⑤ 对边墙安全性满足规范要求,只是拱部开裂、渗漏的一般病害地段,采用在拱部凿槽嵌入钢筋混凝土套拱进行加固。

6.5.3.6　整治后隧道复检

2007 年 5 月,重庆八一隧道整治完毕,重庆交通科研设计院对其进行了整治后的检测,内容包括:

① 内净空尺寸。

② 套拱衬砌厚度情况。

③ 套拱混凝土均匀密实情况。

④ 拱背空洞或欠密实区充填情况。

⑤ 套拱钢支撑及配筋分布情况。

⑥ 围岩含水及导水情况。

(1) 断面检测结果分析

按照间隔 50 m 设置检测断面,共检测 11 个断面,检测断面数据见表 6.5.5。

表 6.5.5　八一隧道整治后断面检测情况

断面桩号	最大超限值/cm	最大侵限值/cm
0+050	5.9	6.1
0+100	7.4	8.6
0+150	2.6	8.7
0+200	7.8	7.9
0+250	2.8	8.8
0+300	5.1	8.6
0+350	8.4	7.8
0+400	8.9	5.7
0+450	6.1	7.6
0+500	6.9	8.1
0+550	12.4	6.8

分析断面检测结果可知,衬砌断面较规则,边墙部位只有极少数测点内轮廓侵入设计内轮廓,拱顶部位较多测点轮廓侵入设计内轮廓,最大侵入值约为 9 cm。

(2) 雷达检测结果分析

八一隧道所检测地段均沿隧道走向分别在拱顶、左右拱腰、左右下拱腰布置 5 条纵向测线进行连续探测,并按照行车方向在隧道横断面上从左向右各测线依次编号为 1 ~ 7 (图 6.5.1)。复检结果如下:

① 套拱衬砌厚度在 21 ~37 cm 之间,合格率 94.7% ,整体达到 25 cm 的设计要求;套拱衬砌混凝土整体密实,局部存在振捣不够均匀和离析现象;在隧道安全评价为 1A 和 2A 的路段,套拱中采用配筋或钢带,与治理设计文件相符。

② 雷达 5 条纵向测线连续扫描检测,在所检测地段除测线 4 位置上发现有 3 处不密实外,拱背普遍密实,围岩中普遍无明显积水现象。

6.5.3.7　治理结论

重庆八一隧道经过 20 年运营后,出现二次衬砌开裂、渗漏水严重、材料劣化等诸多病害,若不进行整治,将影响行车的安全。该隧道病害的整治过程如下:

(1) 首先对八一隧道出现病害进行调查,确定病害的位置、规模特征等,确定其隧道的安全状态,并分析隧道病害产生的原因。

(2) 接着根据隧道的安全状态,确定病害整治的设计方案。

(3) 然后根据隧道病害整治的设计方案进行施工。

(4) 施工最后对整治后的隧道进行检查,了解隧道病害整治的施工质量,结果表明整治效果良好。

从该隧道病害整治的工作可以得出,我们在隧道病害的整治工作中应遵循图 6.5.2 的流程,才能取得良好的效果。

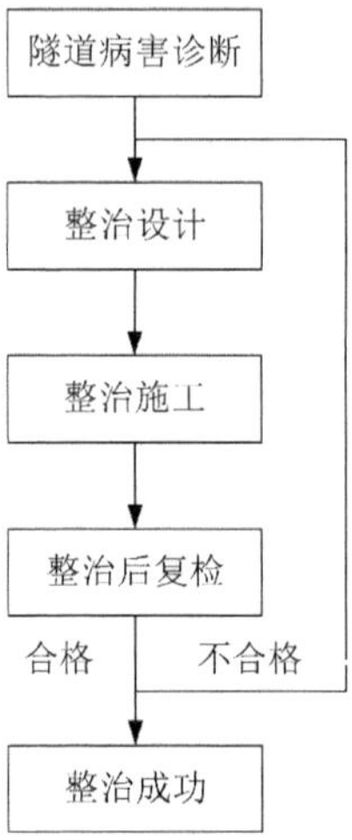

图 6.5.2　隧道病害整治流程图

6.5.4　蕉溪岭隧道群病害综合整治[19]

6.5.4.1　隧道概况

(1) 工程概况及技术标准

蕉溪岭隧道群位于 319 国道浏阳市城北八仙桥至富蒲冲路段,包含三座隧道,三座隧道全长 3 900 m,其中:Ⅰ号隧道长 2 382 m(K54+393 ~ K56+755);Ⅱ号隧道长 1 125 m(K57+005 ~ K58+130);Ⅲ号隧道长 393 m(K58+328 ~ K58+721)。

隧道均采用马蹄形横断面,行车道宽度为 7 m,路缘带宽度为 0.5 m,两侧各设人行道宽 0.75 m,建筑限界宽 9.5 m、高 5 m,两幅路面双向通行,行车速度 40 km/h,设计交通流量为

500 辆/h，Ⅰ、Ⅱ号隧道采用射流风机纵向式通风，此外Ⅰ号隧道 K55+780 处的香炉岭设有长 183.10 m 的斜井一座，井口设有主机房。

蕉溪岭隧道由湖南省交通勘察设计院、长沙铁道学院勘察设计院于 1993 年设计，由浏阳市委、市人民政府负责建设并组织管理。铁道部十二工程局负责工号隧道施工，湖南省煤炭基本建设一处负责Ⅱ号隧道施工，四川省煤炭基本建设十处负责Ⅲ号隧道施工。工程于 1993 年 10 月 28 日动工，1996 年 10 月全部竣工，未经验收即交付正式运营。1998 年 5 月，移交给长沙市环路建设开发公司经营管理。2003 年 6 月 ~ 12 月曾对蕉溪岭隧道群的病害进行过治理。

（2）隧道地质概况

蕉溪岭隧道群所处地貌属侵蚀、剥蚀小起伏低山丘陵区。山峦延绵，地形陡峻。气候具有大陆型亚热带特征。地层有第四系全新统，泥盆系中流跳马涧组和冷家溪群第四岩组，第五岩组。主要岩层为板岩，变质砂岩，及石英砂岩，沙质页岩、砾岩。单轴抗压强度 R_b = 1.9 ~ 85.6 MPa。泥盆系跳马涧组角度不整合于冷家溪群之上，至局部岩层产状有反向现象。本区断层较为发育，断层破碎带宽度 1 ~ 60 m，破碎带内岩石强烈挤压破碎，局部形成断层角砾，有挫碎岩屑，岩粉充填其间，岩石胶结程度低，呈松散状。断裂带裂隙水较发育。隧道围岩按岩性、构造影响程度、风化特征、裂隙水及试验数据等因素，分成Ⅱ、Ⅲ、Ⅳ、Ⅴ类四种围岩类型。隧道埋深一般在 100 m 左右，最大埋深达 282 m。

（3）隧道设计概况

① 隧道的整体布置

蕉溪岭隧道群Ⅰ号隧道长桩号 K54+393 ~ K56+755，全长 2 382 m，在 K55+780 处设有通风斜井一处，全长 183.1 m；Ⅱ号隧道桩号为 K57+005 ~ K58+130，全长 1 125 m；Ⅲ号隧道桩号为 K58+328 ~ K58+721，全长 393 m。

② 隧道的喷锚支护

根据蕉溪岭隧道群各隧道的具体围岩类别，采用不同的喷锚支护方式。三座隧道的不同围岩类别的相应支护结构参数见表 6.5.6。喷射混凝土强度为 C20。系统锚杆呈梅花形布置。另外，根据围岩的破碎情况采用辅助施工方法，如超前锚杆预注浆等。

表 6.5.6　不同围岩类别支护结构参数表

围岩级别	喷锚支护类型	
	喷射混凝土	锚杆、钢筋网、钢支撑
Ⅱ	6 cm	/
Ⅲ	10 cm	拱部系统布置锚杆，锚杆直径 ϕ22 mm，长 2.0 m，间距 1.0 ~ 1.2 m
Ⅳ	14 cm	系统布置锚杆，锚杆直径 ϕ22 mm，长 2.5 m，间距 1.0 ~ 1.2 m，拱部设置钢筋网，网格间距 25 cm ×25 cm，钢筋直径纵向 ϕ6 mm，环向 ϕ10 mm
Ⅴ	18 cm	统布置锚杆，锚杆直径 ϕ22 mm，长 3.0 m，间距 1.0 ~ 1.2 m，设钢筋网，网格间距 20 cm×20 cm，钢筋直径纵向 ϕ6 mm，环向 ϕ10 mm。必要时设置钢拱支撑（或格栅拱）

③ 隧道的二次衬砌结构

各隧道喷锚支护后，按设计在围岩变形基本稳定后，进行第二次衬砌。根据围岩类别的不同,衬砌厚度及混凝土强度,几何形状都有所不同,具体的衬砌形式见表6.5.7。

表6.5.7 隧道二次衬砌结构表

围岩类别	截面形式	混凝土强度等级	衬砌厚度/cm			
			拱部	拱脚	边墙	仰拱
Ⅱ	变截面	C20 素混凝土	60	82	98	40
Ⅲ	变截面	C15 素混凝土	60	82	98	35
Ⅳ	等截面	C15 素混凝土	45	45	45	—
Ⅴ	等截面	C15 素混凝土	35	35	35	—
明洞及Ⅱ类加强断面	变截面	C20 钢筋混凝土	60	82	98	40

④ 隧道防排水设计

在设计中,对蕉溪岭隧道群的防排水本着以排为主,防排结合的原则,主要采取以下设计措施。

洞口段:在洞门墙边,仰坡开挖线上方大于5 m处设置截水天沟拦截地表水,洞门墙后设顶沟,侧沟,与路基纵向排水沟构成一个整体的排水系统。

明洞段:衬砌上铺设三油二毡防水层,洞顶回填土的最上层和最下层各用厚为0.5 m和0.3 m的黏土隔水层回填,衬砌背后每隔6~8 m设置环向盲沟;在明暗交接处的施工缝设置钢板止水带,并在相接的暗洞衬砌中铺设1.5 mm的高密度聚乙烯(H. D. P. E)塑料防水板,置于初期支护与模筑混凝土衬砌之间。

洞内:在行车道的两侧各设有0.5 m宽的排水沟,以排泄洞内路面流水和盲沟渗流水;为防止电缆槽积水,有泄水孔通向排水沟。

在施工过程中若有地下水出露,应由设计、施工、业主三方会商确定复合衬砌中增设防水隔层的工程量。

(4) 隧道施工概况

通过查阅竣工资料与走访当时施工的监理人员,蕉溪岭隧道群Ⅰ、Ⅱ、Ⅲ号隧道都未按设计要求施工,光面爆破效果不佳,主要支护手段一喷锚支护部分

或大部分达不到设计要求,有的地方甚至未进行初期支护混凝土喷射。围岩量测也没有进行,在围岩收敛状态不明的情况下就进行二次衬砌,使得模筑混凝土承担了较大的围岩压力。

① 隧道的开挖方式

蕉溪岭隧道群开挖方式根据围岩类别的不同,采用了全断面开挖、正台阶开挖、上下导坑先拱后墙、反台阶开挖等四种基本方式。对Ⅱ、Ⅲ级围岩,一般采用全断面开挖,但也有的标段凿岩台车不够,采用正台阶开挖,逆台阶开挖。对Ⅳ、Ⅴ级围岩采用正台阶开挖,上下导坑先拱后墙等方式。一般先开挖拱部,进行永久性衬砌,衬砌到10~15 m,再开挖下部,下部采用跳槽式马口开挖与衬砌。爆破采用非电毫秒雷管,2号岩石硝铵炸药及乳化炸药。炮眼布置采用楔形掏槽,循环进尺2.4~2.6 m,对Ⅳ、Ⅴ级围岩采用短打短衬,有的取消了挂网与喷射混凝土,上下导坑先拱后墙,循环进尺1.2 m左右。通过断裂破碎带时,增加了超前锚杆,花拱架(或钢拱架)钢筋混凝土。

② 隧道塌方的处理

蕉溪岭隧道群在施工过程中曾出现过多次塌方、滑坡等工程事故。具体的处理办法为：用直径为 $\phi 22$ mm 长 4 m 的钢钎，采用 26.5°仰角打入塌方体，间距为15 cm，沿隧道拱弧形成一环管棚，托起钢钎以上的坍体，然后用钢支架，使用 2 ~ 5 cm 厚的木板插到钢钎上面将其挡住，扒至 1.2 m 处，符合衬砌要求后，便立钢拱架，装模板，模筑混凝土。然后又利用金属支架支撑钢钎，并在金属支架上打钢钎形成新的环管棚，扒除坍体，立钢拱架，装模板，模筑混凝土。一个循环、一个循环地通过坍方地段。

上拱部衬砌完成后，在起拱线以上横向交错打两排 $\phi 40$ mm 的钢管，其间距为 1 m，并对钢管内注浆以加强其承压力。拆除工作平台及拱部钢轨拱支撑，开挖下导坑，采用跳槽式马口开挖，每次开挖不得超过 2.4 m，及时模筑混凝土。整个塌方段混凝土模筑完毕后，再进行一次全面的压浆加固，从拱部开始，梅花形布眼，压浆水泥为 425#普通水泥。

Ⅰ号隧道 K55+933.4 ~ K55+970，K55+713 ~ K55+701 处塌方段，因围岩压力太大，二次模筑混凝土不足以支承围岩压力，打护拱进行三次模筑。Ⅰ号隧道发生坍方的地段有 K55+016.2 ~ K55+032.1. K55+701 ~ K55+713、K55+993.4 ~ K55+980；Ⅲ号隧道发生滑坡的地段有 K58+639 ~ K58+687。

③ 隧道的防排水方式

在各隧道施工中，洞口段按设计要求设置了顶沟、天沟、侧沟，明洞段按设计要求设置了防水隔离层。洞内在行车道的两侧各设有 0.5 m 宽的排水沟，电缆沟有泄水孔通向排水沟。为排泄围岩断裂破碎带中的裂隙水，在水量集中处，设有排水盲沟或涌水管，将水排入排水沟。对渗水较多的地方，在喷射混凝土与模筑混凝土之间铺设橡胶防水板，渗水较轻处在模筑混凝土中加入 3% 的防水剂。

由于施工时采用上下导坑，短打短衬的方法施工，施工缝较多，防水板未形成整体，故滴水、漏水、渗水现象较严重，为此，采取了堵漏注浆。对地下水特别大，隧道淋水现象严重的地段，采用工作压力为 0.4 ~ 0.6 MPa 的双轮液压注浆机，在高于淋水或滴水处 10 cm 左右布注浆眼，注入水泥+水玻璃，浆液配比为 1∶0.67 ~ 1.1。由于注浆封闭了原来布设的排水盲沟与排水管，故渗漏水处理不理想。

6.5.4.2　蕉溪岭隧道结构病害检测

(1) 概述

蕉溪岭隧道群自 1996 年 10 月和 1999 年建成并正式投入运营以来，隧道许多地方出现裂缝与地下水渗漏现象。虽经隧道维护所采取了一定的整治措施，但渗漏现象越来越严重，其中，Ⅲ号隧道 6#洞门明洞部分在施工时因洞口塌方，未征得原设计单位认可即在原设计基础上加长 10 m 明洞，左侧明洞墙身及左侧挡墙基础落在松散的未经处理加固的填筑土上，致使 6#洞门自 1996 年 10 月建成通车后不久，就出现开裂现象，近年加速发展，裂缝扩大，最宽处达 6 cm，迫使于 2002 年 8 月及 2003 年 6 月分别对其进行了部分加固处理及整治工作。

为了全面深入了解蕉溪岭隧道群目前山体围岩及其结构状况，分析隧道病害产生的原因，合理评估隧道运行的可靠性，以致采取必要可行的措施，对隧道病害予以整治，从而确保交通运营安全，长沙市环路建设开发总公司浏阳分公司于 2007 年 4 月正式委托中铁二院对蕉溪岭隧道群病害进行调查和检测，分析病害产生的原因，并提出科学的改造方案。

(2) 检测方法及病害等级评定

采取随机抽样与重点检测相结合,整体分析评定与局部细化量测相补充的方法,按规范、规程的精度要求及数据处理方法对检测结果进行评价与确认。

隧道病害普查采用分区分块的形式进行,将每个隧道按5 m划分为一个区段,用钢尺进行测量并标记。在每个区段内按左边墙、左半拱、右半拱、右边墙

四块进行普查。裂缝宽度的测量采用JC10读数显微镜。参考有关资料,将裂纹缝宽按大小分为以下四个等级:

毛裂纹:缝宽 $\delta \leqslant 0.3$ mm。

小裂纹:0.3 mm$<\delta\leqslant$2 mm。

中裂缝:2 mm$<\delta\leqslant$20 mm。

大裂缝:$\delta>$20 mm。

同时,隧道衬砌表面裂缝按裂纹的走势分为:纵向裂纹、斜向裂纹和环向裂纹。

将漏水情况按水量大小分为以下四个等级:

润水:衬砌表面仅有浸润,无明显的水迹。

渗水:衬砌表面有明显的水迹,水往外渗,但不成滴。

滴水:衬砌表面形成明显的水珠往外滴,但不成线。

漏水:在衬砌表面有明显的出水点,水从出水点涌出,形成水流。

(3) 隧道主要病害调查结果

① 渗漏水调查结果

蕉溪岭隧道群经过以前的整治,目前,各隧道洞身部分完整性良好,只有少数部位出现渗漏水现象,但在洞口段,渗漏水较为严重,经实地调查记录后统计,蕉溪岭Ⅰ、Ⅱ、Ⅲ号隧道共有漏水24处,滴水27处,渗水或润水面积66 m^2,主要集中在洞口部位。

② 衬砌裂纹调查结果

衬砌裂纹调查结果见表6.5.8。

表6.5.8　各隧道衬砌裂纹情况汇总统计表(单位:条)

隧道序号		按衬砌裂纹大小				按衬砌裂纹走势		
		大	中	小	毛	纵向	斜向	环向
蕉溪岭隧道群	Ⅰ	2	11	19	290	18	16	288
	Ⅱ	1	9	15	160	6	5	174
	Ⅲ	0	1	8	50	5	2	52

从裂纹的分布情况来看,纵向及斜向裂纹大部分分布在拱腰及拱脚处,拱顶及边墙分布较少。由于拱顶及边墙部分存在脱空现象,故裂缝大部分发生在未脱空地段。由此知,纵向及斜向裂缝大部分是受力裂纹,在衬砌过程中,有的围岩变形未收敛,即开始衬砌。有的衬砌混凝土强度达不到要求,就开始拆模,致使混凝土在初期就承受过大的荷载而压裂,但这些裂纹随着混凝土强度的提高和变形围岩的收敛而不再扩展,从检测情况来看,未见裂纹有扩展的迹象。由此知隧道围岩已稳定。在纵向及斜向的毛裂纹中,也有因水灰比过大(水灰比在0.5~0.6)而引起的收缩裂纹。环向裂缝大多发生在施工缝处,因隧道在施工过程

中未对施工缝进行治理，也未设伸缩缝，隧道施工段较长，达 8.3 m，在施工缝处因混凝土的胀缩而拉裂。由于裂纹的存在，隧道围岩中的裂隙水便沿裂缝渗出，故部分渗漏水是从裂缝中冒出来的，封闭裂纹和排水将是治水的措施之一。

从病害的统计分析知，裂缝宽度大部分在 2mm 以下，裂缝短小而细微，并伴有大片渗水，但衬砌混凝土表面无风化剥落，结构基本稳定尚有一定的承载力，病害等级为Ⅲ级。

③ 衬砌背后脱空情况检测结果

根据地质雷达无损探测结果，蕉溪岭隧道群经过以前的整治，脱空区相对较少。经过对雷达探测结果的初步分析可知，本次检测发现的最大空洞约 30 ~ 40 cm 高，3 ~ 4 m 长，4 ~ 5 m宽，脱空区约占隧道总长的 10%，图 6.5.3 为典型脱空检测断面图。

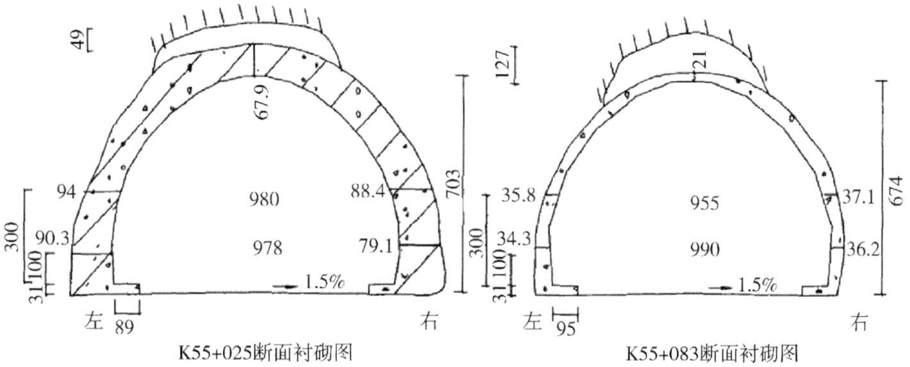

图 6.5.3　典型脱空检测断面图

④ 衬砌侵限情况初步检测结果

根据普查结果，各隧道均存在局部部位衬砌侵限和几何尺寸不满足设计要现象，尤其蕉溪岭Ⅰ号隧道 K55+973 里程段，拱顶净空低于设计值 lm 左右，严重影响行车安全，图 6.5.4 为典型侵限检测断面图。

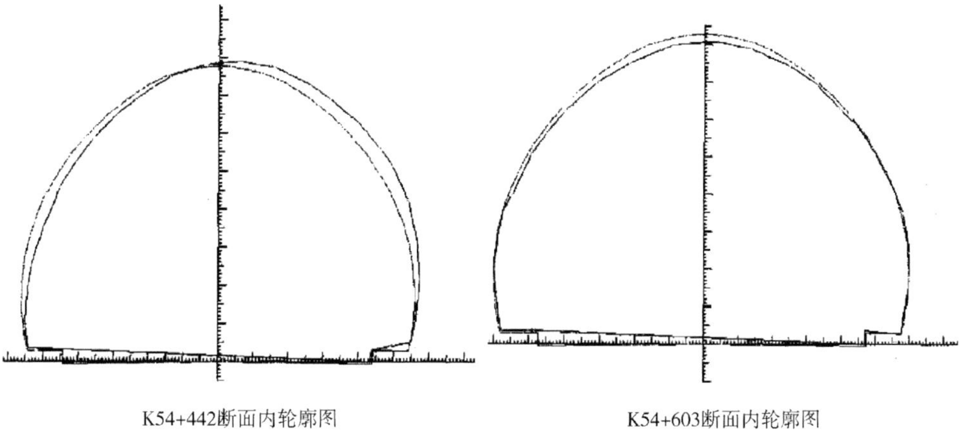

图 6.5.4　典型侵限检测断面图

6.5.4.3 隧道病害成因分析

(1) 隧道结构病害的主要表现

① 隧道结构病害的主要表现:衬砌混凝土表面开裂和渗漏水。

② 隧道结构内在质量缺陷表现:初期支护达不到设计要求,超挖部分未按规范回填密实,拱顶混凝土与围岩之间脱空问题较严重;部分混凝土衬砌厚度达不到要求,尤其是拱顶混凝土衬砌厚度达不到设计要求。

③ 隧道外形质量缺陷表现:部分地段混凝土衬砌几何尺寸达不到设计要求,有的偏差离设计尺寸较远。

以上缺陷四个隧道都不同程度地存在,其中Ⅰ号隧道显得特别突出。

(2) 隧道病害的成因分析

造成上述病害和缺陷的主要原因有:

① 对设计意图理解不透,设计要求按新奥法施工,但在实际施工中基本上未按新奥法思想进行施工:

光面爆破差。新奥法要求进行光面爆破,从开挖原始资料反映出,Ⅰ号隧道超挖严重,多的达到 2 m 以上,相当一部分在 1 m 左右,有的地方则欠挖。由于超挖严重,模筑混凝土与围岩不能很好地贴合,且厚薄相差较大,从而造成混凝土受力不均,这是衬砌开裂和渗漏的原因之一。

没有把喷锚支护作为主要支护结构进行施工,使喷锚支护的支撑作用、卸载作用、填平补强作、覆盖围岩表面与止水作用、阻止围岩松动和分配外力作用等六大作用无法充分发挥。这是混凝土渗漏和开裂的原因之二。

围岩变形量测是新奥法施工的核心。设计文件强调要认真进行围岩的变形量测,并根据量测数据确定二次衬砌的支护时间,三个隧道均未按要求进行观测,在围岩收敛不明的情况下,施作二次衬砌,造成部分二次衬砌受力过大,这是造成混凝土衬砌开裂和渗漏的原因之三。

② 施工质量存在以下几方面问题

(ⅰ) 从竣工资料的混凝土试件的抗压强度报告和本次对混凝土进行回弹检测的数据分析可以看出混凝土质量存在三个问题:A. 离散性大,Ⅰ号隧道 C15 混凝土的回弹值标准差达到 11.95,Ⅱ号隧道 C15 混凝土回弹值标准差最大达到 12.84;B. 混凝土试件强度推定值,Ⅰ号、Ⅱ号、Ⅲ号隧道有的达不到设计要求,本次混凝土回弹的推定值,Ⅰ号、Ⅲ号隧道达不到设计要求,只有Ⅱ号隧道达到设计要求;C. 超声波检测波形也反映出混凝土密实程度不均匀,这是造成隧道病害的原因之四。

(ⅱ) 施工缝处理不好,同时进出口地段未设置伸缩缝,这是造成病害的原因之五。

(ⅲ) 防水处理有的地段不当,是造成病害的原因之六。

③ 由于隧道多次穿过冲沟发育地段和断层破碎带,这是造成Ⅰ号隧道渗漏的外部原因。

④ 对隧道进行注浆处理,造成原施工中的排水管道堵塞,也是造成隧道漏水的另一个原因。

6.5.4.4 蕉溪岭隧道结构病害综合治理

(1) 综合治理原则

总的原则是:根据现场勘测的实际情况和数据综合分析,目前隧道衬砌结构基本稳定,尚有一定的承载力,近期无须进行大面积的补强治理,仅需针对隧道存在的渗漏水、裂缝、空洞等病害进行治理。通过对隧道的改造,使其基本能够满足安全运营和正常使用要求。

① 渗漏水整治原则

针对隧道存在的渗漏状态分类,主要采取围岩注浆堵水,增设泄水孔、凿槽埋管引流及防水胶浆抹面等相结合的方案处理。

当衬砌断面大面积(拱部、边墙)存在漏水、滴水时,先采用纯水泥浆液对围岩进行注浆堵水,后根据出露的局部出水点采用增设泄水孔、凿槽埋管引流,最后采用防水胶浆抹面。

当衬砌局部或个别点存在漏水、滴水时采用增设泄水孔、凿槽埋管引流。当漏水、滴水点较多时先在各点间凿槽埋管汇流集中后再凿槽埋管引流,最后采用防水胶浆抹面。

当衬砌存在渗水或润水时,在渗水或润水处中下部增设泄水孔后凿槽引排地下水,后用防水胶浆抹面。

② 衬砌背后空洞处理

采用压注水泥砂浆处理,使拱背和围岩之间填充密实,改善衬砌结构受力。

③ 衬砌裂缝处理

根据裂缝是否存在渗漏水分别采取不同的处理措施。

当裂缝为干裂缝时(无渗漏水),依据裂缝不同宽度值分别采用压注环氧浆液封缝、凿槽嵌缝和凿槽嵌缝+锚杆补强等措施处理。

当裂缝为湿裂缝时(有渗漏水)先进行渗漏水综合整治后凿槽嵌缝堵漏。

④ 侵限处理

根据业主方要求,本次改造对衬砌内轮廓侵入建筑限界地段暂不进行处理。

(2) 隧道改造工程工序

隧道各改造措施的工序顺序:

① 进行脱空部位的处理。

② 进行渗漏水处理。

③ 裂缝处理。

(3) 方案比选

根据我国类似工程的相关经验,结合本隧道的实际情况,提出了综合治理和分类整治两类改造方案,综合治理又分为防水层+套衬和防水层+装饰层两种方法,而分类整治则指病害分类整治+装饰层。

① 防水层+套衬

在满足隧道建筑限界要求的前提下,在既有隧道二次衬砌外再设一套衬砌进行加固处理,且在套衬和既有衬砌之间增设防水层,从而彻底解决隧道渗漏水问题。同时,为改善衬砌结构的受力特性,在施作套衬前,对衬砌背后空洞进行必要的回填。

② 防水层+装饰层

该方案的设计原理主要是在既有隧道二次衬砌外直接铺设皮肤式防水层及装饰层,而对隧道衬砌的各类病害不进行整治。

③ 病害分类整治+装饰层

针对隧道的各类病害,设计有针对性的治理措施,进行综合考虑、分别整治,局部地段特殊处理的方法，另增设装饰层以提高隧道的美观效果。

根据以上两类方案、三种方法的具体特点，从工程造价、处理效果、施工工期、环境影响四个方面进行了对比研究，见表6.5.9。从表6.5.9中可以看出，方案2（方法3）具有工期短，对环境影响小，工程造价和处理效果适中的特点，较其他方案有较大的经济、技术优势，故最终选定此方案作为本隧道整治的设计方案。

表6.5.9　各整治方案优缺点比较表

方案	方法	方法名称	工程造价	处理效果	施工工期	环境影响
方案1	方法1	防水层+套衬	3 100 万元	能够重新设置完善的防水系统，彻底解决各类病害，同时对结构起到了补强作用	施工速度慢，工期长，劳力消耗最大	需全封闭施工，对交通影响大，且需拆除原有的机电设备，重新铺装
	方法2	防水层+装饰层	1 450 万元	能短期内解决隧道渗漏水问题，但无法结构补强，不能解决衬砌裂损等病害，且防水层使用寿命短	施工速度快，工期较短，劳力消耗最小	可实行交通管制施工，对交通影响较大，且需拆除原有的机电设备，重新铺装
方案2	方法3	分类整治+装饰层	1 540 万元	施工质量有保障的情况下，能够有针对性地解决隧道各种病害问题，对结构也能进行一定程度的补强	施工速度快，工期短，劳力消耗适中	实行交通管制施工，对交通影响最小，无须全面拆除各机电设备。

（4）渗漏水整治

地下水在公路隧道病害成因中，是最活跃、最具破坏力的因素，隧道渗漏水病害治理难度最大，其治理效果能够综合反映隧道整治质量。目前工程中常用的

隧道衬砌渗漏水整治方案主要有注浆堵水及渗漏水引排等工程措施。

① 封堵措施

（a）围岩注浆堵水

对于全断面或大部分断面存在严重渗漏水（漏水、滴水等）严重地带采用压浆加固围岩的堵水措施，见图6.5.5。其措施如下：

（ⅰ）注浆采用全断面或半断面进行布置注浆孔，梅花形布置，间距为2m；注浆管采用ϕ42 mm钢花管（壁厚3.5 mm），长度为3.5 m。

（ⅱ）注浆材料采用纯水泥浆液。注浆压力：混凝土衬砌控制在0.3 MPa以内，钢筋混凝土衬砌控制在0.5MPa以内。

（b）凿槽嵌缝堵漏

对于存在渗水、润水等渗漏水轻微的裂缝，在采用渗漏水综合处理后采用凿槽（倒梯形槽）直接用沙浆封堵。具体施工工艺为：

（ⅰ）查明润水裂缝宽度！长度，清楚灰尘及浮土；

（ⅱ）在渗水裂缝两边（点的周边）1 ~2 m范围内凿“倒梯形”槽，至裂缝深度；

（ⅲ）清洗凿开面，采用M10水泥砂浆封堵。

② 引排措施

对于从衬砌表面（主要在“三缝”部位）渗漏出来的地下水，必须配合采用引排技术治

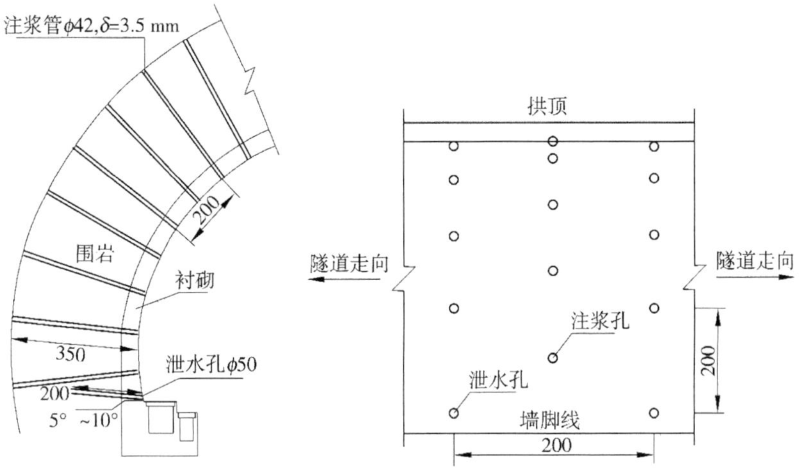

围6.5.5　岩注浆堵水示意图

理。为把拱顶上的水引入边沟,采取开槽引排水的方案。为彻底解决引排水问题,可采用以下几种引排水措施:

(a) 泄水孔引流

在漏水、滴水及较大渗水处中下部设中 ϕ50 mm 的泄水孔,孔深以穿透衬砌 20 cm 为准,孔内埋设 ϕ50 mm 的 PVC 管,见图 6.5.6。

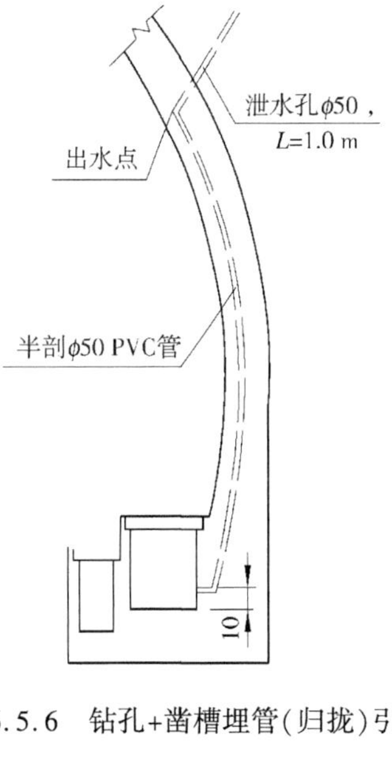

图 6.5.6　钻孔+凿槽埋管(归拢)引排

(b) 凿槽埋管引流

对于拱墙裂缝漏水形成股流、线流和滴水处,采用开凿排水暗槽将水直接接入隧道边沟,引水通道采用半剖中 50PVC 管。

(c) 汇流引排

对于滴水及成片渗水区域,采用凿槽归拢后,埋暗管引出。

(5) 衬砌裂损整治

① 压浆封缝

对于裂缝宽度 0.3 mm<$\delta \leqslant$5 mm 的裂缝,采用压注化学浆液封堵的措施,其化学浆液采用环氧浆液,见图 6.5.7。

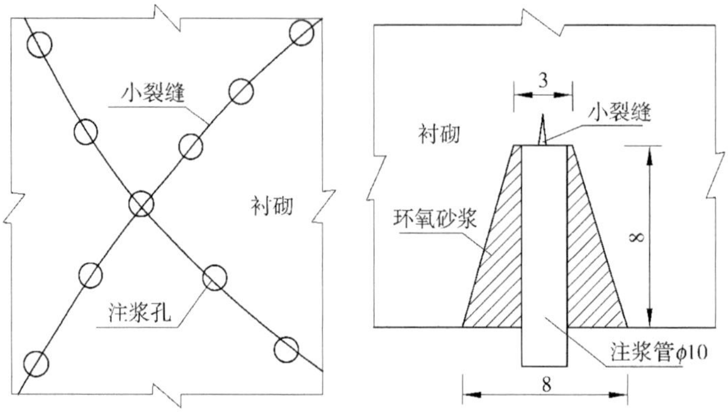

图 6.5.7　压装封缝示意

② 凿槽嵌缝

对于裂缝宽度 5 mm<$\delta \leqslant$10 mm 的裂缝,采用沿缝凿槽,冲洗风干后,用环氧沙浆嵌缝,见图 6.5.8。

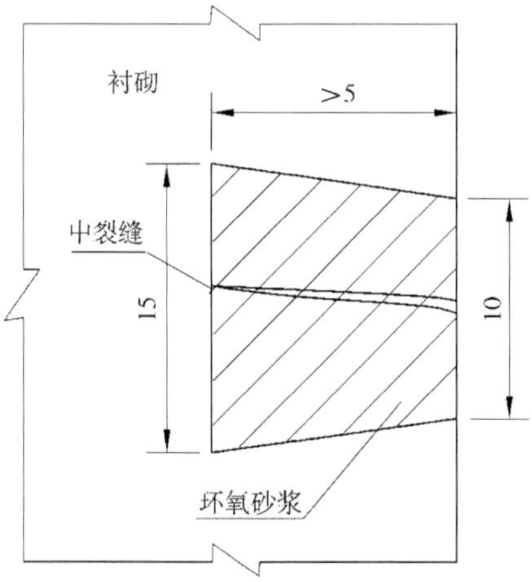

图 6.5.8　凿槽嵌缝示意图

③ 凿槽嵌缝补强

对于裂缝宽度>10 mm 裂缝,采用沿缝凿槽嵌缝及增设 ϕ22 mm 药卷锚杆进行结构补强,锚杆沿裂缝两侧各 0.5 m 处梅花形布置,锚杆长 3.5 m,见图 6.5.9。

(6) 衬砌背后脱空整治

根据《检测报告》中提供的结果,蕉溪岭隧道经过上次的治理,本次调查并未发现大的

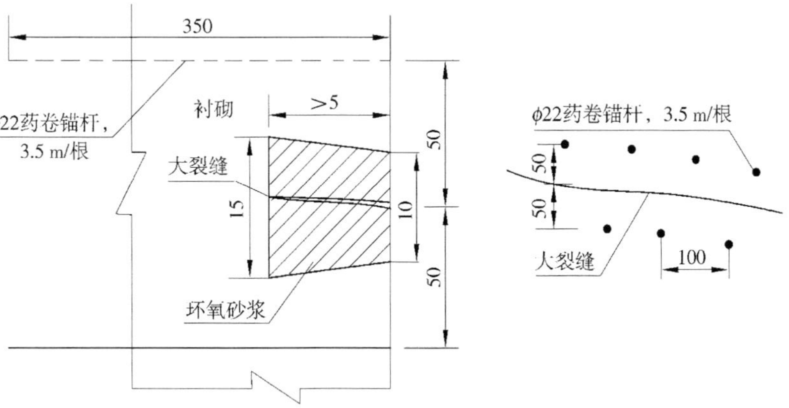

图 6.5.9　凿槽嵌缝+锚杆补强示意图

空洞，仅存在部分小的脱空区，故只需采取对衬砌背后空洞采取注浆回填处理，如图 6.5.10 所示。其措施如下：

在脱空区处充填压注 M10 水泥砂浆，注浆管沿脱空区梅花形布置，注浆管采用 ϕ42 mm 钢花管（壁厚 3.5 mm），管长须露出衬砌外缘适当长度（一般为 10～20 cm），具体长度与空洞长度有关。

注浆材料采用 M10 水泥砂浆，其配合比 0.8 ∶ 1 ∶ 0.4～2.0（水 ∶ 水泥 ∶ 沙）。衬砌注浆压力控制在 0.3 MPa 以内，拱部充填注浆完成后，应检测脱空区是否回填密实，否则需进行补注浆液。

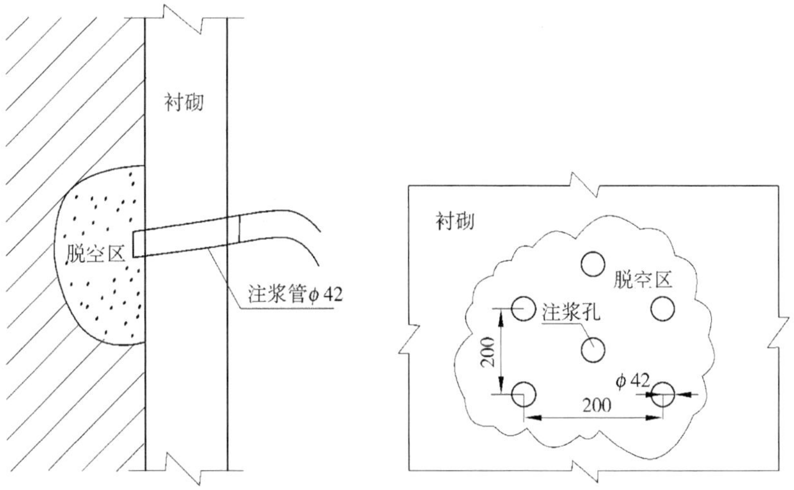

图 6.5.10　注浆回填示意图

6.5.4.5　整治效果

蕉溪岭隧道群的整治工作已于 2007 年完毕，整治施工过程中未出现工程事故，整治后至今服役状态和运营环境良好，实践证明，蕉溪岭隧道结构病害整治思路和具体施工工艺是有效的，能够为以后类似工程的整治设计与施工提供参考和借鉴。

6.5.5 五龙岭隧道病害检测、评估与治理[51]

6.5.5.1 概况

（1）工程概况

五龙岭隧道是一座双向六车道连拱隧道，位于广东省翁源县新江镇塘心村，南面为洋河河谷南侧，近正交方向穿越五龙岭山脊，隧道设计里程桩号 K154+570 ~ K154+770，全长 200 m，位于半径为 1 220 m 的平面曲线上，路面超高横坡 3%，路线纵坡 0.566 8%。五龙岭隧道按照新奥法原理进行设计施工，隧道结构采用复合式衬砌，以锚杆、喷射混凝土、钢筋网、工字钢或钢架作为初期支护，二次衬砌支护为钢筋混凝土结构，在初期支护和二次衬砌之间铺设 PVC 复合式防水板和无纺布。

（2）工程地质与水文状况

① 地形地貌

五龙岭随道地处山间平地边缘的山体上，周围为低山重丘区，属风化剥蚀地貌。五龙岭为鱼背形山脊，呈北东走向，地形起伏较大，隧道范围内地形坡度 35° ~ 50°，南缓北陡，地面标高在 159 ~ 214 m 之间。

② 工程地质条件

五龙岭隧道在区域构造位置上，处于南北向雪山嶂背斜北端与新江向斜西北缘的交汇处。隧道进口处有一条断层（F_1），呈北北西走向，倾向北东，倾角较陡，断层面也是岩层接触界线，上盘为帽子峰组（D_3^{10}）泥质砂岩夹薄层页岩，下盘为天子岭组灰岩，由北向南延伸，岩层产状倾向 20°，倾角 39° ~ 65°。

根据钻探和地质调绘，隧道区地层比较简单，以单斜产出，由帽子峰组泥质砂岩天子岭组灰岩组成，隧道进口处及右侧出露部分灰岩除外，其余均为全 ~ 强风

化泥质砂岩夹页岩。

③ 水文地质条件

区内地表水系不发育，未见地表水体，地下水主要为基岩裂隙水及风化带中孔隙潜水，受大气降水补给，岩层渗透性差，围岩富水性微弱，灰岩含弱岩溶裂隙水，地下水无侵蚀性。

6.5.5.2 现场主要病害情况

五龙岭隧道洞身衬砌病害主要为裂缝和渗漏水，现场调查主要情况如下所示：

① 五龙岭隧道整体病害严重，二次衬砌裂缝多、密度大，拱部和中隔墙渗漏水严重，尤其是中隔墙墙顶部位，渗漏水现象尤为突出。中隔墙局部存在纵向和斜向荷载裂缝，这些裂缝大多伴有渗漏水现象，对结构的安全影响较大。

② 地下水从二次衬砌墙面的裂缝渗出，墙面留下了大量污痕，很多位置裂缝处都有白色物质析出。经过常年的累积，白色物质可能已经严重地堵塞了原设计排水系统，导致雨季时地下水从衬砌的各个薄弱环节中渗漏出来。

③ 二次衬砌的裂缝形态主要有以下四种类型："纵向裂缝""X"形裂缝、斜向裂缝、环向裂缝，详见图 6.5.11 ~ 图 6.5.15。

6.5.5.3 隧道病害检测

（1）检测内容

五龙岭隧道洞身衬砌病害主要为裂缝和渗漏水，因此，为准确的找出病因，并进行安全

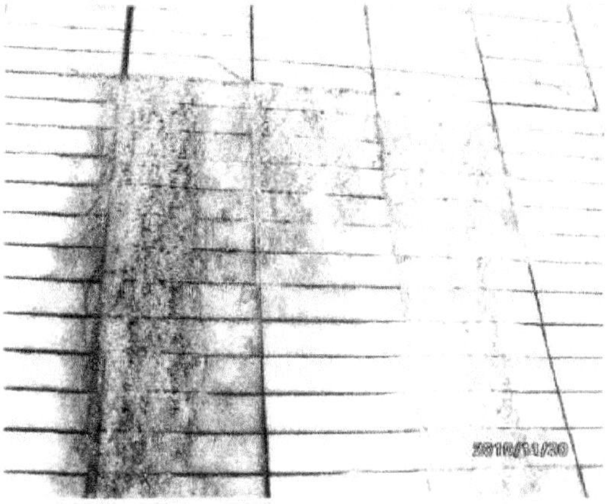

图 6.5.11　侧墙纵向裂缝

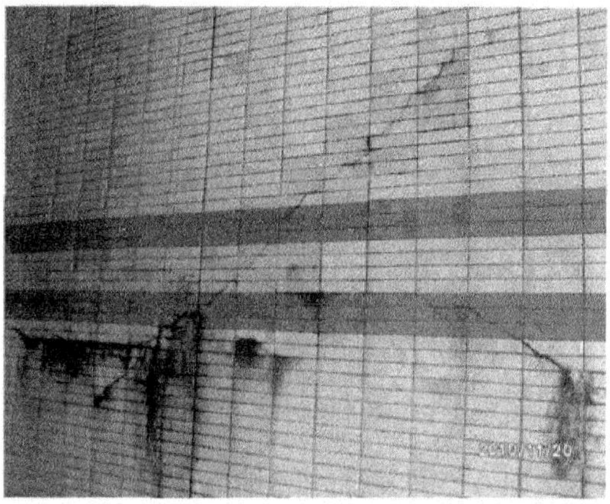

图 6.5.12　中隔墙“X”形裂缝

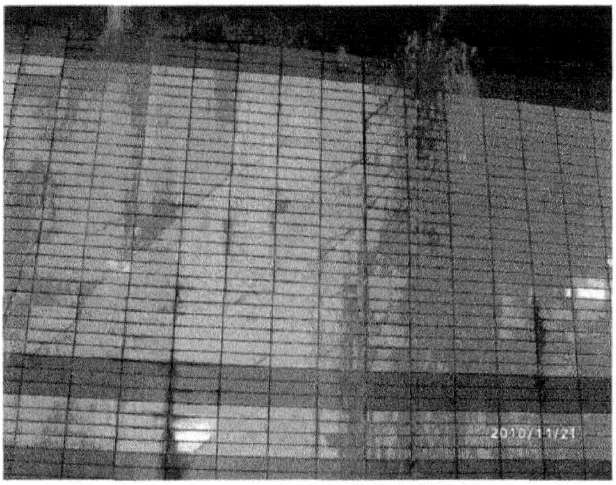

图 6.5.13　中隔墙斜向裂缝

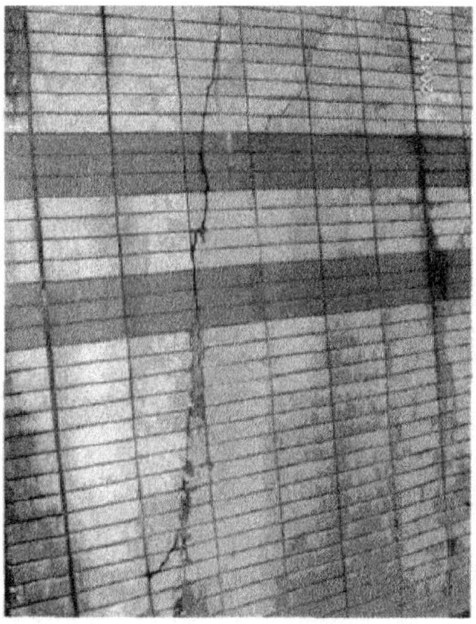

图 6.5.14　中隔墙环向裂缝

图 6.5.15　隧道渗水

评估与治理,需检测的内容见表6.5.10。

表6.5.10 隧道检测内容表

序号	检测项目	检测内容	检测部位	备注
1	裂缝检测	量测隧道衬砌典型裂缝的长度、深度、宽度及分布等数据,分析裂缝的性质及成因	隧道洞身	补充检测
2	二次衬砌厚度与配筋检测	对二次衬砌厚度与配筋情况进行分析,确定配筋段落的钢筋间距和保护层厚度等	隧道洞身	主要根据已有的雷达检测数据分析
3	隧道净空尺寸断面检测	对隧道二次衬砌后内净空断面尺寸断面进行抽测	隧道洞身	
4	二次衬砌混凝土强度检测	对隧道二次衬砌混凝土强度检测进行抽测	隧道洞身	

(2)检测结果

① 衬砌外观情况

五龙岭隧道右线整体病害较严重,渗漏水和裂缝较多,本次检测中发现右线RK1998+324中隔墙顶部有喷射状水流,另外有3处涌流,20处滴漏和117处浸渗;裂缝分布密度相对较大,共有环向裂缝25条,总长75.1 m,宽度在0.06~0.85 mm之间;斜向裂缝13条,总长52.7 m,宽度在0.06~0.86 mm之间;纵向裂缝5条,总长35 m,宽度在0.09~0.62 mm之间,如图6.5.16所示。

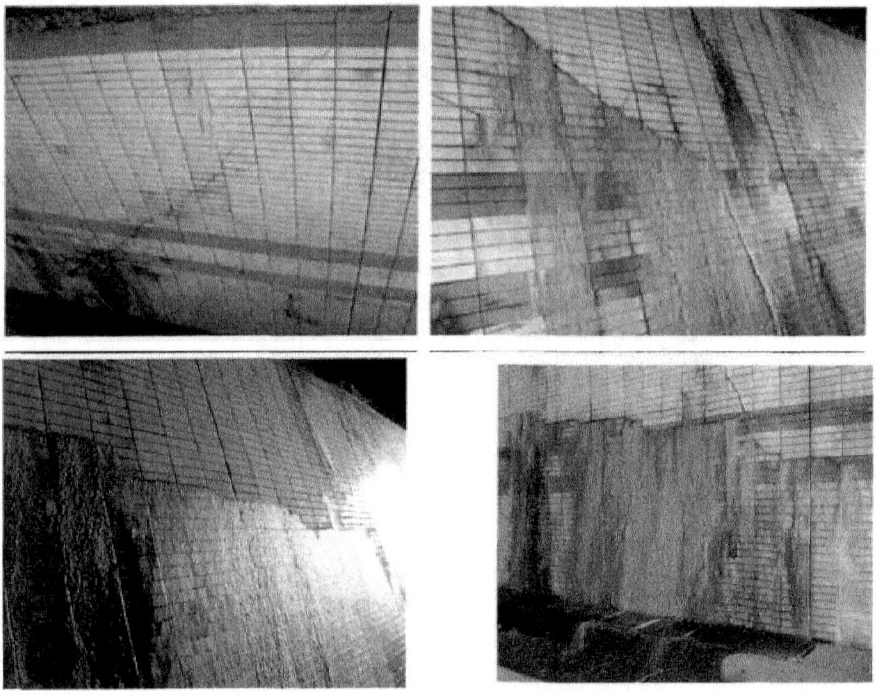

图6.5.16 隧道右线裂缝与渗漏水照片

五龙岭隧道左线整体病害严重,衬砌裂缝多、密度大,拱部渗漏水严重,尤其是中隔墙墙顶部位,渗漏水现象尤为突出。中隔墙局部存在纵向和斜向荷载裂缝,这些裂缝大多伴有渗漏水现象,对结构的安全影响较大。衬砌渗漏水和裂缝密集。隧道左线共发现有117处浸渗,10处滴漏,1处涌流,2处喷射。裂缝分布密度大,共有环向裂缝39条,总长122.4 m,宽度在0.07～1.00 mm之间;斜向裂缝11条总长44.1 m,宽度在0.06～0.21 mm之间;纵向裂缝4条,总长7.0 m,宽度在0.01-1.00 mm之间。

② 衬砌混凝土强度

五龙岭隧道左右线共布置超声一回弹断面20个,每个断面布置5个测区。测区强度换算值范围在23.9～32.2 MPa之间,总体合格率97%,三个不合格部位分别为左线LK1998+284(LK154+672)测区5,右线RK1998+241(RK154+629)测区3,右线RK1998+261(RK154+649)测区1。二次衬砌强度平均值为28.5 MPa。

③ 二次衬砌厚度情况

隧道南行线二次衬砌厚度有效统计检测73个点,洞身段厚度最大值75 cm,厚度最小值45 cm。厚度实测值小于设计值的情况:差值<5 cm的点数15个;差值在5～10 cm之间的点数0个;差值在10～20 cm之间的点数0个;差值>20 cm的点数0个;有15点小于设计厚度,合格率为78%。

从以上衬砌厚度检测结果可知,衬砌厚度与原设计相比,其厚度欠厚严重程度一般。

④ 五龙岭隧道衬砌背后后缺陷情况

五龙岭隧道衬砌后不密实和脱空情况较为严重:南行线21处,北行线15处。

同时中墙内多段也存在空洞和不密实情况,有个别段连续脱空比较长,最长的近20 m。

⑤ 衬砌配筋情况

根据雷达检测结果可知:该隧道全段有配筋,配筋间距19～23 cm之间,二次衬砌配筋内层钢筋位置情况偏离不大,对结构受力影响不大。

6.5.5.4　二次衬砌裂缝安全评估方法

目前,对于隧道二次衬砌的裂缝病害等级划分仅有《公路隧道养护技术规范》(JTGH12—2003)做了专门的规定,它将专项检查结果等级划分为S,B,1A,2A,3A五级,其相关评级标准见第四章。

根据《公路隧道设计规范》(JTG D70-2004)第九章可知,对于隧道二次衬砌,当衬砌截面受拉控制时,安全系数大于等于2.0;当受压控制时,安全系数大于等于2.4时,二次衬砌结构是安全的。因此,可根据安全系数对二次衬砌进行安全评估。

李柱提出了隧道结构三阶段安全评估分析法,见图6.5.17,具体步骤如下:

(1) 第一阶段评价法(正常断面安全计算)

在该阶段评价法中,先不考虑衬砌的病害,荷载按设计规范进行计算,得出衬砌结构的内力及安全系数。按照《公路隧道设计规范》(JTG D70-2004)第九章进行安全判定:衬砌受拉控制时,安全系数为2.0;当受压控制时,安全系数为2.4。

由于这种方法只考虑了设计荷载,对围岩劣化、其他荷载施加(如水压等)、衬砌病害均未考虑,因而该方法得出的安全系数比较保守,但是它可减少不必要的计算。如果衬砌结构的安全系数不满足规范要求,即说明该段衬砌不安全;如果满足要求,应当进行第二阶段评价。

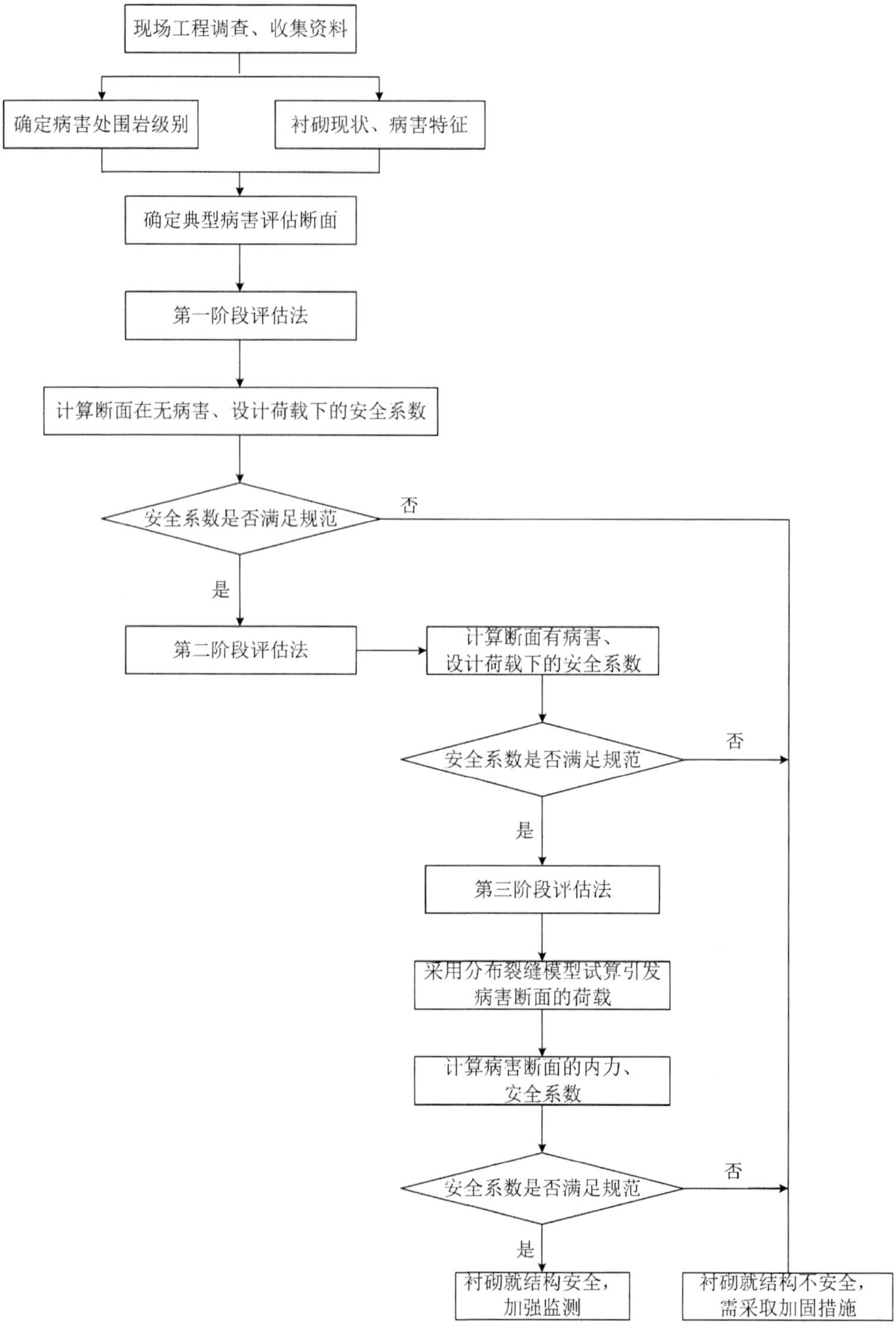

图 6.5.17　隧道衬砌安全评估流程及方法

(2) 第二阶段评价法(典型病害断面安全计算)

该阶段评价法是根据检测,考虑衬砌的病害情况,其荷载按设计方法进行计算,未考虑围岩劣化、其他荷载(如水压)等。这样,可以得出衬砌在病害情况下,设计荷载作用下的内力及安全系数。

该方法考虑了衬砌的病害情况,比第一阶段评价法精确。但是它的不妥之处在于未考虑围岩劣化、其他荷载(如水压)等,从而使计算的安全系数较保守。如果运用该方法计算出的安全系数满足规范要求,就必须进行更精确的计算,即采用第三阶段评价法。

(3) 第三阶段评价法

该阶段采用分布裂缝模型,不断调整计算荷载,使其模型产生的裂缝与实际情况相符(裂缝深度与宽度与检测结果相同),从而使"实际荷载"的再现。然后,计算出模型在"实际荷载"作用下的内力及安全系数,最后进行安全判定。由于第二阶段的保守评价,第三阶段所计算出的安全系数将小于前阶段所得的结果。如果在该阶段算出的安全系数小于规范要求,则衬砌不安全,反之则可继续使用,但需加强监测。

6.5.5.5　二次衬砌裂缝安全评估的实例

1) 概述

荷载—结构法的设计原理认为隧道开挖后地层的作用主要是对衬砌结构产生荷载,衬砌结构应能安全可靠地承受地层压力等荷载的作用。计算时先按地层分类法或由实用公式确定围岩压力,然后按弹性地基上结构物的计算方法计算衬砌的内力,并进行结构安全性验算。

由《公路隧道设计规范》(JTGD70—2004)可知,钢筋混凝土衬砌的安全系数可按大、小偏心受压构件进行计算,然后与《公路隧道设计规范》(JTGD70—2004)中的规定的安全系数进行对比,若计算的安全系数大于规范值,则衬砌结构是安全的。

2) 典型断面的选取

为减小计算量,选取了裂缝较为轻微处,即 ZK6+060 断面进行计算,有关参数见表6.5.11所示,测线布置见图 6.5.18。

表 6.5.11　ZK6+060 断面检测参数

测线编号	测线 1(左边墙,1.8 m)	测线 2(左拱腰,6.8 m)	测线 3(拱顶)	测线 4(右拱腰,6.8 m)	测线 5(右边墙,1.8 m)
钢筋保护层厚度/cm	2	6	5	8	9
衬砌厚度/cm	54	67	56	63	—
钢筋间距/cm	24(设计为 20)				
衬砌强度/MPa	37.0				
断面净空	无侵限现象				

3) 三阶段安全法评估

(1) 荷载计算

根据提供的相关资料,ZK6+060 断面计算参数见表 6.5.12。

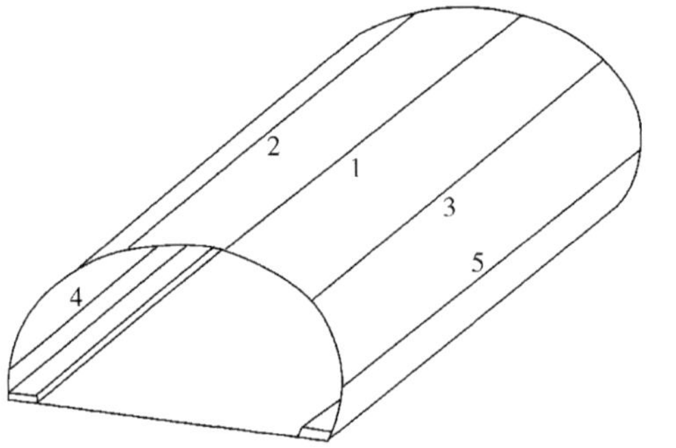

图 6.5.18　地质雷达测线布置图

1——拱顶测线；2，3——拱腰测线；4，5——边墙测线

表 6.5.12　ZK6+060 断面计算参数

围岩级别	断面埋深	围岩重度	隧道跨度	隧道净高	围岩摩擦角	围岩计算摩擦角
Ⅴa	64 m	19 kN/m^3	15.2 m	9.8 m	23°	45°

依据隧道的工程地质资料经计算得：该断面的垂直均布压力为 290.80 kN/m^2；水平荷载为 145.40 kN/m^2。

（2）第一阶段评估

根据《公路隧道设计规范》（JTGD70—2004）可知，对于Ⅳ、Ⅴ级围岩，二次衬砌分担荷载的比例见表 6.5.13。

表 6.5.13　释放荷载与分担比例表

围岩级别	分担比例	
	围岩+初期支护	二次衬砌
Ⅳ	60% ~80%	40% ~20%
Ⅴ	20% ~40%	80% ~60%

根据有限元原理、结构力学方法和隧道二次衬砌受力机理，其计算模型的建立方法为：

① 二次衬砌采用梁单元模拟，二次衬砌与初期支护的相互作用采用土体弹簧实现，材料杆单元模拟；

② 考虑初期支护采用Ⅴ级加强衬砌，因此，该类型衬砌二次衬砌分担荷载的比例为 70%，即荷载按计算值的 0.7 倍进行施加，结构自重程序自动施加；

③ 隧道道轮廓按设计断面进行建模；

④ 对土体弹簧末端进行位移全约束。

按照上述建模方法，可建立如下所示计算模型，见图 6.5.19 所示。

根据以上模型，可计算出 ZK6+060 断面的内力分布图及安全系数图，见图 6.5.20、图 6.5.21。

由图 6.5.20 可知，该断面在设计条件下，安全系数最小值为 2.016；由图 6.5.21 可知，全断面二次衬砌混凝土的受压高度最小为 38 cm，根据《公路隧道设计规范》可知该断面受

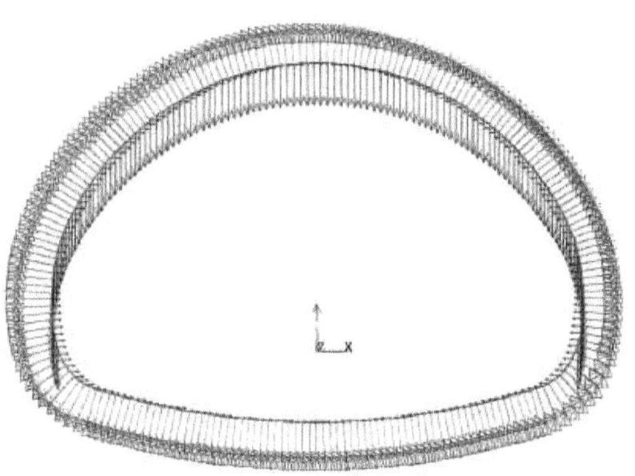

图 6.5.19　第一阶段计算模型

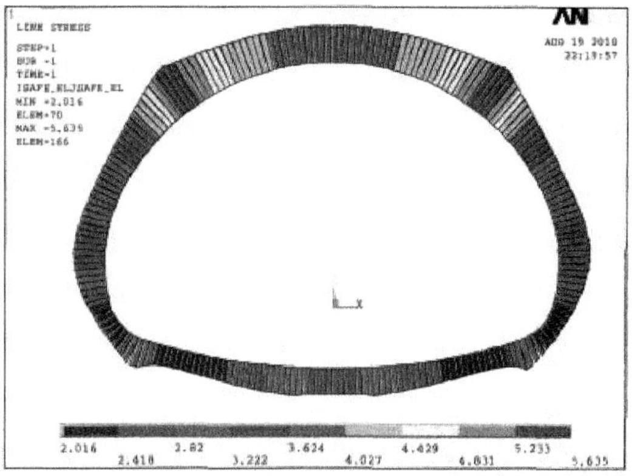

图 6.5.20　设计条件下二次衬砌的安全系数分布

压高度大于 $0.55h_0=33$ cm 时，为小偏心受压构件，为受压控制，因此全段二次衬砌受压控制。根据《公路隧道设计规范》(JTGD70—2004)可知，构件受压控制时，安全系数不得小于 2.0，即该断面二次衬砌在设计条件下满足要求，应进行第二阶段安全评估。

(3) 第二阶段评估

根据重庆公路工程检测中心的《五龙岭隧道检测报告》可知，ZK6+058 ~ ZK6+065 存在一组裂缝，裂缝深度已贯穿衬砌。而 ZK6+060 计算断面刚好位于该裂缝处，故裂缝处的荷载完全由钢筋承受。对于仰拱处的溶洞，由于充填物为软塑状残积土，故不考虑该处的支撑力。由第一阶段的建模方法和表 6.5.11 的检测结果，可建立 ZK6+060 的计算模型，见图 6.5.22、图 6.5.23 所示。

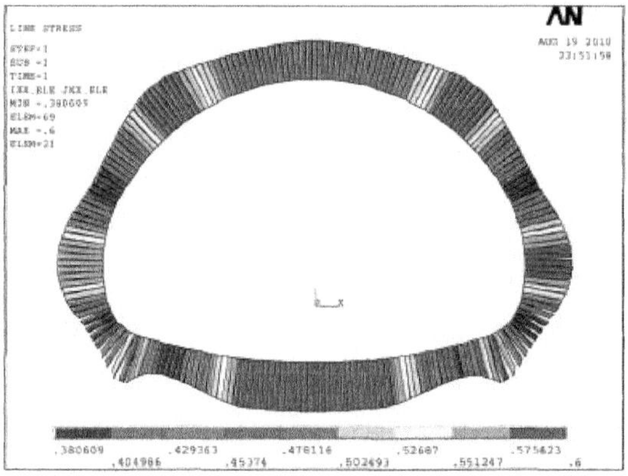

图 6.5.21　二次衬砌混凝土受压高度分布图

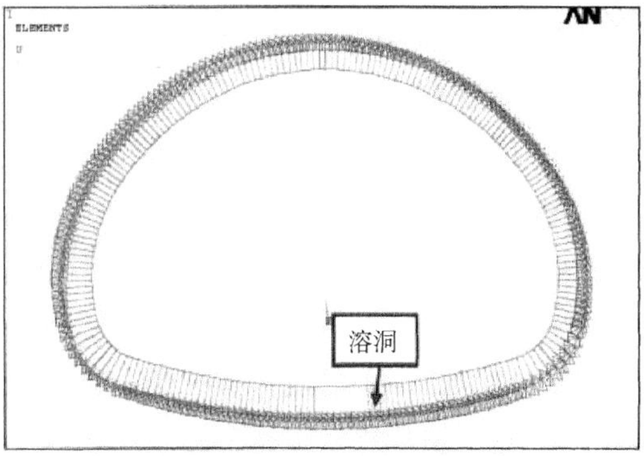

图 6.5.22　第二阶段计算模型

根据以上模型，可计算出 ZK6+060 断面在检测结果、设计荷载情况下的内力分布图及安全系数图(图 6.5.24 ~ 图 6.5.27)。

由图 6.5.26 可知，该断面在检测结果、设计荷载情况下，评估断面除裂缝外，其余部位均受压控制。同时，根据安全系数分布图 6.5.27 看出，裂缝处的安全系数最小，仅为 0.71，并且在左、右仰拱起拱线处，安全系数均小于《公路隧道设计规范》的规定值，即该断面二次衬砌在第二阶段评估中不满足要求，该断面为不安全。

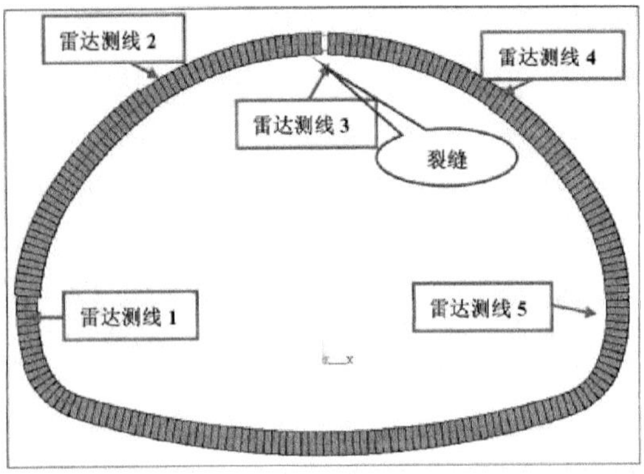

图 6.5.23　第二阶段计算模型截面厚度分布图

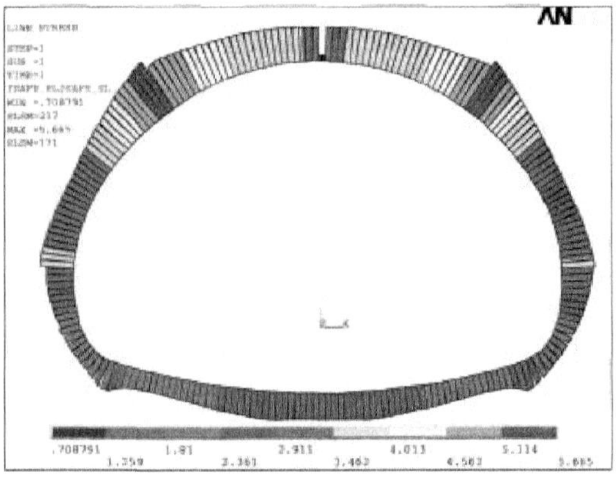

图 6.5.24　设计条件下二次衬砌的安全系数分布

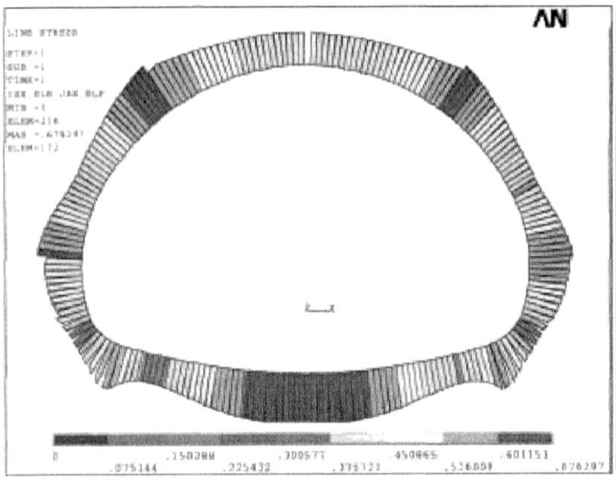

图 6.5.25　二次衬砌混凝土受压高度分布图

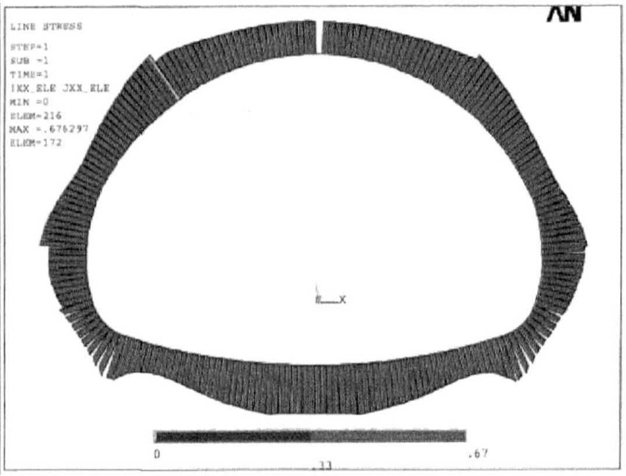

图 6.5.26　大小偏心受压判断

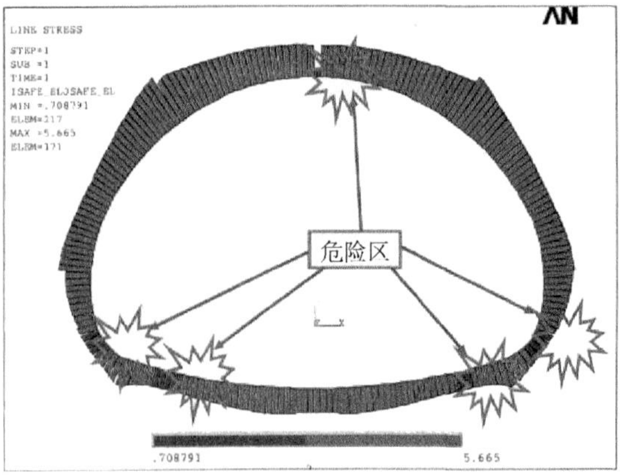

图 6.5.27　二次衬砌在第二阶段评估中的安全与危险区域图

6.5.5.6　病害治理设计

1）主要病害情况

五龙岭隧道主要病害情况见表6.5.14所列。

表6.5.14　五龙岭隧道主要病害情况

桩号		判定	病害情况			
			衬砌变形,移动	衬砌裂缝	衬砌起层剥落	渗漏水
左线 ZK6+030 ~ +065	ZK6+030 ~ +065	1A	无	3条构造裂缝,衬砌结构存在破坏	无	渗漏水(湿)7处,其中两处滴水,一处股流漏水;渗漏水印迹(干)1处;渗水区域2处;环向施工缝漏水2处,该段渗水较为严重,多处裂缝深度贯穿衬砌厚度
左线 ZK6+625 ~ +800	ZK6+625 ~ +670	B	无	施工缝	无	ZK6+644处施工缝少量渗水
	ZK6+670 ~ +681	2A	衬砌2~3 cm错台	该段裂缝较密集,环向错台裂缝2处,构造裂缝7条;衬砌结构受裂缝的切割影响,其整体性和承载力受到较严重破坏	由于错台施工缝受剪切力,使衬砌起层,可能掉混凝土块	有一处少量渗水
	ZK6+681 ~ +689	B	无	无	无	无
	ZK6+689 ~ +710	1A	无	裂缝较密集,共14条构造或张型裂缝,6处裂缝采取过水泥浆液抹缝处理,但裂缝仍然可见。说明结构存在一定的破坏	无	有渗漏水印迹(干),多处裂缝深度贯穿衬砌厚度
	ZK6+710 ~ +800	B	无	有一处环向贯通裂缝,未见明显发展	无	无
右线 YK6+630 ~ +712	YK6+630 ~ +660	2A	无	裂缝密集,21条构造裂缝,部分裂缝采取过水泥浆液抹缝处理,但仍然见,说明结构受到严重破坏	由于裂缝受剪切力,使衬砌起层,可能掉混凝土块	有渗漏水印迹(干)1处,该处裂缝深度贯穿衬砌厚度
	YK6+630 ~ +712	1A	无	5条构造裂缝,隧底有溶洞沉陷,地基承载能力不够,导致结构不均匀沉降,或混凝土收缩徐变引起	无	无

2）裂缝病害成因分析

五龙岭隧道于2001年底通车，经过约9年的运营，隧道出现了较严重的渗漏水、衬砌裂缝等病害，严重影响了隧道的行车安全，存在较大的安全隐患。隧道病害产生的原因较多，归纳起来主要有以下几个方面：

（1）设计因素

五龙岭隧道是一座双向六车道连拱隧道，五龙岭隧道于2000年6月竣工，当时设计执行的规范为《公路隧道设计规范》（JTJ026—90）。此规范主要针对单车道、双车道隧道的支护参数进行了建议，并没有给出三车道连拱隧道的建议支护参数值。与《公路隧道设计规范》（JTGD70—2004）《公路隧道设计细则》（JTG/TD70—2010）设计参数相比，当时设计的支护参数是偏危险的，这是导致隧道产生病害的重要原因之一。

（2）施工因素

五龙岭隧道为整体式中墙结构，其中墙在中导洞贯通后即浇筑。中墙既是初期支护和二次衬砌的支撑点，又是防水层的支撑结构。在类似隧道施工时，由于中墙与中导洞之间的空洞得不到及时的回填造成开挖时毛洞跨度增大，使洞周围岩处于较为不利的受力状态；在回填空洞时，由于受支护等因素干扰，往往没办法回填密实，易留下安全隐患；由于部分围岩裂隙水经中墙顶凹部通过排水管排入排水沟，容易造成凹部集水，并且该部排防水系统施工难度大。因此，隧道的结构形式决定了隧道施工难度较大，施工质量难以保证，这是造成隧道衬砌开裂又一重要原因。

检测发现，二次衬砌钢筋保护层厚度合格率不高。洞身很多部位都出现了较严重的渗水现象，地下水容易引起钢筋的锈蚀，降低了隧道的安全性。

再者，在当时的施工工艺水平条件下，连拱隧道施工经验缺乏，影响了施工质量，工程施工不可能完全达到设计要求，使得隧道经过一定年限的运营后出现病害现象。

（3）水文地质因素

该隧道长度虽然只有200 m，但从开挖情况看，围岩地质条件较差，多为Ⅳ、Ⅴ级围岩，且变化频繁，易造成隧道基础不稳定。在围岩变化地段，衬砌易出现不均匀沉降，导致衬砌开裂。隧道所在地段，降水量较丰富，而山体裂隙发育，因此使地表水通过围岩裂隙进入隧道附近，使围岩承载能力降低，增加衬砌结构的荷载，使衬砌结构出现斜向及纵向裂缝。由于山坡上岩体风化严重，在天然状态下就具有向下蠕动的趋势。隧道施工后，加剧了山坡上岩体的向下蠕动，在隧道中产生偏压，从而使隧道开裂，坡体走向若与隧道轴线方向垂直会产生斜向裂缝，坡体走向若与隧道轴线方向平行会产生纵向裂缝。“X”形裂缝是多种原因综合影响的结果。

（4）其他

由于施工缺陷带来的隐患，在长期地下水作用下和大量交通运营情况下，结构逐渐劣化，致使该隧道产生较严重的病害。

3）病害治理方案

（1）地表注浆加固止水

为减少施工对营运的影响以及洞内打孔注装对衬砌结构和防水层的破坏，对隧道渗漏水和衬砌裂缝较严重的段落，在有条件的情况下采用地表注浆。地表注浆加固地层、改善围岩条件，起到注浆隔离地表水、封闭围岩裂隙、减少地表水下渗。

地表注浆：注浆孔采用 ϕ89 mm，注浆管为 ϕ60 mm，间距 250 cm×250 cm，按梅花形布置。注浆深度为隧道开挖轮廓线外 5 m。注浆材料采用 30 号纯水泥浆，注浆压力控制在 0.8～1.2 MPa（注浆压力可根据现场注浆量和现场实际情况进行调整），当地面冒浆或其他地方冒浆时，则停止注浆。

地表注浆应先周边再中间，先边仰坡外侧后边仰坡内侧顺序施工。周边注浆应采用间歇式进行，注浆压力由小到大，注意注浆方式的调整和注浆压力的控制，防止浆液向外流失。同时地表注浆会对衬砌产生一定和荷载，应加强隧道结构变形监测，必要时增加临时支撑。

在地表注浆周边增设截水沟，截水沟根据现场实际情况和地形布置。

（2）洞内围岩注浆加固止水

对隧道渗漏水和衬砌开裂较严重段，没有条件进行地表注浆段，采用洞内注浆加固止水，改善围岩条件，同时起到止水的作用。注浆方案有隧道全断面注浆加固和局部注浆加固。

注浆管采用 ϕ42 mm 小钢管，壁厚 4 mm，单根小钢管长 350 cm，拱部间距 350 cm×150 cm，拱腰以下部位间距 150 cm×150 cm，按梅花形布置。钢管前端加工成锥形，尾部加工成长 5 cm 的内丝，管壁四周钻四排 ϕ10 mm 压浆孔。注浆钢管外接一段接长注浆管，注装完成后，将接长注浆管取下，再采用混凝土封堵注浆孔，表面处理与原衬砌面平顺，并采用与衬砌表面颜色一致涂料涂一层，使衬砌外观整体一致。

注浆加固材料为 30 号水泥净浆，水泥采用 425 水泥。水灰比为 1∶1，浆液有可能进入衬砌与围岩之间，注浆压力为 0.5～0.8 MPa（注浆压力可根据现场注浆量和现场实际情况进行调整），如果相邻注浆孔串浆时，则停止注浆。当达到压力时可持续 5～10 min 可终止注浆，注浆前须通过试验确定各注浆参数。

洞内注浆部位顺序：先边墙后拱部，先无水段后有水段，先少水段，后向多水段进行注浆。

（3）衬砌背后和中墙内空洞或不密实区治理

对于隧道衬砌背后和中墙内空洞或不密实区，采取注浆加固措施，充填衬砌背后空腔以改善二次衬砌的受力条件，使隧道围岩、初期支护与二次衬砌共同承载，提高结构的安全度，保证结构安全。该治理方法在隧道缺陷整治中使用广泛，效果较好。

本次设计中采用 ϕ50 mm 注浆钢管注浆，注浆材料 30 号水泥净浆，水泥采用 425 水泥，水灰比为 1∶1，注浆压力为 0.1～0.3 MPa，注浆压力可根据现场注浆量和现场实际情况进行调整。如果相邻注浆孔串浆时，则停止注浆；当达到压力时持续 5～10 min 可终止注浆。注浆前须通过试验确定各注浆参数。注浆管外接一段接长注浆管，注浆完成后，将接长注浆管取下，再采用混凝土封堵注浆孔，表面处理与原衬砌面平顺，并采用与衬砌表面颜色一致涂料涂一层，使衬砌美观整体一致。注浆时应注意对衬砌外观的清洁保护，防止污染，注意控制注浆压力。注浆施工中应注意隧道防水层的保护，注浆完成后对注浆孔进行有效封闭。

（4）隧道渗漏水治理

本次隧道渗漏水治理原则：堵排结合、先堵后排、以排为主的综合治理方案。

① 对渗漏水严重的局部点和中墙顶部，采用先在渗漏水点处向围岩内打 3 m 深 ϕ89 mm的泄水孔，泄水孔内放置 TS—50 弹塑软式透水管对地下水进行导出，然后采用机械切槽埋管（半剖 ϕ100 mm 聚氯乙烯管）方式将水引至排水沟。切槽引排后，在管外部用水中

固化 E380 封边胶堵水,外敷10号防水膨胀水泥砂浆,然后在衬砌表面采用水泥基渗透结晶型防水涂料抹面。

② 对渗漏水较严重的环向和纵向渗水缝及施工缝,采用凿槽埋管引排的方式进行治理。对纵向严重渗水缝,凿槽埋管引排至就近施工缝,然后从施工缝处凿槽埋管引排至排水边沟内。

③ 对隧道渗漏水量较小,水流分散,不利于引排的隧道纵向裂缝及个别出水点,可先凿开原二次衬砌后,在裂缝中压注 E200 胶水,然后采用10号防水膨胀水泥砂浆进行封堵。

④ 为降低地下水位,在隧道水沟的底部增设间距为 5 m、深为 5 m 的降水孔,孔径为 ϕ100 mm,孔内置乱丝盲沟,以防降水孔被堵。

⑤ 对治理部位的外观表面进行处理,达到与原衬砌面平顺,并采用与衬砌表面颜色一致涂料涂一层,使衬砌美观整体一致。

(5) 裂缝治理

根据隧道病害检测情况,隧道衬砌拱部存在纵向、环向及斜向裂缝,通过裂缝修补可以封闭裂缝,防止混凝土保护层的碳化和有害离子对钢筋混凝土的腐蚀,增加衬砌承载能力和延长结构使用年限,同时改善结构外观。

根据相关规范和类似工程经验,并结合本次治理的具体措施,本次病害治理采用低压注浆法对宽度≥0.2 mm 的裂缝进行处理,对宽度<0.2 mm 的裂缝进行表面封闭治理。

① 低压注浆处理法:

宽度大于0.2 mm 的裂缝采用低压注浆法进行修补,通过压注改性环氧化学灌缝浆材填充封闭裂缝,黏结裂缝表面阻止衬砌裂缝发展。低压注浆处理法的工序为:裂缝清理—封闭裂缝和安设塑料底座—安设灌浆器—灌浆—清理表面。

(ⅰ) 裂缝清理:首先应将裂缝周围5 cm 范围的防火涂料或表面沙浆、粉尘及泥灰清除干净,露出衬砌混凝土;裂缝中如被泥土粉尘堵塞,可用小型工业吸尘器吸出。沿裂缝两边约3 cm 的混凝土表面要用湿布擦去尘土,但要注意缝中不得进水。

(ⅱ) 确定注入口:一般按照 20~30 cm 距离设置一个注入口,注入口的位置尽量设在裂缝较宽、开口较畅通的部位,贴上胶带,预留。

(ⅲ) 封闭裂缝:采用封缝胶沿裂缝表面涂刮,留出注入口。

(ⅳ) 安设塑料底座:揭去注入口上的胶带,用封缝胶将底座粘于注入口上。

(ⅴ) 安设灌浆器:将配好的改性环氧化学灌缝浆材注入软管中,把装有灌缝浆材的灌浆器旋紧于底座上。

(ⅵ) 灌浆:松开弹簧,确认注入状态,如灌浆不足,可补充再继续注入。

(ⅶ) 注入完毕:注入速度降低,确认不在进胶后,可拆除灌浆器,用堵头将底座堵死。

(ⅷ) 灌浆固化后,敲掉底座和堵头,清理表面封缝胶。

② 表面封闭治理法:

宽度小于0.2 mm 的裂缝采用表面封闭法进行治理,在裂缝表面涂刷改性环氧化学修补沙浆,其工序为:

(ⅰ) 观察裂缝宽度,确定裂缝长度。

(ⅱ) 基层处理:清除裂缝表面的灰尘、油污。用钢丝刷及压缩空气将混凝土碎屑粉尘清除干净。清除宽度为裂缝左右两侧各5cm 左右。

（ⅲ）涂刷改性环氧化学修补沙浆，涂刷宽度为裂缝左右各 5 cm 左右，每道裂缝涂刷 3 ~4 遍，涂刷厚度应大于 1 mm。

（6）中墙镀锌钢板加固

为增强隧道中墙的承载能力，在隧道中墙两侧采用 12 mm 厚、750 mm 宽的镀锌钢板进行加固，纵向间距为 100 ~150 cm（根据中墙开裂缝情况确定其纵向间距），左右洞钢板采用 M24（10.9）的螺杆对拉连接形成整体，螺杆预加一个 2 ~3 t 的预加力。镀锌钢板与隧道二次衬砌表面应尽量密贴，采用复合粘钢胶将钢板与二次衬砌全面粘接。

6.5.5.7　治理效果

该隧道采用上述治理方案对病害进行治理后，目前已运营近 1 年的时间，通过 2011 年 8 月暴雨的考验，该隧道基本未出现渗漏水现象，未发现裂缝，治理效果明显，达到了最终的治理效果。

6.5.6　洋碰隧道病害整治[52,54,56]

6.5.6.1　概况

洋碰隧道是京珠高速公路粤境北段的一座越岭双线隧道，左右线里程号为（LK76+287 ~LK78+340=2 053 m，RK76+300 ~RK78+410=2 110 m），左线起讫高程分别为 228.37 m、187.07 m，高差 41.30 m；右线起讫高程分别为 229.88 m、187.67 m，高差 42.21 m。路线西高东低，坡度为-2%。

（1）工程地质

洋碰隧道位于大瑶山复式背斜南倾伏端，地层由新至老为中泥盆统东岗岭组灰岩；中下泥盆统桂头群长石石英砂岩、泥质粉砂岩；寒武系八村群浅变质砂岩、板岩、碳质页岩。岩层单斜产状，总体倾向南（175° ~225°），倾角 27° ~44°。隧道轴线附近断裂构造以东向 F_{13} 和北西向 F_{12} 两条主干断裂构造为骨架，以及一系列与其配的低级序次断裂十分发育。洋碰隧道穿过大小断裂 20 多条。

（2）地层

隧道区北部即坪乳公路以北地段出露泥盆系中下统桂头群（$D_{1-2}gt$）中厚层砂岩，总厚 438 ~1 344 m；中部山丘缓坡地带分布泥盆系中统东岗岭组（D_2d），岩性为深灰色中厚层 ~中薄层状隐晶质灰岩，上段夹数层沉积角砾状灰岩，中下段有厚度不大的黄色泥岩与钙质页岩（总厚 165 ~848 m）。地层呈单斜产出，总体倾向南 175° ~225°，倾角 27° ~44°。第四系覆盖层厚度一般大于 20 m。测区北部、东部、东南部为砂岩（$D_{1-2}gt$）；西部、北西、中部为东岗岭组灰岩（D_2d）。

（3）地质构造特征

隧道区域主要断层有 F_{12}，F_{13}，F_{14}，F_{15}，F_{20}，其中，影响最大的断层为 F_{12}，F_{13}。F_{12} 断层走向为 N50° ~70°W，倾向 S20° ~40°W，产状近于直立，断层带宽 0.3 ~1.2 m，为左行正断层。断层 F_{12} 是隧道出口地段地下水主要径流带，在地面处，断层以及断层带两侧位置，出现多处岩溶塌陷坑，与断层 F_{13} 交汇点见上升泉 2 处，F_{12} 为含水、导水构造带。F_{13} 断层倾角 70° ~80°，为压扭性逆冲断层。F_{14} 断层倾向 265°，倾角不清，为张扭性断层，钻孔揭露厚度 40.10 m，由风化构造角砾岩组成，石英脉发育。对 F_{12}，F_{13} 进行重点介绍。

① F_{13} 构造破碎带

F_{13}横切隧道 LK77+871 ~ +781 段,主断裂位于 LK77+795 ~ +811。上盘为中下泥盆统桂头群砂岩,岩石破碎;下盘为中泥盆统东岗岭组灰岩,溶洞发育,形成地下暗流。F_{13}为硅化破碎带,其厚度 5 ~ 10 m,由石英网脉充填胶结。主构造两侧构造挤压破碎范围在隧道中线方向宽达 90 余 m,均由泥质粉砂岩碾碎并被强风化所形成的亚黏土(构造泥)夹碎石(岩块、角砾)所充填。F_{13}构造带走向 45° ~ 55°,倾向南东,倾向 70° ~ 80°,属压扭性逆冲断层,该断层向南西方向延伸 3km 后,进入南水水库。

② F_{12}构造破碎带

F_{12}构造带在隧道左线 LK77+852 ~ +811(距隧道中线右侧 20 m 左右)地段与 F13 构造带交汇。该构造上下盘为灰岩,走向 295°,倾向南西,倾角 75°。F_{12}为含水、导水构造带,并对溶洞、漏斗、陷坑有一定的控制作用。构造带地表露出部位有狭长溶槽 3 处,构造上盘地面塌陷 6 处,最大陷坑直径达 5 m,深达 7 ~ 8 m。

在 F_{12}与 F_{13}交汇点发现构造泉 2 处,该断层属张扭性平移正断层。

6.5.6.2 隧道基本病害

洋碰隧道于 1998 年年底开始施工至 2001 才完工,在施工期间以及运营期间出现过多次病害,具体情况如下:

(1) 隧道衬砌渗漏

洋碰隧道进口段主要渗漏部位分为四大段:一是在右线进口 RK76+420 ~ RK76+660 段、RK76+760 ~ RK76+860 段;二是左线进口 LK76+440 ~ LK76+540 段、LK76+700 ~ RK76+800 段。

(2) 突水涌泥

洋碰隧道进口段在施工期间及通车运行期间,发生多次突水涌泥事件。例如 2000 年 1 月 30 日夜,洋碰隧道左线出口施工至 LK77+850 上半断面右侧(面对掌子面,下同),初期支护拱脚突然出现涌水,水流浑浊。LK77+850 ~ +870 段大面积出现漏水,呈线状流水。采取注浆加固后,继续施工至 LK77+831 处,再次涌水,水量达 1 600 ~ 2 200 m^3/d。加固注浆至 LK77+811 处时,又出现涌水,初始水量达 2000 ~ 2 500 m^3/d。自隧道发生涌水后,左侧地面沟谷中多处发生坍陷,最大坍坑直径达 4 ~ 5 m,深达 7 ~ 8 m。发生涌水长多达 40 m,水量一直维持在 600 ~ 800 m^3/d 左右,水时清时浊,呈压力水,水中夹带泥、沙和碎石屑。

(3) 地表岩溶塌陷、环形拉裂缝

隧道在施工建设期间及竣工运行初期产生地面塌陷 30 处。2007 年在隧道左线进口段发现地面塌陷 14 处,在隧道右线进口段发现地面塌陷 1 处。2008 年在隧道左线进口段发现塌陷 7 处,在隧道右线进口段发现塌陷 15 处(陷坑一般为椭圆或圆形)。

(4) 衬砌脱落和衬砌应变偏压这种现象与此处瓷片大面积脱落、衬砌边墙渗漏水的病害吻合。

6.5.6.3 隧道病害的基本成因

(1) 隧道衬砌渗漏

洋碰隧道右线进口段运行过程中的渗漏,其根本内因主要是:隧道进口段经过岩溶发育带及断层破碎带,疏排岩溶水。在进口段右线 RK76+400 ~ RK76+900 之间有 F_4、F_5、F_7三条断层带斜穿过隧道。根据物探解译成果,在断裂带之间及两侧近似平行或斜交隧道发育 10 条岩溶异常带,带上分布岩溶异常 121 个,其中开口溶洞异常 32 处,裂隙灰岩 6 处。F_7断层在隧道右洞中见于 RK76+744 ~ +748，该处岩溶强烈发育，在隧道开挖过程中发现垂直高达 20 m 的溶洞，并于 RK76+735 ~ +745 隧洞底板见有两条宽 0.3 ~ 1.5 m 的溶隙，呈北西向分布。在 F_7 断裂两侧次级断裂见于右洞 RK76+714 ~ +718 和 RK76+805 ~ +833，岩溶发育较强烈，多形成规模较小的溶隙和溶洞，直接导致隧洞突水点密集分布。根据物探资料，平面上有三条北东向的岩溶异常带，宽数至十数米不等，贯通性较好，根据 ZK06 钻孔的示踪试，地下水流由南向北往隧道方向流动，其应为与隧洞突水涌泥有关的深部岩溶通道的反映。

有断裂破碎岩溶强烈发育的内因情况下，在外因作用下，尤其在雨季暴雨时地表水沿着地表裂隙灌入地下，地下水位迅猛升高，水力坡降增大，由塌陷堆积于岩溶通道中的松散泥沙极有可能被水流冲蚀、运移进而涌入隧道，并使塌陷不断下沉扩大，在泥沙不断被带走，地表浮土层不断被掏空，又形成新的地表岩溶塌陷。由于隧道通过岩溶发育带处地质情况复杂，地下水位变化幅度剧烈，岩溶突水瞬时冲击力，对隧道结构的破坏力强，会造成隧道相应部位渗漏、涌水涌泥及集水沙井冒水涌沙。

（2）突水涌泥

① F_{12} 及 F_{13} 构造带对涌水的影响

左线 LK77+870 ~ +811 地段涌水主要受 F_{12}、F_{13} 两组构造带控制，而地下岩溶水是隧道涌水的主要水源，主要分布于 F_{12} 构造带上、下盘岩溶发育地段。F_{12} 与 F_{13} 交汇处向珠海方向为砂岩（位于 F_{13} 上盘），其导水性差，形成隔水屏障，阻隔地下水流，故在 F_{12}、F_{13} 构造带交汇部位的低洼处出现上升泉，地下水大量向隧道内涌出上升泉消失。F_{12}、F_{13} 构造带含大量的亚黏土（构造泥），因涌水时带出大量泥沙、碎石，并使地下水位较快下降形成负压，故引起地面多处发生塌陷。隧道底面距地面泉口约 70 m 水压，对隧道结构是一个较大危害。

② 地下岩溶水的补给来源

隧道所处地区为低山构造剥蚀地貌，隧道区山峦起伏，沟谷深切，沟谷两侧覆盖有 15 ~ 30 m 厚的坡残积层，植被茂密。最高山峰在隧道右侧，标高 556.0 m。隧道东端（珠海端）谷底标高为 132.0 m，隧道穿过半山腰，地形为两头低、中间高。F_{12}、F_{13} 构造带在地表显示为沟谷，地表水大部分流入谷地，地下岩溶水的补给来源主要是大气降水。本区除坪乳公路人工开凿工程造成岩层裸露外，全区大部分被第四系坡残积层以及植被覆盖。残坡积土层以亚黏土、沙质黏土为主，含少量碎石，厚 15 ~ 30 m 左右，其渗透系数较小。地下水通过地表径流在溶洞、漏斗、溶蚀裂隙时，沿岩溶通道以及构造断裂面灌入地下，然后向低洼处汇集，形成富水带，一经开挖，造成洞内涌水。

（3）地表岩溶塌陷

大多数塌陷都因隧道涌水、涌沙，致使地下水位急剧下降产生真空负压，而水流冲刷潜蚀及涌沙又造成土粒不断流失，使岩溶洞穴中的充填物失去上托力；上覆土层在自重应力、真空吸蚀等作用下，造成地下水降落漏斗范围内的地表发生塌陷。其主要原因有：

① 断裂带的强烈发育是地表塌陷产生的基本条件

隧道经过区域内断裂带发育强烈，断裂带内岩石破碎。由于多期构造运动的叠加改造，大多断层不再具有单一的力学属性和水理性质，而具不同程度的导水能力。在 17 条断层中，导致地表塌陷最严重的是 F_{12}、F_{13} 和 F_{20} 断层，见图 6.5.28 及图 6.5.29。

② 岩溶发育使地表塌陷发育具备了构造条件

洋碰隧道顶石灰岩上均有厚度不等的第四系土层。覆盖层下岩溶发育带地质条情况复

图 6.5.28　F_{12}、F_{13}、F_{14}、F_{20}构造带平面图

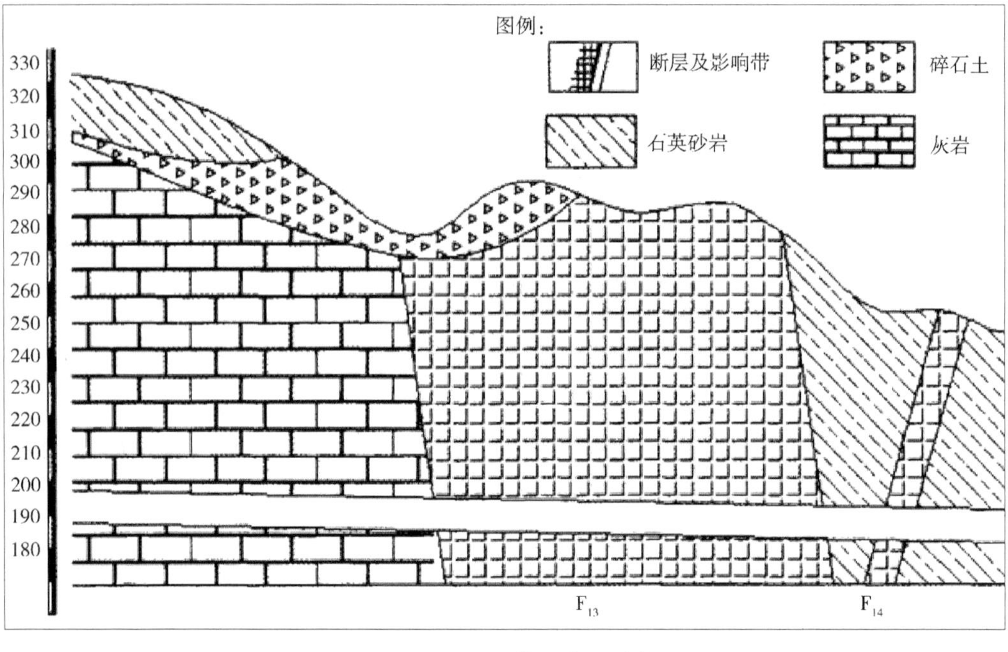

图 6.5.29　F_{13}、F_{14}构造带地质剖面

杂,岩溶、石芽十分发育并有十分发育的管道开口,地下水位变化幅度剧烈、岩溶水瞬时冲击力强。这些条件使得相应区域具备了塌陷发育的构造条件。

③ 隧道涌水涌泥是产生地表塌陷的直接动因

每年暴雨时节隧道涌水涌泥流石现象不断发生,从隧洞涌水中有很高的泥沙含量判断分析,除部分泥沙源自断层破碎带,大量泥沙应源自塌陷土体的流失。每年由丰水期进入枯水期的过程中,地下水的补给逐渐减少,隧道的涌水以消耗流域水体静储量为主,水漫及水的搬运和潜蚀能力减小,产生堆积拥塞。而丰水期上述作用过程的反向进行,即可能形成新一轮的泥沙涌出。

6.5.6.4 治理措施

1)突水涌泥的治理

(1)方案的提出

F_{12}与F_{13}断层带交汇处围岩破碎,涌水量大,并携带大量泥沙涌入洞内。洞内虽经注浆及设置小锚索加固围岩,对支护结构也进行了加强措施,但F_{12}断层地表不断发生新的陷坑,洞内仍在不断涌水。尤其是2001年4月7日20时许,在LK77+780 F_{13}断层终点与Ⅳ类围岩(进入灰岩地段)交界处隧道中发生上鼓冒水,水量最大时约5 000 m^3/d,即日20时50分减少到2 000 m^3/d,恒定出水量为,1 000 m^3/d,泥沙含量约25%。LK77+780 ~ +835段拱墙二次衬砌及隧底填充混凝土发生开裂,开裂情况如下:

① LK77+780 ~ +820隧底填充混凝土沿中部施工缝开裂,缝宽30 ~ 52 mm;

② LK77+820 ~ +835隧道填充混凝土沿中部施工缝开裂,缝宽20 ~ 30 mm;

③ LK77+780 ~ +820段填充混凝土除沿中部开裂外,多处发生横向裂缝,缝宽1 ~ 5 mm;

④ LK77+788 ~ +796行车方向右侧边墙二次衬砌开裂,裂缝从边墙底至起拱线,缝宽1 ~2 mm,有渗水现象。

从重新出现大量突水及二次衬砌开裂等现象,说明地下水极其丰富。如果彻底治理水害,单从洞内治理难以堵住如此大的水量,洞内侧沟难以排除突水,其结果是造成路面漫流,严重影响行车安全。堵水造成水头增高,衬砌受力增大,长期下去也是一大隐患,因此提出在洞外增设平行排水洞方案,以永久彻底拦截溶洞水向正洞涌出方案。

(2)排水洞设置原则

① 根据涌水情况(连续降大到暴雨时)确定隧道内最大涌水量为400 m^3/h,排水洞断面3 m×3 m。

② 排水洞中线与隧道左线平行,伸入岩溶发育地段。根据施工记载,LK77 + 780 ~ +790、LK77+600 ~ +700等地段溶洞发育,并有水流出(旱季施工),所以暂定排水洞开挖至LK77+680处,以利排水,全长645 m。

③ 排水洞中线至左线隧道测设中线30 m。

④ 排水洞底部标高低于隧道底部50 cm,纵坡隧道同。

(3)平导设计设计与施工

① 平导设计

(ⅰ)平行导洞设置在R=1 070 m的圆曲线上,与洋碰隧道左线平行布设,纵坡与洋碰隧道左线相同。

(ⅱ)根据专家会议要求,平导底标高与洋碰隧道左线仰拱底标高横向相差0.5 m,平导洞口位置结合地形条件及当时施工情况确定。

(ⅲ)衬砌结构要求:除洞口便道下方段采用明洞设计外,其余采用新奥法原理设计,采用复合式初砌。以锚杆、钢筋网、喷射混凝土、钢拱架作为初期支护,模筑混凝土作为二次衬砌。

(ⅳ) 洞身衬砌设计通过多方面的工程类比及反复分析计算,各类衬砌支护参数如表6.5.15。平导端头采用40 cm厚C20混凝土墙封闭。

表6.5.15　洞身衬砌支护参数

衬砌类型	初期支护				二次衬砌
	ϕ18 mm系统锚杆	ϕ8 mm钢筋网	C20喷射混凝土	钢拱架	
S2	50 cm×50 cm,L=200 cm	20 cm×20 cm	厚20 cm	12.6工字钢间距50 cm	C20混凝土厚40 cm
S3	100 cm×100 cm,L=200 cm	20 cm×20 cm	厚7 cm		C20混凝土厚35 cm
S4	局部	局部	厚5 cm		C20混凝土厚20 cm

(ⅴ) 施工横洞衬砌设计:为加快平导施工进度,将正洞LK77+930处预留洞室扩大设置施工横洞,增加平导开挖面,横洞与平导和洋碰隧道左线成正交。支护参数如表6.5.16。

表6.5.16　横洞衬砌支护参数

衬砌类型	初期支护				二次衬砌
	ϕ18 mm系统锚杆	ϕ8 mm钢筋网	C20喷射混凝土	钢拱架	
横洞	100 cm×100 cm,L=200 cm	20 cm×20 cm	厚10 cm		C20混凝土厚25 cm

② 平导施工

平导穿越段地质较复杂,地下水丰富,特别是几条断层及影响带,施工难度较大。为此,采取了强有力的辅助施工措施与支护相结合,确保施工的安全和质量。

由于平导断面小,在软弱带辅助施工措施方面主要采用超前小导管注浆来加强,其措施是设置在断层及影响带和洞口浅埋段,以加固拱圈软弱松散岩体。对于Ⅲ类围岩段的破碎地段根据实际情况设置超前锚杆处理。

③ 施工排水

根据设计要求,在初期支护背后环向埋设ϕ100 mm透水管(纵向间距2.5 m),将水引出。在F_{12}、F_{13}断层段的边墙及拱部涌水处增设引水管和排水孔,平导底部做成过水曲线面,以利排水。通过横洞将正洞侧沟的水引向平导排出洞外。洞口设置沉沙井(井上盖盖板),在洞口下方边坡设急流槽(7.5$^{\#}$浆砌石,100 cm×80 cm)。使断层出水经平导、沉沙井、急流槽排入洞外双口河。

(4) 施工中的排水处理及效果

① 平行排水导洞施工至设计里程后,在正洞LK77+790常年流水处未碰到断裂带。地下水如何引排至排水导洞是个新课题,面对这一问题我们根据正洞涌水情况和位置进行分析研究,最后决定向中隔层(正洞与排水洞间)进行钻探寻找水

源。经过布点钻孔(孔径ϕ108 mm),在LK77+791.5处碰到断层水,此时断层水大量引入排水洞。为了彻底解决正洞漏水的问题,在正洞内凡有渗漏水的部位都要求补钻孔位,其结果达到设计要求。在LK77+791.5处水量很大,并夹带大量泥沙和碎石。因原来钻孔很小,经常有泥沙堵塞,影响排水效果,故改为从排水洞向正洞方向开一个2 m×2 m横向(断

面)排水洞。在掘进 8 ~9 m 处遇到一个大断裂(砂岩),断裂中有大孤石,地下水从断裂层上部涌流而出,其效果非常好,达到预期目的。

②为了解决正洞右侧边沟常年涌水较大的问题,在正洞 LK77+600 处底板下做暗沟,将右侧涌水引到左侧,从排水平导向正洞开挖 2 m×2 m×10 m 支洞,在支洞内正洞钻 10 个 ϕ108 mm(下钢管)排水孔,再通过排水孔将水引入排水平导。

针对洋碰隧道出口左线 F_{13}断层带二次衬砌施工后出现洞内涌水情况,专家现场会议决定,采用平行导洞等方案进行综合治理效果较好。从洋碰隧道的现场施工效果来看,采用平行导洞引排正洞常年渗水问题的这一措施是可行的。

2）隧道地表塌陷治理

洋碰隧道产生地表塌陷是 F_{12}、F_{13}及 F_{20}断层岩溶发育带在岩溶水强烈活动作用下的结果。它们是治理的重点部位,治理方案亦紧紧围绕其展开。地表塌陷治理原则是:“保障安全、技术可行、经济合理”。其具体措施如下:

① 填塞夯实现有塌陷

对新的塌陷及仍在下陷发展的旧塌陷用块石或碎石黏土进行回填夯实. 回填片石及沙浆至地面,以 10 ~15 cm 厚 C15 号混凝七封闭陷坑表面,注意混凝土四周要比陷坑口边各长 20 cm,陷坑中部混凝土要比四周的高。使地表水不会积聚在回填后的陷坑表面。同时不能从回填后的陷坑片石与陷坑周边黏土交接处边缝处渗入地下。若陷坑周边有土坡,需对土坡进行防护:用 M7.5 浆砌片石从陷坑处砌筑到坡顶. 使地表水不会从其土坡边经陷坑边缝渗入地底。

② 对深陷岩溶塌陷进行注浆加固

对于 F_{12}断裂带与 F_{13}断裂带交汇处的深陷岩溶塌陷,采取注浆加固措施,阻止其继续下陷;注浆深度为 20 m,孔距为 1 ~3 m,梅花状布设注浆孔,面积约 550 m^2。注浆工程量:钻孔数约 136 孔,总米数约 2 720 m,每米水泥用量 0.4 ~0.6 t,需水泥量约 1 088 ~1 632 t。在注浆施工过程中,当碰到大的空隙时,可充填细碎石或沙粒材料,以减少水泥用量和保证施工效果,对于 F_{12}断裂带与 F_{13}断裂带交汇处的深陷岩溶塌陷,采取注浆加固措施,阻止其继续下陷;注浆深度为 20 m,孔距为 1 ~3 m,梅花状布设注浆孔,面积约 550 m^2。注浆工程量:钻孔数约 136 孔,总米数约 2 720 m,每米水泥用量 0.4 ~0.6 t,需水泥浆约 1 088 ~1 632 t。在注浆施工过程中,当碰到大的空隙时,可充填细碎石或沙粒材料,以减少水泥用量和保证施工效果。

参考文献

[1] 中华人民共和国交通部. 公路隧道设计规范:JTG D70—2004[S]. 北京:人民交通出版社,2004.
[2] 中华人民共和国交通运输部. 公路隧道施工技术细则:JTGT F60—2009[S]. 北京:人民交通出版社,2009.
[3] 中华人民共和国交通运输部. 公路隧道设计细则:JTG/T D70—2010[S]. 北京:人民交通出版社,2010.
[4] 中华人民共和国交通部. 公路隧道养护技术规范:JTG H12—2003[S]. 北京:人民交通出版社,2003.
[5] 中华人民共和国铁道部. 铁路运营隧道衬砌安全等级评定暂行规定(铁运函〔2004〕174号)[A]. 北京:[出版者不详],2004.
[6] 中华人民共和国铁道部. 铁路桥隧建筑物劣化评定标准　隧道:TB/T 2820. 2—1997[S]. 北京:中国铁道出版社,1997.
[7] 中华人民共和国住房和城乡建设部. 地下防水工程施工质量验收规范:GB50208—2011[S]. 北京:中国建筑工业出版社,2011.
[8] 中华人民共和国住房和城乡建设部. 回弹法检测混凝土检测混凝土抗压强度技术规程:JTG/T23—2011[S]. 北京:中国建筑工业出版社,2011.
[9] 中华人民共和国建设部. 建筑结构检测技术标准:GB/T50344—2004[S]. 北京:中国建筑工业出版社,2004。
[10] 中国工程建设标准化协会. 超声回弹综合法检测混凝土强度技术规程:CECS 02—2005[S]. 北京:中国建筑工业出版社,2005.
[11] 交通部第一公路勘察设计研究院等. 公路隧道健康状态诊断指南[R]. 西安:[出版者不详],2006.
[12] 中国工程建设标准化协会. 超声法检测混凝土缺陷技术规程:CECS21—2000[S]. 北京:中国建筑工业出版社,2000.
[13] 中华人民共和国住房和城乡建设部. 民用建筑可靠性鉴定标准:GB50292—2015[S]. 北京:中国建筑工业出版社,2015.
[14] 中国工程建设标准化协会. 碳纤维片材加固混凝土结构技术规程:CECS146—2003(2007 修改)[S]. 北京:中国建筑工业出版社,2007.
[15] 杨新安,黄宏伟. 隧道病害与防治[M]. 上海:同济大学出版社,2003.
[16] 王华牢,李宁,褚方平. 公路隧道衬砌厚度不足对衬砌安全性影响[J]. 交通运输工程学报,2009(2):32-38.
[17] 司徒丽新,邹友泉. 衬砌背后空洞对于公路隧道的危害性研究[J],山西建筑,2007,

33(31):301-302.
[18] 高鹤江,刘修炜. 铁路桥隧病害检查观测方法[M]. 北京:中国铁道出版社,1987.
[19] 王春景. 运营公路隧道结构病害安全性评估及综合治理技术研究[D]. 长沙:中南大学,2010.
[20] 中华人民共和国水利部. 水工混凝土结构缺陷检测技术规范:SL 713—2015[S]. 北京:中国水利水电出版社,2015.
[21] 中华人民共和国交通部. 港口工程混凝土粘接修补技术规程:JTJ/T271—99[S]. 北京:人民交通出版社,2000
[22] 中华人民共和国住房和城乡建设部. 混凝土结构耐久性修复与防护技术规程:JGJ/T 259—2012[S]. 北京:中国建筑工业出版社,2012.
[23] 中华人民共和国交通运输部. 港口水工建筑物修补加固技术规范:JTS311—2011[S]. 北京:人民交通出版社,2010.
[24] 中华人民共和国交通运输部. 混凝土结构加固设计规范:GB 50367—2013[S]. 北京:中国建筑工业出版社,2010.
[25] 中华人民共和国住房和城乡建设部. 地下工程渗漏治理技术规程:JGJ/T212—2010[S]. 北京:中国建筑工业出版社,2010.
[26] 何川,佘健. 高速公路隧道维修与加固[M]. 北京:人民交通出版社,2006.
[27] 中华人民共和国住房和城乡建设部. 地下工程防水技术规范:GB 50108—2008[S]. 北京:中国建筑工业出版社,2008.
[28] 周一勤,金云雷. 公路隧道二次衬砌顶部脱空的分析及处理[J]. 华东公路,1999(2):39-43.
[29] 薛军. 混凝土保护层厚度和质量对结构承载力和耐久性的影响[J]. 科技信息,2007(16):368-369.
[30] 贺学军,周朝阳,何文中. 混凝土强度不足对结构性能影响的研究[J]. 工业建筑,2004,34(9):47-50.
[31] 刘颖才. 二次衬砌厚度不足对公路隧道危害性的分析[J]. 公路交通科技(应用技术版),2010(07):256-258
[32] 彭跃,王桂林,张永兴,等. 衬砌背后空洞对在役隧道结构安全性影响的研究[J]. 地下空间与工程学报,2008,4(6):1101-1104.
[33] 郭光玲,侯宝生. 钢筋混凝土梁的配筋率对其承载力的影响[J]. 陕西工学院学报,2002,18(3):50-52.
[34] 邹翀,罗琼,李治国,等. 圆梁山隧道衬砌裂缝及渗漏水治理技术[J]. 现代隧道技术,2004,41(5):52-57.
[35] 熊昌盛. 提高地质雷达在隧道二次衬砌检测中探测精度的方法[J]. 铁道建筑,2008(1):61-64.
[36] 徐教宇,李鹏,周燕,等. 冲击回波法测量地下连续墙厚度及成墙质量[J]. 工程质量,2008(2):13-16.
[37] 陈建勋,马建秦. 隧道工程试验检测技术[M]. 北京:人民交通出版社,2005.
[38] 耿荣和,王永东,刘昌明,等. 博～莱高速公路隧道渗漏水治理[C]//中国公路学会隧

道工程分会,四川省交通厅,四川省公路学会隧道工程专业委员会. 2005 年全国公路隧道学术会议论文集. 北京:人民交通出版社,2005.
[39] 郑晓斌,吴啸波. 大洋滩隧道和樊村隧道的病害整治[J]. 公路交通技术,2008,10(5):121-123.
[40] 林建筑,陈来法,康传佳. 下洋隧道病害整治措施[J],中国公路,2003(13):67-69.
[41] 李敏. 小曼萨河公路隧道衬砌裂损机制与加固措施研究[D]. 武汉:武汉大学,2005.
[42] 张志军. 青沙山隧道衬砌开裂补强处理[J]. 铁道建筑,2006(4):31-34.
[43] 郑学贵. 屈家坡隧道病害整治方法与措施[C]//中华人民共和国交通部公路司"国际隧道研讨会暨公路建设技术交流大会"论文集. 北京:人民交通出版社,2002.
[44] 王芳其,刘永华,王连成. 重庆八一隧道病害检测与整治[J]. 公路交通技术,2008,4(2):112-116.
[45] 张锡祥. 混凝土裂缝修补技术与管理、质量控制. 公路桥梁维护与加固技术培训讲义[Z]. 重庆:[出版者不详],2009.
[46] 马白虎. 高速公路隧道渗漏水治理技术及施工工艺[J]. 公路交通科技(应用技术版),2010(6):222-225.
[47] 高劲松. 公路隧道渗漏水病害发生机理及对策研究[D]. 长沙:中南大学,2014.
[48] 李鑫. 公路隧道渗漏水病害检测及评价体系研究[D]. 成都:西南交通大学,2014.
[49] 李柱. 隧道衬砌病害检测与治理措施的研究[D]. 重庆:重庆交通大学,2011.
[50] 何小波. 洋碰隧道地表塌陷治理措施探讨[J]. 企业技术开发,2010,29(5):76-77.
[51] 大岭 1 号隧道混凝土二次衬砌厚度不足及混凝土不密实的处理方案. http://www.doc88.com/p-201946700764.html.
[52] 李彪,陈敏,李果丰. 洋碰隧道左线出口增设平行排水导洞治理涌水的探讨[J]. 广东公路交通,2003(1):52-55.
[53] 施军建. 京珠高速公路洋碰隧道病害整治[J]. 广东建材,2009,25(3):20-22.
[54] 黎华清,卢呈杰,甘伏平,等. 喀斯特岩体结构损伤的 CT 识别及地面塌陷与隧道突水诊断预报预警:以京珠粤北高速公路洋碰隧道为例[J]. 岩石力学与工程学报,2014,33(4):763-771.